非遗产业学

中国艺术经济学科建设研究丛书

西沐　雷茜　著

西南财经大学出版社

图书在版编目(CIP)数据

非遗产业学/西沐,雷茜著.--成都:西南财经
大学出版社,2025.1.--ISBN 978-7-5504-6532-9

Ⅰ.G114

中国国家版本馆 CIP 数据核字第 2024UJ1827 号

非遗产业学

FEIYI CHANYE XUE

西沐　雷茜　著

策划编辑:何春梅
责任编辑:肖　翀
责任校对:邓克虎
封面设计:星柏传媒
责任印制:朱曼丽

出版发行	西南财经大学出版社(四川省成都市光华村街 55 号)
网　　址	http://cbs.swufe.edu.cn
电子邮件	bookcj@swufe.edu.cn
邮政编码	610074
电　　话	028-87353785
照　　排	四川胜翔数码印务设计有限公司
印　　刷	成都市金雅迪彩色印刷有限公司
成品尺寸	185 mm×260 mm
印　　张	20.25
字　　数	436 千字
版　　次	2025 年 1 月第 1 版
印　　次	2025 年 1 月第 1 次印刷
书　　号	ISBN 978-7-5504-6532-9
定　　价	68.00 元

"中国艺术经济学科建设研究丛书" 编委会

积极拓展新时代艺术经济发展的前沿研究

当下，数字化与新经济相互融合、相互发展，已经成为一个时代的标志。在这个过程中，艺术经济的发展也更加多样态、更具时代性。所以说，艺术经济新形态是新经济发展的重要组成部分，也是文化新经济生发的重要基础与组成部分。新时代艺术经济面临新经济及数字化、国际化发展的大势，处在一个新的经济形态不断生发的时代，这是中国经济转型与高质量发展的重要新动能聚合的时代。艺术经济新形态除了其独具特色的特质之外，其在发展的过程中，也有明显的时代研究重点与突出热点。

新经济是新时代我国经济发展的战略举措与战略亮点。发展新经济是加快中国经济转型升级、跳出"中等收入陷阱"、推动新旧动能转换的重要举措。新经济已逐渐成为我国经济增长的新动能，对经济的拉动作用越来越明显，对经济增长的贡献越来越大。同时，新经济也对传统监管方式、传统产业及其形态带来挑战，传统产业发展的惯性可能成为新经济发展的瓶颈。因此，我们需要从顶层设计、监管者以及传统产业部门、传统产业形态等方面不断进行调整，用新思维、新理念来发展新经济、推进新经济。

数字经济是新经济发展的时代主题。要准确把握数字经济发展的核心问题，就必须将其放在经济形态的变迁中去考察。数字经济作为一个新形态，就决定了要有新的与之相适配的经济形态。我们知道，新的经济形态是建立在不同基础设施之上的。在传统基础设施、互联网基础设施、新基础设施、数字基础设施、数智基础设施之上，生发出传统经济形态、互联网经济形态、平台经济形态、数字经济形态与数智经济形态。数智经济形态是数字经济形态的高级阶段。

中共中央办公厅、国务院办公厅印发的《关于实施中华优秀传统文化传承发展工程的意见》指出："随着我国经济社会深刻变革、对外开放日益扩大、互联网技术和新媒体快速发展，各种思想文化交流交融交锋更加频繁，迫切需要深化对中华优秀传统文化重要性的认识。"① 文化建设已经成为国际层面的重要战略，在文化事业不断发展的同时，文化新经济快速兴起并不断发展。这个时候，文化新经济自然而然地成为新经济发展的重要组成部分与最为活跃、最为鲜活的战略亮点。在文化新经济发展过程中，艺术市场及艺术产业的快速发展，迅速拉动了艺术经济的不断崛起，使之成为文化新经济发展过程中的靓丽风景线。

艺术经济新形态是新时代我国文化新经济发展的必然结果，所以，深化对艺术经济发展的背景、发展的内涵及其表现形式、发展的内在规律及其重大专题的认识，不断把握艺术经济新形态的发展对新时代经济社会发展带来的影响，从战略层面掌控艺术经济发展的新产业、新业态、新模式，进一步助力新时代经济的高质量发展，推动艺术经济新形态在适应新时代新经济、把握新经济、引领新常态等方面都具有非常重大的时代理论与实践意义。

一、新时代艺术经济是一种新的经济形态

当下我们对提到的新经济，其实有三个方面的理解：一是要转变发展方式，改变过度依赖高资源消耗、高污染所带来的外延式的发展方式，走依靠科技进步、集约式的内涵发展之路；二是寻找新的发展领域；三是发现新的资源。关于第一个方面，大家都已经形成共识，无须赘言。而当下，我们更多的是在探讨第二个方面，即我们现在提出的"新经济"，既与信息技术革命有关，又包括在新一轮科技和工业革命取得重大突破的情况下发展起来的新经济形态。21世纪的新经济是以新一轮科技和工业革命为依托，以信息技术和智能制造为代表，以网络经济、生物经济、绿色低碳经济等

---

① 中共中央办公厅、国务院办公厅印发的《关于实施中华优秀传统文化传承发展工程的意见》[EB/OL]. (2022-03-21)[2017-01-25]. www.gov.cn/zhengce/2017-01/25/content_5163472.htm.

为重点，多项新技术、新业态、新产业及其交叉融合产生的新型经济形态。我国目前的新经济本质上是知识经济、数字经济和分享经济，它以新技术为基础，以新主体为支撑，以新产业为引擎，以新业态为亮点，以新模式为重点，以互联网为平台，交互作用，相互影响，共同孕育经济发展新动能，共同推动经济转型升级，共同保持经济持续稳定增长。在经济民主化时代，人的角色从被动的生产者或消费者转向主动的产消者，每个人都自觉地参与到价值共同创造中去，人们对何时、何地、如何生产与消费有了更大自主权，这使人们得以摆脱社会化大生产中机器的束缚，重归最本质的"人人为我，我为人人"的逻辑。至于对新经济理解的第三个方面，却涉及很少，但这是我们认为的新经济最为核心的战略板块。那么，如何理解通过发现新的资源来形成新经济形态呢？

首先，基于新资源的新经济是一种全新的经济形态。之所以这么强调，是因为新资源的特性是与以往我们接触到的传统资源完全不同的，无论是文化资源还是数字资源，它们的重要特质非常不同，如非标性、复用性、价值的发现性、需求的个性、环境的友好性等。新资源的这些特质，决定了基于新资源基础的经济形态的特点，那就是区别于传统经济系统与业态的一种全新的经济形态，它要求以人为中心，资源化及资源的系统化、智能化、平台化、融合化、生态化、经济民主化等①。新的经济形态是基于新需求、新基础设施建构、新生产方式和消费方式的不断生发，而形成的新经济发展状态与趋势。

其次，新经济是新时代中国经济发展的重要战略亮点。新经济包括由于新的资源形态的变化而产生的新的经济领域，以及由于新的资源形态的变化而推动的经济发展方式的变化与转型。在新时代，新的消费环境、新的基础设施、新的资源禀赋、新的生产环境和新的消费需求等，要求我们不断调适与改变发展的方式，不仅仅是生产方式，而且生产的内容、生产的组织、生产的目标等都需要改变。

---

① 西沐.艺术金融学概论［M］.北京：中国经济出版社，2019.

最后，在新经济时代，我们要重视文化新经济的发展带动作用。新经济已逐步成为引领和示范国民经济与社会发展的重要力量，文化新经济的发展正在成为新经济发展的示范与带动的重要业态。

二、艺术经济新形态是中国经济转型的重要新动能

随着新时代的发展，国家经济实力在世界范围内变得强大，提高国家文化发展软实力已是国家发展、民族复兴的重要前提。2020年10月，党的十九届五中全会对文化建设做出顶层设计和规划，《中共中央关于制定国民经济和社会发展第十四个五年规划和二〇三五年远景目标的建议》提出，"繁荣发展文化事业和文化产业，提高国家文化软实力""促进满足人民文化需求和增强人民精神力量相统一，推进社会主义文化强国建设"[①]，展现出国家文化事业发展的新格局和新视野。在中国文化事业发展前景不断广阔的时代背景下，开展具有前沿性、学术性、战略性价值高度的艺术经济研究是新时代赋予的使命和发展机遇。

迈入新时代，中国艺术经济不断创新发展生发，已经形成了艺术商业、艺术市场、艺术产业、艺术金融、艺术科技五大格局，不断推动形成了全新的艺术产业业态，社会影响力越来越大，社会需求越来越多，艺术经济理论与前沿实践需要不断创新探索。然而，目前关于中国特色艺术经济领域的战略研究和理论体系研究方面存在缺失，亟须探索创新出一套既系统深入又科学全面的中国特色艺术经济理论体系，以指导中国艺术市场发展，服务国家文化事业。新时代中国特色艺术经济理论体系创新与实践的进一步深入探索就是在这一背景下推动产生的。

当前，结合世界和中国经济走势，联系国内文化艺术事业的发展现实，中国艺术品市场随着规模的不断扩大、结构及业态的不断发展，其系统要素不断增加，系统效应不断增强，影响其发展的因

---

① 中共中央关于制定国民经济和社会发展第十四个五年规划和二〇三五年远景目标的建议 [EB/OL]. (2022-03-21)［2021-07-20］. http://zhs.mofcom.gov.cn//article/zt_shisiwu/subjectcc/202107/20210703176009.shtml.

素也越来越多、越来越复杂，需要强大的研究交叉协作和精准破题，以深入探索适应新时代中国特色艺术经济理论体系构建与发展的科学路径。这也预示着中国艺术经济的发展进入了新的时期。

第一，艺术经济是文化新经济的重要组成部分，也是最为活跃、最为鲜活的一个创新发展领域。特别是在文化新经济的快速发展过程中，如何基于新的发展平台，发掘与融合本土文化资源，加快新经济战略发展格局的构建，就成为一个重要的战略课题。尤其是基于数字化的新基础设施不断孵化与发展的新业态，使得文化数字资产成为运营发展的核心要素。在面对国内文化消费的巨大市场需求时，立足于国内大循环、畅通国内国际双循环，基于综合服务平台，围绕文化数字资产来建构相应的艺术经济新形态，就是一个重要的战略选择。

第二，我们要重视研究数字产业形态下文化资源融合发展的大背景。新时代文化资源的融合发展，要关注四大关系、五大问题、一个新形态。四大关系即统筹国际、国内市场，形成双循环，建构新的市场竞争形态与发展格局；建构系统资源的新形态，处理好资源融合关系；推动创造性转化、创新性发展，处理好转化与发展的关系；以机制创新带动制度创新、以制度创新促进体制与体系变革，处理好机制与体制的关系。五大问题即全球化视野与本土化利益问题、国际化能力平台搭建问题、国际化产业生态建构问题、新业态融合发展问题、数字化转型问题。一个新形态即在文化资源系统化、数字化条件下，基于新基础设施的数字化场景来建构文化新经济形态[①]。

第三，艺术经济是新的经济形态。它既是一个新兴的学科群，也是市场要素聚合与产业集群化的基本进程的呈现。它包括围绕艺术商业、艺术市场、艺术产业、艺术金融、艺术科技五大格局形成的新发展领域[②]。

---

① 西沐. 数字化推动艺术金融创新的转型转向 [J]. 齐鲁艺苑，2022 (2)：110-116.
② 西沐，朱恪孝，祝捷. 新时代中国艺术经济学科的建构与基本理论探究 [J]. 艺术教育，2021 (10)：14-18.

第四，艺术经济有自己的独特发展逻辑与内在规律。艺术经济作为一个独立的新经济形态，其发展的内在逻辑与规律不仅仅表现在学科研究上，也反映在其进化发展上，包括在市场与产业的生发与聚合过程中。

第五，艺术经济有自己的市场主体、结构与体系。作为一种新的经济形态，艺术经济有自己特有的系统体系，它不仅包含系统主体、结构与体系，而且还有其独特的发展与治理机制，这更多地表现在市场与产业不断发展的过程中。

三、新时代艺术经济的研究重点与突出热点

新时代艺术经济的发展是在我国文化产业即将成为国民经济支柱产业的大背景下展开的，是我国文化产业与文化经济发展的重要组成部分。特别是在我国消费结构快速转型及文化艺术消费迅速崛起的重要时期，艺术经济的发展具有极其重要的战略意义与现实意义。艺术经济的发展是我国文化新经济发展过程中的重要事件与节点，是我国文化新经济正式进入学界及业界的关注与研究探索的标志性事件，必将在中国文化新经济发展的历史进程中留下重要的一笔。

研究与发展艺术经济至少应该重视四个层面的发展：一是艺术生态本身的发展变化，它是艺术经济发展创新的源头；二是艺术经济业态结构及其业态创新发展的趋势，这是艺术经济发展的根本与本体；三是艺术经济发展的产业支撑服务体系与基础，特别是文化产业、文化市场、艺术品及其资源的系统化、资产化、金融化、证券化（大众化）发展过程中的支撑服务体系的建设，如确权、鉴定、估值、鉴证备案、集保、物流等业态创新发展的支撑；四是基于法律法规与政策建设的环境优化与培育。为此，我们认为，对艺术经济这个新业态的发展，一是要强调建构，为新业态提供创新发展的更大空间与支撑；二是要培育，新业态的发展，虽然具有很强的活力，但是它还需要一个发掘需求、适应需求、满足需求的过程，在这个过程中需要有支持培育的力量；三是要监管治理，合规合法是艺术经济壮大及持续发展的根本与前提。

在艺术经济快速发展的今天，我们应该重视以下七点。

第一，艺术经济的发展，必须夯实产业基础，特别是文化产业、文化市场、艺术市场与艺术产业的发展。

第二，艺术经济的发展，必须以需求为主线，以消费者为核心。在新的消费理念与环境下，我们要创新发掘消费理念、消费需求及消费服务的平台、方法与手段，推动更好地满足消费需求快速化、个性化发展的基本趋势。

第三，我们要积极关注并促进艺术经济发展过程中的动力机制建设。在宏观层面，我们要关注市场机制与互联网机制的融合，关注国家意志与市场发展趋势的融合。在发展的过程中，我们要特别关注并推进科技与金融对艺术经济发展的重要作用。

第四，我们要积极推动艺术经济的规模及其结构的发展。一个新兴的业态，不仅仅需要有一定产业规模的支撑，同时，也需要有健康的内在结构。就中国艺术经济的发展来说，我们要积极发展艺术商业、艺术市场、艺术产业、艺术金融、艺术科技等业态的创新，不断优化其内在的结构。

第五，艺术经济的发展要积极做好融合发展。一方面，我们要构建艺术经济发展的生态，进一步推进艺术经济由概念、形态、业态向产业生态的方向发展；另一方面，我们要发挥艺术资源的价值优势，积极实施跨界融合发展的战略举措，推动新业态的创新发展与传统业态的升级。

第六，我们要进一步提升与发挥法律法规在发展艺术经济过程中的地位与作用。我们要加快艺术经济相关的立法修法进度，进一步提升法律对业态发展发育的建构能力，进一步提升法律法规对业态发展的服务能力。在发展艺术经济的过程中，风险并不可怕，可怕的是，不能够跟随时代和行业发展的实际需求，更新风险管控的理念与方式方法，不能适时根据行业发展的需求，快速构建与完善相应的法律法规体系。

第七，我们要重视艺术经济发展的理论建设，建构中国艺术经济理论体系，推动艺术经济发展的实践探索与人才培养体系建设。

四、重视新时代艺术经济的前沿实践探索与学科建构

数字化是新经济形态发展的重要形式，这就需要我们重视前沿实践、研究前沿实践与完善前沿实践，并在这个发展过程中，建构理论系统、理论体系。数字化是新经济发展过程中最具活力的战略方向，数字经济也是新经济最为重要的组成部分。我们研究探讨数字艺术经济创新发展新路径，发掘数字艺术经济赋能中华优秀传统文化创造性转化创新性发展新愿景，意义重大。党的二十大报告提出"加快发展数字经济，促进数字经济和实体经济深度融合，打造具有国际竞争力的数字产业集群"的任务。数字化发展已经或正在重塑中国艺术经济发展的过程与格局。对数字艺术经济及其理论的研究与实践探索，是数字背景下艺术经济创新发展的重要路径，也是新时代新经济发展的新动能聚合的重要组成部分，更是中国式现代化建设的重要方面，具有重要的现实意义和长远的历史意义。

数字艺术及数字艺术经济的发展日新月异，数字艺术经济新形态的实践更是层出不穷。毋庸置疑，相关实践探索已经远远地走在了理论研究的前面。但是，已有的实践探索从来没有像今天需要理论及其体系的支撑与指导。所以，我们号召，理论研究工作者要拥抱实践，聚焦数字文化、数字艺术、数字资产、数字艺术资产等关键性的问题进行理论的系统性突破，形成相应理论架构与体系，以便更有效地指导数字艺术经济新形态的实践，使数字艺术经济新形态的生发能够持续、高质量地进行。

在艺术经济的发展与探索过程中，我们之所以特别重视其相应的前沿实践与案例研究，最为关键的就是艺术经济实践的独特趋势和独立性是显而易见的。而这些以独特趋势和独立性为基础的研究，一定会为丰富与开拓艺术经济的理论研究与学科建构贡献更多的丰富性与发展的可能。在进行艺术经济教学研究的过程中，要始终坚持一个基本的信念，那就是如果没有大量的、鲜活的前沿实践与案例来支撑，再完备的理论与体系，在纷杂的现实中，也会黯然失色。对于中国艺术金融发展的大环境而言，前沿实践与案例创

新、培育及研究是有风险的，需要的不仅仅是知识与能力，更需要胆识。

第一，对于艺术经济这一新业态与新学科而言，坚持问题导向，努力推动学科融合发展，可以说是艺术经济理论与实践探索的基本道路。而重视前沿实践及案例研究与发掘正是其基础与根本。前沿实践与案例研究是一个发现、培育、分析、研究与提升的系统过程，是一种再创造，而绝不是一个临摹、记录与再现的过程。所以，重视案例研究是艺术经济研究取得突破的重要路径。从今天艺术经济的实践来看，无论是理论还是实践，都亟须成功的前沿实践与案例的支撑与说明。对艺术经济发展过程中的前沿实践与案例，亟须认真研究、分析与提升，同时还需要努力去发掘与建构，特别是需要针对现实实践与问题去创新与培育。

第二，数字艺术经济的发展有助于从市场层面推动传统文化艺术资源活化，实现中华优秀传统文化艺术资源创造性转化创新性发展，这既是时代要求，也是文化强国建设的战略要求，只有搞好文化艺术产业数字化与数字文化艺术产业，才能在数字化背景下实现更高水平的发展，从而更好地满足人们对文化艺术及其产品多样化、差异化的需要。数字艺术经济要与特色文化艺术资源相结合，实现产业形态上的数实结合，交易与平台服务功能结合，交易标的物与区域优势产业结合，从而实现数字艺术经济产业带动区域优势产业高质量发展，赋能区域振兴，赋能乡村振兴。

第三，数字艺术经济新形态要强调发展的内涵，要把代表优秀的传统文化艺术及其突出现代表达的资源转化成文化艺术的市场形态、产业形态与产品形态，在世界多极化、经济全球化、社会信息化、文化多样化的大势之下，发挥利用商业进行美育的功能，通过文化艺术产品的市场机制来传播文化艺术及其精神，这是新时代大众美育消费均衡化的重要手段。

第四，创新艺术经济发展路径，必须加强同产业的发展对接，在更大范围内联动构建创新链、产业链、供应链、信息链、人才链、服务链，赋能中华优秀传统文化创造性转化创新性发展，赋能实体经济，实现文化艺术产业经济高质量发展。数字艺术经济新形态创新发展是挖掘文化战略资源价值的重要机制与组织形式，数字艺术经济市场化、产业化形态是实现文化艺术资源价值的重要手段。所以，我们研究探讨数字艺术经济新形态平台化的结构、机制、模式，实现交易的可信、高效、便捷化发展，具有非常重要的意义。

第五，数字艺术经济治理数字化是一个战略性课题，其中可信交易不可回避。可信交易不仅是一个技术问题，也不仅是一个交易结构与模式问题，而是涉及数字经济的治理与监管问题。需要建构基于交易结构与交易模式的治理体系与监管模式。在坚持合规经营和履行社会责任的前提下，依托技术体系构建合规管理体系，提高自身风险管控和履约能力，积极承担社会责任，实现共享式发展和可持续性增长。

综上所述，新时代艺术经济的发展是一个新的形态，充满了挑战与机遇。我们面临的问题是，对于这样一个新的学科形态，我们的认知、研究还在起步阶段，对其发展的前沿学科、内在规律还知之不多，亟须系统认知、系统研究、系统实践、系统建构，这也是我们全力推出这套丛书的一个基本出发点。我们坚信，"中国艺术经济学科建设研究丛书"的出版会改变新时代艺术经济的前沿实践与理论建构，从而全面推进新时代艺术经济的全面发展。

"中国艺术经济学科建设研究丛书"主编　西沐

非遗及其产业发展已进入新的历史时期

　　非遗产业是非遗发展过程中的必然产物，更是非遗发展过程中的重要组成部分。改革开放 40 多年以来，中国非遗的传承发展从无到有、从小到大，取得了举世瞩目的成绩。中国非遗的传承发展，概括来看，是从认知到实践，到目前进入了一个重要的发展时期，其要面临以下三个方面的问题：一是要客观系统地认识中国非遗发展的内在规律，认真解决好非遗发展过程中的抢救、保护、利用与发展的关系；二是必须站在一个更高的站位上，全面系统地认识中国非遗发展的战略意义与地位；三是必须解放思想，从系统性资源化、创造性转化、创新性发展等方面推进中国非遗发展的未来格局。事实上，从目前来看，对这些问题的关注，是因为中国非遗传承发展的理论研究与实践探索，已与新时代非遗传承发展自身的战略地位与作用严重不相符，已远不能满足新时代社会经济文化发展的巨大需求。

一、在更高水平上推进我国非遗文化的传承发展

　　在我国社会经济文化大发展、大繁荣的时代背景下，非遗文化的传承进入了新的发展阶段，取得了举世瞩目的成绩。进入新的时期，我国非遗文化的传承发展，又一次面临新的问题、新的发展情况、新的发展态势、新的发展要求与新的发展目标，这要求我们要有更高的站位，在更高的水平上，进一步推动与发展我国非遗文化建设。

　　1. 非遗领域的发展需要一场新的思想解放

　　我国非遗文化的传承发展虽然经历了一个不长的过程，并形成一些发展的理念、认知与实践，但在新的时期面对新的发展背景，如何创新发展，是非遗传承中的一个大课题。习近平总书记关于传统文化是独特的战略资源的论断，为新时代非遗文化的传承发展指

明了方向。在新的时期，非遗文化的传承发展，要在加大抢救与保护这一前提下，特别强调面向未来的非遗文化的发展问题。非遗文化的发展不仅仅是一个寻找记忆与承载历史的问题，更为重要的是一个民族面向未来发展的重要的资源问题。所以，对非遗文化的发展，需要在一个更高的站位、更为广阔的视野、更为深刻的背景下，面向未来，来研究与探索非遗文化发展的时代意义。也就是说，非遗文化发展的抢救与保护必须有一个更为广阔的发展格局，在更为积极的发展背景下进行。特别是在文化发展已成为我们国家的重大战略，文化产业正在成为我国国民经济支柱产业的发展时期，中国经济发展的转型及新旧动能的转化过程中，文化资源越来越成为经济发展的重要战略资源。在这种大背景下，要进一步解放思想，既要做好抢救保护，又要尽可能把非遗文化资源融入当代生活，在有条件的情况下，进一步把非遗文化资源资产化，使其真正成为民族复兴与发展的重要财富与源泉。

非遗是一种文化创造能力的重要体现，是一个文化系统，呈现的是一种深植于民间生活与文化厚土中的活的而又勃然生发的文化精神、文化资源与财富，绝不能仅仅把其当作一种静态化的遗存或者特有的历史文化现象。把非遗文化与当下火热的生活相对立、相隔离，本身就违背了非遗文化产生与生发的基础。因为很少有非遗是产生在书斋里的，它们更多的是因为大众的喜爱与生活的需要，创造产生于田间地头、大街小巷等社会生产生活中，那种为抢救保护而抢救保护的做法，是走不远、走不长的。

在新时代，我们必须深刻理解中国非遗文化是中华民族最为独特的战略资源这一重要的发展理念。非遗文化不仅仅是人类文明的记忆载体、文化多样性的鲜活样本，更是当代文化建设与当代生活的底蕴和滋养，是我国现代经济发展与新经济发展取之不尽、用之不竭的新的资源与财富宝库。所以，非遗文化的传承与发展也不仅仅是一个面向传统文化与遗存的挖掘、整理和学习的单向度问题，更是面向未来的民族复兴发展及文化建构的战略问题。我们要充分发掘与利用丰富而又深厚的非遗文化资源，不断发现它的价值，并将非遗文化资源不断进行创造性的转化,使之进一步融入当代生活,进一步与当代生活方式相适应,从而更好地服务社会发展,推进经济质量的提高,提升文化建设的能力,为进一步在新时代弘扬中国文化的效能与增强中国在世界范围内的影响力,做出积极的引领与贡献。为此,我们强调,不要把非遗文化的传承发展过程中的抢救保护与非遗文化资源创造性的转化相对立,特别是不要把非遗文化的抢救保护与可以进行的非遗文化资源资产化、市场化、产业化相对立。非遗文化抢救保护不是非遗文化传承发展的全部,我们必须在更宏大的背景与架构下,来进一步深刻理解与认知非遗文化的抢救保护与传承发展。

2. 要深刻全面地理解中国非遗文化发展的时代战略使命

基于以上的分析,从当下非遗文化传承发展的趋势来看,新时代非遗文化传承发展至少有四大任务:一是要继续更好地做好抢救、保护与传承工作,当下,这也是非遗文化传承发展的工作重心与基本的发展底线;二是要为人们的美好生活建设服务;三是要积极推动非遗文化资源的创造性转化,为中国经济的转型发展提供新的资源、新的动力;四是要为中国文化"走出去",讲好中国故事,建构世界文化多样性,建设命运共同体做出积极的贡献。

3. 新时代要重点做好的几项工作

一是下大力气做好非遗文化的抢救保护工作;二是要积极推进非遗文化及其资源与当代设计、时尚文化及新的消费业态相融合,推动非遗文化融入当代生活,适应当代生活方式;三是要进一步提升非遗文化及其资源是我们民族最为独特的战略性资源这一认知,进一步深刻理解非遗文化及其资源更是中华民族伟大复兴与发展的宝贵精神财富与物质财富,要在能够进行非遗文化资源化、资产化的领域,大力推动非遗文化资源市场化、产业化的进程;四是要进一步研究与认知我国非遗文化传播的内在规律,创新非遗文化传播的路径,积极推进利用市场机制、产业机制进行非遗文化传播的规律研究与探讨,积极推动非遗文化"走出去",进一步增强文化自信,推动中国文化"走出去"的进程。

二、中国非遗的传承发展要在转化上做文章

1. 新时代中国非遗发展的基本格局

非遗传承发展最为根本的是三个维度，即保护、利用、发展。如何认识与处理好三者的关系，是中国非遗传承发展的难点。其中，要解决好三者的关系，最为关键的还是靠发展，即在发展中解决问题。如何发展？需要有创新的思维与探索。

第一，在当下，抢救保护仍是重点，也是非遗发展的重要底线，更是当务之急，要抓紧抓好。过去，在非遗传承保护过程中我们创造了不少方法与名词，如原生态保护、生产性保护、活态化保护等，不一而足。但事实上，非遗的传承保护问题是一个系统工程，同样，抢救保护也不是一个模式、一种方式，更不能搞"一刀切"，需要根据非遗资源不同的生存状态，采取多样态、多层次、多种方法的抢救保护，可以用图1来表示。

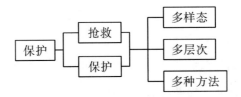

图1　非遗保护的基本架构

第二，习近平总书记关于传统文化是独特的战略资源的科学论断为非遗传承在发展中解决问题指明了方向。

第三，要融入当下、面向未来，重点在三个转化上做文章：非遗及其文化要系统性资源化、非遗资源要创造性转化、非遗的发展要创新性转化。这是非遗传承发展的三个重要方面，而其中的重中之重是创新。事实上，创新发展与继承传统并不矛盾，是相互统一的，需要并重发展。非遗及其文化的创新发展是为继承传统赢得生存的时间和空间；继承非遗及其文化传统是创新发展的核心和根基。非遗的创新发展问题关系到非遗传承发展的未来。

我们还必须看到，非遗及其文化保护的目的是延续民族文化传统，提升民族认同感和凝聚力，维护文化多样性，推动与促进文化创新创造等，总之，是为了提升民族文化的创造力与活力，因此，

不能进入为抢救而抢救、为保护而保护的圈子里而不能自拔。要在抓好抢救保护的前提下，重视非遗及其文化的资源化、系统化工作，在创造性转化与创新性发展上下功夫，为非遗融入当代社会生活、展现当代文化价值做出积极努力，推动非遗及其文化的发展有更加广阔的未来。

为此，我们进一步提炼非遗传承发展的架构，具体的认知与发展路径及体系，可以用图2表示。

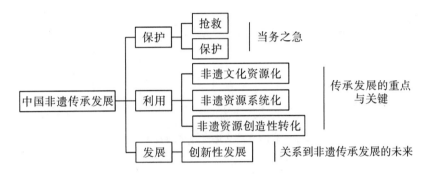

图2　非遗传承发展的认知与发展路径

2. 非遗及其文化要系统性资源化

非遗及其文化的传承发展，我们强调首先要资源化，其次要系统化。这是中国非遗及其文化传承发展的基础。这么强调非遗发展过程中非遗资源化的重要性，是因为在非遗发展的具体工作中，我们往往只是强调非遗的传承人、非遗的作品，而忽视了在传承人与作品背后丰富的资源，以及这些资源系统化所带来的效应。

非遗及其文化绝大多数来源于民族的传统文化，或是传统技艺，或是独特的生活方式，其种类繁多、覆盖面广。在这些因素中，非遗及其文化传承与发扬的核心因素毫无疑问是传承人，所以传承人应当受到特殊保护，传承人在资源化过程中的作用是核心性的。与非遗传承人相对应，非遗产品也是一个重要的资源化的载体。虽然如此，非遗传承人及非遗产品并不是非遗及其文化资源的全部，在进行非遗资源化的过程中，还需要考虑更多的因素与维度，并努力使非遗及其文化资源化更加系统、更加全面，只有这样，才能够使非遗及其文化资源规模最大化、效能最大化。所以，在非遗及其文化资源化过程中，除了挖掘非遗传承人、非遗产品的内涵、传承与流变之外，还要系统地发掘非遗及其文化的价值观、精神与价值体系，文化背景与文化传承，审美理念与审美体系，发展历史与历史背景，市场格局、流变与市场体系，以及工艺、材料等的变迁等，可以用图3简要表示。

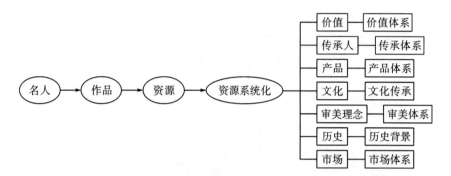

图3　非遗及其文化资源化的基本架构

3. 非遗资源要创造性转化

非遗传承发展要创造性转化，最为关键的是非遗文化及其资源要进行创造性转化。在非遗及其资源创造性转化的过程中，应关注三个重要的维度。

第一，创意维度。过去在非遗的发展过程中，大多是以非遗传承名人为中心。随着社会需求的不断增加与市场规模的不断扩大，名品也成为非遗传承发展的重要路径。在现代市场经济与非遗市场及产业融合发展的过程中，品牌作为一个重要的资源与要素的整合力量，发挥着越来越重要的作用。近几年以来，新消费不断进入文化艺术消费的视野，非遗传承发展的创意视角也不断由名人、名品、名牌这一"三名"发展的趋势，不断向"名IP"的驱动方向发展，可以说这是非遗及其文化资源创造性转化过程中的一个重要的动向。

第二，发展维度。在以往中国非遗传承发展中，更多的是关注项目驱动，认为发展不同的项目就是非遗传承最好、最为有效的形式。随着非遗传承的深入发展，人们认识到，仅靠项目驱动的方法去传承发展是不够的，需要进一步聚焦产品，甚至进一步围绕产品来建构产业链条，也就是说，要大力发展产品驱动与产业驱动这一新的发展维度。近几年，随着非遗产业发展的创意维度的延伸，以及新消费等快速崛起，IP 及其产业的发展使人们再一次感受到，在非遗传承发展的过程中，IP 驱动已经成为非遗传承发展的重要前沿。

第三，目标维度。中国非遗传承发展的目标，概括地说主要有两个：融入现代生活、弘扬非遗的当代价值。要达成以上目标，主要有三个基本路径：一是与现代社会发展的时尚文化相融合；二是非遗及其文化资源与当代设计相融合；三是非遗的传承发展与当下新消费业态相融合。这三个方面的融合，可以说是非遗及其文化资源或者是要素转化发展的主要路径及可以实现的结果。随着时代的不断发展进步，不可避免地有一些非遗项目必然会走向衰落、走向衰亡，这也是一个大的趋势。在这样一个大的趋势面前，如果要让这些非遗重新焕发生机，就一定要寻找更多的生态化的渠道来维护与发展，这就是创造性转化从一个最为基本的层面所揭示的根本意义与目的。

非遗传承发展的创造性转化的基本架构，可以用图 4 来简要表示。

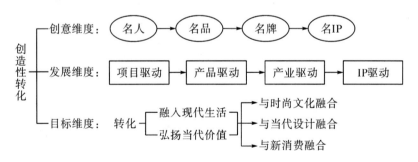

图 4　非遗传承发展的创造性转化的基本框架

4. 非遗要创新性发展

非遗传承要创新性发展，关键还需要创新性转化机制，在这个机制中，最为根本的是跨界融合机制，即要跨界融合发展。当然，跨界融合机制的形成，更多的还是基于非遗及其文化资源易于进行跨界融合的这一资源特性。非遗的创新性发展，还是基于我们对非遗发展的基本认知，即非遗及其文化的发展，不仅拥有厚重的文化积淀，凝聚了民族传统文化的精髓，呈现出了文化多元性的特质，而且伴随着工业化与城市化进程的加快，非遗及其文化的传承发展也面临着传承人匮乏、生存环境堪忧等多重困境。为此，必须看到，一些非遗及其文化项目，其实一开始都是市场需求的产物，可以说它们具有与生俱来的市场经济属性，只是随着时代的变迁逐渐失去市场，由于没有市场而失去了发展的动力继而衰落。所以，要发展非遗及其文化，首先要重塑非遗及其文化发展的生存新空间，关键是要创新性发展，即要从激活市场的新需求入手，坚持在创新中追求变化，使其发展的形式更加符合当代审美文化的需要、当代生活的需要，在传统与时尚相融合的过程中活起来。

随着新时代的到来，非遗保护与利用工作取得了巨大的进步，也让我们看到了非遗创新性发展的重要性，但非遗的创新性发展如何进行，始终是一个学术与实践都关注的问题。我们认为，非遗的创新性发展离不开与现代产业的融合，只有融合，才会不断在现代社会发展中发挥它的战略作用。非遗及其文化的创新性发展要在以下五个方面进行创新性融合：第一个方面是精神价值层面的融合创新，即利用市场机制，在消费与交易过程中，发现与传递中国传统文化精神与核心价值观；第二个方面是非遗及其文化资源要素层面的创新，最为核心的路径是要与当代设计理念、方法相融合；第三个方面是非遗及其文化产品层面的创新，最为根本的是非遗及其文化要融入当下生活、融入时尚、融入当代文化艺术新的消费；第四个方面是非遗及其文化业态层面的创新，特别强调要与不同的产业跨界融合，形成新的业态，特别是与传统产业的跨界融合；第五个方面是非遗及其文化环境层面的创新，要强调非遗及其文化体验环境及传播环境的建设，强调通过社会美育等方面来优化环境、美化环境。非遗的传承，关键是要创新性发展，这种创新性发展，在新时代被赋予新的使命，即在保护中传承、在传承中发展、在发展中不断地焕发出新的生机和活力。

为了更加清楚地表达观点，对于非遗及其文化创新性发展的转化，可以用图5的基本架构来简要表示。

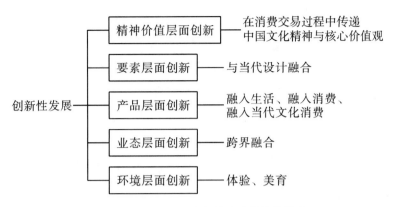

图5 非遗及其文化创新性发展的转化维度

以上从五个方面对非遗在新时代的传承发展进行了分析探讨，一方面是要让更多的人来关注新时代中国非遗及其文化的发展；另一方面，是要重新审视中国非遗及其文化在新时代发展的战略地位与作用。认真审视中国非遗及其文化在新时代传承发展的观念与路径，目的只有一个，就是呼吁人们，在新的时期，一定要有更高的站位，从更为长远的战略视角，用更加贴近实际的发展路径，来更快、更好地传承发展我国的非遗及其文化。

三、基于非遗文化资源价值发现，在民族复兴与文化繁荣框架下探索非遗发展规律

中国非遗在发展的过程中，从概念的提出，到实践的探索，走过了一条极其不平坦的路。从一开始提出非遗这个概念，到后来把非遗上升为一种形态、一种学科的研究、一种实践的研究，再到后来推进为一种业态，无论是在学术上，还是政府的管理上，以及从实践各方面的探索上，我们都深深地体会到了发展的问题与很多的阻力。非遗作为一种业态发展到今天，可供研究总结的方面已经积累了不少。

1. 要深化对非遗发展的认知

认知是一个新业态发展的基础与保障。党的十九大召开后，明确了几点比较重要的认识。第一，提出了文化自信才能文化繁荣。为深入贯彻落实党的十八大和十八届三中、四中全会精神，国家早在2015年就提出了文化企业要"双效合一"，即推动国有文化企业把社会效益放在首位、实现社会效益和经济效益相统一。第二，提出了文化事业和文化产业要同步发展。实际上，在文化产业的发展中,对于如何追求效益,如何大规模地发展,很多企业还是有一些胆怯的,很多时候都只是提文化事业如何发展。随着文化的发展,文化产业虽然已经成为大家的共识,但是在政策制定方面,还有一定的顾虑。党的十九大明确地提出这些理论问题,这对非遗发展来说,从认知上已经基本建构起了一个大环境,对于非遗的概念、形态、业态,大家都有了一个比较清晰的认知。第三,文化是一个民族独特的战略资源。它不仅仅是精神性的,也是物质性的,是一个民族在竞争发展过程中,用之不竭的财富源泉。

近几年来,对于非遗的发展,既有理论研究者的呼吁,也有一些成功实践案例的推动,特别是成功案例的推出,最是功不可没。很多时候,一个成功案例的推出,就为这个行业的发展开辟了一条路径。特别是在人们的认知还没有达到一定程度的时候,虽然也出台了一些政策,但由于没有合适的载体去承载,政策最终很难落地。在如何发展非遗及其产业方面,人们的认知还有一定的偏差。习近平总书记讲过一句话:传统文化是民族独特的战略资源。这个资源就成为中华民族文化发展的核心。从战略层面看,面对全球财富霸权与世界货币发行权的争夺,我们取胜的最大资源基础不仅仅是人力资源、物理资源,还有我们丰富与独特的文化资源。所以,文化资源系统化、资产化、金融化、证券化(大众化)这个过程中,非遗资源是中华民族最为核心、最为独立的财富资产与独特的民族赖以生存的战略资源,也是中华民族面向未来的最为宝贵的物质与精神财富,这是我们最大的、最长远的战略利益。因此,非遗发展的关键是要在提升民族文化艺术资源的资产化、能力和水平方面发挥作用,我们要在民族文化资源的价值发现上多做贡献,而不仅仅是在产品层面上、在项目运作层面上。

2. 要深化非遗产业发展的内在规律

特别需要强调的是,要加强对非遗及其产业发展的内在规律的认知。实际上,非遗产业发展的内在规律是什么,目前并没有统一的认知,在实践中也没有很好地去总结与研究。我们认为,非遗及其产业发展的核心,就是要提升对非遗文化艺术资源的价值发展能力。首先是要推动文化艺术资源的资产化、金融化的水平,这是核心、主线。其次是在价值发现和资产化、金融化发展的过程中,建设产业发展的主体、产业发展的体系、产业发展的产品、产业发展的组织竞争能力。一定要认真地探索、挖掘非遗及其产业发展的内在核心机制，不要把主要的精力放在边缘化的创新上，想从边缘化的一些层面上去突破非遗发展的核心是不可能的，也是难以持久的。所以说，我们的研究、探索在核心上、主线上要有所创新，有所突破，这样才能真正地带动非遗及其产业的发展。也就是说，从规律层面上来说，要提升对非遗产业发展规律的认知。

3. 要正视非遗及其产业发展中的问题

第一个问题，如何保证非遗及其产业发展的安全。概括地讲，非遗安全是指一个国家与民族的非遗形态及其文化（如非遗形态中的民族精神、信仰、价值理念及价值追求等）的生存与发展不受威胁而异化发展的现实状态。具体来说，非遗形态及其文化，在发展的过程中，要保护其特质、个性、精神内核与传统的优势；要对其资源、遗产、精神与习俗进行梳理、发掘、保护、传播与利用，避免其独立性特征被侵蚀、取代与同化，在发展的形态上避免其被异化或是灭失，在传承过程中避免其散失、异化等。可以说，非遗安全是国家安全的一个重要的组成部分。

关于非遗安全的基本内涵，可以从以下三个大的向度来分析。一是非遗安全的文化性向度。其主要是指非遗发展在文化层面上的精神指向、价值观念、语言与标示、资源、习俗、生活方式、人才、遗产等的安全，重点是防止其在传承发展中被侵蚀、被取代、被同化。二是非遗安全的资源性向度。非遗不仅仅是一种遗存，它更是一种资源，一种一个国家或民族赖以生存发展的宝贵财富。非遗的传承发展一定伴随着非遗资源化的问题，其中跨界融合与创新是重要手段，发掘、发现资源的价值是其核心。在这一过程中，要防止资源生发的复古倾向、异化倾向及过度使用中的灭失。三是非遗安全的产品性向度。产品与活动是非遗存的载体，非遗的传承发展更多地体现在非遗物品与活动上。非遗安全的产品性主要体现在：产品传递出的文化精神与价值取向、产品的表现形式与审美取向、工艺特征、市场流转及非遗理念的传播等方面。在这个过程中，最应防范的是在创新过程中的同化、异化及非遗传统的侵蚀与灭失问题。

　　第二个问题，非遗的传承发展要通过将消费市场融入当代社会生活。党的十九大报告提出，中国特色社会主义进入了新时代，最为突出的表现就是我国社会主要矛盾发生了重大变化，其中，主要矛盾已经转化为人民日益增长的美好生活需要和不平衡不充分的发展之间的矛盾。这一变化的矛盾，预示着人民日益增长的美好生活需要正在并将继续引发消费方式发生革命性演化，这就决定了我国消费市场规模的不断扩大、消费水平及消费能力的不断提升这一个大的时代背景。在非遗传承发展过程中，新时代的到来，新消费的快速发展是我们面对的重大挑战与冲击。这种挑战与冲击主要来自以下五个方面。一是文化体验消费作为一种消费潮流对非遗传承发展带来的冲击。在短缺经济为背景的物质化消费之后，新消费的浪潮扑面而来。文化体验消费为主体的精神消费不断崛起，文化消费将成为提高国民素质和文化自信的持久性消费。二是时尚化消费将成为消费结构性变化中的重要性力量的冲击。与此相对应，在时尚化消费的拉动下，产业跨界融合发展成为潮流，以张扬个性为主调的定制化消费，将成为体现消费者消费品格和个性化需求的重要取向而大行其道。消费者希望通过个性化的消费品来不断发现自我，展现自己的个性以追求自我。所以，消费不再仅仅是单纯的消费，消费者对品牌文化、品牌定位、品牌追求的认知将更加精准、更加个性化。三是新科技融合发展对非遗传承发展所带来的冲击。首先是网络消费将会快速崛起，并进一步呈现爆发式、几何级快速增长；其次是共享消费的发展会不断成为满足消费者更多元需求的新空间；最后是智能消费将成为新的消费业态生发的沃土，从而更好地满足不同需求偏好。四是对美好生活品质的追求而引发的新消费业态生发对非遗传承发展所带来的冲击。首先，健康消费将成为提高人民健康水平、建立国民健康体系的基础性消费；其次，美丽生活的消费已经成为新消费满足消费者心理需求最富发展潜力的业态；最后，学习型消费已经成为人们追求生活品质的重要消费业态。五是消费的便捷、高效、安全性的支撑服务已经并将成为人民群众最基本和最迫切的消费需求等。这一系列的冲击，让我国非遗传承的发展如何面对，是一个紧迫而又现实的问题，更是一个需要尽快研究探索的重大课题。

面对这些冲击，如果仅仅一味地强调当下非遗的处境，仅仅是强调非遗传承过程中的保护与抢救，虽然这非常重要，但已经远远不够。我们不能仅仅是着眼于过去与当下的状况，更需要去面向未来、拥抱未来。非遗资源是我们民族最为独特、最为丰厚的财富，这种财富既是精神的，也是物质的，它是支撑我们中华民族走向未来最为可贵的战略性资源。我们既不能仅仅把非遗当成一种文化遗存展示在博物馆，也不可能回到以前的场景去搞"原生态"传承。因为我们需要的不仅仅是留住记忆，而是面向未来、面向世界的竞争发展。非遗的传承发展必须面向未来，必须面向千千万万大众的生活，这才是非遗传承发展的正途大道。非遗的传承生发于火热的现实生活，也必将在丰富多样的现实生活中真正传承发展。虽然当下非遗的传承保护、抢救还是重要的任务，但新消费和中高端消费的迅速崛起而带来的对非遗文化精神、体验、产品、市场与产业的巨大需求，才是非遗传承发展的汪洋大海。

第三个问题，用平台化的思路来解决非遗产业发展中出现的难题。我们提出了平台化，即非遗产业一定要在平台化的层面上去发展。这个平台是什么？是综合服务平台。为什么要讲综合服务平台？是因为非遗这种资源需要更多的支撑，需要的服务环节更复杂，它需要综合的服务平台来进行对接，推动其发展。所以说，对于非遗产业发展的一些问题，要集中精力，从点上开始突破。因为，目前在国家宏观层面上，还无法解决这些问题，可能在一个相当长的时间内，都没有一个有效、权威的办法，或者是权威的法律法规来解决这些问题。这就需要我们以点突破，希望我们的市场主体、产业主体整合资源，积极推动综合性服务平台的建设。另外，一定要把非遗当成一种业态、一种产业。也许很多人认为非遗只是一个概念，至多可以看作是一个形态，但不认同是一种产业业态。我们认为，非遗有不同的产业形态、不同的产业主体、不同的产品，以及支撑服务体系，因而是一种产业，并且这个产业的发展有自己比较独立的业态与发展的方式。

第四个问题，如何做好非遗及其产业发展的监管。监管，有自律监管，也有机构的监管。要在充分认识非遗及其产业发展内在规律的基础上，着眼新的监管框架与基础，不断创新，在此基础上，实施严格的监管。同时，作为一个行业，必须实施自律监管，一些大的企业平台，企业的实践、创新，都要做好自我的内在管控与自律监管。这也是非遗产业发展方面需要注意的问题。

第五个问题，非遗的传播、美育。中国非遗及其产业的推广传播，如果按照相应的模式与历史来划分，可以说经历了三个基本的发展阶段。第一阶段是传统媒介环境下的推广与传播；第二阶段是基于非遗资源数字化的媒介融合环境框架下的推广传播；现在是第三阶段，即以深度体验为核心的体验传播。体验传播是一个新的概念。我们常讲，人们认知世界的基本方式有两个：一个是科学，一个是艺术。科学在认知过程中更多的是依靠观察，而艺术在认知的过程中更多的是依靠体悟与体验。非遗的体验有两个方面：一是场景式体验；二是收藏、产业与产品的体验。在体验传播的过程中，我们要突破仅仅通过传统文献与师傅带徒弟式的学习体验、打破认知非遗资源价值的传统路径的格局，积极发展形成多元化的融合创新路径，从而进一步强化与形成非遗及其资源的价值发现多元化的局面，从这个方面来看，体验传播工程也正是大众化的非遗社会美育过程。

总之，在新的时期，我国非遗及其产业的发展已经进入一个新的时代。新的时代要求我们要在抓好抢救保护的前提下，重视非遗及其文化的资源化、系统化工作，在创造性转化与创新性发展上下功夫，为非遗融入当代社会生活、展现当代文化价值做出积极努力。

四、从非遗产业到非遗产业学：从离散到系统性的学科研究

非遗产业是在非遗的传承与发展过程中产生与发展的。非遗的传承与发展，在一开始强调保护，甚至是抢救性保护，一度排斥非遗产业的存在与发展问题。在现代市场经济与产业强势发展的大环境下，这种心情是可以理解的。与非遗传承的抢救与保护相比较，非遗产业的发展探索与理论建构问题，无疑受到了一定的干扰。但非遗的传承与发展，又无时无刻不与非遗产业的发展相关联，这是改变不了的事实。所以，非遗产业的理论研究就是在这样的环境下进行的。对非遗产业的研究，从一开始的实践性的总结提升，到离散的理论研究，再到系统性的理论建构，随着非遗的发展规模与非遗传承的深化，得到了进一步的发展。

第一，非遗产业在实践层面的发展往往领先于理论研究。非遗产业的实践者们在长期的实践中积累了丰富的经验和教训，推动了产业的创新和发展。首先，非遗产业的实践者们通过不断尝试和探索，逐渐形成了许多成功的商业模式和产业链。这些实践成果不仅为非遗产业带来了经济效益，也为理论研究提供了丰富的案例和数据支持。其次，非遗产业的理论研究往往滞后于实践发展。这是因为理论研究需要时间来积累知识、梳理框架和完善理论体系。同时，理论研究也需要与实践相结合，不断验证和修正理论假设，这样才能更好地指导实践发展。然而，虽然非遗产业的实践领先于理论研究，但理论研究仍然具有不可替代的重要性。理论研究可以为实践提供指导和支持，帮助实践者们更好地理解非遗产业的本质和发展规律，从而推动产业的健康、可持续发展。为了缩小理论与实践之间的差距，需要加强非遗产业的理论研究和实践应用的结合。一方面，理论工作者们需要深入实践，了解非遗产业的实际情况和发展需求；另一方面，实践者们也需要关注理论研究，借鉴理论成果来指导自己的实践操作。只有这样，非遗产业才能在理论与实践相互促进的基础上，实现更加全面、深入地发展。

第二，非遗产业理论研究的发展历程是一个从离散化到系统化，再到学科化的逐步深化过程。这一过程不仅反映了非遗保护理念和实践的演进，也体现了学术界对非遗认知的深化和学科建设的努力。非遗产业理论的发展经历了离散化阶段、系统化阶段。当下，非遗产业理论发展正处于学科化阶段，多学科交叉融合，形成了系统的学科体系和研究方法论。同时，非遗产业化发展也在积极探索中，通过创造性转化和创新性发展，实现非遗资源的现代转型和增值利用。非遗产业理论将继续深化学科化建设，同时，非遗产业化发展将更加注重与现代科技、创意设计等软实力的结合，形成具有时代感、现代气息和地方特色的非遗品牌，推动非遗与旅游、教育、科技等产业的融合发展。非遗产业理论的发展是一个不断演进的过程，从最初的离散化保护到系统化的保护策略，再到学科化的深入研究，每一步都标志着我们对非遗认知的深化和保护能力的提升。未来，随着科技的进步和社会的发展，非遗产业理论将继续引领非遗保护向新方向迈进。

第三，非遗产业理论研究的基本发展趋势。一是非遗产业理论研究的学科化趋势。随着非遗保护实践的深入，理论研究逐渐向学科化方向发展，形成了本科、硕士、博士的完整教学梯队。这一趋势不仅体现在非遗保护理念的演进上，也体现在研究方法的不断创新和学术体系的成熟上。二是非遗产业与旅游、教育等产业的融合趋势。非遗项目与旅游、教育等产业的深度融合，不仅为非遗产业带来了新的发展机遇，也为理论研究提供了新的视角和课题。这种融合趋势要求理论研究者不仅要关注非遗本身，还要关注非遗与相关领域互动的新模式、新机制。三是非遗产业理论研究的数字化趋势。数字化技术的应用在非遗保护中日益重要，不仅提高了非遗的传播效率，也为理论研究提供了新的工具和方法。理论研究者需要关注数字化如何改变非遗的传承方式、创新模式以及公众参与方式。四是非遗产业理论研究的国际化趋势。非遗保护日益受到国际社会的关注，国际交流与合作日益频繁。理论研究者需要关注国际非遗保护的新理念、新动态，以及非遗在国际文化交流中的作用和意义。五是非遗产业理论研究的政策化趋势。政府政策的支持和引导对非遗产业的发展至关重要，理论研究者需要关注政策变化对非遗产业的影响，以及如何通过政策推动非遗产业的健康、可持续发展。非遗产业理论研究的趋势表明，非遗产业正朝着更加多元化、跨学科、技术化和国际化的方向发展。

由此可见，非遗及其产业发展已进入新的历史时期，理论研究与建构要跟上时代的要求与实践的探索。特别是在数字经济快速发展的今天，如何研究与认知非遗产业发展的内在逻辑与规律，建构与非遗实践，特别是与非遗产业的实践相适配的理论体系，这对非遗发展与非遗产业实践具有重要意义。

目 录

第一章

非遗产业发展的大背景

非物质文化遗产（以下简称"非遗"）及其产业的发展在今天得到越来越多的关注不是偶然的，这背后是广泛而又深刻的政治、经济、社会及文化发展的大背景。习近平总书记做出的一系列重要论述强调了非遗在中华优秀传统文化中的重要地位，以及其在新时代中国特色社会主义文化建设中的独特作用；全球化进程的深化与世界范围内非遗保护与传承实践的积累为我们提供了大量可资借鉴的经验；文化科技的融合发展推动了非遗的现代传承与产业创新，不仅实现了非遗产业在规模结构上的大幅提升，更使其在国际化和现代化进程中不断创新，成为推动民族复兴的重要力量。然而，与发展的机遇并存的是，非遗产业也面临着诸多新的挑战。这些都是当下非遗产业发展所不容忽视的重要背景，需要我们认真对待与研究。唯有如此，才能深刻揭示非遗及其产业发展的逻辑与轨迹，推动非遗产业走向科学化、规范化的发展道路。

第一节　中国非遗及其产业

在习近平总书记做出的一系列重要论述的指引下，中国非遗及其产业迎来了前所未有的发展机遇。随着消费结构的转型和新消费时代的到来，我国文化艺术消费市场迅速壮大，对非遗保护与传承的需求日益迫切；面对经济转型的需求，艺术经济作为引领文化产业发展的前沿力量，已经发挥着越来越重要的作用；非遗产业也已深度融入区域经济和社会发展规划，成为推动地方经济发展的重要动力，尤其是在共建"一带一路"倡议和经济新常态的背景下，非遗产业的发展满足了国际合作与国内经济转型的双重需求；文化科技的进步力量更为非遗的现代传承与产业创新注入了新的活力，使其在现代社会中不断焕发新的生命力。本节在对以上背景深入阐释的基础上，进一步结合中国非遗产业发展的规模结构分析（包括非遗产业发展的背景数据分析、数据框架分析、数据规模分析以及结构性分析等），全面探讨了当前中国非遗及其产业发展的基本状况。

一　中国非遗产业发展的背景

（一）习近平总书记做出的一系列重要论述为非遗及其产业发展提供了明确指引

习近平总书记在党的十九大报告中强调，要"深入挖掘中华优秀传统文化蕴含的思想观念、人文精神、道德规范，结合时代要求继承创新，让中华文化展现出永久魅力和时代风采"。在党的二十大报告中，他进一步提出"坚持和发展马克思主义，必须同中华优秀传统文化相结合"。这一要求将中华优秀传统文化纳入中国特色社会主义文化的范围，使其不再是原生态的文化形态，而是经过"结合"后以新面貌出现的中国特色社会主义文化形态。在文化传承发展座谈会上的重要讲话中，习近平总书记指出，他所思考的重大问题是如何通过包括中华优秀传统文化在内的中国特色社会主义的文化建设创造人类文明新形态。中华优秀传统文化不仅塑造了中华文明的突出特性，而且构成了中国特色社会主义文化的基础，这种融合赋予了中华优秀传统文化现代力量，同时为中国式现代化注入了深厚底蕴。中华优秀传统文化不仅是中国历史和中华民族最鲜明的标识，也是中国特色社会主义文化最鲜明的标识。它赋予中国特色社会主义深邃厚实的历史积淀和强大的文化基因，确保了中华文明的持续发展和绵延不绝的生命力①。可以说，习近平总书记的重要论述，为传承和创新发展中华优秀传统文化指明了方向，这一系列论述不仅为文化工作者提供了理论指导，也为实际操作提供了明确的方向，推动了非遗产业的蓬勃发展。

1. 习近平总书记的"乡愁论"

习近平总书记强调，发展传统文化资源不要忘记乡愁。中华文化是乡愁的"根"，他指出，"中华文明有着五千多年的悠久历史，是中华民族自强不息、发展壮大的强大精神力量。我们的同胞无论生活在哪里，身上都有鲜明的中华文化烙印，中华文化是中华儿女共同的精神基因"。这表明，无论走到哪里，中华文化都深深根植于每一个中华儿女的心中，是我们共同的精神家园。习近平总书记还强调，"博大精深的中华优秀传统文化是我们在世界文化激荡中站稳脚跟的根基。中华文化源远流长，积淀着中华民族最深层的精神追求，代表着中华民族独特的精神标识，为中华民族生生不息、发展壮大提供了丰厚滋养"。习近平总书记的"乡愁论"深刻揭示了中华文化在民族精神中的重要地位。乡愁，是每一个中华儿女心中的那份文化认同和情感依托。在发展传统文化资源时，我们必须牢记这一点，结合时代要求继承和创新中华优秀传统文化，让中华文化展现出永久的魅力和时代风采。

2. 习近平总书记的"资源论"

习近平总书记指出，传统文化是一个民族独特的战略资源。他的这一论述将传统文化提升到了民族战略性资源的高度。关键是要通过现代化创新，使传统文化焕发出强大能量，成为推动民族复兴的独特"战略资源"。当前一个日益强烈的共识是，中国社会正面临着文化危机，文化内涵的空洞化让迅速积累的物质财富犹如沙上之塔，越高越重，越容易崩塌。非遗作为传统文化的重要组成部分，是民族独特战略资源的根基与沃土，不仅承载着丰富的历史文化信息，更蕴含着中华民族的智慧和创造力。它们是中华民族赖以生存与发展的巨大精神与物质财富。习近平总书记的"资源论"深刻揭示了传统文化在现代社会中的重要性。围绕非遗这一重要战略性资源进行产业发展，是在非遗保护传承基础上的进一步资源活化与创新，也是实现中华民族伟大复兴的重要途径。

3. 习近平总书记的"活化论"

在"乡愁论"与"资源论"的基础上，习近平总书记进一步强调要将传统非

---

① 王瑞萍，朱安军. 习近平文化思想的三个逻辑起点 [J]. 北方民族大学学报，2024（3）：28-36.

遗资源"活化"。他指出，传统文化资源不应仅仅作为博物馆中的展品，而应成为社会的活力源泉和财富。他以诗意的语言要求重整民族文化资源，"让收藏在禁宫里的文物、陈列在广阔大地上的遗产、书写在古籍里的文字都活起来"。强调传统文化资源要成为社会财富，而不是仅仅存在于博物馆中，这意味着非遗资源需要在当代社会中找到新的生命力和表达方式，使其与现代生活相融合，真正成为推动社会进步和经济发展的动力。习近平总书记的"活化论"深刻揭示了传统文化资源在现代社会中的价值与意义。通过将这些资源"活化"，我们能够保护和传承中华优秀传统文化，还能够使其在新时代焕发新的生机，成为推动社会进步和经济发展的重要力量。

4. 习近平总书记的"转化论"

2014 年 9 月 24 日，习近平总书记在纪念孔子诞辰 2 565 周年国际学术研讨会上指出："优秀传统文化是一个国家、一个民族传承和发展的根本，如果丢掉了，就割断了精神命脉。"他进一步强调，要实现传统文化的创造性转化和创新性发展，使之与现实文化相融相通。这不仅是民间传统艺术"活化"的重要路径，也是确保传统文化在新时代焕发新生的重要手段。我们要将弘扬中华优秀传统文化与发展现实文化有机结合，在继承中发展，在发展中继承。坚持古为今用、以古鉴今，并有鉴别地对待、有扬弃地继承，避免厚古薄今、以古非今的倾向。通过创造性转化和创新性发展，传统文化能够与现实文化相融相通，共同服务于新时代。习近平总书记的"转化论"深刻阐明了传统文化在现代社会中的资源价值。这一论述为非遗产业的发展提供了指引与方向，依托非遗资源的转化实践与产业创新，非遗与现代生活的融合将更为紧密，也将会成为实现中华民族伟大复兴坚实的文化基础。

5. 习近平总书记的"财富论"

习近平总书记认为，中国传统文化是中国社会的一笔重要财富，并将中华优秀传统文化提升为"中华民族的基因""民族文化血脉"和"中华民族的精神命脉"。他强调，优秀传统文化增强了民族自信心、民族自豪感和民族凝聚力。在全国宣传思想工作会议上，习近平总书记指出，中华优秀传统文化中包含着中华民族"最深沉的精神追求""最深厚的文化软实力"，可以凝聚和打造强大的中国精神和中国力量。习近平总书记的"财富论"不仅强调了传统文化的历史和精神价值，还突出了传统文化在现代社会中的实际作用，它是一个民族在历史长河中积累的智慧和经验，不仅仅是过去的遗产，更是当前和未来发展的重要资源与财富。

(二) 消费结构转型催生了我国文化艺术消费市场发展的新机遇

随着人均国内生产总值（人均 GDP）的不断增长，我国大众的消费结构已进入快速转型期。传统的衣食住行在消费结构中的占比迅速下降，而文化艺术消费和精神消费则迅速崛起，并显示出强劲的发展势头。在这一过程中，新的消费模式和理念不断涌现，进一步推动了市场的多样化和创新发展。

公开数据显示，2023 年中国国内生产总值（GDP）超过 126 万亿元，比 2022 年增长 5.2%；全年社会消费品零售总额超 47 万亿元，比 2022 年增长 7.2%。随着经济增长的内生动力进一步增强，居民的消费能力和意愿预计将持续改善。同时，中央经济工作会议明确将"着力扩大国内需求"作为了 2024 年的经济工作重点，国家发展改革委、财政部、工信部和商务部等部门也相继释放了稳增长和增强信心的积极信号，2024 年被定位为"消费促进年"。由此可见，居民消费意愿预计还将继续回升，消费市场也将保持良好的增长态势。特别是在"互联网+"模式影响下，我国艺术电商的发展早在 2015 年就进入了爆发期，数量创纪录地接近 2 000 家。《2023 年度中国电子商务市场数据报告》显示，2023 年我国电商市场规模已达到 50.57 万亿元，从业人员超 7 000 万人，其细分领域也拓展至了产业电商、数字零售、数字生活、跨境电商等多个领域，特别是电商领域的新兴力量崛起迅速，预示着市场未来竞争格局的多元与激烈①。

总体而言，虽然文化艺术品消费市场的发展质量仍有待进一步提升，但不可否认的是，文化艺术品消费已经成为一个大的发展趋势。同时，文化艺术衍生品及其产业的迅速发展，特别是与互联网的融合发展，也是文化艺术消费市场迅速提升的生动写照。在文化艺术市场发展过程中，培育文化艺术消费，发掘文化艺术消费市场需求，提升有效的市场供给能力，是其发展过程中永恒的课题。我们说，文化艺术消费市场的需求是最为主动、敏感和最具驱动力的要素，是市场创新发展的源泉。目前，挖掘和释放需求依然是文化艺术消费市场的首要任务。要实现这一目标，首先要积极发掘文化艺术消费市场的潜力；其次要努力提高文化艺术消费市场的有效供给能力。唯有如此，需求的驱动才能将文化艺术消费市场带入健康、持续发展的轨道。在这一过程中，需要重点关注以下九个方面的认知与主要工作。

（1）消费结构转型推动文化艺术品消费。随着人均 GDP 的不断提升，人们的消费结构进入快速转型期，文化艺术品消费不断崛起，成为文化艺术消费发展的不竭动力。

（2）文化艺术品消费市场大众化发展趋势凸显。文化艺术品消费市场的发展目标和趋势是推动文化艺术品市场的大众化。大众化包括两个方面：一是参与和消费的大众化；二是利用市场机制实现社会美育的大众化。

（3）文化艺术品消费市场的二元结构形成。文化艺术品消费市场的发展出现了二元结构的趋势，即高端收藏投资市场与中低端文化艺术品消费市场的快速发展。

（4）文化艺术品消费市场创新发展方向逐渐清晰。目前来看，文化艺术品消费市场的创新发展主要有两个方向：一是以艺术品交易模式创新为核心的艺术品消费发展；二是以艺术品资产化创新为核心的艺术品资产管理发展。这两个方向在一定时期内将相互促进、融合发展。

（5）文化艺术品消费层次提升。文化艺术品消费的发展是一个过程，随着人们消费能力和水平的提升，人们不仅仅需要消费的低端化，事实上消费的中高端化发

① 网经社：《2023 年度中国电子商务市场数据报告》发布 ［EB/OL］.（2024-06-17）［2024-08-08］. https://baijiahao.baidu.com/s? id=1802099699661858414&wfr=spider&for=pc.

展与提升也势在必行。其发展的关键在于艺术品综合服务平台的建设水平以及消费产品的供给能力。因此，需要积极研究和探索艺术品消费市场的机制与实践案例。

（6）基于"平台+互联网"的个性化服务体验发展。"平台+互联网"带来的个性化服务体验为文化艺术品消费提供了更为多元化、多样态、多路径的可能性，尤其是产品层面的个性化服务，极大地推动了文化艺术品消费及其产业的发展。

（7）文化艺术品消费市场合规合法的运营创新。文化艺术品消费的运营创新发展必须强调合规合法，特别是文化艺术品交易本身要合规合法，交易模式的创新探索更要合规合法。

（8）文化艺术品消费市场的发展是一个动态的发展过程。特别要注意的是，文化艺术品消费市场的发展并非静止与一成不变的，它既有消费的升级，也有不同消费形态的共生。因此，在分析文化艺术品消费市场时，应关注市场的升级趋势和不同业态的共生状态，从而更好地把握市场发展的状态和趋势，认识其内在发展规律和系统结构。

（9）文化艺术品消费市场发展的基本结构需要认真加以研究。认真分析研究文化艺术品消费市场的基本结构，包括产品结构、市场结构、产业结构、支撑服务结构及其相对应的体系。在此基础上，研究并建构文化艺术品消费市场的管理体系与体制，制定相应的法规和政策，进一步促进我国文化艺术品消费市场的健康快速发展。

（三）新消费时代的到来为非遗传承发展提出新要求，带来新契机

党的二十大报告再次明确了我国社会的主要矛盾是人民日益增长的美好生活需要和不平衡不充分的发展之间的矛盾。报告提出，党的中心任务是团结带领全国各族人民全面建成社会主义现代化强国，实现第二个百年奋斗目标，以中国式现代化全面推进中华民族伟大复兴。当前，新的消费时代已经来临。人民日益增长的美好生活需要正在引发消费方式的革命性演化，这决定了我国消费市场规模、消费水平和消费能力的不断提升。事实上，新时代从某种意义上说是新的发展机制建立的开始，而这种新机制的核心是市场对资源配置起决定性作用，消费对经济发展起基础性作用。换言之，新消费和中高端消费将成为拉动我国现实经济增长的主要动力。我国非遗的传承发展就是在这一大的背景下展开的。

我们正在进入一个新的时代。在非遗传承发展过程中，新时代的到来和新消费的快速发展给非遗传承带来了重大挑战与冲击。这些挑战与冲击主要体现在以下五个方面。一是文化体验消费的冲击。文化体验消费作为一种新的消费潮流，给非遗传承发展带来了深远的影响。人们更倾向于通过亲身体验和互动来感受传统文化，这要求非遗在展示和传播方式上积极创新，以适应现代消费需求。二是时尚化消费的冲击。时尚化消费成为消费结构性变化中的重要力量，年轻一代消费者追求个性化和时尚化的产品和服务，这对传统非遗提出了更高的要求，需要将传统元素与现代设计相结合，打造出更为符合时尚潮流的非遗文化产品。三是新科技融合发展的冲击。新科技的快速发展为非遗传承带来了新的挑战，数字技术、虚拟现实和增强

现实等科技手段的应用虽然为非遗保护和传播提供了新的工具，但也要求非遗要不断适应并引入这些新技术，以保持其鲜活的生命力。四是新消费业态的冲击。人们对美好生活品质的追求，催生了新的消费业态。非遗需要在这一背景下，提供高质量的文化产品和服务，从而进一步满足人们对美好生活的需求。这不仅要求提高非遗产品的文化价值，还需要提升其市场竞争力。五是消费便捷性与安全性的冲击。现代消费者对便捷、高效和安全的消费体验有着强烈需求。非遗传承发展需要构建完善的支撑服务体系，通过线上线下结合的方式，提供便捷的购买和体验路径，同时还要保障消费者的消费安全与权益。

（四）中国经济的发展转型迫切需要寻找到新的增长动力

中国经济发展面临转型，需要寻找新的动能。主要有两个方面：一是转变发展方式，二是寻找新的领域、新的资源和新的动力。非遗资源是新资源，非遗产业是新领域，文化发展的带动作用是重要的新动能与新动力。

1. 非遗资源是新资源，非遗产业是新领域

传统经济发展模式以高投入、高消耗为特点，但这种模式在资源环境压力日益增大的情况下难以为继。经济发展必须从注重数量增长转向质量提升，从依赖资源消耗转向依靠科技创新和文化驱动。也就是说，中国经济发展方式的转变不仅需要提升质量和加强科技创新，还需要发现新的资源和新的领域。改革开放 40 多年来，我国经济的发展已达到一个临界状态，过度依赖资源开发使环境污染达到极限。为此，经济转型势在必行，需要推动高质量发展，实现新旧动能转换，使经济回到可持续发展的轨道上。而要更好地推动经济转型，就必须转变发展方式。除了依靠科技创新之外，还必须寻找新的资源、新的领域，而在这方面，非遗资源及其产业发展无疑成为最佳选择。非遗资源的数量庞大，能够为新经济发展提供重要的基础。非遗资源不仅是新经济发展的财富，而且非遗产业发展空间巨大，能为经济发展转型带来非常大的体量和创造力，其发展战略可谓非常重要。

2. 民族复兴与世界文化创新中心的建构需要

民族的复兴不仅是要使中国在经济发展的过程中成为世界经济中心，还要在科技发展中建构世界科技创新中心。更为重要的是，在这两个方面的发展过程中，要通过文化发展不断建构世界文化创新中心，标示我国的价值立场和价值观传播发展的格局。经过 40 多年的改革开放，中国逐渐发展成为新的世界经济中心。中国国际竞争力的关键不在于规模大、产品丰富，而是在于科技发展速度与创新程度。目前，中国在科技创新领域取得了显著成就，已在不少方面超越了许多发达国家，正朝着世界科技创新中心的目标稳步迈进。事实上，中美贸易摩擦表面上看是商业上的摩擦，实质上是高科技与科技创新能力主导权的争夺。更重要的是，民族复兴不仅仅是要中国成为世界科技创新中心，中国还在积极发掘自身文化资源，大力发展文化产业，努力传播民族文化立场与文化价值，不断建构成为世界的文化中心。这一战略要求我们深入认知中国民间艺术与文化发展的根脉与文脉，在民间艺术的价值发现与创新发展上下大功夫，这是我们走向民族复兴的重要战略要求与路径之一。

3. 经济发展与文化创新发展能力建设的需要

经济发展需要有与之匹配的文化能力，而民族的复兴最终还是文化艺术的复兴，因此中国非遗的发展意义重大。任何一个国家、地区或民族在经济发展到一定阶段时，必须有与之相匹配的文化能力。文化能力不仅是国家经济发展的根本归宿，更是其最终目的所在。在提升文化能力的过程中，民族文化的复兴是至关重要的。这是中国特色社会主义道路能否持续、能走多远的重要保障。中国非遗的发展不仅关系到中华民族未来的发展道路，还决定了中华民族在世界文明融合过程中的地位和话语权，其战略意义明显。

4. 向民间艺术学习是中国艺术发展的必由之路

中国艺术要重拾民族气魄和中国精神，必须从民间艺术中汲取营养，不断创新。多年来，以西方为主体的多元化文化艺术观念不断介入并冲击我国的文化发展，挤压了民族与民间艺术的发展空间。对民间艺术的漠视和无知不仅伤害了中国艺术，也阻碍了其发展的步伐，破坏了中国艺术格局的构建。民族气魄、中国精神，根在民间，魂在文化传统。中国当下艺术的发展要摆脱空洞化、表面化、概念化、形式化，就必须向民间学习。在这一过程中，当下的艺术家们能够更多地体味到传统文化是鲜活的，精神是流淌的。艺术创作与探索要关注审美的当代性，不能囿于既有概念和模式，更不能脸谱化，而要适应时代的审美文化需求和变迁。强调向民间艺术学习，要融入时代精神，不能仅以旧为美、以古为美，要赋予作品以时代内涵，与时俱进，使其成为时代精神的重要组成部分。民间艺术是鲜活的艺术，更是具有当代性的艺术。

5. 非遗产业是文化产业与文化新经济发展的亮点

中国艺术品产业在发展过程中显现出五个大的趋势。一是艺术品产业规模发展迅速。即随着市场需求的增加和收藏热情的高涨，艺术品市场规模在不断扩张。二是艺术品产业规模在整个文化产业发展的过程中，占有举足轻重的地位，成为文化产业发展的重要支柱。三是艺术品产业的发展表现出明显的联动效应，形成了核心层、外围层和辐射层的结构分布，这种多层次的联动结构，促进了跨界融合，推动了艺术品产业的快速增长。四是美术艺术品产业及工艺艺术品产业在艺术品产业规模结构中占有主导地位，超过了整个产业规模的70%；艺术品服务产业，尤其是以版权为中心的艺术衍生品产业，虽然所占规模不是很大，但其增长速度最为迅速；此外，艺术品产业的支撑体系和非遗艺术产业的规模也在迅速扩大，成为其产业发展不可忽视的板块。五是艺术品产业链的生态系统正在逐步形成，从艺术品的创作、交易、展览到保护和修复，形成了一个完整的产业链，各个环节之间的协同效应显著，进一步推动了艺术品产业的发展壮大。由此可见，中国非遗产业是当前文化产业和文化新经济发展中的一个亮点。非遗产业的总量持续快速增长，比重日益上升，在推动文化新经济发展和优化文化产业结构中发挥着越来越重要的作用。

（五）艺术经济是引领文化产业发展新潮流的前沿力量

文化产业的发展是非遗产业发展的基础与前提。目前，文化产业正在成为我国国民经济的支柱产业，而艺术经济则是引领这一产业新潮流的前沿力量。

1. 艺术消费的崛起与消费结构的快速转型

在市场消费结构转型过程中，艺术消费，特别是艺术衍生品及其服务的消费异军突起。依照发达国家的经验，当人均 GDP 达到 5 000 美元时，文化艺术消费与精神消费的比重会快速增长。资料显示，2023 年我国人均 GDP 已达到 1.27 万美元，这表明人们的消费结构进入了快速转型期，艺术消费的崛起从根本上改变了人们的消费结构与消费格局。

2024 年，中国消费行业开局良好，展现了巨大的消费潜力和较强的消费信心。市场新业态和消费新场景发展迅速，进一步释放了消费市场潜力。在新一代信息技术驱动下，各类消费平台围绕不同主题和地理空间创新业务形态和消费场景。与此同时，新的消费热点与需求也在不断涌现。消费者越来越重视产品和服务的个性化、定制化，这推动了艺术消费的多样化发展。如艺术衍生品和个性化艺术服务的供给显著增加，这不仅为艺术家和创意工作者提供更多机会，也使艺术消费市场更加活跃。

此外，我国的艺术生态正在变得越来越丰富和完善。艺术是人为的、社会性的，一切作用于人类心灵的客观存在及精神都与之息息相关。对于艺术而言，无论是精神的、物质的，既往的、现在的，都直接或间接、明显或隐晦地影响艺术生态。当下，信息技术的发展使艺术与社会的互动更加频繁。对此，艺术生态不仅要充分考虑艺术系统与外部环境的复杂联系，还要重视艺术运营过程中创意、生产、交易、消费、服务等各种要素和资源共同构成的整体联系，以便从内涵到外延上全面系统地观照艺术市场。

2. 业态创新发展迅速，推动产业融合深化与艺术经济增长

第一，艺术经济作为文化产业发展的前沿力量，展现出强劲的内在动力。作为一门交叉学科，艺术经济不仅关注如何通过艺术促进经济发展的问题，还解决了如何最大限度地提供艺术产品和有效配置资源等核心问题。这种跨学科的研究为艺术经济的发展注入了强大的内生动力，推动了创新进程。第二，当前市场中的业态创新发展迅速，艺术经济的探索不断向纵深发展。突出亮点表现在"平台化+云服务+互联网+终端"的整合，这些新业态推动了互联网艺术经济的发展，并丰富了艺术金融资产化及其消费模式的创新，形成了多样化和创新性的艺术经济生态系统。第三，产业融合作为一种普遍的经济现象，借助数字信息技术，实现了各行业之间的紧密交叉与衔接。艺术与金融、旅游和商业地产等领域的融合，不仅为艺术经济注入了新动力和新资源，还实现了艺术与市场的良性互动，促进了产业链的有效延伸和内部重组，成为一种战略性发展方式。第四，产业提升与升级速度快。当前，产业融合带动了经济结构的转型升级，使艺术经济通过互联网技术、信息技术和现代管理技术向智能化和自动化方向迈进。在科技和金融的创新融合中，艺术经济提升了服务水平，完善了发展路径。

3. 科技融合发展为艺术经济创新提供了更多可能

近年来，大数据、云服务、人工智能与终端技术的进步极大地提升了艺术经济

的智能化能力与水平。人们越来越重视新技术的融合与进步对艺术经济创新发展的促进作用，这不仅对艺术品市场产生了深刻影响，也在很大程度上改变了艺术生态。随着技术的迅速发展，艺术经济的创新前景变得更加广阔。如利用大数据分析，艺术品市场可以更精准地了解消费者偏好和市场趋势，从而更有效地进行市场营销和产品开发。云服务和人工智能技术则为艺术品的在线展示、销售和管理提供了更便捷和高效的解决方案。终端技术的进步，使艺术品的交互体验更加丰富和多样化，增强了用户参与感和体验感。在这一背景下，我国艺术科技发展的战略地位与作用被人们所认知。艺术科技不仅为艺术产业及产品创新提供了无限可能，也成为人们关注的焦点。

4. 艺术品综合服务平台的拓展与价值发现能力的提升

艺术品综合服务平台是一个多环节、多层次的动态系统，主要包括艺术品交易模式创新和艺术品资产管理两大组成部分。随着互联网技术的发展，如何将艺术品及其资源在互联网平台的基础上实现资产化和金融化，是当前研究的重要方向。构建以数据、技术、服务为核心的一体化平台，为平台化艺术品交易及艺术资产化提供支持和保障，已成为重要的诉求。近年来，数字技术的进步为艺术品综合服务平台的发展提供了强大的支撑。如通过区块链技术，可以实现艺术品的数字化认证和溯源，保证艺术品交易的透明度和安全性。大数据和人工智能技术的应用，使得艺术品市场分析和预测更加精准，从而提高了资产管理的效率和准确性。此外，艺术品综合服务平台的构建还包括艺术品的在线展示和交易、艺术品金融服务、艺术品租赁和保险等多种服务。其不仅能够为艺术品提供在线拍卖和交易服务，还能结合金融科技，推出艺术品质押贷款等多重服务，解决艺术品流动性差的问题。此外，艺术品综合服务平台还能够促进国际艺术品交易。通过建立国际化的交易平台，推动艺术品跨境流通，拓展国际市场，提升中国艺术品在全球市场中的影响力和竞争力。

5. 艺术经济理论与前沿实践探索的指向与示范

通过系统化的理论导向、实践探索的不断拓展，以及成功案例的示范，艺术经济的发展得到了全面推进。这不仅为文化产业的发展提供了新方向，也为艺术品市场的规范化和创新奠定了发展的基础。具体来看，首先，理论的系统化与导向。艺术作为人类文明演进过程中形成的独特精神资源，通过潜移默化的方式对经济社会发展施加着持久影响。从学理层面构建艺术经济的学科体系，需要涉及文化、艺术、政治、经济、历史等多方面的融合。它要求结合宏观与微观视角，全面透视艺术经济的广阔发展前景。这样的系统化理论导向，有助于明确艺术经济的研究路径和发展方向。其次，在实践方面，艺术经济正处于发展机遇期，需要密切关注并挖掘艺术经济现象，探寻其背后的发展逻辑。通过敏锐洞察普遍存在的艺术经济问题，寻求解决对策，提供系统性和战略性的建议。如艺术经济的实践探索包括艺术品市场的规范化、艺术品交易模式的创新以及艺术品资产管理的完善等。最后，成功案例的示范。艺术经济的创新发展在一定程度上受到经营理念、资本投入、人才资源等多种因素的制约。经过多年的发展，已经有成功的案例值得借鉴。如潍坊银行于 2009 年推出艺术品质押贷款融资业务，成为国内首家为艺术品交易、投资和收藏提供质押贷款融资的商业银行。通过多年探索，潍坊银行建立起成熟的艺术金融综合服务体系，包括艺术品融资、仓储、策展与中介、投资咨询和金融数据库等环节，形成一个闭环且系统化、常态化、规模化、品牌化的发展进程，为中国银行业参与艺术品市场提供了可资借鉴的模板。

6. 战略与政策导向推动艺术经济发展繁荣

第一，政府重视与跨界融合。近年来，在国家政府高度重视以及强劲的科学技术支撑和广泛社会资本的参与下，各级文化行政部门充分认识到发展文化产业的重要意义，立足实际，把握产业发展规律，不断拓展不同产业间的跨界融合。"十四五"规划指出，要推动文化产业高质量发展，促进文化与科技融合，增强文化消费能力，加强文化遗产保护与利用，完善政策支持体系，以及推动国际文化交流与合作。这些措施旨在实现文化产业与相关产业的跨界融合，提升文化产品和服务的质量和竞争力，优化文化消费环境，保护和创新利用文化遗产，健全投融资体系，推动艺术品市场规范化发展，借鉴国际经验并扩大中国艺术经济的全球影响力，从而推动艺术经济的高质量、可持续发展。艺术经济聚焦于艺术商业、艺术市场、艺术金融等与大众价值消费及实现紧密相关的领域，鲜活性与创新性是其生存状态的明显表征。对艺术经济进行深度解读，有利于国家文化产业战略在文化艺术价值与经济价值之间找到结合点。

第二，政策引领与规范发展。随着我国经济持续稳定增长，国家对发展艺术经济越来越重视，使其规范、繁荣发展是明智且安全的出路，规范的基点是我国艺术经济方面政策导向的引领。事实上，政府近些年制定了一系列与之相关的政策，以期通过政策的引导有效促进艺术经济健康持续发展。如 2016 年 3 月，原文化部继发布《艺术品经营管理办法》后，又正式发布《关于贯彻实施〈艺术品经营管理办法〉的通知》，对贯彻实施《艺术品经营管理办法》做出计划部署。此外，《文化产业振兴规划》（2009）、《关于金融支持文化产业振兴和发展繁荣的指导意见》（2010）、《关于深入推进文化金融合作的意见》（2014）等涉及艺术经济各个层面的政策支持也在有序地细化与完善。《国务院 2024 年度立法工作计划》着重强调，要推进科教兴国与文化强国战略的实施，并提出了一系列重要的立法举措，《中华人民共和国文物保护法》的修订被列为立法重点。此外，国务院还发布了关于加强艺术品诚信体系建设的措施，旨在盘活艺术品交易市场，推进艺术品的流通与传承，这些举措无疑为我国文化艺术品市场发展提供了坚实的政策法律保障。

第三，国家意志与市场机制的融合。艺术经济对政府的吸引力是不言而喻的，国家适当的协调与引导，特别是战略顶层设计是至关重要的。卢梭认为，国家意志是整个社会的"公意"，是通过对社会成员个别意志的反思而抽象出的普遍意志，而代表这种普遍意志的便是国家。国家意志与市场机制之间的关系复杂且微妙。一方面，面对新形势新需求，政府部门需主动谋划，把握方向，引领文化产业发展的新潮流，推动艺术经济的发展与跃升，尤其是通过创新政府财政的艺术投入规模与方式，促进各类资本参与艺术市场的运行。另一方面，市场机制作为实现艺术产业资源配置的有效手段，运用市场机制，遵循市场规律，构建充满生机与活力的艺术经济生态，制定交易、流转等制度，提高各类艺术经济活动的资源配置效率和效益。我们看到，国家意志与市场机制的交融体现了政府规划引导、政策支持、市场监管、环境营造等作用。

第四，本土化与国际化。中国艺术经济的建构与发展立足于我国艺术经济的现实情况，围绕不同艺术发展的内在规律展开，需要在长期的艺术经济活动实践中找寻系统解决中国艺术经济发展过程中相关问题的中国方案，具有鲜明的本土化特色。当然，中国艺术经济的本土化不是故步自封，理应顺应时代的发展，重视国际交流与合作，以开放的眼界吸收国外艺术经济理论研究与实践经验，辩证分析，取长补短，恰当地促进本土化应用。正确处理两者之间的关系，才能使中国艺术经济本土化与国际化相互促进，相辅相成。

7. 产业基础与环境的日益成熟推动艺术经济蓬勃发展

如今，现有的产业基础、环境优势、融合发展的趋势和产业生态都有了较大的发展，我国艺术经济在政策支持、技术进步、基础设施建设和市场需求等多方作用下，步入了快速发展时期。

首先，产业基础方面。第一，艺术事业快速发展。推动艺术事业发展是提升我国软实力的重要渠道，艺术事业拥有独特的资源优势，正在成为当前经济发展新的增长点。《"十四五"文化发展规划》继续强调推动文化产业的高质量发展，要求加强文化产业与相关产业的融合，提升文化产品和服务的供给质量。政府将继续加大对戏剧、电影、电视、音乐、舞蹈、美术、摄影等艺术门类的创新支持，推动这些领域的多元化和创新发展。由此可见，国家在政策上对艺术事业高度重视，财政投入也在适度增加。第二，相关产业发展迅速。随着文化产业朝着数字化和新兴消费转型，与之密切相关的演艺产业、动漫产业、艺术金融产业、休闲娱乐产业等表现出明显的向好发展趋势。第三，产业基础设施建设不断完善。近年来，国家加大了文化艺术产业基础设施建设力度，各地美术馆、博物馆、大剧院等一大批标志性文化设施先后建成并投入使用，为艺术经济的发展提供了坚实的硬件支持。其次，产业环境方面。如今，文化艺术产业的发展环境正处于前所未有的机遇期。各级政府相继出台扶持产业蓬勃发展的相关文件，政策红利不断释放。互联网技术的应用更为艺术产业开辟了新模式与新空间，艺术与科技的融合正在拓宽艺术与金融、消费、社交、商业等场景的边界，带来无限机遇。再次，融合优化的发展趋势方面。艺术与经济的融合共生已悄然走进人们的生活，不仅给生活平添了审美情趣，也成为人们休闲消费的心仪场所。艺术经济的发展不仅是文化的繁荣，更是经济的推动力。最后，在产业生态建构方面。在艺术经济的创新发展中，商业、科技、消费、服务等每个环节都有独特的生态定位，这些生态因子互动互助，同时又不断变化，共同演进。艺术经济产业生态不是单向度的，而是彼此交互渗透的，形成了一个动态的、不断优化的生态系统。

（六）非遗发展正在与区域国民经济及社会发展规划相融合

非遗是重要的特色文化产业组成部分，而特色文化产业的发展已经被广泛地纳入到了区域国民经济与社会发展规划当中。我国非遗资源丰厚，尽管对于非遗消费的热情和市场认知度还有着很大的挖掘与提升空间，但毋庸置疑的是，非遗消费拥有良好的群众基础和巨大的发展潜力。在文化产业发展的过程中，人们已经开始关注非遗及其资源。

1. 非遗文化艺术资源成为区域优势资源

我国不同区域基本上都具有深厚的文化历史资源、海量的非遗文化艺术资源，因而摸清家底，寻找比较优势形成影响力优势至关重要。第一，要注意将非遗文化艺术转化为区域的优势文化艺术资源，要重视对区域优势非遗文化艺术资源而不是流行资源的开发，从而实现区域非遗文化艺术资源开发在态度与方式上的转变。从目前来看，金融的支持对象多为影视、动漫、数码、广电、旅游等处于成熟期、经营模式稳定、经济效益较好的大型文化艺术企业，而作为区域文化艺术资源主体的非遗文化艺术资源却大多难获得支持。主要原因在于，非遗文化艺术为民族世代相传的无形文化，对产业规划、发展战略、评价标准及其指标体系构建等方面的基础性研究较为缺乏。由于没有形成金融行业能支持的有形资产，金融部门难以将其纳入实体经济范畴并对其进行相关支持。一般来讲，金融多集中在支持优势产业集群发展、具有较大影响力的文化产业园区的形成等方面，其服务成本相对较低，操作技术也相对成熟。而分散的非遗文化艺术资源的金融支持重点主要在小企业，甚至是个体，所以有很多困难。再加上非遗文化艺术资源的群体权属特征和非遗资源的不确定性、资源的脆弱性、资源时间上的模糊性以及资源的可重复利用特征等，决定了非遗文化艺术资源不能简单地泛"产业化"。第二，作为产业形态出现的非遗文化艺术更应是在已有资源基础上的创新、整合发展，即由"资源形态"向"资源资产形态"的转化，从而实现资源的再发现、再开发。这些恰恰是区域非遗文化艺术资源资产化、产业化的关键之所在。第三，在强调非遗文化艺术资源的开发利用中，要强调尊重非遗艺术资源的特性及其内在的发展规律，重视非遗艺术资源价值的完整性。

2. 建立非遗资源保护与转化模式成为探讨热点

当前，不少区域在积极探索非遗资源的保护与转化模式，特别是围绕名人名品的开发路径。最为根本的是要围绕名人名品，建立行之有效的资源保护与转化模式，制订战略规划，构建相应的支撑体系，要按照非遗文化艺术产业发展的内在规律构建与培育产业链。一是培育非遗文化艺术名人，建立名人成长及称号授予管理制度，形成传承与发展的梯队，通过名人机制聚合资源，推动保护与产业化发展。我们要注意学习紫砂及陶瓷艺术发展中的名人培育模式。在名人培育的过程中，要充分发挥名人工作室的作用，以名人为龙头、工作室为基地，形成非遗文化艺术发展的不同高地，从而起到相应的标示与示范作用。二是打造名品，塑造品牌。在考察非遗文化艺术资源开发的过程中，我们发现，打造名品、塑造品牌已成为培育新的产业形态、拉长产业链的重要举措。在名品打造过程中要注意三个模式的探索：第一个是公司+工作室模式，第二个是公司+作坊模式，第三个是与快速消费品相结合，打造跨界整合的产品模式。不搞"一刀切"，政府在财政支持创新方面多做支持，真正形成创作→产品→市场→权益的良性循环。在这个过程中，政府要通过进行顶层设计来推动。一方面，要重视政府财政创新的作用，即通过一系列的运作，创新财政的文化投入规模与方式，引导并促进金融体系及各类资本参与文化金融产品的创新过程，通过不断改进服务模式，搭建服务平台，实现文化创新链条与金融资本链条的有机结合，为尚处于初创期的文化企业及其支撑体系提供投融资支持，以及做好一系列文化金融服务政策和制度的系统安排。另一方面，要发挥市场在文化资源配置中的积极作用。发挥市场机制在文化资源配置中的基础性作用，一定要与区域政府的政策与投入相衔接。发挥市场机制不仅仅是市场化，但也决不能理解为政府办项目、办产业，靠政策办项目、办产业，重在依靠市场机制培育非遗文化艺术产业的核心竞争力。

3. 非遗发展与新农村及城镇化建设融合

非遗资源开发与发展应作为民生及新农村建设与城镇化建设的重要组成部分，推动与科技、金融、现代审美、旅游的融合。具体而言：一是要做好与科技融合，更多地发挥国家高新技术开发区的优势，发展文化科技产业；二是要与金融融合，以文化要素市场平台为中心，构建新的文化艺术与金融结合的模式；三是要与现代审美取向相融合，推进非遗文化艺术产品的高端化、多元化；四是要与旅游相融合，建立非遗文化艺术原生态旅游体验长廊。

非遗文化艺术的发展是一个新课题，非遗资源的开发利用是一个新业态，需要在保护和尊重人民群众创造力的基础上，进行更多的创新与探讨。

（七）非遗产业发展是共建"一带一路"倡议与经济新常态发展的新需要

共建"一带一路"倡议与经济新常态的发展，需要中国非遗及其产业发展的支撑。非遗文化传承发展在共建"一带一路"倡议的发展过程中，不仅可以建构文化自信，并且对讲好中国故事、推进文化"走出去"意义重大。其作为中华民族最大的资源财富，也为中华民族在新的时期、在新常态中，提供了重要的创造能力与复兴的支撑和动力源泉。可以说，在这种新常态下，我们要积极发展新经济，而新经济的发展需要新的建构力量，打造文化发展新机制、新优势。

新的全球化格局不断发展演变，旧的格局正在被一点点打破，特别是中国与亚太地区由于整体竞争能力的提升，正在成为全球化发展中的重要一极，并会不断成长为全球化最富活力的中心。从宏观层面看，全球化的发展提升了我们的认知，那就是我们最大的资源基础不仅仅是人力资源、物理资源，还有丰富与独特的文化资源。所以，非遗文化资源系统化、资产化、金融化、证券化是中华民族最为核心的发展战略。面对复苏乏力的全球经济形势、纷繁复杂的国际和地区局面，共建"一带一路"倡议是世界各国共有的财富资源。我们强调，要从五个维度建构中国提出的和谐世界观念：政治多极、经济平衡、文化多样、安全互信及环境永续。其中，如何发挥好面向独特文化资源转化过程中的文化与金融的建制力量与能力，建构打造形成新的机制、新的优势，是极其重要的课题。

共建"一带一路"倡议在全球化的话题中，是极为重要的，非遗文化及其产业的发展问题越来越受到关注。对非遗文化这一话题的关注与重视，一方面是基于在全球化发展的进程中，人们对文化价值及其重要性的再认识、再发展。也就是说，文化资源作为全球资源的重要组成部分，是一个区域、一个民族赖以生存的重要精神与物质财富，是最为重要、最为独特、最为丰厚的民族财富。另一方面，全球化进程对文化产业发展既是机遇更是挑战，这已成为一个不争的事实。随着人们生存空间概念边界的弱化、全球产业链的兴起、文化趋同性的快速发展等，人们越来越多地意识到，面对新的发展框架与资源，发展新经济，最需要的是社会建构的力量，而不仅仅是资源、项目与资本，要共同打造新机制、新优势。

（八）文化科技发展助力非遗的现代传承与产业创新

新时代以来，推动高质量发展已经成为发展的主旋律。习近平总书记在《发展新质生产力是推动高质量发展的内在要求和重要着力点》中提出了新质生产力的论述，指出新质生产力是创新起主导作用，摆脱传统经济增长方式、生产力发展路径，具有高科技、高效能、高质量特征，符合新发展理念的先进生产力质态，其特点是创新，关键在质优，本质是先进生产力。其中，大力推进科技创新正是新质生产力发展的一条重要路径。当前，在文化产业发展中，尤其是非遗传承与其产业创新方面，与科技的快速融合已经成为发展的重要推动力量。文化科技与非遗文化的结合不仅让非遗传承更加贴近大众生活，还能使其与现代生产和生活方式紧密融合，为非遗传承和发展提供新的可能和广阔的空间。

要突破仅仅通过传统文献与师傅带徒弟式的学习体验、打破认知非遗文化资源价值的传统路径的格局，积极发展形成多元化的融合创新路径，进一步强化与形成非遗文化及其资源的价值发现多元化的局面。一是通过内容数字化及传播互联网化，使非遗文化及其资源的价值传播更加便捷、更加迅速，进一步降低获取相关文化及其资源的门槛，减少创新与融合发展的成本。二是体验的科技化，使体验在文化的大背景下更加深化、更加沉浸化，避免一提到传统文化及其资源就与泛黄的古籍、衰败的遗存及腐朽的形式等联系起来，避免让成长于新时代与新科技环境下的青少年，面对传统文化资源难以激发自豪感，且容易产生自卑与挫败感。事实上，新的科技融合，特别是互联网与传统文化的弘扬发展并不对立，特别是利用新科技融合技术、声光电技术及媒介融合技术等，最先进的科技融合手段不仅使传统文化焕发青春，更能促进新的文化科技新业态的发展。三是非遗文化产品的消费、交易与使用也是一种更为深层次的文化体验，如展示、艺术衍生品等，都可以归为这一类。非遗文化产品的消费作为一种重要的时尚性的文化体验的传播形式，特别是在市场、产业等机制下通过消费式的体验来传播文化，是一个时代的大课题。

二 非遗产业发展的规模结构

近年来，我国非遗产业发展迅速，一方面是总体规模增长迅速，另一方面是产业结构日益优化。目前，非遗产业在全国各地均有分布，但由于非遗资源的区域性特点，各地非遗产业的发展侧重点有所不同。例如，云南、贵州、广西等地区以其丰富的民族文化资源为基础，形成了具有地方特色的非遗产业集群；江浙地区则依托其丰富的传统手工艺资源，形成了手工艺品制造和旅游相结合的产业链条。与此同时，通过非遗产业的发展带动，地方经济增长显著，不仅在就业机会的增加方面表现突出，还推动了非遗文化传承传播的力度与范围，极大地提升了民族文化自信。据文化和旅游部公开资料，非遗项目的保护和传承直接带动了上百万人的就业，间接带动了更多相关产业的发展。而且持续推进的非遗产业发展，也在经济上取得了显著成效，在非遗传承和社会效益方面发挥了重要作用。有理由相信，基于政策的支持、市场需求的释放和技术的创新应用，我国非遗产业的发展将继续保持良好的发展势头，为文化强国建设与高质量发展做出积极的贡献。

（一）非遗产业规模结构背景数据分析

1. 2023 年全国文化及相关产业企业实现营业收入结构数据

根据国家统计局数据，2023 年全国 7.3 万家规模以上文化及相关产业企业实现营业收入 129 515 亿元，按可比口径计算比 2022 年增长 8.2%，其中文化新业态特征较为明显的 16 个行业小类实现营业收入 52 395 亿元，比 2022 年增长 15.3%，高于全部规模以上文化企业 7.1 个百分点；文化企业实现利润总额 11 566 亿元，比 2022 年增长 30.9%；营业收入利润率为 8.93%，比 2022 年提高 1.55 个百分点。2023 年文化企业资产总计 196 200 亿元，比 2022 年增长 7.6%；每百元资产实现营业收入为 68.3 元，比 2022 年增加 0.8 元。这些数据表明，文化及相关产业的发展已经成为我国经济增长的重要力量，且文化新业态的快速发展态势显著。

按产业类型分（见图 1-1），2023 年，文化制造业实现营业收入 40 962 亿元，比 2022 年增长 0.6%；文化批发和零售业实现营业收入 20 814 亿元，比 2022 年增长 6.1%；文化服务业实现营业收入 67 739 亿元，比 2022 年增长 14.1%。

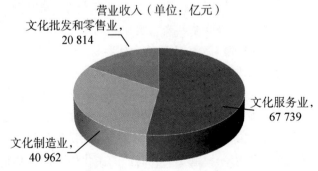

图 1-1 2023 年文化及相关产业营业收入构成图（按产业类型分）①

---

① 注：本图为作者根据国家统计局相关数据绘制。

按领域分（见图1-2），2023年，文化核心领域实现营业收入83 978亿元，比2022年增长12.2%；文化相关领域实现营业收入45 537亿元，比2022年增长1.5%。

营业收入（单位：亿元）

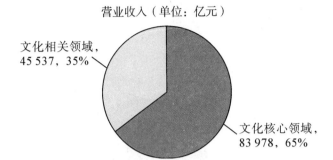

图1-2　2023年文化及相关产业营业收入构成（按领域分）①

按行业类别分（见图1-3），2023年，新闻信息服务实现营业收入17 243亿元，比2022年增长15.5%；内容创作生产实现营业收入28 262亿元，比2022年增长10.7%；创意设计服务实现营业收入21 249亿元，比2022年增长8.7%；文化传播渠道实现营业收入14 797亿元，比2022年增长11.9%；文化投资运营实现营业收入669亿元，比2022年增长24.4%；文化娱乐休闲服务实现营业收入1 758亿元，比2022年增长63.2%；文化辅助生产和中介服务实现营业收入15 468亿元，比2022年增长0.4%；文化装备生产实现营业收入6 282亿元，下降2.6%；文化消费终端生产实现营业收入23 787亿元，比2022年增长3.3%。

营业收入（单位：亿元）

■新闻信息服务　　　■内容创作生产　　　■创意设计服务
■文化传播渠道　　　□文化投资运营　　　■文化娱乐休闲服务
■文化辅助生产和中介服务　■文化装备生产　　□文化消费终端生产

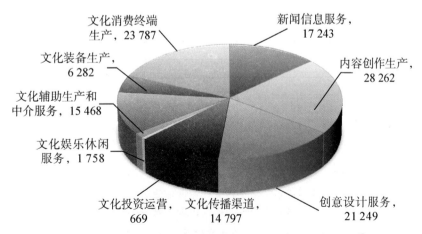

图1-3　2023年文化及相关产业营业收入（按行业类别分）②

① 注：本图为作者根据国家统计局相关数据绘制。
② 注：本图为作者根据国家统计局相关数据绘制。

按区域分（见图1-4），2023年，东部地区实现营业收入101 223亿元，比2022年增长8.7%；中部地区实现营业收入15 394亿元，比2022年增长3.6%；西部地区实现营业收入11 688亿元，比2022年增长10.0%；东北地区实现营业收入1 210亿元，比2022年增长5.4%。

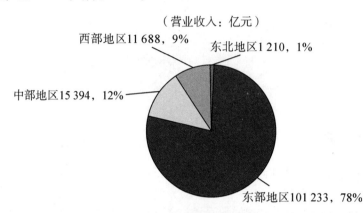

（营业收入：亿元）

西部地区11 688，9%　东北地区1 210，1%

中部地区15 394，12%

东部地区101 233，78%

图1-4　2023年文化及相关产业营业收入构成（按区域分）①

以上数据分析展示了我国非遗产业规模和结构发展的情况。当前，文化新业态的发展态势明显，呈现出强大的活力和重要的地位。尽管各区域文化及相关产业发展的差异较大，但各地都在积极探索和推进文化产业，这为非遗产业发展奠定了基础，而非遗新业态的发展是今后非遗产业创新突破的关键领域，值得进一步探索。

2. 近十年来我国文化产业发展态势分析

从2014年以来，全国文化及相关产业呈现增长态势（见图1-5）。通过分析可以看到，2014年至2023年，文化产业增加值逐年递增，2023年达到新的高点。这表明中国文化产业在这十年中保持了稳定而快速的发展，产业规模不断扩大，文化产业的经济贡献显著提升。

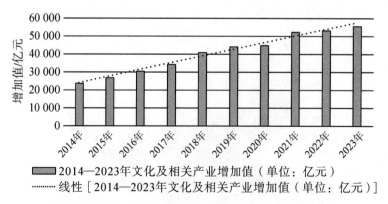

■ 2014—2023年文化及相关产业增加值（单位：亿元）
········ 线性［2014—2023年文化及相关产业增加值（单位：亿元）］

图1-5　2014—2023年全国文化及相关产业增加值变化②

① 注：本图为作者根据国家统计局相关数据绘制。
② 注：本图为作者根据国家统计局相关数据绘制。

3. 文化产业增加值占 GDP 比重（2014—2023 年）

在文化产业增加值持续增长的同时，文化产业增加值占 GDP 的比重也在逐年上升（见图 1-6），这反映了文化产业在国家经济发展中的地位日益重要。这一趋势表明，文化产业不仅在数量上获得增长，在经济结构中的地位也不断提升，成为推动经济增长的重要力量。

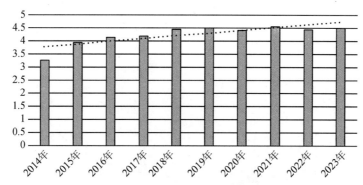

■ 2014—2023年全国文化及相关产业增加值占GDP比重（%）
······· 线性［2014—2023年全国文化及相关产业增加值占GDP比重（%）］

图 1-6　2014—2023 年全国文化及相关产业增加值占 GDP 比重变化①

（二）非遗产业规模结构数据框架分析

在进行中国非遗产业发展的数据分析之前，明确分析的基本框架是至关重要的。这个框架包括多个方面：产业关系、产业趋势、业态划分、规模口径分析等，这些是非遗产业发展数据分析的前提与基础。

第一，要明确非遗产业与其他文化产业的关系。非遗产业不仅是文化产业的一部分，更是与旅游、教育、创意设计等多个行业交叉融合的综合性产业。通过分析非遗产业与这些相关产业的相互关系，可以更为全面地了解非遗产业的整体生态系统，及其在文化产业中的地位和作用。

第二，要把握非遗产业发展趋势。这是数据分析的核心。通过分析过去几年非遗产业的发展数据，可以识别出行业的增长点和未来的发展方向。同时，趋势分析能够为制定产业发展规划提供科学依据，帮助产业在未来的发展中抢占先机。

第三，分析非遗产业内部业态。传统手工艺、表演艺术、节庆活动、传统知识和技能等各种非遗业态发展可谓各具特色。因此，详细划分非遗产业的具体业态，有助于更加精准地进行数据分析。不同业态在发展过程中面临的挑战和机遇各不相同，只有通过细分业态，才能准确评估每一部分的产业价值和发展潜力。

第四，要有规模口径分析。在进行规模分析时，明确分析口径非常重要。数据来源、统计方法、时间跨度等因素都会影响数据的准确性和可比性。通过统一分析口径，可以确保数据分析结果的可靠性。

---

① 注：本图为作者根据国家统计局相关数据绘制。

1. 非遗产业与文化产业、艺术品产业的关系

非遗产业与文化产业、艺术品产业之间的关系，是非遗产业发展数据分析过程中最为重要的基本关系。三者从概念到产业规模的基本关系，特别是相互间的基本涵盖与交叉关系具体见图1-7。

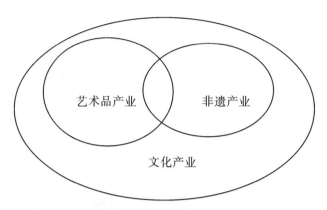

图 1-7　非遗产业与文化产业、艺术品产业的关系

概括来说，非遗产业与文化产业、艺术品产业之间，存在着密切而复杂的关系，它们共同构成了一个庞大且互相依存的文化经济体系。文化产业是一个广泛的领域，涵盖了从内容创作到传播和消费的整个链条，包括影视、音乐、出版、广告、创意设计和文化旅游等。艺术品产业作为文化产业的重要组成部分，专注于艺术品的创作、展示、销售和收藏，具有很高的艺术和投资价值。而非遗产业则聚焦于非遗的保护、传承和发展，涵盖了传统表演艺术、民间文学、传统手工艺、节庆活动以及传统知识和技能等诸多领域。非遗中的传统手工艺如剪纸、刺绣、雕刻、陶瓷等，既是非遗的一部分，也属于艺术品范畴，常常被纳入艺术品市场的交易与收藏之中。非遗项目通过现代技术和媒体传播，成为文化产业的重要组成部分，而艺术品产业通过市场化运作，将非遗中的手工艺品转化为具有投资和收藏价值的艺术品，促进了非遗传承与创新。这种多维度的交叉融合，使得非遗产业与文化产业、艺术品产业三者共同构筑了一个繁荣的文化产业生态系统。

2. 产业融合是非遗产业发展重要的趋势与现实

分析非遗产业发展的规模结构，需要探讨产业融合这一关键概念。"产业融合"近年来成为市场发展的一个热词，是当前时代背景下发展的必然趋势。其概念指的是不同产业或同一产业内不同行业间的相互渗透和交叉，最终融合为一体，逐步形成新产业的动态发展过程。产业融合的前提包括技术融合、业务融合、市场融合及产业管制环境的变化。根据技术发展方向，产业融合可分为产业渗透、产业交叉和产业重组三类。早在20世纪70年代，西方国家就开始了对产业融合的研究，而国内学者的研究虽然起步较晚，但在近年来也取得了显著成果。最初的研究主要集中

于信息传输业的产业融合现象，这一领域的融合最为明显和深远。随着融合现象的增多，学者们开始广泛定义产业融合的概念。在对西方产业融合基本理论的梳理基础上，可将产业融合较为准确和完整地表述为：由于技术进步和放松管制，产业边界和交叉处发生技术融合，改变了原有产业产品的特征和市场需求，企业间的竞争合作关系发生改变，从而模糊甚至重划产业界限①。在全球经济一体化和科技迅猛发展的背景下，产业融合已成为产业经济发展的重要现象。各产业之间、各行业之间的融合，无论在广度还是深度上，都在加速推进。这种融合不仅是两个产业的简单叠加，而是多产业之间的深度渗透和共融。就非遗及其产业发展而言，科技的创新与融合尤其重要。非遗的数字化发展使其在生产、消费、传播、教育、服务、创意等领域受到了前所未有的影响。非遗在当下的生存空间与以往相比有了颠覆性的变化，这是时代发展的必然结果。改变意味着机遇与挑战并存，非遗作为传统文化，在新时代背景下拥有了焕发生机与活力的机遇，同时也面临复杂多变的挑战。在新的阶段，非遗不仅要实现自身的超越发展，还要保持独特的文化精神内涵不受知识经济带来的侵害。为此，必须深入分析和探讨非遗当前所处的市场生态环境。这既是非遗发展的时代要求，也是其良性发展的现实诉求。

3. 非遗产业规模分析框架

非遗产业规模分析框架主要包括核心层、外围层与辐射层，其框架设计见图1-8。分层结构明确，便于系统化分析非遗产业的规模及其影响力。

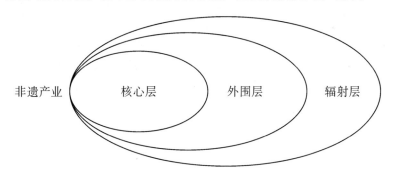

图1-8 非遗产业规模分析框架示意图

（1）非遗产业的核心层

核心层是非遗产业的基础，包括那些直接涉及非遗生产、保护和传承的活动。例如，传统手工艺、民间艺术表演、节庆活动和口头传说等。这一层次的非遗产业活动最能体现非遗的原始特质和文化价值，是整个非遗产业发展的核心部分。在进行规模分析时，核心层的数据采集和估算通常作为基础支撑，因为它直接反映了非遗产业的内在价值和基本规模。

---

① 马健. 产业融合理论研究评述 [J]. 经济学动态，2002 (5)：78-81.

（2）非遗产业的外围层

外围层是围绕核心层展开的，涉及与非遗相关但不是直接的非遗活动的产业。例如，与非遗相关的文化创意产业、旅游业、教育培训业等。这一层次的活动虽然不是非遗的核心部分，但通过与非遗的结合，能够显著提升非遗的传播力和市场影响力。外围层的数据分析需要考虑条件因素和关联效应，以便准确评估其对非遗产业的支持和扩展作用。

（3）非遗产业的辐射层

辐射层包括那些受到非遗影响并能间接推动非遗产业发展的广泛经济和社会活动。例如，非遗相关的媒体宣传、商品销售、文化交流与合作等活动。这一层次通过市场和社会效应将非遗的影响力扩展到更加广泛的领域，从而形成非遗产业的辐射效应。辐射层的数据分析可以揭示非遗产业对整体文化产业和社会经济发展的间接贡献。

在非遗产业规模分析框架中，数据的采集和估算是关键环节。核心层的数据最为基础，外围层和辐射层的数据则根据条件和需要进行补充和拓展。通过系统化的框架分析，可以全面、准确地评估非遗产业的规模和结构，了解其在文化产业和社会经济中的地位作用。这种分层分析方法有助于深入理解非遗产业的多维度影响，并为制定相关政策和发展规划提供科学依据。随着非遗数字化、市场化和全球化的发展，这一分析框架也将不断完善和升级，以适应非遗产业的动态变化和创新需求。

需要注意的是，本书限于研究及数据基础的限制，对相关数据的采集估算仅以核心层为基础展开，受条件所限未能对外围层及辐射层进行相应分析。

总体来看，非遗产业规模分析框架通过核心层、外围层和辐射层的分层结构，系统化地展示了非遗产业的各个组成部分及其相互关系。这种结构化的分析方法，对明确非遗产业的基本规模和发展现状意义重大，还能揭示非遗产业与其他产业的互动融合，为推动非遗产业的持续发展提供理论基础与科学指导。

4. 非遗产业规模分析

根据以上框架，非遗产业的规模可以按照业态展开具体的分析（见图1-9）。其核心层涵盖了直接涉及非遗产业的各个领域。这一层次包括以下主要类别：非遗工艺品产业、非遗美术产业、非遗民俗与旅游产业、非遗影视综艺产业、非遗歌舞戏曲产业、非遗医药产业、非遗建筑园林产业、非遗家具家居产业、非遗服饰产业、非遗餐饮产业、以版权为中心的衍生非遗产业、非遗发展的支撑服务产业以及其他非遗产业。

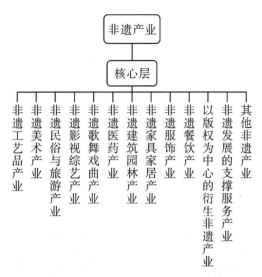

图 1-9 非遗产业业态及规模分析示意图

（三）非遗产业数据规模分析

1. 非遗产业规模分析

资料显示，我国非遗产业的规模在过去几年中实现了显著的增长。仅对非遗产业核心层进行相应的规模分析就可以发现，其发展在 2018 年就已突破万亿级水平——保守估计达到 1.4 万亿元①。随着非遗产业规模的持续增长，2023 年其产业规模已大大超过 2018 年的规模。特别是在技术进步和相关政策的支持推进下，非遗产业在国家经济发展中所扮演的角色愈加重要。

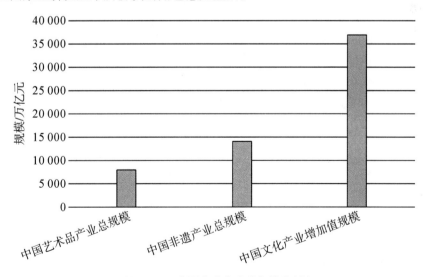

图 1-10 中国非遗产业总规模比例

① 西沐. 2018—2019 中国非遗及其产业发展年度研究报告［M］. 北京：中国经济出版社，2019.

2. 非遗产业规模结构

非遗产业规模结构见图 1-11。不同颜色的扇形区域显示了各类非遗产业在整体产业中的占比状况。

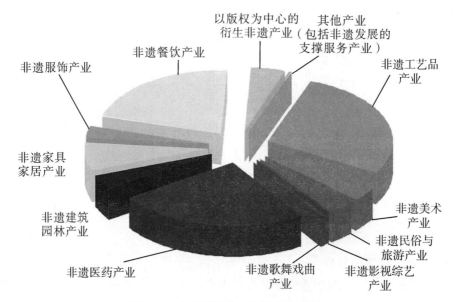

图 1-11　中国非遗产业规模结构示意图

（1）非遗服饰产业。非遗服饰产业占据了一定的比例，显示出传统服饰文化在非遗产业中的重要地位。这个类别包括传统服饰的设计、制作和销售，涵盖了刺绣、织锦等技艺。

（2）非遗家具家居产业。非遗家具家居产业占比较大，反映了传统家具和家居装饰品的制作与销售状况，展示了传统木工技艺与设计的传承。它包括古典家具、雕刻家居饰品等。

（3）非遗建筑与园林产业。其发展已经具有一定规模，反映了传统建筑技术和园林艺术的应用与保护情况，如古建筑修复、园林设计等。它不仅包括建筑本身的保存维护，还包括相关文化景观的保护与利用。

（4）非遗医药产业。非遗医药产业的规模占到了产业总规模的约四分之一，这表明传统医药是我国非遗产业的重要组成部分，具有悠久的历史，应用广泛。传统制药技艺、针灸推拿等，通过现代技术和市场化运营手段的引入，能够进一步推动非遗医药产业发展。

（5）非遗歌舞戏曲产业。包括戏曲、舞蹈、传统音乐等，这些艺术形式通过现代传媒技术和舞台艺术的结合，不断拓展非遗传播受众，推动非遗传承创新。

（6）非遗影视综艺产业。非遗影视综艺产业的规模占比较小，但其发展能够有效将非遗文化渗透到广大影视综艺爱好者中，特别是吸引年轻群体的关注，从而提升非遗传播力度。

（7）非遗民俗与旅游产业。这一产业类别的规模已初步形成，且仍在持续增长中，将非遗民俗与旅游产业结合，对于提升文化旅游发展质量、拓宽非遗传承传播路径具有深远意义。许多以非遗为主题的旅游产品和线路开发吸引了大量游客的关注体验，这在传承非遗文化的同时促进了地方经济发展。

（8）非遗餐饮产业。传统饮食文化在非遗产业中占有一席之地，其规模也近四分之一，包括各种传统美食和饮食技艺的传承与创新。其通过餐饮服务和食品加工等形式推广非遗文化。

（9）非遗工艺品产业。非遗工艺品产业规模占比显著。其发展在传统工艺基础上进一步结合了现代设计、创意策划等，为非遗工艺品与现代生活的融合打通了路径，提升了非遗工艺品的市场吸引力和商业价值。

（10）非遗美术产业。非遗美术产业占据了一定的规模比例，其发展涵盖传统绘画、书法、雕塑等多种艺术形式。这些艺术形式不仅具有深厚的文化底蕴，还在市场上展现出强大的经济潜力和竞争实力。

（11）以版权为中心的衍生非遗产业。以版权为中心的衍生非遗产业在非遗产业中占据重要地位。当前，通过知识产权保护、衍生品开发、数字化传播、法律框架和政策支持，以及市场推广和品牌建设，非遗产业的发展逐步实现了自身传承保护，并取得了显著的经济效益，提升了非遗的社会认知与影响。

（12）非遗发展的支撑服务产业以及其他非遗产业。这一板块是非遗产业发展的重要支撑部分。这些产业通过多种方式支持非遗的保护、传承和发展，通过文化交流、旅游、教育培训、法律政策支持、金融服务、市场推广和数字化技术等多方面、多层次的产业支撑，为非遗产业的可持续发展提供坚实的基础与保障。

（四）非遗产业的结构性分析

1. 非遗产业规模发展迅速

近年来，非遗产业规模发展迅速，特别是非遗业态的发展进一步丰富。新的业态也在融合过程中不断生发。

2. 非遗产业地位提升

非遗产业在整个文化产业的发展中，占有举足轻重的地位。甚至可以说，非遗产业在文化产业中具有三分天下有其一的重要地位。

3. 非遗产业联动作用

非遗产业的联动作用，表现在规模结构上就是有了核心层、外围层与辐射层的分布，三头并进，相互促进，带动了文化产业规模的快速增长。

4. 主导产业与新兴产业

在非遗产业规模结构中，非遗工艺品类产业、非遗医药类产业和非遗饮食类产业是主导产业，占据了整个非遗产品产业规模的70%以上。与此同时，非遗民俗旅游产业、以版权为中心的衍生非遗产业和非遗家具家居产业虽然目前规模较小，但其成长速度最快，显示出巨大的发展潜力。另外，非遗发展的支撑服务产业已成为非遗产业中不可忽视的重要板块。

5. 非遗产业生态形成

非遗产品产业的价值链可以将非遗产品经营业划分为五大环节：非遗产品生产、非遗产品流通、非遗产品销售、非遗产品消费和非遗产品服务。非遗产品创作的本质决定了非遗产品生产本身是个性化的，从原创的角度来看是很难规模化运作。但是，从管理和经营模式的角度出发，非遗产品的生产，特别是创意生产又是可以规范化、制度化和规模化的。非遗产品的生产又促进了非遗产品销售业和非遗产品服务业的繁荣和发展。各类市场经济属性的交易市场，以及各大事业单位属性的国有非遗产品商店，还有属于文化事业范畴的博物馆和美术馆，属于文化产业范畴的交易平台与拍卖业等，都在非遗产业生态的不断深化过程中获得巨大的发展。

6. 非遗资产管理规模增长

非遗资产管理的规模不断增长。在非遗资产管理的发展过程中，虽然还没有非常成熟的案例，且在非遗资源与产品资产化、非遗资产配置与管理中存在的障碍还比较多，这种业态的存在和发展还处在初级阶段，但我们仍然能够从中看到一些趋势与方向。一是非遗资产管理发展的对象由单一形态的具体非遗产品资产不断向多元、多样化的非遗资产转化；二是新的金融工具、新的资产类别与投资方式正在推动非遗资产管理发展工具的选择与规模的拓展；三是非遗资产管理发展的平台化趋势已经显现，非遗资产综合服务平台的建构已成为行业发展的重要关注点；四是金融体系参与非遗资产管理发展的热情提升，业态的创新生发及产品的创新比较活跃；五是在平台+互联网机制的推动下，互联网金融的发展已经打开了非遗资产管理发展的另一扇门，非遗资产管理的行业发展面临重要机遇。

第二节 世界非遗及其产业

非遗作为人类文明的宝贵财富，反映了各国的多样性和创造力。联合国教科文组织通过《保护非物质文化遗产公约》（以下简称"《公约》"），设立了人类非物质文化遗产代表作名录、急需保护的非物质文化遗产名录和优秀实践名册，以系统地推动全球非遗的保护与传承。这些名录不仅提升了非遗的国际影响力，促进了各国间的文化交流，还动员了多方资源推动保护措施的实施。研究非遗及其产业发展，需要从全球视角出发，深刻了解世界非遗的分布状况及其保护与传承的成功经验和面临的各项挑战。以此为基础，探索如何更为有效地保护和传承非遗，实现非遗产业发展。本节通过分析世界非遗的时间分布、空间分布及类别特点，为我国非遗产业的发展提供有价值的启示和借鉴。全球化进程的不断推进，使得保护和传承非遗显得尤为重要，这不仅是对文化多样性的尊重，也是对人类共同精神财富的珍视与传承。

一 世界非遗的分布状况

非遗是人类文明的宝贵财富,体现了人类文化的多样性和创造力。在世界范围内,各国和地区的非遗分布各异,反映出了不同文化背景下的丰富传统与实践。为了保护这些珍贵的文化资源,联合国教科文组织(UNESCO)在《保护非物质文化遗产公约》的框架下,设立了三大名录体系:《人类非物质文化遗产代表作名录》《急需保护的非物质文化遗产名录》《保护非物质文化遗产优秀实践名册》。其中,《人类非物质文化遗产代表作名录》旨在扩大非遗的影响,提高人们对其重要意义的认识。自 2008 年正式启动申报和评审工作以来,名录中的项目数量不断增加,涵盖了全球各地的丰富非遗项目。这一名录促进了国际的文化对话,尊重和促进了文化多样性,帮助各国人民更深刻地理解和欣赏彼此的文化遗产。《急需保护的非物质文化遗产名录》的设立是为了保护那些濒临消失的非遗项目。联合国教科文组织鼓励各国采取适当的保护措施,以确保这些脆弱文化传统的延续。该名录不仅引起了国际社会的广泛关注,还动员了多方资源,推动了保护工作的具体实施。《保护非物质文化遗产优秀实践名册》则收录了在保护非遗方面表现突出的国家或地区的计划、项目和活动。这些项目和活动被认为最能体现《公约》的原则和目标,为其他地区和国家提供了宝贵的经验和示范作用。通过分享和推广这些优秀实践,联合国教科文组织促进了全球范围内的非遗保护工作。

值得注意的是,在 2001 年、2003 年和 2005 年宣布的三批共 90 项"人类口头和非物质遗产代表作",已经被一并转入了《人类非物质文化遗产代表作名录》。这一历史性的举措不仅巩固了过去的保护成果,还为后续非遗保护工作奠定了基础。通过设立这三大名录体系,联合国教科文组织在全球范围内有效地推动了非遗的保护与传承工作。这些名录不仅提高了人们对非遗重要性的认识,促进了国际的文化交流与对话,还为各国保护和传承非遗提供了有力指导和支持。在全球化进程不断深化的今天,这些努力显得尤为重要。保护非遗,不仅是对人类文化多样性的尊重,更是对人类共同精神财富的珍视与传承。

以下将从世界非遗时间、空间、类别三个维度,展开对联合国教科文组织收录的世界级非遗分布的分析。

(一)世界级非遗时间分布状况

世界级非遗的数量呈现稳步增长态势,从 2008 年名录启动时的 90 项增长至 2023 年的 730 项(见图 1-12)。这一持续增长的数据反映了世界各国基于对非遗的重要性及其巨大价值的认识而积极开展申报、保护与传承工作的热情。截至 2023 年年底,仍未加入联合国教科文组织《保护非物质文化遗产公约》的国家包括美国、澳大利亚、加拿大等。

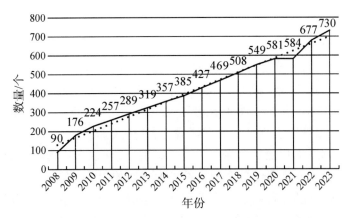

图 1-12　2008—2023 年世界级非遗数量变化①

（二）世界非遗的空间分布状况

公开资料显示，截至 2023 年 12 月底，列入联合国教科文组织非物质文化遗产名录（名册）的项目共计 730 个，涉及 145 个国家。其中，列入《人类非物质文化遗产代表作名录》的 611 项，涉及 140 个国家；列入《急需保护的非物质文化遗产名录》的 82 项，涉及 44 个国家；列入《保护非物质文化遗产优秀实践名册》的 37 项，涉及 32 个国家。中国在该名录（名册）中的项目共计 43 项，其中在《人类非物质文化遗产代表作名录》中的有 35 项，《急需保护的非物质文化遗产名录》中的有 7 项，在《保护非物质文化遗产优秀实践名册》中的有 1 项②。

进一步分析当前世界级非遗空间分布状况，145 个国家主要涉及亚太地区、拉丁美洲和加勒比地区、欧洲和北美地区、非洲以及阿拉伯地区，见图 1-13。

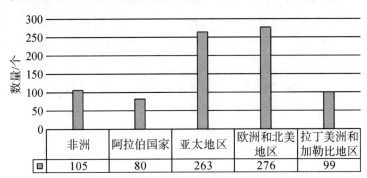

	非洲	阿拉伯国家	亚太地区	欧洲和北美地区	拉丁美洲和加勒比地区
▣	105	80	263	276	99

图 1-13　截至 2023 年年底世界级非物质文化遗产数量地区分布状况③

①　注：本图为作者绘制，数据来源于联合国教科文组织非物质文化遗产名录，统计时间截至 2024 年 7 月底。https://ich.unesco.org/en/lists。

②　联合国教科文组织非物质文化遗产名录（名册），统计时间截至 2024 年 7 月底，https://www.ihchina.cn/directory_list。

③　注：本图为作者绘制，数据来源于联合国教科文组织非物质文化遗产名录，数据统计截至 2024 年 7 月底。https://ich.unesco.org/en/lists。

（1）亚太地区。在多样性和数量方面，亚太地区拥有丰富的文化传统和多样的非遗项目。包括印度、中国、日本、韩国、越南等在内的多个国家，都在积极申报和保护其非物质文化遗产。截至 2023 年年底，亚太地区的非遗名录项目数量达 263 项，特别是在传统表演艺术和手工艺方面表现突出。在区域性差异方面，不同国家和地区的非遗项目数量和类型各有特色。如中国拥有大量的传统工艺、节庆活动和口头传承项目，而日本和韩国在传统表演艺术和手工艺保护方面尤为突出。东南亚国家如泰国和越南则在传统舞蹈和音乐方面具有非遗项目优势。

（2）欧洲和北美地区。欧洲和北美地区目前的非遗名录项目数量达 276 项，这一地区非遗项目种类繁多，涵盖从传统手工艺到音乐、舞蹈、戏剧、节庆活动等诸多领域，如波兰舞曲、意大利歌剧、法国法棍面包制作技艺、德国现代舞、西班牙塔姆博拉达斯鼓演奏仪式等都是重要的代表项目。

（3）拉丁美洲和加勒比地区。该地区的非遗项目数量为 99 项，涵盖了广泛的文化表现形式，包括音乐、舞蹈、节庆、手工艺、口头传统等。阿根廷的查马梅和探戈，巴西的桑巴舞、古巴的帕兰达斯节等都是这一地区的重要项目代表，体现了这一地区多元的文化传统和强烈的民族色彩。

（4）非洲地区。非洲地区有 105 个项目列入联合国教科文组织非物质文化遗产名录。事实上，在 2003 年《保护非物质文化遗产公约》通过后，非洲成为执行该公约最积极的地区之一，其非遗项目涵盖了多样的文化实践，反映了深厚的文化传统及多样性，如尼日利亚奥约桑戈节、阿尔及利亚的流行民歌、赞比亚的布迪玛舞蹈等。

（5）阿拉伯地区。该地区目前有 80 个项目列入联合国教科文组织非物质文化遗产名录。如巴基斯坦的传统舞蹈"达布克"、阿拉伯联合酋长国的传统刺绣技艺、摩洛哥的特布里达等。这些项目向我们展示了阿拉伯世界丰富的文化遗产。

按照项目分布国家进行梳理，目前中国已列入联合国教科文组织非物质文化遗产名录（名册）的项目数量为 43 项（位居第一）。此外，项目资源丰富的国家还有土耳其（30 项）、法国（28 项）、西班牙（25 项）、伊朗（24 项）、阿塞拜疆（23 项）、日本（22 项）、韩国（22 项）、克罗地亚（22 项）、比利时（18 项）、印度（15 项）、越南（15 项）、蒙古国（15 项）、秘鲁（14 项）、哥伦比亚（14 项）等①。

（三）世界非遗的类别分析

联合国教科文组织《保护非物质文化遗产公约》将非遗分为五类，以下作简要描述。

（1）口头传统和表现形式，包括作为非物质文化遗产媒介的语言。细分小类包括神话、传说、史诗、歌谣等，如葡萄牙城市民谣法朵。

（2）表演艺术，包括传统音乐、传统舞蹈、传统戏剧、杂技、游戏等，如侗族大歌。

（3）社会实践、仪式、节庆活动，包括生活习俗、节庆习俗、人生礼仪、宗教仪式、文化空间等，如地中海饮食文化、中国的端午节。

（4）自然界和宇宙的知识和实践，包括天文气候知识和实践、数学知识和实践、传统医药知识和实践等，如中医针灸。

（5）传统手工艺，包括工具和机械制作技艺、雕塑技艺、编扎技艺、纺染织绣技艺等，如荷兰的风车和水车磨坊制作技艺、中国龙泉青瓷传统烧制技艺。

二 世界非遗产业发展的趋势与特点

（一）非遗：可持续发展的文化基石

非遗凝聚了文化多样性，是可持续发展的重要保障。然而，在全球化和社会转型的进程中，非遗面临着严重的损坏和消失的威胁。世界各国开始采取行动保护非遗。联合国教科文组织在 2003 年通过的《保护非物质文化遗产公约》中说明，保护是指"确保非遗生命力的各种措施，包括这种遗产各个方面的确认、立档、研究、保存、保护、宣传、弘扬、传承（特别是通过正规和非正规教育）和振兴"。此外，针对非遗的活态性、实践性、传承性等特点，《公约》也明确要求社区、群体和个人的参与。在实践中，各国主要通过提高非遗认识与定位、完善法律建设、发展非遗产业、资金支持多元化、提高社会参与等一系列措施来保护和发展非遗。

（二）非遗资源：可持续发展战略的必要资源

明确非遗与可持续发展的联系，有助于打开思路，进一步推动非遗的保护、传承与振兴。联合国教科文组织在 2013 年举办展览，阐释了非遗是如何对可持续发展的各方面做出贡献的："没有文化，任何社会都不能繁荣，任何发展都不能持续。非物质文化遗产是活的文化实践、表达以及知识体系；它赋予了社区的意义，解释并塑造了这个世界。世界各大洲的社区日常都能用到非物质文化遗产，来应对粮食不足、环境变化、卫生健康、教育或预防与解决冲突等各种问题。"非遗是连接过去与现在，并延伸至未来的纽带，不能局限地将非遗等同于民俗和仪式，非遗更不仅仅与旅游和手工艺经济有关。可持续发展包含的社会、环境、经济三个层面，都离不开非遗的保护与传承发展。

1. 增强社会凝聚力和包容度

非遗有助于增强社会凝聚力和包容度。风俗实践、仪式、节庆活动是构成社区与团体生活的重要部分。比如巴西的 Frevo 狂欢节，通过音乐、舞蹈和手工艺等表现形式，将来自不同社区的累西腓（Recife）居民聚集到一起进行庆祝活动。不同背景的人们因共同的非遗而形成身份认同，从而和睦相处，建立具有凝聚力的社会。

2. 保护生物多样性，推动环境可持续发展

各地的本土居民在与自然长期相处的过程中，将积累的环境保护知识应用于自

然资源的可持续开发，并尽量将环境变化带来的影响最小化。如非遗中的传统农业知识和生态管理方法有助于维持生物多样性和生态系统的平衡。

3. 促进经济发展，带动多重收益

非遗有助于促进经济发展，其产业开发为产业链相关人员带来多重收益。传统手工艺产业不仅为手工艺人及其家庭提供收入，还为产业链上下游的运输、销售产品、采集和生产原材料的人带来收入。非遗相关的旅游活动可以给社区带来多种收益，包括增加收入、创造新的工作岗位、提高当地居民的自豪感，并在更大范围传播当地非遗。如墨西哥的亡灵节庆祝活动在其原住民社区生活中具有重要意义，不仅是文化活动，也带动了当地旅游业的发展，增加了社区的经济收入。

（三）非遗产业：多元化与多层次的产业实践

非遗不仅包含丰富的文化价值，还潜藏了巨大的经济价值，许多国家已经将非遗作为当地文化产业的重要内容来开发。其经济价值主要体现在旅游经济价值、品牌经济价值、技术和技艺专利经济价值、生态经济价值等多个方面。

近年来，非遗的经济价值得到了各国政府、学者和企业的普遍认可，催生出多元化和多层次的非遗产业。传统手工艺和表演艺术是非遗的重要组成部分，但非遗的开发不能仅仅等同于生产和销售非遗产品，如剪纸、年画、玉雕、刺绣以及音乐和舞蹈表演等，而更应重视品牌、技术专利和文化创意等经济元素，充分发掘非遗的经济价值。如英国作家基于非遗元素进行文学创作，诞生了《哈利·波特》《霍比特人》等畅销小说，形成了创意文化产业链，包括电影、游戏、主题游乐园、玩具和文具等周边衍生品。泰国丝绸传承人对非遗技艺进行创新开发，打造了以金·汤普森丝绸为代表的民族特色品牌，既保留了传统工艺，又结合了现代流行风格，产品设计具有很高的艺术价值，赢得了全球高端市场的认可。另外，在发展非遗产业过程中，需要注意警惕过度的商业化开发，非遗开发必须遵守真实性、整体性原则，不能为了商业利益而毫无根据地改变非遗的形态和活动环境，造成低水平、粗制滥造的伪非遗展示展演泛滥现象。

（四）法律支持：非遗及其产业发展的重要保障

联合国教科文组织在 2003 年通过的《保护非物质文化遗产公约》中，制定了各成员国保护非遗的通用准则和行动指南。各缔约国在国内法律层面的实践可归纳为以下四类。

1. 制定新的国家法律

各国通过制定新的国家法律来确保非遗保护工作的实施和规范。如中国在 2011 年颁布《中华人民共和国非物质文化遗产法》，系统地规定了非遗的保护、传承和管理措施，使得非遗保护工作有法可依。韩国基于 1962 年《文化财保护法》的实践，于 2015 年制定了《关于非物质文化遗产的保存和振兴法》，将非遗保护单独立法，进一步明确了非遗保护的具体措施和责任主体。

2. 修订国内现有法律

许多国家通过修订现有法律，进一步完善非遗保护的法律框架。如日本在 1950

年制定的《文化财保护法》首次提出了无形文化财的概念。该法历经多次修改，在
2004 年进一步完善了登录制度，将非遗保护与日常生活联系起来。在 2019 年 10 月
修订，并于次年 4 月起实施的修订条例，进一步强调了文化财的活用和多主体共同
承担保护责任，力图通过活用文化财，吸引观光客、开发旅游资源、实现地方资源
活用。

3. 提出新的政策方针

此类别主要包括两类：一是国家在《公约》批准之前已有相关国内法律，因此
法规层面不做变化，而是通过新的政策方针并根据《公约》的框架及标准来完善对
非遗的保护；二是国内没有相关法律，仅通过政策层面的鼓励引导，不涉及法律
程序。

4. 缺乏具体政策法规行动

在一些国家，虽然已批准加入了《保护非物质文化遗产公约》，但暂时还没有
在具体政策法规层面采取行动。从世界范围的法律实践来看，除去建立新的国家非
遗法律以外，其他在《保护非物质文化遗产公约》颁布之前就已立法保护非遗的国
家，大多采用的是版权保护民间文化艺术的模式。自 20 世纪 60 年代以来，突尼
斯、玻利维亚、印度尼西亚等一些非洲、拉丁美洲和亚洲的发展中国家先后通过国
内立法确立了对民间文化艺术的版权保护。影响较大的是 1976 年通过的《突尼斯
版权示范法》，其由联合国教科文组织和世界知识产权组织联合制定。该法规定，
除公共机构作为非商业目的使用外，有关国家民间文学艺术作品的经济权利和部分
精神权利由国家主管当局行使，且保护不受任何期限限制。使用国家民间文学艺术
作品必须向国家主管当局按收入的一定比例支付使用费，收取的费用将用于保护和
传播国家民间文学艺术①。

需要注意的是，非遗的核心是精神的实践、经验的积累、技巧的改良和艺术的
展现，其本质是信息，是知识产权的客体。因此，利用知识产权保护非遗已在国际
社会达成共识。世界知识产权组织为推动非遗的知识产权保护，于 2000 年成立了
"知识产权与遗传资源、传统知识和民间文艺保护政府间委员会"，专门讨论有关传
统知识与文化的保护问题，在知识产权制度框架下保护非遗②。

（五）多元化资金支持：社会资本助力非遗保护

长期以来，非遗的保护及管理工作主要依靠国家财政的支持。然而，伴随着社
会发展和非遗保护意识的提高，非遗数量不断增长，保护成本和管理费用随之上
升，给各国公共财政带来了巨大压力。为了应对这一挑战，各国纷纷探索多元化的
资金来源，发动社会资本参与非遗保护。

1. 西欧国家的多元化资金模式

英国、法国、意大利等西欧国家相继对文化遗产管理制度进行了改革，采取经

---

① 李墨丝. 非物质文化遗产保护法制研究 [D]. 华东政法大学，2011.
② 罗艺. 国外非物质文化遗产法律保护概述 [J]. 云南电大学报，2010，12（4）：61-66.

费多元化的措施。文化遗产（包括物质文化遗产与非物质文化遗产）的管理经费部分来自政府的财政补贴和预算，也包括政府减免税收的间接财政支持、遗产单位自身的经营性收入以及私营企业和个人的捐赠等①。如意大利通过政府财政补贴，对西西里木偶剧、那不勒斯比萨制作技艺等世界级非遗进行保护，带动了当地观光旅游和美食文化旅游产业的发展，同时旅游收入又反哺非遗保护。西欧国家在非遗保护方面引入由政府引导的非营利基金模式，发展较为成熟。英国遗产乐透基金（Heritage Lottery Fund）通过彩票吸纳社会闲散资金，扩大民众参与渠道，一定程度上支持了非遗保护。

2. 拉美国家的社会资本参与

巴西通过税收减免政策鼓励个人和团体投资文化产业。申请人向文化部提交投资计划，如获批准，将允许从个人所得税或公司缴税中提取一部分，用于实施获批的投资。这项政策不仅对税收进行了合理分配，还拓宽了文化产业的融资渠道，促进了个人、公司和团体在文化产业中的投资参与，使得巴西的非遗保护焕发新的活力。多元化的资金支持模式，尤其是社会资本的参与有力地推动了各国的非遗保护工作，使其保护与发展获得了显著成效，缓解了公共财政压力，也动员了社会各界的力量，使非遗保护和传承更具可持续性。

（六）增强社会参与：重视年轻一代的非遗宣传教育

非遗具有实践性和活态性，其文化内涵是通过人的活动表现并传达出来的。非遗的活态性还体现为非遗在传承、传播过程中的变异和创新，不同的传承者和接收者共同参与创造，展示他们集体智慧和能力的创造性。基于非遗的特性，《保护非物质文化遗产公约》对社会参与提出了明确要求："缔约国在开展保护非物质文化遗产活动时，努力确保创造、延续和传承这种遗产的社区、群体，有时是个人的最大限度地参与并吸收他们积极地参与有关的管理。""必须提高人们，尤其是年轻一代对非物质文化遗产及其保护的重要意义的认识。"

1. 社会多渠道参与非遗保护

民间团体、博物馆、美术馆、社区和学校等都是促进社会参与非遗保护的重要渠道。在日本，民间自发形成许多非遗相关团体，如"全国历史的风土保存联盟""全国历史城镇保护联盟"等。这些民间团体的活动形式多种多样，吸引了学者、社区居民、教师、学生、家庭主妇等人员的广泛参与②。博物馆和美术馆往往依托特定区域或文化对非遗进行研究、保护和开发，通过展览和公共教育活动唤起民众保护意识，促进公众参与。英格兰东北部历史悠久，非遗资源丰富，多家博物馆依托人文环境对非遗进行保护和传播，如说唱舞蹈、烹饪艺术和传统手工艺等，吸引了大量国外游客和当地家庭参观③。

① 马明珠. 国外社会资本介入文化遗产保护的经验及启示 [J]. 甘肃金融，2017（1）：25-28.
② 钱永平. 日本非物质文化遗产保护研究综述 [J]. 湖北民族学院学报（哲学社会科学版），2010，28（5）：89-94.
③ 郭玉军，司文. 英国非物质文化遗产保护特色及其启示 [J]. 文化遗产，2015（4）：1-12，157.

2. 注重青少年教育与非遗传承

非遗的传承离不开下一代人的重视和努力，因此青少年对非遗的了解和喜爱至关重要。日本的非遗保护重视对儿童的教育，在日常学习中为学生提供丰富多彩的非遗体验活动。日本文部省将非遗传承与义务教育相结合，规定小学生在学期间必须观看一次能剧（日本的一种传统戏剧），希望通过增加观看传统艺术的机会，使之熟悉日本非遗的内容，从而培养兴趣①。

3. 提升传承人地位与收入水平

发展非遗产业，提高非遗传承人的收入、生活水平及社会地位，是吸引年轻人加入非遗传承事业的重要举措。如法国、意大利通过旅游产业带动非遗发展，增加传承人的收入，提升其社会地位，使非遗保护与经济发展相结合，不再狭隘地将非遗与偏远落后地区画等号，以培养公众保护非遗的使命感和自豪感。

三 国外非遗产业发展的主要模式与经典案例

（一）日本：全民参与和融入生活推进非遗传承

日本的历史文化遗产保护已有 100 多年的历史，自 1897 年制定《古社寺保护法》以来，主要采用指定制度。这种制度由政府和专家主导，重点保护特定时代和特定风格的杰出作品，实行"少数精品主义"的保护政策。20 世纪 80 年代，日本开展了一系列由国家组织的民俗资料调查和文化活动，增强了对民俗文化的保护力度。1983 年的统计显示，被指定为重要文化财的美术工艺品有 9 224 件，其中国宝825 件；历代建筑物 1 960 件，其中国宝 207 件。1996 年，日本国会通过了新一轮修改的《文化财保护法》，引入了欧美等国的登录制度。这种制度通过注册和登记文化遗产和非物质文化遗产，确认其历史文化价值，并用法律法规加以保护。登录制度不仅提升了公众的保护意识，还通过媒体宣传推动了文化遗产的保护工作。日本文化厅表示，计划通过新的"文化财登录制度"，保护 10 万件历史遗产。登录制度已被广泛采用，并被联合国教科文组织用于"世界文化和自然遗产"的保护实践中，其被证明是行之有效的方法②。概括来看，日本非遗发展的模式特点主要可归纳为以下四点。

1. 提出"无形文化财"概念

日本是世界上首次提出"无形文化财"概念的国家，这一概念深刻影响了联合国教科文组织《保护非物质文化遗产公约》的制定。日本在非遗保护领域的理念和实践为国际非遗保护工作提供了重要借鉴。

2. 全民参与非遗传承保护

日本非遗保护的一个显著特点是普通民众的积极参与。通过义务教育的普及、学术研究的推进和民间社会运动的推动，日本民众具备了较强的非遗保护意识。普

---

① 郑憩，张雪领，栾惠. 国外非物质文化遗产传承发展的经验与启示［J］. 中国产经，2018（2）：66-69.
② 牟延林，谭宏，刘壮. 非物质文化遗产概论［M］. 北京：北京师范大学出版社，2010.

通民众和民间团体的积极参与显著影响了国家政策的制定和实施。如"全国历史的风土保存联盟"等民间团体在文化财保护方面发挥了重要作用，他们的意见交流甚至影响了日本《文化财保护法》的修订。

3. 推动非遗融入日常生活

日本通过多种方式将非遗融入日常生活，以增强民众对非遗的重视和保护。如以民众为主体的造乡运动（一村一品）以及非遗产业的发展，使日本全民意识到非遗与自身生活之间的关系，从而激发民众对非遗的重视和保护。1974年，日本学者宫崎清教授发起的"生活工艺运动"，通过在乡村举办工艺品培训班和展览，吸引游客体验手工艺制作。这一运动发展成为造乡运动，推动了《传统工艺品产业振兴法》的颁布和实施，使民间工艺文化得到发掘、保护和发展。

4. 积极发展非遗产业

在非遗产业发展方面，日本采取了一系列措施，以《传统工艺品产业振兴法》为基础，成立了由国家、地方、公共团体和产地组合等出资的财团法人组织——传统工艺品产业振兴协会。协会通过调查研究，为各产地传统工艺品的生产经营提供信息，不断开拓需求市场；设立了全国传统工艺品中心和传统工艺品信息网；通过认证和奖励提升从业者的素质和地位；通过宣传活动，将传统工艺文化不断渗透到现实生活中，推动传统工艺品产业的持续发展。

（二）韩国：商业发展与流行文化促进非遗发展

韩国非遗及其产业发展模式的特点在于将保护、商业化和旅游化有机结合，利用流行文化和全面宣传手段，提升非遗的社会影响力和经济价值。这种模式不仅推动了非遗的保护与传承，还通过产业化和国际化拓展，为非遗发展带来新的动力。其发展模式的特点可以归纳为以下五个方面。

1. 非遗保护与商业化结合

韩国在非遗保护方面，不仅依赖政府的有效政策和大力运作，还积极引入商业化模式。1981年，韩国政府通过举办大型民俗活动——"民族之风"大力宣传传统文化，媒体大规模报道，许多民间艺术能人脱颖而出。这些活动推动了非遗的普及和传承，同时也激发了商业资本的兴趣。

2. 非遗商品化

随着非遗活动的拓展，韩国商人纷纷将韩国文化财和无形文化财开发成商品。面具、戏装、玩偶及与之相关的书刊等商品在市场上广泛销售。非遗商品化虽然引起了一些担忧，但也推动了非遗的规模化和模式化发展，使表演艺术等非遗项目在商业运作中逐渐扩大了影响力。

3. 非遗与旅游融合

韩国非常重视利用非遗资源来促进旅游业的发展，通过现代观光旅游推动非遗保护。民俗村、宗庙祭祀典礼和江陵端午祭等活动吸引了大量国内外游客，这些非遗项目成为重要的旅游资源。如首尔城南的古代民俗村展示了李朝时期的衣食住行和建筑景观，成为受欢迎的旅游地。

4. 非遗与流行文化结合

韩国将非遗与流行文化结合，通过影视剧、流行音乐和综艺节目等方式将非遗对外传播。韩流文化在东南亚和欧美广受欢迎，影视作品展示了韩国独特的传统文化魅力，如《大长今》的拍摄地民俗村成为热门旅游景点。此外，韩国综艺节目通过明星团队参与非遗活动，进一步推广非遗文化。

5. 全面宣传与推广非遗

韩国政府高度重视非遗对旅游业的促进作用，并通过现代旅游业反哺非遗保护，从游客服务中心到地铁、车站，从飞机座椅到香烟盒，非遗宣传无处不在。政府充分利用多种渠道扩大非遗的影响力。

（三）英国：创意产业为核心的多样化非遗发展

英国是创意经济的全球领跑者之一，创意产业在其经济结构中占据重要地位。英国将非遗保护与创意产业发展相结合，采用多样化措施推动非遗保护和传承。目前，英国批准加入了联合国教科文组织《保护非物质文化遗产公约》（2024 年 6 月 7 日生效）。英国非遗发展模式的特点可以归纳为以下五个方面。

1. 非遗保护与创意产业结合

英国通过将非遗的保护与创意产业的发展紧密结合，利用分散但有针对性的立法和多样化的资金支持，促进非遗与现代商业结合。如英国传统手工艺品成为特色商品，传统习俗和节日活动成为旅游项目，古老传说和语言成为影视作品和畅销书的素材。这种融合不仅保护了非遗，还赋予其新的生命力和市场价值。

2. 多样化的立法与政策支持

英国的非遗保护主要依赖于三个制度体系：知识产权制度、欧盟区际条约义务和创意产业促进机制。英国针对少数民族语言，颁布了《2005 年苏格兰盖尔语法》，2011 年加入《欧盟保护少数民族语言宪章》；针对传统手工艺，出台了《2008 年苏格兰格子注册法》和《2009 年苏格兰威士忌条例》等。这些分散的立法具备较强的针对性和可操作性，要在非遗与现代商业相结合的过程中加强知识产权保护，注重商业行为的实用性[①]。

3. 强调非遗保护与地域发展联系

英国强调非遗保护与地域发展的紧密联系，并通过博物馆的作用调动民众参与。博物馆不仅展示非遗项目，还通过互动活动、教育项目和社区参与，增强民众的非遗保护意识和参与热情。

4. 政府部门与创意产业合作

1997 年，英国原国家文化遗产部更名为"文化、媒体与体育部"，并加强与贸易工业部的合作。这种跨部门合作旨在完善创意经济发展与文化遗产保护的目标，不仅支持营利性的文化事业，还从事文化产业与文化事业的开发和推广。

---

① 郭玉军，司文. 英国非物质文化遗产保护特色及其启示［J］. 文化遗产，2015（4）：1-12，157.

5. 非遗商业化与旅游化

英国在非遗保护过程中积极推动其商业化和旅游化。一方面，传统节日和习俗被开发为旅游项目，带动了地方经济的发展。另一方面，创意产业链发展迅速。以《哈利·波特》为例，该小说成功融入英国传统文化元素，形成了包括电影、游戏、主题游乐园和周边产品的全球畅销创意产业链，其创意开发不仅扩大了非遗的影响力，还创造了巨大的经济效益。

（四）马来西亚：非遗与世界文化遗产旅游融合发展

马来西亚在非遗保护与发展方面，采取了将非遗与文化旅游相结合的模式，由此实现了非遗的保护与传承。政府、企业、媒体和社会各界的共同努力，为非遗提供了广泛的宣传和经济支持，激发了年轻一代的传承热情。这种融合发展的模式不仅推动了非遗的有效保护与传承，更在文化旅游的发展中带动了当地经济发展，彰显了非遗与现代产业相结合的巨大潜力。马来西亚非遗发展模式的特点可归纳为以下五个方面。

1. 文化旅游与非遗融合

马来西亚槟城以其独特的自然风光、本土风情和美食吸引了大量游客，尤其是其首府乔治市被联合国教科文组织列为世界文化遗产后，游客数量大幅增加。在这一背景下，槟城将非遗传统手工艺与文化旅游市场相连，既促进了传统手工艺的发展，又为游客提供了沉浸式的文化体验。

2. 非遗教育与推广

2000年，槟城古迹信托发起了面向学龄儿童的非遗教育项目，儿童学习并记录传统手工艺的制作过程，参与宣传内容的制作。通过这种方式，非遗知识得以广泛传播。

3. 政府与企业支持

政府和企业的支持是非遗保护的重要推动力。汇丰银行赞助，槟城古迹信托成立人间国宝奖项。通过公开征集和专家评选，获奖者不仅获得了国家认可与荣誉，提升了社会知名度，还能够获得生活及创作所需的资金支持。政府和企业的合作使非遗保护工作得到了有力保障。

4. 媒体宣传与社会认可

全国及地方媒体对每位人间国宝奖项的获奖者进行持续报道，提升了他们的社会知名度和作品的市场影响力。获奖者们频繁参加艺术节和展览，作品获得了更多展示和销售的机会，从而进一步提高了非遗的影响力与受欢迎度。

5. 经济收益与传承动力

文化旅游者愿意为真实的非遗体验买单，为非遗保护提供资金支持。非遗传承人的经济条件得以改善、社会认可度得到提高，以及技艺带来的自我实现感和自豪感，进一步吸引了更多年轻人参与非遗传承。非遗传承人收入的提高推动了相关培训体系的完善，实现了非遗的持续传承。

（五）意大利：融入国家发展战略多举措推进非遗传承

意大利作为欧洲文明古国和文艺复兴的发源地，除了令人惊叹的历史遗迹外，还有代代相传、极为灿烂的文化遗产。与此同时，意大利具有高度的全民保护意识、完善的法律制度和先进的保护技术，其在文化遗产保护理论和实践方面始终处于世界领先地位。近年来，意大利还进一步将非遗保护融入国家发展战略，通过多种举措不断完善其保护传承体系，并不断提升非遗创新发展能力。意大利非遗发展模式的特点可归纳为以下五个方面。

1. 文化与创意产业结合

意大利将非遗与创意产业相结合，通过立法和政策支持，推动非遗项目的商业化和旅游化。如意大利的西西里傀儡戏和那不勒斯比萨制作技艺等都被列入了联合国教科文组织的非遗名录。这些传统技艺通过创新和商业化，不仅得以保护和传承，还成为吸引游客的重要资源。正如那不勒斯当地人类学者、专栏作家马里诺·尼奥拉所说，那不勒斯比萨厨师不仅为当地民众制作食物，也在为社区保留珍贵的文化遗产。如今那不勒斯比萨已经走向全球。1月17日被确立为"世界比萨日"，那不勒斯每年都会举办隆重的庆祝活动，这进一步提升了这项技艺的国际影响力①。

2. 广泛的政策与立法支持

意大利强调文化遗产保护是中央政府的职责，实行中央政府垂直管理制度，自1870年统一建国以来，文化遗产的管理权一直集中在中央政府，避免地方政府因经济发展而破坏文化遗产。1975年，意大利政府设立了文化遗产部，负责全国文物保护工作，下设18个保护局，直接管理全国各地的重要遗址、考古区、古迹和文物。1996年，意大利通过法律，将彩票收入的千分之八用于文物保护。2000年颁布的《资助文化产业优惠法》规定，企业投入文化资源的资金不计入税款收入基数。2004年《文化遗产与景观法典》规定，鼓励和支持公民参与文化遗产保护，并通过取消文化遗产继承税、免除文物修复材料增值税和税收优惠等政策，刺激民间资本投资。中央政府每年拨款用于文化遗产保护，占国家财政预算的1%~2%，并通过多渠道筹集资金，促进文化遗产保护工作。国家统一制定世界文化遗产和国家博物馆的门票价格，门票收入上缴国库用于保护工作。政府鼓励企业和个人投资文物保护，给予税收优惠，并通过企业赞助和私人基金会接管文物保护，减轻经济和社会压力。此外，意大利积极争取国际援助，如联合国教科文组织和欧盟的支持。而且意大利还设有先进的文物信息中心，收集并管理全国文化遗产资料，确保文物信息的及时查询和执法支持。同时，还在文化财产的维护、修复以及商业活动的严格规定方面形成了一系列措施，确保其文化遗产在现代社会中得到有效保护和合理利用。

3. 文化旅游深度融合

意大利政府高度重视公众在遗产保护中的参与，注重将文化遗产融入旅游业，

① 人民网. 蜚声世界的那不勒斯比（多彩非遗）[EB/OL]. (2022-06-08) [2024-08-08]. https://baijiahao.baidu.com/s? id=1735012522232448876&wfr=spider&for=pc.

推动文化旅游的发展。为保障公众利益，提升服务水平，意大利拓宽了公众参与渠道，并支持民间组织建设。遗产景区的门票价格保持较低水平，并对不同人群实行减免政策。学校还组织学生参观文化遗产，并进行相关考试，培养"爱惜文物、保护遗产"的观念。自 1997 年起，意大利政府每年 5 月的最后一周都会举办"文化遗产周"活动，免费开放所有国家级文化和自然遗产，包括国家博物馆、考古博物馆、艺术画廊和文物古迹。在此期间，文化遗产部还会举办以历史和文化为主题的音乐会、研讨会等数百项丰富多彩的活动，增进公众对历史文化知识的了解①。此外，意大利的乡村生态旅游和美食文化旅游也逐渐发展起来，丰富了游客的文化体验，吸引了大量游客参与。

4. 教育培训与社会参与

意大利设立了多个奖项和培训项目，鼓励和支持青年艺人传承传统技艺。通过这些多样化的措施，意大利不仅有效保护了文化遗产，还增强了公众对文化遗产的认识和参与度，使文化遗产保护工作更具活力和持续性。

5. 国际合作与交流

意大利积极参与国际文化遗产保护合作，促进非遗的全球传播和交流。意大利批准并加入了联合国教科文组织的《保护非物质文化遗产公约》，并在国际平台上推广其丰富的文化遗产。通过参与国际项目和活动，意大利的非遗得到了更广泛的认可和支持。

（六）巴西：多部门联动统筹实现文化经济发展

巴西是一个具有突出的文化多样性的拉丁美洲国家，孕育了丰富多彩的非物质文化遗产。在巴西，非遗的保护并不局限于文化领域，还包括环境管理、知识产权、正式与非正式教育等。巴西非遗发展模式的特点可归纳为以下五个方面。

1. 多部门联合推动

在巴西，非遗保护是由多个政府部门联合推动的。如里约热内卢狂欢节由地方政府旅游局牵头组织，医疗、环卫、警察等部门积极配合。作为巴西最大的民俗文化活动，狂欢节在早期由于缺乏组织管理，常发生街头闹事和暴力犯罪，受到政府的明令禁止。然而，狂欢节扎根于民众生活，这些禁止无法阻挡民众的参与热情。因此，政府多部门联合开展对狂欢节的积极扶持和引导，既保护、传播了传统民俗文化，又扩大了经济利益，实现了双赢。

2. 政府扶持与行业自律

早在 1937 年，巴西就立法保护文化艺术遗产，并且成立了国家历史和艺术遗产研究所。这个研究所隶属于文化部，专门从事非遗的清查、认可、保护和推广活动。2004 年 10 月 5 日，巴西政府发布了《国家非物质文化遗产计划》，宣布将联

---

① 冯烨，张密. 保护文化遗产，意大利有何高招 [EB/OL]. (2019-03-25) [2024-08-08]. https://mp. weixin.qq.com/s? __biz = MzIwNDM2MjIwMQ == &mid = 2247491608&idx = 2&sn = 3e7ef8a56964f41e93b866ae944 5803a&chksm = 96c3f8aea1b471b8cd0ba492619b44f2864a38bc8903cdab2866272ebca6c9cf68a498e1ec8&scene = 27.

合政府机构、科研院校、非政府组织和私人机构等，加强对非物质文化遗产的保护和推广活动。在这些措施中，引人注目的是各种基层文化点的设立。与此同时，巴西政府对非遗项目给予财政支持，同时鼓励相关行业提供资助。在里约热内卢的狂欢节中，政府不仅提供资金支持，还协调旅馆业、餐饮业和娱乐业等受益行业提供各种形式的资助。节庆活动前，地方政府给桑巴舞学校拨出专款，并要求桑巴舞学校联合会制定"行业自律规范"，杜绝低俗表演。这种多方协作模式既保障了非遗活动的顺利进行，又推动了非遗产业的健康发展。

3. 文化与经济发展结合

巴西成功地将非遗活动与经济发展相结合，实现了文化与经济的双赢。仍以里约热内卢狂欢节为例。通过政府的积极引导和多部门联动，狂欢节从早期的无序状态转变为全球最伟大的表演活动之一，成为全球知名的文化盛事，每年吸引超过百万外国游客，为巴西创造了巨大的经济收益。

4. 民间文化点与基础设施建设

巴西设立了多个民间文化点，作为非遗保护和推广的重要平台。为了更好地展示非遗项目，巴西政府还进行了大量的基础设施建设。早在 1983 年，里约热内卢市旅游局就与当地桑巴舞学校联合会协商，专门为狂欢节游行表演建起了大看台，将原本分散在大街小巷的表演团体集中到一处，使得狂欢节游行成为一项著名的旅游活动，提升了其国际影响力。

5. 社会各界广泛参与

巴西政府重视非遗保护的社会动员，通过各种形式鼓励公众参与。里约热内卢狂欢节不仅吸引了大量游客的关注，同时也带动了本地居民的积极参与。另外，通过设立开展桑巴舞等学校和培训项目，巴西还积极培养新的非遗传承人。

（七）泰国：民族特色品牌打造推动非遗现代传承

泰国非遗的发展模式具有显著的民族特色，其通过保护传统技艺并结合现代创新，实现了文化与经济的双重效益。泰国丝绸作为重要的非遗项目之一，已有三千多年的历史，品质优越。为了适应现代社会的发展，泰国丝绸传承人不仅保留了传统的生产技艺，还引入现代科技以提高生产效率和降低成本。此外，市场研究和品牌建设也得到了重视，这使泰丝产品更加时尚，品牌效应显著提升。金·汤普森（Jim Thompson）是泰国大力打造的泰丝品牌之一。该品牌巧妙地将传统泰丝工艺与现代流行风格结合，其产品设计具有很高的艺术价值，受到全球高端设计师和酒店的青睐。金·汤普森泰丝不仅在百老汇音乐剧和好莱坞电影的服装中频频出现，还多次与国际一线品牌齐名。此外，该品牌还成立了博物馆和泰丝基金会，为丝绸领域的研究提供资金支持。泰国政府通过一系列政策和活动推动非遗保护和传承。目前，泰国孔剧（2018 年）、泰式按摩（2019 年）、泰国诺拉舞（2021 年）、泰国宋干节（2023 年）被列入了人类非物质文化遗产名录。其中，每年举办的宋干节是提升泰国文化认知，使外国民众了解与学习泰国文化的重要渠道。泰国还计划将更多的非遗项目，如洛伊克拉通节、泰拳等申报为世界非物质文化遗产。

第三节　新时代的非遗及其产业

近年来，全球一体化的趋势促使中西方文化艺术交流不断加深。在这一过程中，许多人更倾向于接受西方文化艺术，而对我国传统文化的关注越来越少，非遗逐渐被遗忘在无人关注的角落。非遗产业发展主要面临以下挑战：生存空间日渐萎缩，许多传统技艺和非遗资源濒临失传甚至绝迹；"建设性"破坏和"开发性"建设对非遗资源破坏严重；人才和经费短缺制约了非遗保护；立法滞后导致管理乏力；非遗资源开发的趋同性严重，非遗产业化力度有待加强；缺乏发展民族文化艺术产业的系统性思路等。面对非遗发展的时代机遇，我们需要进一步推动非遗产业走向科学化、规范化道路。

一　非遗是中华民族文化精神生发的沃土

非遗是中华民族文化精神生发的沃土，其原因有以下两点。

第一，中华民族文化精神的实质是生生不息，而中国非遗恰恰蕴含了生生不息的顽强精神。20 世纪 80 年代，学界对中华文化精神给出了一个公正的含义，即中国文化本质上是一种"刚健有力、崇德利用"的文化，这种自强不息的精神成为中华民族文化精神发展的内在动力，在中国非遗中随处可见。毋庸置疑，中国非遗是民间文化的一种表现形态。只要对中国民间文化稍做研究，就会很容易地发现，中国民间文化蕴含着强烈的"生生不息"和"自强不息"的意识与内涵。其表现于个体、家庭、家族、族群上，就是对生命意识的崇尚，如《诗经》里的"绵绵瓜瓞，民之初生"正是民间对"生生不息"观念的形象表述。表现于国家、民族，甚至个人的安身立命、建功立业上，就是对自强不息的崇尚，如女娲用泥土造人，使人烟延续、宇宙存在；战神刑天被砍掉了脑袋，仍然挥戈战斗；愚公移山，子子孙孙，挖山不止……这些属于全民族民众共有的非遗作品都向世人证明：中国非遗是中华民族文化之根，是支撑和凝聚全民族不间断地向前迈进的民族文化精神之所在。

第二，中国传统艺术是中华文化精神的家园，而中国传统艺术与非遗又有很大的交叉性和包容性，主要体现在它们所继承的思想和表现形式上。从继承的思想来看，无论是中国传统艺术，还是非遗，它们的文化精神均来自对同一文化的传承。例如，"天人合一"的思想古已有之，不仅儒、道、佛中讲"天人合一"，民间信仰、非遗中也透出了对"天人合一"的普遍认同，具体表现为一种形而下的崇天泛神的演示，如民间戏曲与歌舞所展示的敬天祭祀、祷告苍天、保佑婚姻美满、建功立业等。"天人合一"不仅仅是指人与自然的和谐，也是中国人所追求的一种人生理想、人生境界。中国非遗从来就不缺乏这种理想与境界。从艺术表现形式来看，长期以来，中国传统艺术以线条作为主要的造型手段，通过对线条艺术化的运用，同时讲究留白、虚实相生、阴阳互补，从而达到既有变化又富有和谐美感的整体审美效果。

二 非遗是中国文化参与世界文化交流和竞争的生力军

在一些人的眼中，中国非遗还存有"难登大雅之堂"的身份，还停留在"只配流传与存在于乡间、市井小民之中"的层次。其实，这种狭隘的认识不仅是对中国非遗的曲解与误会，更是对中国非遗的践踏与诋毁。放眼当今全球文化发展的大局势，参与世界文化交流的前提是文化具有独特性与多样性，因为世界文化就是多元而多样的。中华文化也是人类多元文化中的一员，而且是四大古文明中唯一没有断流的文化。唯有具有独特性，才能够具备独树一帜、不与人同的特立独行的魅力；唯有具有多样性，才能打破文化单一、僵化的发展格局，形成百花齐放的多元化交流局面，为文化的发展不断注入新的活力与元素。失去了独特性与多样性，中国文化就没有可以与世界各国文化进行交流与竞争的资本了。而中国非遗恰恰集独特性与多样性于一身。因为中国非遗是广大人民群众在漫长的历史发展过程中创造并世代相传的生活艺术，具有丰富的文化内涵和审美意蕴。中华民族多元化发展的格局，悠久灿烂的传统文化，各地域、各民族人民的生活理想、民族特征、地域特色，中华民族世代生活的辽阔土地、壮丽山川、丰富的物产资源以及稳定而又多样的生产生活方式，孕育了无以计数却又个性互异的非遗，能够向世界彰显我们泱泱大国的文化雄风。2008 年，在中国举办的奥运会引来了世界的广泛参与，而"中国非遗名家在奥运村与世界面对面"的活动，正是中国非遗代表中国文化参与世界文化交流与竞争的最佳体现。为了更好地展现我国优秀的民间手工艺和民间表演艺术的独特魅力，北京奥运会为来自世界各地的运动员、教练员、官员和注册媒体提供了优质的民间文化服务，搭建了与国际友人面对面交流、互动的平台。此项活动是非遗名家直接参与奥运、服务奥运，面对面与各国运动员交流的项目，不仅成为奥林匹克运动史上中国首创的特色文化和非遗艺术交流活动，更展现了中国以非遗艺术来展现中华文化豪迈之姿、促使中国文化与世界文化进行交流的初衷。

三 中国非遗正在推动世界文化中心东移的进程

中国非遗具备了东方文化的灵魂、神韵、精华与智慧之光，使神州文化像一块具有巨大吸附力的磁石，不断地吸引着来自全球的目光，并引导与驱使全球文化中心渐渐东移。就灵魂来说，东方文化讲究"天人合一"，指出人不是孤立的肉身，其有灵性，且与天地之间沟通，也讲究阴阳之间的相生相克。就神韵来说，东方文化注重唯心、先天、灵魂、通灵、道术、佛法，认为"三分人为，七成天就""生命密码写在灵魂中"，而中国非遗也同样蕴含着这些意念。北京春节庙会的祈福活动、乡村祭神酬天的表演，甚至是一个小小的香包、一件简单的雕刻，无不表达了人们祈求福禄、平安、幸福的心愿。就精华与智慧来说，四书五经、《道德经》、《心经》、《黄帝内经》、《四库全书》、诗画小说、东方戏剧等是集东方文化精粹之大成的经典，或充满了"仁、义、礼、智、信"的孔孟道德观念，或阐述了"一生二，二生三，三生万物"的天地规律，或成功地指导了几千年传统医学的发展，或包藏着上下五千年、纵横三万里的文化精华。而中国非遗的发展也无不蕴含着这些东方文化的精华，民间的医药所映射出的高超医术，民间的诗词歌赋所透射出的文人或重情重义，或对仁德之风的期盼，或忧国忧民的情怀，民间的戏曲与舞蹈所展现的劳动人民勤劳朴实、智慧勇敢的含义，民间的年画、泥人、雕塑等所刻画的美好生活图景等，都是东方文化的精华与智慧的体现。

从世界范围来看，艺术的生存与发展处在一个生态化的状态之中，不同艺术间存在一种竞合关系，每种艺术都需要一个发展的空间，每种艺术的发展与进步都需要足够的资源支撑。在现实的世界中，空间与资源恰恰是有限的，由此而产生的问题是，不同艺术的生态化生存一定是通过相应的竞争、合作而存在的，不同历史阶段文化格局的形成都是在不同阶段下、不同艺术间游弋与竞合发展的结果。在这个过程中，价值性强、稳定性高的艺术种类，就会确立其独立性，并成为其他强势文化的组成部分。中华民族具有世界上历史最为悠久而又连绵不断的中国非遗，在相当长的历史过程中，虽然经受众多的冲击与洗礼，中国非遗稳固的价值体系在不断的竞合与生存中保持了其独立性，并流传至今。可以说，中国非遗具有旺盛的生命力与强大的融合力，而这种力量在当今世界关于空间及资源的竞争生存过程中显得尤为重要，它让繁荣强盛的中华民族身后站立了一个强大而又迷人的东方文化巨人。在几千年沧海桑田、斗转星移之后的今天，这种魅力四射的文化迎来的不仅有东方人的赞赏，更有西方各国嘉许的目光与追捧的热情。可以说，正是因为有中国非遗为根基，世界文化中心东移的进程已经不再是虚无缥缈的梦。

（四）非遗是中华民族文化创造力的不竭资源

在当今的生存环境下，文化的存在是一种状态，而文化创新是一种追求、一种价值取向下的探索。在艺术发展多元化的今天，我们之所以重提"文化创新"这个概念，就是要更多地关注艺术创造及探索如何避免迷失于技术及现实的丛林，寻着文化的坐标，主动而又自觉地向着文化精神的高地前行。文化创新性与创造力将决定一个民族的文化能在世界民族之林中伫立多久，同样也将决定一种文化在人类发展的大视野中究竟能够走多远。由此可以看出，创造力是中华文化发展的灵魂。中华文化在世界文化的交流与对话中所要向别国展示的并不是一一罗列的烦琐、驳杂的文化品类，而是中华文化所具有的创新性与创造力，是中华文化在世界文化中取胜的唯一法宝，也是吸引其他国家来学习、了解并热爱中国文化的魅力根源。然而，在充斥着时尚与物欲的当代社会，创造力如同天然能源一样稀缺而珍贵。在我们为中国艺术及中华文化的创造力日渐面临枯竭而感到失望之时，非遗犹如一股清泉活水为我们送来了甘甜。异彩纷呈的非遗之所以能够从遥远的古代走到现代，不仅是因为其旺盛的生命力和不屈不挠的自强精神，更是因为其丰富的创造力与极大的创新性。我们认为，非遗的境界实现了对传统世俗文化的一种超越，也可以说是一种回避、一种文化意义上的逃跑，这与传统文化至高境界中热爱思辨与哲学是一脉相通的。在中国传统文化意识里，这种热爱被转化为一种艺术家对哲学的偏好。他们在哲学而不是在宗教里找到了超越现实世界的那种自在与存在。同样，也是在哲学世界里，体验到了超越伦理道德的价值。非遗让人体验到了美的质朴，人又是按照美的规律来创造世界的。因此，人们从非遗中挖掘到的就是创造的价值。可以说，如果没有丰富的创造力，中国非遗即便再顽强，也会被历史的更新换代所淘汰。非遗为中华文化的创新送来了希望之光，其令人拍案叫绝的创造性是民族文化创造力汩汩不竭的源泉、富足的矿藏。我们也可以推断，只要中国非遗之花不落，中华文化就不会面临因缺少创造力而招致灭顶之灾的危险。中国非遗以其神奇的"想象力+创造力"向世人述说着中华文化的魅力，诠释着民族优秀传统文化延绵永续的创造力和生命力。

五 非遗是文化事业与文化产业的重要组成部分

非遗成为文化产业与文化事业的重要组成部分，是非遗扩大影响力的基本前提，也是非遗成为中华文化发展支柱的基石。

首先，中国的文化事业与文化产业必须立足于中国文化与现代生活方式的结合，而非遗很好地实现了这种结合。例如，手机的普及使得每逢佳节，人们都会通过短信来互相问候。最初，大多数的短信停留在文字层面，难免单调，后来，人们将非遗中的形象载体、吉祥图符和吉祥用语结合起来，对短信进行包装，使传情达意不再枯燥与乏味。

其次，非遗对我们可持续发展的生活空间发挥了充分的装点作用。当然，这种装点源自中国民众的文化心理，而这种文化心理恰恰是文化产业与事业发展的基因。对于中国人而言，吉祥心理是普遍拥有的心态。丰富多彩的非遗形式的主题是统一的，即求生——追求生命繁衍，趋利——追求生命质量，避害——追求生命护佑，这三者的内涵都可被视为追求吉祥。在非遗中，鸳鸯戏水、龙凤呈祥这种与生命延续相关的是追求吉祥；马上封侯、辈辈高升这种与功利心理相关的是追求吉祥；抓髻娃娃、驱邪门神这种与化解灾害相关的也是追求吉祥。非遗恒定的艺术主题造就了稳定的艺术形式，如福字、寿字、如意等吉祥符号便以不同材质不断地出现在不同的生活场景中。

最后，非遗以其巨大的包容性对资源进行整合。资源整合是文化产业与文化事业发展的特定性标志。第一，与传统艺术进行当代整合。2003年2月25日，中国艺术研究院成立了"中国民族民间文化保护工程国家中心"，并编撰出版了《中国人类口头和非物质遗产代表作名录》和图典等。作为传统艺术的昆曲、古琴艺术以及作为非遗的"中国新疆维吾尔木卡姆艺术"进入了该目录。苏州评弹、松江顾绣、嘉定竹刻等一批非遗被列入首批国家级非物质文化遗产名录。第二，与时代文化、当代观众的审美趣味加以对接。任何能够经受住历史与时代考验的艺术，都能够与时俱进，在时代发展中不断丰富、完善自身。比如，京剧艺术家吴汝俊在讲述中国民间牛郎织女故事的京剧《七夕情缘》中，不仅强化了传统京胡的曲式和演奏，还糅入了越剧、昆曲、江南小调等音乐元素，在唱腔上保留了京剧原有的西皮、二黄的同时，也借鉴了昆曲的若干手法，并适当穿插古典舞、民族舞。这些艺术手法的移用实质是多元素的整合，突破了单一的文化艺术行为，从而促进了产业群的发展。第三，与现代科学技术的整合。我们欣喜地看到，越来越多的艺术工作者在对非遗的现代化改造中融入了高科技的成分，比如黄梅戏《徽州女人》大量地运用了多媒体技术、现代化的灯光照明，不仅增强了艺术的渗透与覆盖力，优化、提升了自身的价值，也体现了先进生产力发展的方向，反映了社会生活方式、消费模式、市场需求、产业升级乃至技术创新本身的一般演化规律与变动趋势，同时也符合经济社会发展的具体实际。

六 非遗在全球文化生态崛起中需要经典与典范

在东方既有的文化战略发展态势面前，中国非遗的独特优势会进一步释放其能量，发挥其效应，并在世界文化的竞合生态化生存中发挥越来越大的作用。同时，经典与典范也会在这个过程中不断地散发出令人向往的芬芳。当下，非遗最为需要的不是一些投资，不是一些展览，而是源自艺术本身的信心，对艺术家、对艺术作品的信心。

从这种意义上讲，发掘经典、发掘典范对于非遗的发展至关重要。然而，问题的关键是，无论经典还是典范，都需要评价，而评价是需要标准的。对于中国经典非遗作品的评价标准，我们至少可以从以下四个方面进行探讨：第一，具有时代气息，充分体现中国文化精神；第二，突出中国艺术审美的品位，具有较高的艺术价值、文化价值、历史价值、物理价值及市场价值；第三，反映先进文化形象，在艺术表现形式及表述内容上出新，反映当下人文精神；第四，与当代世界艺术审美文化接轨，在艺术作品的表现方式、方法及材料等方面有所创造。那么，对于非遗名家典范还需要从更广的层面去发掘，具体是：第一，在中国美学的转型过程中，他们勇于创造，努力探索中国非遗的当代性，不断丰富并完善自己的艺术表现；第二，在艺术创作中始终关注文化自觉，聚焦中国文化精神，并在对中国文化精神的感悟中达到个性与时代精神的完美结合，形成独特的艺术个性与审美经验；第三，随着国家文化战略的实施及世界文化中心的东移，对经典价值的认知正在成为一种潮流，市场的经典性会进一步拉动他们在当代文化发展过程中的重要性及地位；第四，自律及在艺术上的不懈追求确立了其创造能力的持久不衰，这为他们的学术定位及市场定位打开了广阔的空间。我们真诚地希望，建立在这种研究基础之上的理性精神能够观照非遗的健康发展，让更多优秀的非遗作品、非遗名家走向市场，也让更多的藏家及非遗的参与者体悟到这种经典价值认知，更让艺术价值而不是泛化的艺术在市场的运作中闪光。

文化进化发展史告诉我们，在漫长的中华民族历史中，能够让我们体味与体验的中国文化精髓正是经过时间的洗礼而愈发清晰、愈发光彩照人的典范与经典之作，在岁月面前，它们像一根根擎天大柱，支撑着中国文化大厦。历史的机缘让我们幸逢中华民族伟大复兴与世界文化艺术勃发的历史时期，从这种意义上说，非遗从来没有像今天这样渴望经典、渴望典范。中国非遗需要有当代的经典与典范。唯其如此，中国非遗才会是鲜活的，中国非遗才会在弘扬中华文化的大背景下，凝聚文化智慧，打开创造之源，使中华民族利用创造的双手捧起民族的未来，中国非遗在参与世界文化盛宴的时候，才会拥有自己独立的话语权，中国非遗所彰显的中华民族的雄心才会气壮山河！

七　非遗的发展需要理论研究与实践经验总结的支撑

没有理论支撑的非遗经不起市场的竞争和民众的咀嚼，没有实践经验的非遗经不起地域的变迁、时代的更替。但是，在目前非遗的发展过程中，理论研究严重滞后，具体表现在：非遗研究起步较迟，既没有全面研究及继承马克思主义的社会发展观和历史唯物论的非遗理论遗产，也缺乏广泛吸收其他现代学派的艺术学说的有益成果。理论滞后导致了实践的止步不前，也加深了人们对非遗的偏见与误解。因此，应尽快设立非遗理论研究机构，恢复对非遗正确、理性的分析与研究，积累研究成果与实践经验。

原有的理论方法已经不能满足现代非遗发展的要求，非遗理论方法的当代建构应重新被审视。

（一）要注重研究主线的把握，不断实现多学科交叉的综合研究

非遗的研究在把握好对社会性及人文性的研究主线的基础上，要加强与艺术社会学、艺术人类学的交叉研究。艺术社会学深入研究特定社会历史条件下的艺术与特定的审美态度、审美感受和审美理想等因素的关系，这是非遗研究所应具备的。非遗研究要注意发挥吸收人类学收集、分析和驾驭材料的优势，多学科交叉，注意综合研究方法以及注重实证精神，而这正是非遗研究应该重视的方法。

（二）要注重历时化与共时化并重的研究方法

一是可将非遗从各种民俗活动的主体和发生情境中相对独立出来，将它简化为一种可以历时化的研究事件及文本进行研究。二是可将非遗与民俗活动主体和发生情境紧密融合，并在特定文化语境下全方位、动态地研究，揭示非遗与其他文化因子之间的互动状态关系，凸显非遗研究的过程性、状态性与整体性。

（三）由生活化、事件下的记述整理研究不断向文化研究转向

在传统农业社会中，由风俗习惯、经验、常识等构成的日常生活规则或图式在不知不觉中使人们自然而然地接受，并将其融化在血脉中，成为自己在日常生活中不假思索就可以成功遵循的规范。非日常生活世界是由神话、科学、艺术等构成的精神活动领域。非遗处于日常生活世界和非日常生活结构图式分野中的"临界点"，使传统民间生活方式通过一般社会活动向自觉的精神生产领域渗透，打破了艺术与非艺术之间的界限，具有实用性、功利性。因此，非遗的研究在这一状况的基础上，也要走出传统的传承式研究的模式，从文化及审美的角度进一步加大研究的力度。

与此同时，还可以通过兴办学校、邀请专家讲授理论知识、举办非遗经验交流研讨会等多种形式推动非遗研究工作的顺利开展。有了非遗理论的完善与发展，非遗的实践工作才能得到有效的发展，并且会发展得丰富多彩。当然，研究不是凭空想出来的，而是需要设身处地地去实践与分析，只有经过失败——成功——失败——成功这样循环往复的过程，才能用饱含生命感情与理性的思想和认识，不断、反复地对非遗进行积极的探索与开掘。只有这样，非遗理论的发展研究才可能成为既无愧于先祖，也无愧于现时，并且具有理性光芒与实践能力的非遗发展的向导。

八 非遗发展要突破体制改革的重点领域与关键环节

目前，非遗产业及其市场的发展参差不齐，人员结构、管理机构、资源开发以及市场指导等方面都较为混乱。原有的理论无法满足现代非遗的发展，古老的非遗发展模式也无法适应当今市场经济的浪潮。要走出一条非遗发展和繁荣的新路，就要在体制改革的重点领域与关键环节取得实质性的突破。

第一，要把非遗体制改革纳入各地总体发展规划，深化非遗体制改革的责任感、紧迫感，抢抓机遇，逆势而上，实现非遗发展的新跨越。实行文企"联姻"，将经营性非遗单位转企改制，将公益性非遗事业单位内部改革以及非遗产品市场综合执法改革作为重点，细化目标任务，强化工作措施，在狠抓工作落实上下功夫。要加强组织领导和统筹协调，加快非遗产业服务体系建设，逐步完善服务网络和管理运行新机制。要推进非遗产业领域结构调整，大力推进非遗产业升级，做大、做好、做强一批骨干非遗企业。

第二，要强化政策投入为基本保障，不断优化非遗的发展环境。把促进非遗产业体系建设作为统筹城乡发展的重要内容，在政策、人力、物力、财力上给予充分保障。依靠政府的力量，申请发展经费。除此之外，还要与金融机构联手，通过知识产权抵押贷款、项目融资贷款、信用贷款等方式解决资金缺口问题。

第三，以城乡统筹为总揽，不断推进非遗与区域经济的协调发展。针对"城乡二元结构"突出的特点，坚持"亦城亦乡""两条腿走路"，加快推进城乡艺术协

调发展，建立起覆盖城乡、资源共享的非遗服务网络。

第四，以非遗活动及产业为载体，努力多渠道培育非遗人才。要多举办非遗活动，丰富大众的精神文化生活，为非遗的发展创造良好的空间与氛围。更重要的是通过举办非遗活动，多多挖掘非遗人才，不断加强人才的引进、培育、使用，造就一支勇于创新的专业队伍，为非遗的发展提供智力支持。

第五，提高认识，以制度考核为手段，确保非遗发展工作落到实处。各地区的非遗发展管理部门将地方财政对非遗建设的投入情况，非遗制作成图书音像制品出版的情况，非遗在各行各业的运用情况（如将少数民族服饰中的图案运用到服装制作中，地方电台、电视台在民间拍摄民族歌舞、民族风俗已制作节目情况，非遗与旅游经济相结合如建立民俗村或民族园情况），地方群众的非遗活动开展情况等纳入实绩综合考核指标体系，确保非遗建设工作的有效落实。

第六，大胆进行管理体制改革，下大力气解放与激发非遗发展的活力与创造力。打破原有身份界限，逐步解决优秀人才进不来、富余人员出不去的问题，促进优秀人才的集聚。在分配制度上，摒弃"大锅饭"等做法，大幅度提高非遗主创人员的收入，拉开收入档次，促进非遗名家出名作。

九 新时代非遗既需要保护更需要发展、转化与繁荣

对非遗仅仅进行保护是不够的，因为这朵中华文化大花园中的奇葩对中国文化的发展起到的不仅仅是点缀的作用，其更是决定中国文化发展态势的关键角色，是中国文化之根脉。非遗唯有大发展与大繁荣，中国文化才能在世界文化竞争中昂首阔步。

第一，非遗是极为重要的稀有资源，必须提高认识，在开发非遗资源时，要善于化"无形"为"有形"。非遗具有无形性和不可再生性。如与"嘉定竹刻"并称竹刻双绝的"金陵竹刻"，以在扇骨上雕刻"留青竹刻"著称，而今已近失传；川江号子曾是长江的魂魄，如今也已成千古绝唱。但是，如果我们通过人为的努力，对非遗进行有效的开发与利用，还是可以将这种无形遗产变为有形资源。例如，赣榆徐福节不断挖掘非遗资源，排演了大型京剧剧目《徐福》、仿古乐舞《徐福祭典》，使徐福文化从无形的文化变为有形的资源，在地方社会建设中发挥了重要作用。

第二，以"保"为基础，以"用"为目的，以"活"为动力。对于非遗而言，保护只是基础，利用与弘扬才是目的。非遗自始至终都处于一个不断变化、发展的动态过程中，也始终都与时代的发展同步，并进一步与时代进程相协调。因此，保护非遗是为了更好的利用，而不是单纯地怀旧复古，更不是将非遗送进博物馆，使其成为展品。当然，在利用的过程中，不断激活非遗的内在活力，使其积极地参与文化、经济、旅游等建设，成为服务社会发展的一种文化、手段与精神载体也是至

关重要的。

第三，特色是非遗的生命线。在发掘、保护与弘扬非遗文化的同时，如何抓特色成为区域非遗工作的一项重要任务。非遗的特色就是历经千百年岁月沧桑变化而在各地区保存的、具有明显地域性的形式风格，如陕北的民歌、江南的刺绣、天津的快板、东北的秧歌，它们都是地域文化的载体，负载与折射了特定的地域文化状态。在对非遗进行抓特色工作时，首先应深入而扎实地开展全方位的普查工作，了解特定地域的非遗名家情况，要具有对国际、国内社会发展和文化需求相对了解的宏阔视野和较好的非遗鉴赏力。其次要努力从政府部门申请出一部分资金，投入非遗的采集、挖掘、整理、保护等工作。

第四，开发非遗必须与区域文化历史渊源的挖掘相统一。创非遗的品牌，必须在区域文化的发掘上求深入。原生状态的非遗只有形成品牌，才会得到社会的广泛承认。在创品牌方面，一是可以充分利用一切传媒手段（包括电视、广播、报纸、杂志等传媒方式）加强宣传，获得广泛的大众认知。二是要不断充实非遗的内涵，即增加文化信息含量，使之更具有文化性与审美性。三是要用现代文化理念来策划、包装非遗产品，不断创造精品，形成真正的品牌。

第五，非遗的发展至少有两方面：一是非遗事业，二是非遗产业。在这两个方面，如何发掘市场需求，并将其引导成为一个市场化的产业是重要的课题。在快节奏的都市生活中，"异化"了的都市人群渴望农业文明背景下那种闲适与自然的生活理念与生活追求，开始有了更多的"乡村休闲之旅""田园之旅"等旅行体验。此时，非遗发展可以抓住城市人口"返璞归真"的心理期待，在非遗产业发展上做一番文章。具体来说，振兴产业可以首先让传统的非遗融入现代生活，挖掘其中的商机，如甘肃省庆阳市用"小香包"做成的"大产业"就是典型的范例。同时，要了解市场消费特征，用现代工业的理念来组织标准化策划、设计、原料的采购、产品的生产以及经营等，以大规模、低成本满足旅游人士对低端非遗产品的需求。此外，要与休闲旅游相结合，培育非遗产业。休闲产业的主要特征是蕴文化内涵于景物与观光中，集观赏、娱乐、休闲、雅兴和学习于一体，在旅游观光休闲活动中发思古之幽情，启智慧之灵感。例如，陕西省延安市延川县搞的"黄河一日漂流"活动，既有参观黄河民俗风情博物馆的环节，又有对"延川剪纸""延川布堆画"等的销售。

第六，提高思想认识，从战略高度规划并实施相关政策与对策，不断完善政策法规制度。化"人保"为"法保"是推动非遗大发展、大繁荣的必由之路。非遗的保护工作是一项浩大而又长期的工程，不是靠一人之力就能完成的，需要全社会共同的参与和努力。为此，要把保护非遗的工作提升到法律保护层面，这样非遗的发展才会有更坚强的后盾。要完备非遗的保护制度和保护体系，真正实现保护工作的科学化、规范化、网络化、法治化，达到非遗资源的有序管理，活而不乱，管而不死，从而形成支撑非遗长期发展与繁荣的支撑点。

非遗是广大人民群众创造能力的集中体现。随着社会的转型及审美文化的进一步发展，非遗会在民族复兴及民族创造力的勃兴中找到进一步发展的新的突破口，为世界文化艺术生态化的生存与进化做出应有的贡献。

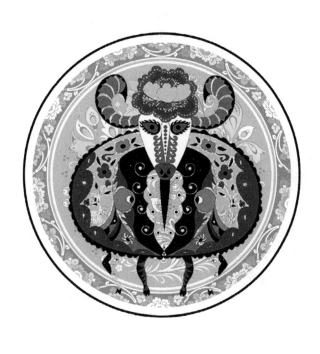

第二章　非遗产业与非遗产业学

在非遗产业学的研究与分析中，最为重要的一个前提条件是要对非遗产业的基本概念、内涵与外延具有清晰的认识与界定，这是整个研究开展的基础。明确非遗产业的基本概念，有助于我们在研究中保持统一的认知框架，避免在学术讨论和政策制定中出现误解和偏差。与此同时，还必须站在学科建设的高度上，明确非遗产业学研究的对象、内容体系与特点，厘清其学科的形成与发展、学科性质以及研究的基本方式、工具与意义，这是本章研究的基本问题。

第一节　非遗产业概念

非遗概念的提出经历了漫长的演进过程。最早可以追溯到 20 世纪 50 年代，日本政府通过《文化财保护法》将文化遗产纳入法律保护。进入 21 世纪，非遗的文化属性得到了进一步强调，2003 年联合国教科文组织通过的《保护非物质文化遗产公约》明确了非遗的定义和保护原则。近年来，随着非遗产业的创新崛起，非遗新业态的涌现与非遗产品供给的增加，为大众生活品质的提升做出了巨大推动。因此，系统地梳理和阐释非遗及其产业的概念、内涵与特点等问题，是我们深化认知，揭示非遗产业在现代社会经济发展中的重要价值，以及进一步研究与建构非遗产业学的必要准备。

一　非遗的概念、内涵与特点

（一）非遗的概念

1. 非遗概念的演进

非遗的概念，最早可追溯至 20 世纪 50 年代的"无形文化财"。1950 年，日本政府颁布《文化财保护法》，在世界上最早将文化遗产纳入基本大法，并为保护"重要无形文化财持有者"建立了"人间国宝认证制度"。1962 年，韩国政府颁布《文化财保护法》，将文化财分为有形、无形、民俗、纪念物四类。

对非遗无形属性的认定，始于 20 世纪 70 年代联合国教科文组织的相关文件。1972 年，联合国教科文组织通过了《保护世界文化和自然遗产公约》，在该公约的起草过程中，关注到"无形文化财"，出现了针对非物质形态文化遗产的提案。联合国教科文组织在第一个中期规划（1977—1982 年）中，将文化遗产分为有形文化遗产、无形文化遗产两大类，承认文化遗产不只是物质的、有形的遗产，也包括表达民族或国家精神的口头传说、音乐和人类学的遗产、民间文化、规则、习俗以及生活方式。

20 世纪 80 年代，非遗的地位日益明确。在 1982 年的联合国教科文组织世界文化政策会议上，"非物质因素"被纳入有关文化和文化遗产的新定义中。同年，联合国教科文组织成立保护民俗专家委员会，并建立"非物质遗产处"（Section for the Non-Physical Heritage）。在联合国教科文组织的第二个中期规划（1984—1989年）中，人类口头与非物质文化遗产（nonphysical cultural heritage）概念被正式接纳并得到正式命名。该规划把保护文化遗产项目划分为物质遗产、非物质文化遗产两类，并指出，文化遗产的定义已经显著扩大到"物质的"和"非物质的"两个方面，后者包括艺术、文学、语言、口头传说、手工艺、民间传说、神话、信仰、道德准则、习俗、礼仪和游戏等传统标记和符号。

20世纪80年代末开始，非遗出现两个重要含义。一个重要含义是传统文化与民间创作。1989年，联合国教科文组织第25届大会通过《关于保护传统和民间文化的建议》，承认民间创作是人类共同的遗产。1993年，联合国教科文组织执行局通过决议，建立"人类活财富"工作指南，专门保护对社会有突出贡献的民间艺人或传承人。另一个重要含义是口头遗产。1996年，世界文化发展委员会的《人类创造的多样性报告》呼吁，深入研究遍布全球的手工艺、舞蹈、口头传统等类型的非物质遗产和财富。1997年，联合国教科文组织在"保护大众文化空间"国际咨询会上，用口头遗产概括各种各样的民间文化表达方式，随后，执行局认为口头遗产和非物质遗产不可分，决定在"口头"之后加上"非物质"的限定。

进入21世纪，非遗含义中的文化属性得到强调。2001年，联合国教科文组织通过的《世界文化多样性宣言》提出，文化在不同时代、不同地方具有不同的表现形式。2001年3月，联合国教科文组织正式通过了"非物质文化遗产"（intangible cultural heritage）名称，取代之前的"人类口头与非物质文化遗产"。2003年，联合国教科文组织第32届大会通过《保护非物质文化遗产公约》，将非物质文化遗产表述为："被各社区、群体，有时是个人，视为其文化遗产组成部分的各种社会实践、观念表述、表现形式、知识、技能以及相关的工具、实物、手工艺品和文化场所。"2005年3月，国务院办公厅发布《国务院办公厅关于加强我国非物质文化遗产保护工作的意见》及附件《国家级非物质文化遗产代表作申报评定暂行办法》，对非遗做了明确定义。

2. 非遗的不同称谓

非遗概念在数十年的演进过程中有不同称谓，包括民俗（folklore）、民间传统文化（cultural tradition and folklore）、口头遗产（oral heritage）、非物质遗产（non-physical heritage）、口头和非物质遗产（oral and intangible heritage）、文化表达形式（cultural expressive forms）、文化空间（cultural space）、非物质文化遗产（intangible cultural heritage）等。

（1）无形文化财与非物质文化遗产

东方国家习惯称众多保护对象为"财"，体现为有形财、无形财、文化财等概念，无形文化财称谓主要来自日本。日本在1950年颁布的《文化财保护法》中，将保护对象分为有形文化财、无形文化财、民俗文化财、史迹名胜、天然纪念物、传统建筑物群、文化财保存技术、埋藏文化财，并将无形文化财规定为"具有较高历史价值与艺术价值的传统戏剧、音乐、工艺技术及其他无形文化载体"。韩国1962年颁布的《文化财保护法》受日本影响，将无形文化财规定为"在历史、艺术、学术等方面具有较高价值的演剧、音乐、舞蹈、工艺技术以及其他无形的文化载体"，将文化财分为有形文化财、无形文化财、纪念物、民俗文化财。

非物质文化遗产（又称"无形文化遗产"）（intangible cultural heritage）称谓，主要来自联合国教科文组织2003年通过的《保护非物质文化遗产公约》。《保护非物质文化遗产公约》吸收了日本、韩国经验并借鉴了相关提法。《保护非物质文化遗产公约》指出：无形文化遗产是所有的传统、大众和民间文化，如来自某一文化社区的全部创作，这些创作以传统为依据，由某一群体或一些个体所表达，并被认为是符合社区期望的作为其文化和社会特性的表达形式、准则和价值，通过模仿或其他方式口头相传；其形式包括口传的习俗、习惯、语言、音乐、舞蹈、礼仪、节日、传统医药、药典、文学、烹调艺术、神话、手工艺、建筑艺术及其他所有与物质文化相联系的特殊技能。

（2）民间传统文化与口头和非物质遗产

民间传统文化（cultural tradition and folklore）中的"folklore"一般译为"民俗"。1973年，玻利维亚政府建议在《世界版权公约》中增加保护民俗的议定书。1982年，世界遗产委员会在墨西哥会议文件中增加有关于民间文化的表述，该表述在1985年保护民间文学政府专家第二次委员会文件中被沿用。1989年通过的《关于保护传统和民间文化的建议》（*Recommendation on the Safeguarding of Traditional Culture and Folklore*），将民间传统文化定义为："来自某一文化社区的全部创作，这些创作以传统为依据，由某一群体或一些个体所表达，并被认为是符合社区期望的作为其文化和社会特性的表达形式；其准则和价值通过模仿或其他方式口头相传。它的形式包括语言、文学、音乐、舞蹈、游戏、神话、礼仪、习惯、手工艺、建筑艺术和其他艺术。"

口头和非物质遗产（oral and intangible heritage）的说法，来自口头遗产与非物质遗产的对接。1997年6月，联合国教科文组织与摩洛哥教科文组织全国委员会在举行的"国际保护民间文化场所专家协商会议"上，用口头遗产（oral heritage）概括各种民间文化表达方式，其定义直接取自民间创作。1997年11月，联合国教科文组织在第29次会议通过的《人类口头及非物质遗产代表作宣言》（*Proclamation of Masterpieces of the Oral and Intangible Heritage of Humanity*）中，界定了人类口头与非物质遗产的含义，基本沿用了对民间传统文化的定义。1998年，执行局在155次会议通过的《人类口头和非物质遗产代表作条例》中，将口头遗产与非物质遗产对接为口头和非物质遗产。

（3）非物质遗产与非物质文化遗产

非物质遗产（non-physical heritage）的说法，出自1982年教科文组织成立保护民俗专家委员会并建立的非物质遗产处（Section for the Non-Physical Heritage）。非物质文化遗产（intangible cultural heritage）的说法，来自 2003 年联合国教科文组织《保护非物质文化遗产公约》中的定义，指被各社区、群体，有时是个人，视为其文化遗产组成部分的各种社会实践、观念表述、表现形式、知识、技能以及相关的工具、实物、手工艺品和文化场所。各群体和团体随着其所处环境、与自然界的关系和历史条件的变化，不断使这种代代相传的非物质文化遗产得到创新，从而促进了文化多样性和人类的创造力。该定义针对全球各国、各种文化样式，侧重从保护层面加以界定。

非物质文化遗产在国内的定义，出自国务院 2005 年 3 月颁布的《国家级非物质文化遗产代表作申报评定暂行办法》。《国家级非物质文化遗产代表作申报评定暂行办法》是对《保护非物质文化遗产公约》的回应和补充，更切合我国实际。其对非物质文化遗产的定义为："各族人民世代相承的、与群众生活密切相关的各种传统文化表现形式（如民俗活动、表演艺术、传统知识和技能以及与之相关的器具、实物、手工制品等）和文化空间。"2005 年 12 月，国务院发布的《关于加强文化遗产保护工作的通知》将非物质文化遗产定义为："各种以非物质形态存在的与群众生活密切相关、世代相承的传统文化表现形式，包括口头传统、传统表演艺术、民俗活动和礼仪与节庆、有关自然界和宇宙的民间传统知识和实践、传统手工艺技能等以及上述传统文化表现形式相关的文化空间。"

（4）文化表达形式与文化空间

联合国教科文组织在 2001 年的人类口述和非物质遗产杰作的评定中，提出文化空间（cultural space）和文化表达形式（forms of popular and traditional expression）。前者指大众和传统文化集中出现或在某段特定时期内频繁发生的场所，后者指音乐、舞蹈、仪式、习俗、手工艺、建筑术及其他传统、大众文化的具体形态。

在《保护非物质文化遗产公约》中，文化空间指人的特定活动方式发生的空间和共同的文化氛围，兼顾空间性、时间性和文化性，如用于特定活动的节庆、宗教、礼仪的场所，其空间本身与在该空间存在的其他形式共同建构了一种文化遗产类型。《中国民族民间文化保护工程普查工作手册》将文化空间定义为："定期举行传统文化活动或集中展现传统文化表现形式的场所，兼具空间性和时间性。"通俗而言，文化空间是经过大家认可的、约定俗成的、定期定时举行文化活动的场所。

3. 非遗概念的中外差异

联合国教科文组织 2003 年通过的《保护非物质文化遗产公约》是国际社会的官方文件，国务院 2005 年颁布的《国家级非物质文化遗产代表作申报评定暂行办法》是中国政府的权威意见。二者涵盖的非物质文化遗产内容基本一致，前者表述为"口头传统和表现形式（包括作为非物质文化遗产媒介的语言）；表演艺术；社会实践、礼仪、节庆活动；有关自然界和宇宙的知识和实践；传统手工艺"。后者表述为"口头传统（包括作为文化载体的语言）；传统表演艺术；民俗活动、礼仪、节庆；有关自然界和宇宙的民间传统知识和实践；传统手工艺技能等以及与上述传统文化表现形式相关的文化空间"。

但二者对非物质文化遗产的定义有所区别。在《保护非物质文化遗产公约》对非物质文化遗产的定义中，以"被各社区、群体，有时是个人，视为其文化遗产组成部分的各种社会实践、观念表述、表现形式、知识、技能以及相关的工具、实物、手工艺品和文化场所"，指出了非遗对象及其确认方式；以"各个社区和群体随着其所处环境、与自然界的相互关系和历史条件的变化不断使这种代代相传的非物质文化遗产得到创新，同时使他们自己具有一种认同感和历史感，从而促进了文化多样性和人类的创造力"和"只考虑符合现有的国际人权文件，各社区、群体和个人之间相互尊重的需要和顺应可持续发展的非物质文化遗产"，为两项附加限制条件。而在《国家级非物质文化遗产代表作申报评定暂行办法》中，非物质文化遗产被定义为："各族人民世代相承的、与群众生活密切相关的各种传统文化表现形式（如民俗活动、表演艺术、传统知识和技能，以及与之相关的器具、实物、手工制品等）和文化空间。"其中，以"各族人民"作为非遗的传承主体，强调了民族属性，强调在非遗传承过程中增进中华民族的融合。以"各族人民世代相承的、与群众生活密切相关"作为非遗的确认方式，强调了动态传承性，提供了客观的确认标准。以"传统文化"代替"文化遗产"，有利于加强对民族独特性的鉴别和保护，从而维护民族和文化的多样性。

因此，可以看出，对非遗概念的认知是一个不断深化的过程，有国际与国内的差异，也有不断深化的发展。所以在对非遗的概念进行系统性的阐释时，既要关注概念的完整性，同时也应强调以下四个重要方面：①民间传统文化与非物质遗产；②文化表达形式与文化空间；③是有内容的特定文化时空，是一种文化状态；④是一种文化传统，有自己的系统，并与特定的发展环境相对应。

（二）非遗的内涵

1. 非遗是外显功能性与内在精神性的综合

非遗中的遗产，原意为公民死亡时遗留的个人合法财产，后引申为历史遗留的各类财富。遗产在很多国家都已从父母留给子女的财富，拓展为历史的见证以及整个社会的共同继承物，出现了文化遗产、自然遗产、世界遗产、人类共同遗产等概念。非遗既是历史发展的见证，又是珍贵的、具有重要价值的文化资源，在其历史、文化、精神、科学、社会、审美、教育、经济等诸种价值内涵中，体现着外显功能性与内在精神性的综合。

非遗的外显功能属性，在于其能够满足人的物质生活需求。具体而言，非遗中的语言、文字、民歌、制造技术、服务技术、器乐等，具有交际、日常使用、助益生产劳动等功能；歌舞、戏曲、说唱、民间杂技等，具有娱乐、竞技等功能；歌唱、歌舞等，具有人生礼仪、节庆礼仪等功能；祭祀等，具有祈福、禳灾功能。

非遗的内在精神属性，在于其表现着特定群体的文化特性。非遗蕴含着特定的精神内质，包含着民族或族群的智慧、心理诉求和价值观念，是一定历史环境中的文化特质的凝练和提升。精神属性体现非遗的自然、社会、历史和民族的特质，是其多样性存在的根本依据，也是其不同类别间差异和区别所在。非遗通过反映特定群体的思想感情、宗教信仰、价值观念，使群体成员产生归属感和文化认同感，维持群体的固有联系。

2. 非遗是文化性与历史性的复合

英国人类学家爱德华·泰勒将文化定义为"包括知识、信仰、艺术、道德、法律、风俗以及作为社会成员的人所掌握或接受的任何其他的才能和习惯的复合体"。非遗是文化的自然积淀，是特定历史的产物，复合着历史环境中的文化特征。非遗是承载着不同时代文化精华的活态文化，是历史环境中形成的知识、技能、艺术、风俗和情感等在当代的延续流传。

非遗是文化特性的体现，强调文化形态的知识、智慧和情感等精神特征。非遗所蕴含的特有精神价值、思维方式、想象力和文化意识，是文化身份的基本依据。尊重多元文化格局已成为世界共识，2001 年联合国教科文组织通过的《世界文化多样性宣言》指出："文化多样性对人类来讲，就像生物多样性对维持生物平衡那样必不可少，从这个意义上说，文化多样性是人类的共同遗产，应当从当代人和子孙后代的利益方面予以承认和肯定。"在本质上，保护非遗就是保护文化的多样性。

非遗是文化的历史见证物，在人类发展过程中被不断赋予新的内涵，人的创造性活动使其具有无限丰富的生命活力。随着历史和社会变迁，文化因素也不断变化，非遗在其动态传承过程中发展演进。非遗根植于传统，在世代传承中得以与自然和历史互动，受不同时期、不同地域、不同群体的经济、政治、社会、生活因素的影响，被不断地再创造。

3. 非遗是非物质性和物质性的统一体

非遗是为了补充完善文化遗产而提出的、与物质文化遗产相对应的概念。不同于物质文化遗产注重静态性和不可再生性及强调实物的修复和维护，非遗注重遗产的活态性和可传承性，强调精神的意义和价值，突出人的因素、人的创造性和人的主体地位，强调传统的技艺、技能和技术的内核。但是，非遗与物质文化遗产的区别并不绝对。非遗是在一定民族文化心理或风俗中被认同的、具有生命活力的、不断变化发展的文化形态和文化方式，其中既有非物质成分，也有物质成分。多数非遗以物质为依托，其精神、价值、意义需要依靠一定的工具、实物等物质媒介或载体呈现，是非物质与物质的结合体。

在联合国教科文组织《保护非物质文化遗产公约》对非遗概念的定义中，"各种社会实践、观念表述、表现形式、知识和技能"具有非物质性，而"与'非物质文化遗产'相关的工具、实物、手工艺品和文化场所"具有物质性，是非物质性的载体。同样，国务院下发的《国家级非物质文化遗产代表作申报评定暂行办法》将非遗分为传统的文化表现形式、文化空间两类，传统文化表现形式具有非物质性，文化空间具有物质性。《保护非物质文化遗产公约》和《国家级非物质文化遗产代表作申报评定暂行办法》都将非遗的物质性载体列入保护范畴，体现了保护的完整性思路。

4. 非遗是一体四维的综合体

研究非遗还要注意关于发源地状态的研究，仅仅进行文本及内容的研究是不够的，必须关注非遗的鲜活性的状态。否则，就容易走向概念化、文献化的路子，使非遗的研究失去立体性、系统性与历史性。所以，我们强调在非遗的研究分析过程中，既要重视非遗是一个整体，也要注意非遗研究分析的四个维度。一是本体内容研究，强调民族属性，特别是在非遗传承过程中增进中华民族的融合；强调以"各族人民世代相承的、与群众生活密切相关"作为非遗的确认方式，特别是关注动态传承性。也就是要把研究的关注点放在本体内容的传承发展上。二是非遗是发展中的非遗，是在时间过程中的非遗，不同状态下的非遗都有不同的时间或者是时代烙印。三是非遗都是在一定空间中生存发展的。空间概念是非遗发展过程中的基本特征与标志，也就是说，非遗都是特定空间的产物，不同的空间，一定会对应不同的非遗状态。四是非遗的发展都是开放的系统。环境是非遗系统进化发展的基础与前提，离开了环境，非遗系统就会瓦解与变异，从这种意义上说，非遗都是一定环境中的产物。

（三）非遗的特点

1. 民族性

民族性经长期发展而形成，具有很强的稳定性。非遗往往体现民族独特的世界观、价值观、思维方式和审美情趣。非遗中深藏着民族的文化基因，塑造并延续民族的生活态度和社会行为，各族人民创造的丰富多彩的非遗，是民族智慧的结晶和民族情感的纽带。非遗是在长期生产、生活实践中积淀的民族文化精华，包含了民族的价值观念、心理结构、气质情感等群体意识，是民族文化的本质与核心。非遗与各民族生存发展紧密联系，保留了最浓郁的民族特色，是民族灵魂的精髓，是民族的生命动力和精神依托，原生态地反映着该民族的文化身份和特色。

2. 地域性

特定地域自然环境对文化的形成和发展具有很大影响，各地的生产方式、风俗、语言等受自然生态影响很大，往往因为地域差异而具有突出的地域差异性。非遗在一定地域中产生、生长，植根于当地的生产和生活，与地域环境息息相关，是特定地域中的文化形态，具有鲜明的地域特征。各地域独特的地理环境、自然条件、文化传统、宗教信仰、生产方式、生活水平以及风俗习惯等，决定了各种非遗的特点和传承方式。不同地域具有不同的文化标准、文化观念、文化模式和文化形态，非遗会在不同地域的交往中不断发生碰撞渗透、交叉融合，成为各文化地域的重要标志。

3. 主体性

非遗的传承主体，是某项非遗的优秀传承人或传承群体，其代表某项遗产深厚的民族民间文化传统，掌握着某项非遗的知识、技艺、技术，并且具有最高水准，具有公认的代表性、权威性与影响力。非遗重视人的价值、人的精神因素，重视技术的精湛和技艺独特，重视人的创造力及情感表达方式。非遗的传承往往依靠口传心授，具有鲜明的民族和家族烙印。非遗的保留和延续主要依靠主体的世代相传，一旦传承活动停止，就意味着消失、死亡。《国家级非物质文化遗产项目代表性传承人认定与管理暂行办法》规定，政府通过报送代表性传承人情况、建立代表性传承人档案、表彰和奖励有突出贡献的代表性传承人等方式，对非遗代表性传承人进行管理，各级文化行政部门应对开展传习活动确有困难的国家级非物质文化遗产项目代表性传承人，予以大力支持。

4. 多样性

文化多样性是人类发展兴盛的重要前提，非遗承载着人类社会的文明，是世界文化多样性的体现。非遗具有无限多样性和差异性，内容极为庞杂。在我国的第一批、第二批《国家级非物质文化遗产名录》中，非物质文化遗产包括民间文学、民间音乐、民间舞蹈、传统戏剧、曲艺、杂技与竞技、民间美术、传统手工技艺、传统医药、民俗十大类。在中国艺术研究院编写的《中国非物质文化遗产普查手册》中，非物质文化遗产包括民族语言、民间文学、民间美术、民间音乐、民间舞蹈、戏曲、曲艺、民间杂技、民间手工技艺、生产商贸习俗、消费习俗、人生礼俗、时节令、民间信仰、民间知识以及游艺、传统体育与竞技 16 个基本类别，每一基本类别又细分为二级类别，总计近百项。非遗的多样性，造成非遗研究和保护具有极强的复杂性。

5. 独特性

非遗在自然环境和历史条件的变化中不断得到创新，集中体现着文化的多样性和创造者的个性。非遗强调人类的创造力和文化差异，其作为艺术或文化的表达形式，体现了特定民族、国家或地域内人民的独特创造。非遗的独特性表现为其物质成果或具体行为方式、礼仪、习俗，其所体现的思想、情感、意识、价值观极为独特，难以被模仿。保护非遗是为了保护文化的多元化，在全球化浪潮中，各民族文化呈现出同质化倾向，保护和维护非遗独特性显得更为迫切。

6. 脆弱性

传承是动态的过程。文化遗产的存在基于现实需要，一旦其所依附的生活生产方式、习俗等发生改变，便会因失去存续动力而逐渐退化，许多有价值的非遗由于缺少必要的传承与保护而逐渐灭绝。1989 年，联合国教科文组织通过的《关于对传统文化和民间传说保护的倡议》提出，无形文化遗产独特性使其很容易后继乏人而湮没消失，大量极具文化特性和体现当地民族文化渊源的口头遗产正面临消失的危险，呼吁会员国对那些为民众和社团所有的具有象征性精神价值的非物质遗产予以更大关注，由政府出面保护。在快速的全球经济一体化与现代化进程中，非遗的发展空间被挤压，赖以生存的社会结构遭到严重破坏，发展形势严峻，越来越多的非遗快速消亡。

7. 艺术性

非遗作为精神形态的非物质文化，充分展示了生活风貌、审美情趣和艺术创造力，审美是其突出特征。非遗中大量的技艺、民俗，具有重要审美价值，展现着不同地域和民族的审美方式。非遗中存在大量的表演艺术、制作工艺等，具有极高的审美价值，是宝贵的艺术资源。非遗是不同时代、不同民族劳动和智慧的结晶，其审美水平和创造美的能力得到了同时代人的认可和赞赏，具有极高的审美价值，值得今人继续认识、欣赏和研究。

8. 商业性

1973 年，玻利维亚政府建议联合国教科文组织为《世界版权公约》增加保护民俗的条款，起因是 1970 年美国歌星保罗·西蒙的《老鹰之歌》风行并带来巨大经济效益。该单曲实际是玻利维亚民谣，人们认为至少应该有一部分利润返还给民谣的故乡。许多非遗都是集体性的智力成果，联合国教科文组织 1989 年通过的《关于对传统文化和民间传说保护的倡议》已提出了对智力成果产权的尊重。一些非遗可以转化为现实生产力，并产生较高的经济价值。随着旅游业的发展，非遗逐渐被赋予商业属性，在市场中寻找到新的生长点和发展点。非遗资源转化为文化产品或优势文化产业，也使非物质文化遗产焕发出新的生机。

9. 教化功能

非遗的发展不仅仅是一种现象，或者是一些文化产品的聚集与集合，更重要的是一种社会文化，它具有成教化、助人伦的社会教育与教化的功能，它更多的是在社会的商业、交易及体验的消费过程中，把社会的文化功能，特别是道德教育的意义，不断地深化、深入到人们的思想、行为及意识当中。非遗的教化功能还表现在它是一种文化传统，能够通过戏曲、故事等形式，对人们在价值观的形成和传播等方面，起到重要的推进作用。一些非常好的非遗产品具有极强的感染力，这在道德精神方面具有较强的示范导向及教育功能。特别是在非遗传承过程中，很多非遗产品中所特别强调的工匠精神，体现的是非常重要的文化传统和文化精神。这样一些系统的、多方面的、立体的文化体验与传播，使得非遗在社会教育与治理等方面发挥着越来越重要的作用。

二 非遗产业的概念、内涵与外延

非遗产业是中国文化产业中的重要组成部分，既具有文化产业的基本属性，又具有自身特有的产业特点和发展规律，是一种有别于传统产业的特殊行业。具体来说，它以生产和提供非遗产品为主要活动，以满足人们的艺术需要为主要目标，是非遗产品本身意义的创作与流通、消费及服务。

（一）非遗产业的概念

非遗产业是指在国民经济发展中，以社会分工为基础，在产品与经营上以非遗文化为基本特征的市场主体、单位或机构及其活动与环境的集合。非遗产业同文化产业一样，也是介于宏观经济与微观经济的中观经济概念，它研究与揭示的是非遗经济活动的基本趋势与发展的基本规律。对于非遗产业来讲，由于存在非遗产业本身、产业发展的内部要素与结构、产业的分布与布局及产业的发展环境等多层面、多内容的问题，故而非遗产业的研究对象较为复杂。比较重要的是非遗产业的类型、结构、关联、组织、布局、政策等，其核心是关注非遗产业资源的配置及其相应态势的发展与变化。所以，研究非遗产业的重要目的是关注产业资源的优化配置，根本目的之一是促进产业资源在非遗产业转换及发展层面上的优化配置。

（二）非遗产业的内涵

非遗产业是产业发展过程中一种新的业态形式，是指运营非遗资源的特殊行业。我国非遗产业经历了一个逐步认识到发展的过程。过去，我国非遗市场的发展既缓慢又不规范，经过几十年的改革之后，我国非遗市场正在以前所未有的速度和规模成长。随着非遗市场的稳步发展和非遗的繁荣，我国非遗产业有着美好的发展前景。

非遗产品既是非遗产业的内在属性，也是非遗产业形成的微观基础。非遗产业在内涵上至少应包含以下三方面的内容。第一，非遗产业的主体应当是非遗中可以走向市场和用产业方式运作的那部分内容，主要包括非遗商品生产和非遗服务等经营性活动。第二，非遗产业应当面向市场，按照产业化和市场化的方式来运作，并广泛渗透于非遗生产、流通、经营、服务和分配等一系列活动，并且能够带动和促进社会经济快速与健康地发展。第三，非遗产业向消费者提供的是精神产品或服务，发展非遗产业的目的是满足人民群众日益增长的精神文化需求，促进社会和谐发展。

此外，非遗产业的内涵必定包括以下四个特征。

第一，非遗产业是生产具有非遗特性的产品的企业的集合。

第二，非遗产品的创意是作为无形资产而渗透于非遗产业的生产过程，进而创造出具有象征价值、社会意义和特定文化与艺术内涵的产品或服务。

第三，非遗产品在本质上表现为特定的产业产品或设计规则。

第四，非遗产品必须被大众普遍接受和认可。

（三）非遗产业的外延

非遗产业化的主要标志包括以下九点。

（1）生产者的转变。非遗产品的生产者从自由创作逐渐转变为根据订单生产，经过组织化而形成企业。这些企业彼此融合，形成产业组织，推动非遗产品规模化生产。

（2）接受者的转变。非遗文化接受者转变为经济学意义上的顾客，他们的需求汇聚成市场，进而影响非遗生产的规模与类型。

（3）传播者的转化。非遗传播者转化为各种各样的商业性艺术中介，包括非遗出版商、非遗拍卖商、非遗广告商、非遗版权代理商等，推动非遗产品的市场化运作。

（4）复制技术的应用。大量运用复制技术以保证非遗产品的规模化生产，使非遗产品更易于进入市场。

（5）内容的市场化。非遗产品与服务的内容日益迎合顾客的口味，适合标准化生产，以满足市场持续变化的趋势。

（6）商品化趋势。一般意义上的"作品"转变为"商品"，在炒作和推销中丧失原先所具备的公共物品的属性。

（7）批量生产方式。将体现规模化、标准化特点的批量加工作为主要生产方式，提高非遗产品的市场竞争力。

（8）经济联系的建立。建立与社会其他部门广泛的经济联系，将非遗自身活动纳入国民经济体系，推动非遗产业全面发展。

（9）市场化运作。按商品经济规律运作，将社会与经济效益并重作为主要目标，确保非遗产业可持续发展。

基于以上分析，非遗产业的外延主要具有以下基本特点。

（1）推崇创新和个人创造力。非遗产业是典型的创意产业，表现为"劳动"密集型特征，这里的"劳动"特指复杂劳动。

（2）实现经济与文化艺术互动。非遗产业不仅强调文化艺术对经济发展的支持与推动，也涉及经济与文化艺术的互动性与互补性，从而保证了经济与文化艺术的一体化发展。

（3）具有广阔的产业发展空间。非遗产业的发展空间和延伸领域极其广泛，它不仅包容了"以物质资本、经济资本为运转方式"的传统产业，还拓展了"以智力资本、艺术资本、社会资本为运营方式"的新产业内涵。

（4）存在较强的空间差异性。非遗产业所体现出的空间差异性较强，许多类型的非遗产品在偏好各异的消费者眼里总是和特殊的地理位置联系在一起。

（5）能够有效提升生活品质。非遗产业与一个国家的生活品质息息相关，影响到一个国家民众的生活品质形象，是新时代人民生活文化水平提高的结果。

第二节 什么是非遗产业学

探讨非遗产业学，首先需要明确其定义，厘清研究对象与具体内容等核心问题。与此同时，还需要确定其学科性质与特点，了解学科形成与发展的过程，掌握研究的基本方法与路径，进而阐明学习与研究非遗产业学的意义与目的。对于这些基本问题的解答，是深入研究非遗产业学的重要基础。

一 非遗产业学及其研究对象

非遗产业学是一门研究非遗在现代经济体系中的地位、作用及其产业发展规律的学科。顾名思义，非遗产业学的研究对象，即为非遗产业，也就是在经济学范畴内，以保护、传承和利用非遗及其资源为目标，从事相关生产与经营活动的企业或单位及其活动的集合。非遗产业是基于社会分工而产生的，涵盖了传统手工艺、民俗活动、表演艺术、口头文学等各类非遗产品的生产、消费及服务等各个环节。非遗在经济活动中的表现形式和经济价值，构成了非遗产业学研究的核心内容。这一产业既不完全属于微观经济学，也不完全属于宏观经济学，而是介于两者之间的中观经济学范畴。对于非遗产业学的研究对象，可进一步细分为以下主要类型：非遗产业类型、非遗产业结构、非遗产业关联、非遗产业分布、非遗产业组织、非遗产业发展和非遗产业政策等。

非遗产业学研究的目的是推动非遗及其资源在产业发展中的优化配置。通过研究非遗产业之间、非遗产业与其他产业之间，以及非遗产业内部的资源配置状况及其变化规律，以促进非遗资源的合理配置与高效利用。此外，非遗产业学还研究政府在非遗产业发展中的规制与政策，以期通过合理的管理和调节，消除非遗资源配置中的不合理现象，推动非遗产业的健康与可持续发展。

二 非遗产业学的内容体系与特点分析

（一）非遗产业学的主要内容

非遗产业学的研究对象决定了其理论内容的广泛性和多层次性。由于非遗产业学研究对象的多样性与复杂性，其理论也具有相应的多层次与多方面的内涵。概括来看，非遗产业学的主要内容包括：非遗产业分类理论、非遗产业结构理论、非遗产业关联理论、非遗产业布局理论、非遗产业组织理论、非遗产业发展理论、非遗产业政策理论等。

1. 非遗产业分类理论

非遗产业分类理论，即对非遗产业进行系统分类的研究，涵盖传统手工艺、传统美术、传统戏剧、民俗活动等领域。通过研究这一理论，有助于明确非遗产业的不同类别及其各自特征，更好地理解和保护非遗文化，还能够促进非遗在现代经济体系中的有效发展与利用。

2. 非遗产业结构理论

非遗产业结构理论，即对非遗产业构成及其经济技术联系和变化规律的研究。这一理论是理解非遗产业整体运行机制的关键。通过对非遗产业结构理论的深入研究，可以厘清非遗产业的内部结构，揭示非遗产业内部各类产业之间的相互依存关系及其对整体经济的影响，为非遗产业的可持续发展提供科学、有力的支撑与指导。

3. 非遗产业关联理论

非遗产业关联理论，即研究非遗产业与其他产业之间相互作用和影响的理论框架。该理论旨在揭示非遗产业在现代经济体系中，如何通过与其他产业的互动产生协同效应，从而提升整体经济效益和文化价值。通过深入探讨非遗产业与相关产业的关联性，可以更好地理解非遗产业在经济发展中的角色和贡献，为实现非遗产业与其他产业的互利共赢提供理论支持。

4. 非遗产业布局理论

非遗产业布局理论，即探讨非遗产业在空间上的分布及其变化状况的研究。该理论主要分析非遗及其相关产业在地域上的分布与特征，并探讨非遗资源丰富地区与经济发展的关系。这一理论是反映非遗产业发展状况的重要指标，其研究成果有助于提出区域性的发展策略，通过合理布局优化资源配置，可以推动区域经济协调发展，促进非遗产业的整体发展提升。

5. 非遗产业组织理论

非遗产业组织理论，即探讨非遗产业内部的组织形式及其运作机制的研究。该理论研究非遗传承人、非遗企业和相关非遗组织机构之间的协作关系，旨在揭示如何通过优化组织结构提升非遗产业的竞争力和可持续性。通过深入分析非遗产业的组织模式，可以找到提升其内部效率和外部影响力的方法，为非遗产业的管理和发展提供重要的学术支持和实践指导，从而促进非遗产业的长远发展和文化传承。

6. 非遗产业发展理论

非遗产业发展理论，即分析非遗产业的发展状况、过程及其规律的研究。这一理论涵盖对非遗产业生命周期、发展阶段和发展趋势等内容的研究，揭示了非遗产业成长和演变的规律，有助于深入理解非遗产业的发展动态，帮助制定有效的产业发展政策与策略，推动非遗产业在现代经济中的苗壮成长。

7. 非遗产业政策理论

非遗产业政策理论，即在非遗产业学的基本理论指导下，进行合理的非遗产业规划和制定正确的产业政策，以推进非遗产业的优化与发展。通过研究非遗产业政策理论，可以明确政策制定的方向和原则，确保政策能够有效支持非遗产业的保护、传承和创新发展。合理的非遗产业政策不仅有助于提升非遗产业的竞争力和可持续性，还能促进非遗在现代社会中的广泛传播和认同。

（二）非遗产业学的理论体系

非遗产业学是一个结构严密且系统科学的学科研究框架，由非遗产业的类型、结构、关联、布局、组织、发展和政策等各个方面共同构成，涵盖范围非常广泛。根据非遗产业学研究的内在逻辑，其理论体系可以划分为三个层次，即非遗产业学研究的理论前提、基本理论与理论应用。

1. 非遗产业学研究的理论前提

这一层次涵盖了对非遗产业学基本概念的定义、研究对象的确定、学科性质与特点的厘清，以及学科形成与发展过程的分析。它为深入研究非遗产业学提供了必要的基础。具体来看，一是要对非遗进行定义与分类。非遗包括传统手工艺、传统美术、传统医药、民俗等多种类型。理解非遗类型的多样性及其特征是研究非遗产业学的基础。二是要探讨非遗在现代经济中的地位与作用。非遗不仅是文化传承的重要组成部分，更是现代经济发展的重要资源。通过研究非遗及其资源分类，揭示非遗在文化传承和经济发展中的多重价值。三是研究方法的确定也是理论前提的重要组成部分。非遗产业学需要采用多学科交叉的研究方法，包括文化研究、经济学、社会学等，综合运用定量与定性研究手段，以全面理解非遗产业的复杂性。

2. 非遗产业学研究的基本理论

这一层次是非遗产业学研究的主体部分，包括广义的非遗产业结构、非遗产业组织和非遗产业发展理论三个大的方面。具体来看，第一，广义的非遗产业结构，包括狭义的非遗产业结构、非遗产业关联和非遗产业布局三个重要部分。狭义的非遗产业结构专指非遗产业在质上的构成及其经济技术联系；产业关联是指非遗产业之间在量上的比例关系；产业布局是指非遗产业在空间上的分布结构。第二，非遗产业组织，包括非遗产业的市场结构及其特征分析、非遗产业发展中的市场行为与运营模式研究、非遗产业的市场绩效和经济效益评估等。第三，非遗产业发展，包括非遗产业发展的内容、路径与模式研究，非遗产业在其产业生命周期中的表现及其变化规律分析，非遗产业的发展战略制定等。

3. 非遗产业学研究的理论应用

这一层次侧重于非遗产业的发展和政策研究，通过分析非遗产业的发展状况、过程及其规律，制定合理的非遗产业规划、战略与政策，以推动非遗产业的持续优化与发展。一是在非遗产业规制方面，研究在自然垄断情况下的管理和规制方法，分析竞争性市场中的规制方法，并探讨社会因素对非遗产业规制的影响，从而制定更加科学的规制措施。二是在非遗产业政策方面，制定优化非遗产业结构的相关政策，研究政府和社会组织在非遗产业发展中的角色作用与政策措施，并实施促进非遗产业发展的相关政策与规划措施，如税收优惠、资金支持和市场准入等，鼓励创新和多样化发展，从而提升非遗产业的竞争力和可持续性。

（三）非遗产业学的学科特点

非遗产业学与传统的微观经济学和宏观经济学相比，具有独特的研究对象和研究内容。其形成与发展不仅受到社会经济发展的推动，更得益于我国非遗保护事业的不断深化、国家对传统文化的大力弘扬，以及非遗产业发展的理论建设和前沿创新实践的探索推动。

1. 研究对象的独特性

非遗产业学研究对象的独特性在于其对非遗传承与发展的深远影响。非遗不仅在保护文化多样性方面具有重要意义，还对社会经济发展产生积极的推动作用。非遗产业学作为一门学科，专注于研究非遗在现代经济体系中的地位、作用及其产业化发展规律。其主要目的是探讨非遗产业的发展，尤其是在"创造性发展、创新性转化"等理念推动下，实现非遗保护传承与经济价值的双重目标。

2. 研究内容的多样性

非遗产业学的研究内容丰富多样，涵盖多个维度，包括非遗的产业类型、产业结构、产业关联、产业布局、产业组织、产业发展、产业规制和产业政策等。通过探讨非遗产业内部的动态关系、不同非遗产业之间的互动，以及非遗产业与其他产业的连接，对其在现代经济中的具体表现和经济价值进行深刻阐述。这样的多层次、系统性研究使非遗产业学能够全面揭示非遗产业的复杂性和多样性，为其产业发展提供更为扎实与精准的理论支持与实践指导。

3. 理论体系的逐步完善

非遗产业学的理论体系正在不断发展与完善。当前研究的重点主要集中在非遗的保护与传承、非遗及其资源的产业发展路径，以及相关政策规制的构建等领域。通过系统化的理论研究，非遗产业学逐步形成了一个包含理论前提、基本理论和应用理论在内的多层次、多方面的研究框架。随着这一初步理论框架的建构与持续地丰富、扩展与细化，非遗产业学最终将形成一个相对完整的学科体系。

4. 实践导向与政策支持

非遗产业学具有显著的实践导向与政策支持特点。其表现主要为：一是非遗产业学旨在通过科学研究为非遗保护、传承和产业发展提供系统科学、可操作性强的理论支持与实践指导。二是需要不断加强其产业政策的完善与优化。虽然近年来国家加大了对非遗保护的力度，通过制定一系列政策和法规，为非遗产业的发展提供了强有力的支持，如《中华人民共和国非物质文化遗产法》以及各地非遗相关法规政策的出台实施等，明确了非遗保护的原则和措施，还为非遗资源的合理利用和产业化发展提供了一定的法律与政策依据。然而，当前我国非遗产业的法律法规体系仍有较大完善空间，需要我们不断完善相关的政策法律，以便更好地应对实际操作中的复杂问题和新兴挑战。

5. 学科发展的潜力与挑战

非遗产业学作为一门新兴学科，尽管其理论体系尚不完善，但其发展潜力巨大。科学合理地利用非遗资源是非遗产业学的重要研究课题。未来，非遗产业学将依托非遗产业的持续发展而不断壮大，通过丰富其理论框架和积累相关的实践经验，非遗产业学的学科发展将为文化遗产的保护与社会经济的发展提供更多动力。与此同时，需要看到的是，非遗产业学的建设也面临着多重挑战，如需要平衡保护与利用的关系、完善法律法规体系、适应快速变化的市场环境等，而这些问题的破解需要持续深入的研究和探索。

总体而言，非遗产业学因其独特的研究对象、多样的研究内容、逐步完善的理论体系、较强的实践导向与政策支持，以及充满潜力与挑战的学科发展特点与趋势，成为一门具有重要学术价值和现实意义的新兴学科。通过不断深化研究，非遗产业学将为非遗及其产业的科学、健康、可持续发展以及现代经济体系的协调与繁荣做出应有的贡献。

三 非遗产业学的形成及其发展

非遗产业作为我国文化产业发展的重要组成部分，其形成与发展的背景包括了我国非遗保护的深化推进、文化产业的不断兴起、社会经济的快速发展，以及科学技术的迅速更新等多重因素。如前文所述，非遗产业学是一门介于宏观与微观之间的中观经济学，而任何经济学理论的形成都是社会经济发展到一定阶段的产物，旨在解决现实经济生活中的问题，以适应经济发展的需要，非遗产业学亦是如此。其学科诞生是为了解决当前非遗保护传承中所面临的一个重要现实问题，即如何在现代经济体系中有效保护与利用非遗及其资源，实现非遗赓续传承。

（一）非遗产业学的理论源流

探讨非遗产业学的形成与发展，首先需要对其理论源流进行必要的梳理，这实际上可以追溯到传统经济学和文化研究领域，特别是关于产业经济学与非遗保护等方面的理论。这些理论为非遗产业学研究奠定了基础性的研究框架。因此，从大的学科建构层面来看，我们认为非遗产业学形成的理论源流主要包括以下两大方面。

1. 产业经济学为非遗产业学的形成提供了基本的研究框架

研究非遗产业学，离不开对产业经济学的理解。产业经济学起源于第一次产业革命之后，并在第二次世界大战后随着产业结构、产业组织、产业关联、产业选择、产业布局等在经济发展中作用的逐渐增大而逐步发展成为一门新的经济学学科。自20世纪80年代以来，产业经济学理论取得了较大进展，特别是在产业组织理论的发展、产业政策研究的深化等方面。中国的产业经济学也是在20世纪80年代逐渐起步的，通过经济学界的引进、学习与研究，结合我国经济改革与发展实践，逐渐探索形成了符合我国发展实际的产业经济学理论。进入21世纪，随着知识经济时代的到来，产业经济学的发展又不断面临着新的环境与问题，同时也提出了新的学科发展要求。在产业结构理论、产业关联理论、产业组织理论和产业发展理论等方面都有待进一步的修改、补充与完善。

2. 非遗学的系统建构为非遗产业学的形成奠定了理论基础

非遗产业学的形成与发展是一个不断深化的认知过程。在产业经济学基础上，非遗产业学关注的是非遗产业的独特性，包括对非遗及其资源的保护、传承与创新，非遗产业与现代经济体系的融合等问题。非遗产业学学科建构的一个重要基础与支撑就是非遗学的系统性建构与研究的不断深化。

非遗学是近年来逐渐独立的新兴学科，其形成得益于我国非遗保护事业的发展以及长期实践的探索与经验凝练。事实上，我国学界对于非遗保护的高度关注和参与，主要与我国非遗保护工作的实施以及相关政策的推进同步发展。自2002年以来，中山大学、中央美术学院等高校陆续成立了"非物质文化遗产研究所/中心"，大量非遗相关学术论坛、研讨会以及科研论文和研究著作不断涌现。特别是2002年10月，由联合国教科文组织亚太地区机构与教育部主办，中央美术学院非遗研究中心承办的中国高等院校首届非遗教育教学研讨会，将非遗以学术概念的形式导入高等教育领域，形成了在21世纪高等教育教学中引入非遗相关课程的共识①。2021年2月，随着教育部将"非物质文化遗产保护"纳入普通高校本科专业新增

---

① 陈孟昕，张昕. 中国高等院校首届非物质文化遗产教育教学研讨会综述［J］. 湖北美术学院学报，2002（4）：61-62.

专业（37 个），非遗学科人才建设又迈出了新的步伐。《普通高等学校本科专业目录（2024 年）》显示，截至 2024 年 6 月底，中央美术学院、北京联合大学、河北美术学院、晋中学院等 21 所高等院校已经开设了非物质文化遗产保护专业。此外，2021 年首届非遗数字化可持续发展线上论坛的召开，将非遗研究进一步聚焦于数字化可持续发展议题，展开了对新时代非遗数字化传播以及虚拟现实交互问题的探讨，从而进一步拓宽了非遗发展的视野①。

总体来看，基于近二十年我国非遗保护实践的总结探索以及社会需求的发展，非遗学作为学科概念已经被正式提出，并且在学科化实践的成功与经验总结方面取得了较大进步②。非遗学被定位为一门前沿、交叉学科，其前沿性一是在于它是文化遗产保护发展出来的非遗保护事业新产物，二是在于它正以崭新的方式推动文化多样性条件下的人类文化认同；其交叉性既是学科演变的历史现象，也正借助新文科建设的动能互换理论整合和方法创新而成为显学③。作为一门新学，非遗学不仅具有百年以上的学术积淀、十余年的教学实践，而且还具有与其他学科完全不同的学术视角与视野，以及独特而完整的理论框架，这些为其诞生提供了可能④。2023 年，冯骥才《非遗学原理》在阐明非遗学与近缘学科民俗学的差异基础上，从元理论视角进一步对非遗学的学科样貌进行了勾勒⑤。

（二）非遗产业实践的发展探索

非遗产业学的形成和发展是一个逐步演进和系统化的学科发展过程。其中，非遗产业实践的探索是非遗产业学形成的现实基础。学者们在非遗产业实践过程中不断形成的经验总结与理论提炼，以及这些成果的系统化是构成非遗产业学发展的理论基础。

1. 非遗认知的提升推动其产业发展的兴起

非遗产业的发展是基于非遗认识的深化而不断兴起的。人们对于非遗的认识经历了一个由浅入深、由片面到全面的逐渐发展过程，从最初的非遗及其资源保护，到如今的非遗产业发展，正是认识的深化不断推动了非遗产业及其学科研究的起步形成。而对非遗认识的深化，主要源于两大重要背景。

第一，国际非遗保护框架的建立。非遗保护始于国际社会对文化多样性的日益重视。"非物质文化遗产"作为一个国际上统一使用的专有名词，历经半个多世纪才被联合国教科文组织以文件的形式确立下来。2003 年，联合国教科文组织通过了《保护非物质文化遗产公约》，标志着全球非遗保护工作的系统化和规范化。该公约

---

① 首届非遗数字化可持续发展线上论坛成功在京召开 [EB/OL]. （2021-12-31）[2022-01-20]. https://baijiahao.baidu.com/s? id=1720575753232417156&wfr=spider&for=pc.

② 郭平，张洁. 中国非物质文化遗产学科化发展脉络 [J]. 天津大学学报（社会科学版），2024, 26 (3)：229-234.

③ 高丙中. 非遗学的建设与新文科的探索 [J]. 中国非物质文化遗产，2021 (4)：6-11.

④ 苑利，顾军. 非物质文化遗产学学科建设的若干问题 [J]. 东南文化，2021 (3)：6-11.

⑤ 冯骥才. 非遗学原理 [N]. 光明日报. 2023-03-19 (12).

旨在通过立法、行政和社区参与等手段，保护口头传统、表演艺术、社会习俗、礼仪、节庆和传统手工艺技能等。

第二，中国非遗保护事业的发展。中国在非遗认知及相关保护研究方面的起步较晚于国际社会。2001年，中国政府积极参与联合国首批"人类口头和非物质遗产代表作"项目的申报工作，这次参与引发了国内各界对非遗的初步关注。2004年8月，中国正式加入《保护非物质文化遗产公约》，标志着我国非遗保护工作的正式启动。2005年，《国务院办公厅关于加强我国非物质文化遗产保护工作的意见》提出了"发挥政府主导作用，建立协调有效的保护工作领导机制"，建立"非遗代表作名录体系，逐步形成中国特色非遗保护制度"等要求，并明确了我国非遗"保护为主，抢救第一，合理利用，传承发展"的方针，为后续"抢救性保护""整体性保护"以及"生产性保护"等保护方式的形成奠定了重要基础，更是我国非遗保护"从自发到自觉、从表层到深层，从单一性保护到有意识地建立综合性保护体系"发展历程的重要反映①。2006年，《国家"十一五"时期文化发展规划纲要》提出对我国非遗资源分布图进行绘制，对非遗传承人谱系、传承人资助办法等工作做出具体要求，并将每年六月的第二个星期六设立为"文化遗产日"。2007年，商务部、文化部发布《关于加强老字号非物质文化遗产保护工作的通知》。2009年，文化部非物质文化遗产司成立，各地文化厅相继设立"非遗处"专门负责非遗保护工作。2011年，《中华人民共和国非物质文化遗产法》颁布，明确了非遗保护的法律地位，构建完善了非遗保护的系统体系，进一步推动非遗的传承与其资源的可持续利用，在政策支持与法律保障方面夯实了基础，在非遗保护的社会认知提升与非遗传承发展事业推进方面发挥了重要作用。随后，2012年《文化部关于加强非物质文化遗产生产性保护的指导意见》《国家非物质文化遗产保护专项资金管理办法》，2021年中共中央办公厅、国务院办公厅《关于进一步加强非物质文化遗产保护工作的意见》等一系列政策法规的颁布，使我国非遗保护工作在政府主导下稳步推进。

目前，国务院已公布了五批次共1 557项国家级非遗代表性项目，列入国家、省、市、县四级的非遗名录项目有10万余项，共有43个项目列入联合国教科文组织非遗名录，数量位居世界第一②。

2. 非遗产业发展是一个不断演进的历史过程

"非遗"概念的官方确立是在21世纪初期，我国文化产业进入现代意义的产业发展阶段是在20世纪90年代末，因而这里所说的"非遗产业"，主要是指基于现代产业发展背景，以非遗及其资源为发展的核心内容与关键动力，以更为多样化的非遗文化表现手段与形式来促进其保护、传承、消费、体验、传播、共享等的现代非遗产业发展模式。

---

① 康保成. 中国非物质文化遗产保护发展报告（2011）［M］. 北京：社会科学文献出版社，2011.

② 文旅中国. 中国非遗保护20年：形成有中国特色的非遗保护制度［EB/OL］.（2024-06-14）［2024-08-08］. https://baijiahao.baidu.com/s? id=1801827709604110450&wfr=spider&for=pc.

（1）非遗产业积淀期。在现代非遗产业形成之前，非遗产业的发展处于一个漫长的产业积淀期。非遗作为民众生活的重要方式，事实上早在原始时期就已经随着人们的生产、生活实践而发展、演进与传承着，它是滋养人们物质与精神生活的重要文化形态，其发展是一个随时代变迁而活态演进的文化发展过程。因此，可以说，围绕非遗及其资源的市场与产业行为在历史上早已有之。在此期间，其发展主要是沿着两条主线为现代非遗产业的形成积蓄力量，即非遗传承保护的主线和传统非遗产业发展的主线。

（2）非遗产业萌芽期。随着 20 世纪 90 年代我国文化产业政策逐步从计划性调控与管制转向市场化发展，围绕传统文化的商业化与市场化改造，以及相关利用活动迅速兴起。"文化搭台、经济唱戏"贴切地反映了这一阶段文化，包括非遗领域市场探索的典型模式。这种模式虽然为传统文化的利用营造了热闹的氛围，但也带来了"伪文化湮没了真遗产"等诸多不良后果，成为被文化保护领域多方批评的对象。总体来看，在萌芽期对非遗的开发利用主要是由地方政府牵头，重点选择那些具有较大影响力且便于转化为经济价值的非遗项目资源而开展的市场活动。如各地依托文物单位或文化遗址，将非遗作为辅助游览的元素，探索非遗与旅游经济发展的新路径。这些尝试虽然展现了一定的非遗市场活力，但有序、规模化的非遗产业发展尚未形成，非遗的社会影响力和市场发展规模尚需提升。

（3）非遗产业起步期。进入 21 世纪，非遗产业迈入发展新阶段，即非遗产业的起步探索阶段。在政府主导下，非遗开发式保护将其资源引入文化市场的激烈竞争之中，借助市场力量为传统非遗文化带来更为广阔的发展空间，非遗产业探索也更加活跃。第一，相关保护实践推动了非遗市场格局的逐步形成。如非遗演艺与旅游业发展方面，大型民族歌舞剧《云南映像》（2003 年）等少数民族原生态歌舞在与旅游的合作发展中走向市场，既获得了社会效益，又产生了经济价值，并且与当地的环境发展与保护需求相契合，为人们精神需求的满足带来了新的体验与滋养，产生了积极的影响；依托各类国际博览会与各地非遗产品经销点的设立，非遗市场探索步伐加快，进一步打开了非遗产业发展的大门；许多原本就具有较高产业化程度的非遗项目在与企业的合作及产业的壮大中，不仅实现了向海外传播中华优秀传统文化的目标，更取得了可观的经济收益；在国家政策推动下，尤其是在 2006 年我国首批国家级非物质文化遗产名录的公布背景下，非遗市场与产业发展被激活，非遗的社会认知不断提升，其市场与经济价值被不断放大，非遗跨区域甚至是全国范围的市场与产业逐步形成。第二，有关非遗产业发展实践的媒体报道开始增多，如福建日报《拓荣剪纸：艺术与产业并进》（2006 年 6 月 15），中国文化报《成都文化创意产业群落中心呼之欲出》（2008 年 1 月 6 日），《非遗产业运作的"四化"现象值得重视》（2009 年 6 月 28 日），联合日报《"非遗"：产业发展正当时》（2010 年 10 月 21）等文章都是这一阶段围绕非遗产业而展开的报道。第三，传统非遗成为文化产业发展的新领域，现代非遗产业集群初具样貌。2007 年，首届中国成都国际非遗节的成功举办推动了我国非遗产业集群化发展，将非遗进一步推向海内外。仅从非遗杭锦产业集群化的探索来看，有报道显示 2007 年浙江省每天同时运行五六万台织锦机，其产品既有装饰性织锦，又有日用织锦，仅杭州市余杭区织锦产业年利润就高达 122 亿元①。第四，民营资本进入非遗发展领域，推动其产业融合能力提升，非遗基金的成立为其产业增添发展活力。如 2009 年深圳世纪华业非物质文化遗产投资有限公司的成立，标志着国内非遗项目的产业化发展走上专业的机构发展阶段。2010 年 5 月该公司在文博会上高调亮相，并宣布将以打造国内最大的非遗文化产业集聚区与深圳现代非遗文化产业龙头基地为目标，投资兴建中国（深圳）非遗文化展示交易中心，这成为民营资本介入非遗产业领域的重要举措②。第五，各地非遗基金项目的设立。如重庆荣昌从 2009 年起财政拨款与社会资本共同建立县级非遗保护开发基金③。此外，这一阶段非遗传播与资源整合能力的提升也进一步推动了非遗产业模式的不断创新。然而，与非遗市场与产业的繁荣发展相对应的是，非遗及其产业发展中的许多深层次问题也逐渐暴露出来，成为这一时期社会各界热烈讨论的议题。

（4）非遗产业初创期。2011 年《中华人民共和国非物质文化遗产法》颁布后，我国非遗保护工作进入有法可依的新阶段，在社会各界非遗保护热情高涨下，非遗产业发展转入初创期，相关发展政策逐步优化。如 2012 年《关于加强非物质文化遗产生产性保护工作的指导性意见》提出"以人为本、活态传承"的保护原则，强调非遗保护与利用并重，并提出要做好非遗保护传承与开发利用之间关系的处理，要坚持在保护的基础上开展合理利用，尊重非遗生产方式的多样性，坚持传统工艺流程的整体性与核心技艺的真实性，并提出将非遗及其资源向具体的表现形式转化，拉动相关产业发展。在这一过程中具体实施机制就是要"以政府为主导，号召社会加入，发挥专业人员作用"④。与此同时，非遗与科技、金融等领域的融合发展成为重要探索方向，非遗众筹、非遗消费使其更为大众所熟悉。2011 年，国内上线了首家众筹平台，2015 年众筹网非遗项目破百项（包括建盏、木版年画等诸多项目类别），同年，由联合国教科文组织与永新华韵文化发展有限公司共同发起的非遗大数据平台正式发布，面向全球非遗数据进行记录与开展认证体系建设。可以说，这一时期非遗产业发展使非遗保护逐步从"政府输血"转向了"自我造血"，非遗新经济成为经济发展的重要增长点。

（5）非遗产业发展期。自 2016 年起，非遗产业进入稳步发展期，重要的表现之一是带有"非物质文化遗产"字样的公司或企业注册数量显著增加。全国企业信息网数据显示，2016 年北京地区新增此类企业 28 家，而在此之前仅有 2 家⑤。同

① 陈四四. 蜀锦："鱼"和"熊掌"能否兼得［N］. 四川日报，2007-07-05（006）.
② 王奋强. 深圳民营资本试水"非遗"产业［N］. 深圳特区报，2010-05-17（A04）.
③ 张运彬. 重庆荣昌非物质文化遗产托起文化大产业［N］. 中国财经报，2011-04-28（003）.
④ 刘云升，刘忠平. 非物质文化遗产产业化法律规制研究［M］. 北京：知识产权出版社，2017.
⑤ 华庆：2017 年中国各类非遗企业将不断涌现［EB/OL］.（2017-02-07）［2024-08-08］. https://www.sohu.com/a/125639033_603684.

时，这一年也被称为"非遗元年"，其发展的背景是：第一，《国民经济和社会发展第十三个五年规划纲要》的出台，文化部《"十三五"时期文化扶贫工作实施方案》，中共中央办公厅、国务院办公厅《关于实施中华优秀传统文化传承发展工程的意见》，文化部、工业和信息化部等部门《中国传统工艺振兴计划》等一系列政策文件的发布，对我国非遗保护与利用产生了巨大推动，为非遗产业发展的环境建设做出了重要贡献，并促使非遗产业在国家文化产业发展中的地位日益凸显。此外，非遗企业数量的增加及其融资能力的提升进一步深化了非遗产业的"自我造血"能力，加速了非遗产业的自主发展进程。第二，随着 2017 年文化和旅游部发布《关于推动数字文化产业创新发展的指导意见》，我国数字文化产业发展迎来重要契机，文化产业融合趋势加速，促使新业态不断涌现，传统的产业边界被打破。2018 年，国家统计局对文化产业分类进行了新的调整，以适应产业发展的新态势。此外，习近平总书记在党的十九大报告中提出的"推动中华优秀传统文化创造性转化与创新性发展"论述，为非遗产业发展提供了重要指引。可以说，这一时期的非遗产业发展从初创期步入了稳步发展期，一方面传统非遗产业不断深耕，另一方面产业融合和数字文化产业的创新推动，进一步释放了非遗市场的发展潜力，非遗新经济效应初步显现。

（6）非遗产业崛起期。2019 年以来，非遗产业在政策支持、市场表现、发展模式和产业数据等方面取得了显著进展，显示出强劲的发展势头，非遗产业进入了产业崛起期。有报道称 2019 年为"非遗消费元年"，新消费模式的推动和社会认知的提升使非遗市场快速增长。新冠疫情尽管对传统消费市场造成了冲击，但加速了非遗数字化的发展进程，线上消费成为新的经济发展模式，相关企业积极探索新的运营方法与发展路径。非遗市场和产业领域的研究报告不断发布，如《2019 年非遗新经济消费报告》《中国非遗类 MCN 机构调研报告》和《非物质文化遗产消费趋势报告》等，这些报告为非遗产业发展提供了智库支持和规范化的研究基础。同时，数字化成为非遗领域发展的重要标志。2020 年"文化和自然遗产日"期间，各地推出"非遗购物节"，通过电商直播等方式提升非遗产品的市场热度，进一步促进非遗产业发展。2021 年被称为 NFT 元年，全球首个非遗数字藏品平台——东方文明元宇宙①诞生，这推动了非遗数字化创新发展进程。此外，非遗与金融的跨界融合也在持续深化。如北京市文化和旅游局联合中国银行推出"非遗主题联名卡"②，其他银行面向非遗也推出了专属信用贷款等产品，为非遗产业提供新的金融支持。非遗产业的市场活力进一步释放，2019 年唯品会成立的"非遗+时尚+电

---

① 官方出手搭建非遗数字藏品 NFT 铸造平台，携非遗通往东方文明元宇宙［EB/OL］．(2017-02-07)［2024-08-08］. https://finance.ifeng.com/c/8Bnm7eePkAJ.
② 北京市探索"非遗+金融"合作新模式［EB/OL］．(2021-12-08)［2024-08-08］. https://www.mct.gov.cn/whzx/qgwhxxlb/bj/202001/t20200103_850082.htm.

商+扶贫"项目就是非遗新经济发展的新模式[①]，各地推出的非遗体验空间和文化体验馆等也进一步增强了非遗产业的市场竞争力和社会影响力。根据最新发布的《2023非物质文化遗产电商消费报告》，目前非遗产品在电商平台上的表现已经非常突出：2023年非遗相关产品的年成交额首次突破了千亿元大关，达到了1 073.2亿元，同比增长37.7%，这表明非遗产品越来越受到消费者青睐，市场需求不断扩大；从消费人群来看，在淘天购买过非遗相关产品的消费者已达2.49亿人次，同比增长11.7%。这一数据展示了非遗产品在大众生活中的普及程度和受欢迎程度；在产业数据方面，非遗商家的数量和非遗产品的供给也在不断增长，淘天的非遗商家数量达到3.6万家，同比增长17.6%。此外，非遗消费用户的数量和人均消费额也呈现增长趋势[②]。以上数据表明，我国非遗市场与产业发展悄然崛起，发展迅速，不容忽视。

第三节　非遗产业学的学科性质

由于非遗产业学是一门新兴学科，目前在研究对象、主要内容及特征，特别是学科性质等基本理论问题上仍存在一些模糊的认识和意见上的分歧，因而需要通过持续、深入研究和探讨以达成一定的科学共识，从而更好地掌握和发展非遗产业学。

一 非遗产业学是跨学科性学科

作为一门新兴学科，非遗产业学具有显著的跨学科交叉性，涉及人类学、经济学、管理学、法学、社会学、技术科学、设计学和艺术学等多个领域。文化学和人类学为其提供了理解非遗文化内涵和社会功能的理论框架；经济学帮助分析非遗及其资源的市场潜力与产业发展模式；法学和政策科学构建了非遗保护和产业发展的法律与政策支持体系；社会学和公共管理学探讨了非遗传承中的社会关系和管理模式；技术科学通过大数据、VR/AR和人工智能等数字化手段推动非遗保护与产业创新；设计学和艺术学通过现代设计和艺术表达提升非遗产品的美学价值和市场吸引力。这种多学科交叉的特点不仅拓宽了非遗产业学的理论体系，也提升了其研究的科学性和实践指导意义，为非遗的保护传承和产业发展提供了多维度、全方位的理论支持。

---

① 唯品会发布全国首份非遗新经济消费报告 [EB/OL]. (2019－06－08) [2024－08－08]. https://baijiahao.baidu.com/s? id=1635758457550168530&wfr=spider&for=pc.
② 郝宁.《2023非物质文化遗产电商消费报告》发布 [N]. 中国旅游报，2024－06－17 (002).

二　非遗产业学是社会科学

社会科学是一门研究人类社会及其各种现象和活动的学科，涵盖社会学、人类学、经济学、政治学、心理学、历史学和地理学等多个学科，揭示社会行为的规律，解决社会问题，促进社会进步和人类发展。作为社会科学的一部分，非遗产业学关注非遗作为社会文化现象的多层面影响，研究的是非遗如何在社会中生成、传播和演变，并分析非遗在社会整合、文化认同、经济发展等方面的作用。非遗不仅是特定社区历史和文化的积累，还通过现代传播手段不断适应社会变迁和创新，增强群体凝聚力和文化认同，抵御文化同质化冲击。此外，非遗通过旅游和文化产业实现商业化，促进地方经济发展，创造就业机会。非遗产业学运用社会科学的多学科方法，为非遗现象提供全面的理解和科学的理论阐释，从而推动其在现代社会中的可持续发展。可以说，非遗产业学作为社会科学，不仅关注非遗的文化价值，更关注其社会和经济效益，从而全面推动非遗在现代社会中的多维度发展。

三　非遗产业学是应用性学科

非遗产业学是应用性学科，因为它不仅关注理论研究，更强调这些理论成果在实践中的应用，从而为政府、企业和社会组织提供科学的决策依据，帮助设计和实施非遗保护与产业发展的政策和策略。非遗产业学通过对非遗资源的合理开发利用，推动非遗的商业和产业发展，为社会经济发展提供动力，并在增强社区凝聚力和文化认同，增强文化自信方面发挥巨大作用，这些都体现了这一学科在现代社会经济发展中的强大应用价值。

四　非遗产业学是实证性学科

非遗产业学是实证性学科，它运用数据收集、案例分析和田野调查等方法，获取第一手资料，并不断验证和修正其理论假设，使其研究成果更加科学、客观。深入的田野调查使非遗产业学的学者们能够直接观察和记录非遗及其产业发展状况，了解非遗传承人与产业从业者的文化背景、技艺水平、传承能力等信息；数据收集则包括对非遗产业项目的经济效益、社会影响和文化价值等方面所展开的定量分析；案例分析是通过对成功和失败的非遗产业项目进行详细分析与研究，以便总结成功的规律与失败的教训。这些实证研究方法不仅为非遗产业学提供了强大的资料、数据支持，也为实际操作中的科学决策提供了可靠的指导和参考。如在制定非遗产业发展政策时，可以依据实证研究的数据，了解哪些非遗项目与资源具有较高的经济潜力、文化价值与产品转化效力，从而优先开发；在非遗产品的市场推广中，可以通过市场调查数据，找准产品与消费市场的契合点，制定更为有效的营销策略，推进市场份额的增长。

五　非遗产业学与文化经济学、产业经济学

　　非遗产业学与文化经济学、产业经济学既有联系又有区别，各自研究领域和方法具有独特性，但相互间也存在诸多交集。首先，非遗是文化的活态表现和重要组成部分，在文化经济中具有重要地位，通过合理开发和利用，非遗及其资源可以转化为具有经济价值的文化产品和服务，推动文化产业发展。文化经济学提供了分析文化产业经济效益、市场机制和政策影响的理论工具，这些工具同样适用于非遗产业学，使其能够更好地理解非遗产品的市场需求、定价策略和消费者行为。可以说，文化经济学强调文化资源的合理开发利用，推动文化产业的可持续发展，这与非遗产业学建构与研究的目标高度一致。与此同时，文化经济学在文化政策研究上的成果也可以帮助非遗产业学优化保护和发展政策。通过文化经济学的视角，非遗产业学能够更好地理解非遗在市场中的地位和作用，制定出更加科学高效的产业发展策略。其次，产业经济学的许多基本理论和研究方法，如定性和定量分析、实证研究和规范研究等，可以被非遗产业学研究借鉴使用。产业经济学主要关注产业之间及其内部复杂的经济技术联系，研究对象包括产业结构、产业布局、市场竞争和政策分析等方面。非遗产业学在此基础上，专注于非遗这一特殊文化资源的保护、传承和产业发展问题。非遗产业学通过运用产业经济学的方法，如统计分析、投入产出分析、社会调查和系统论等，能够更好地理解和推动其产业经济活动的有序开展。

第四节　非遗产业学的研究方式

　　非遗产业学是一门新兴学科，面对多层次、多方面的复杂系统，需要采用多种科学方法和手段进行研究，以全面正确地认识非遗产业活动的规律，促进其优化和发展。以下是非遗产业学的基本研究方法。

一　非遗产业学的基本研究方法

（一）唯物辩证法

　　唯物辩证法是非遗产业学的根本研究方法。它认为世界是运动、变化和发展的，强调事物之间的本质与现象、内容与形式、原因与结果等多方面的联系。通过唯物辩证法，可以全面正确地分析非遗产业内部和之间的复杂关系，揭示其发展规律。如在研究非遗的传承和发展时，不能孤立地看待某一个非遗项目，而是要联系整个非遗文化生态进行动态研究，从而把握非遗的发展变化趋势，增强研究的预见

性和价值。

（二）实证研究与规范研究相结合

实证研究和规范研究是非遗产业学的基本研究方法。实证研究主要描述和分析社会经济的实际运行情况，揭示非遗产业现象"实际是什么"，不涉及价值判断。规范研究则对非遗产业运行的过程和结果进行伦理分析和价值判断，回答"应该是什么"的问题，二者互相补充，通过实证研究为规范研究奠定基础，进而通过规范研究升华实证研究成果，以提出合理的非遗产业政策建议。

（三）定性分析与定量分析相结合

定性分析和定量分析是非遗产业学重要的研究方法。定性分析主要是回答事物"是什么"的问题，研究的是非遗产业的内涵、性质、内在联系等。定量分析主要是回答事物"是多少"的问题，包括对非遗产业中的企业数量、市场规模以及产业内部数量比例以及变化关系的分析。二者相辅相成，通过定性分析减少定量分析的复杂性，通过定量分析使定性分析具体化、数量化。如在分析非遗产业的市场需求时，需要结合定性和定量方法，全面准确地把握非遗产品的生产、消费和市场实时变化情况。

（四）静态分析与动态分析相结合

静态分析和动态分析是非遗产业学的重要研究方法。静态分析关注特定时间点上的现状和特征，动态分析则研究随着时间变化而呈现的发展规律。通过静态分析，可以更好地了解非遗产业发展的现状及其产业特点；通过动态分析，可以揭示非遗产业的发展规律。如在研究非遗的市场化推进过程中，需要结合静态和动态方法，分析非遗产业在不同时间段内的市场表现和发展趋势。

（五）归纳与演绎、分析与综合

归纳与演绎、分析与综合是非遗产业学的基本研究方法。这些方法不仅在研究过程中帮助研究者从具体到一般、从个别到整体进行全面系统地分析和总结，同时也能够从整体到具体、从一般到个别进行详细研究与推导。

归纳法通过具体实例总结出一般规律，是研究非遗产业发展的基础。通过对不同地区非遗产业发展的具体案例进行归纳，研究者可以总结出非遗产业在经济、文化、社会等方面的普遍规律，帮助更好地理解非遗产业的共性特征和发展模式。如对多个地区的非遗项目进行研究后，可以得出非遗在推动地方经济发展和增强文化认同方面的共同作用。

演绎法通过一般原理推导具体结论，是对归纳法的进一步深化。通过演绎法，可以将归纳出的普遍规律应用于具体的非遗产业发展中，预测其未来的发展方向。如基于对非遗产业普遍规律的理解，可以预测某一特定非遗产业在市场中的表现和潜在发展趋势，从而制定相应的产业发展策略。

分析法将整体分解为各部分进行详细研究，是揭示非遗产业内在结构和功能的重要手段。通过分析法，可以详细研究非遗产业的各个要素，如文化内涵、市场需求、经济效益等。在分析非遗产业时，可以将其产业项目资源分解为文化价值、经济价值、社会价值等不同维度，从而进行细致的产业研究，全面了解该产业的发展情况。

综合法对各部分的研究结果进行统一解释，是对分析法的进一步提升。通过综合法，可以将非遗产业各个要素的研究结果进行整合，形成对该产业的整体把握。如通过综合分析文化价值、经济价值、社会价值等各个方面的研究结果，可以全面理解某一非遗产业的整体价值及其在整个非遗产业中的地位作用，从而为非遗及其资源的保护开发，非遗产业的创新发展提供全面的理论指导。

（六）比较研究与系统分析

比较研究和系统分析也是非遗产业学的重要研究方法。比较研究通过对比不同非遗项目和产业的发展模式，揭示其异同点和发展规律；系统分析则通过整体性视角，研究非遗产业内部各要素之间的相互作用和整体功能。如通过比较国内外非遗保护和利用的成功案例，可以总结出适合本国国情的非遗产业发展模式与路径；通过系统分析，可以全面了解非遗产业为经济、社会、文化等方面发展带来的综合效应。

二 非遗产业学的主要研究工具

非遗产业学的研究方法和工具具有多样性和复杂性特点，借鉴产业经济学相关理论，可以将其研究工具总结为以下四个方面。

（一）数学和统计学工具

数学和统计学工具是非遗产业学研究中不可或缺的基础工具。无论是进行定量分析还是实证研究，都需要应用包括概率论、线性代数、微积分以及各种统计分析方法，以此为研究者在分析非遗产业的市场集中度、竞争状态、市场绩效、产业关联度等方面提供科学依据。例如，在衡量非遗产业经济效益和社会影响力时，统计学方法可以提供可靠的数据支持和分析框架。

（二）投入产出分析

投入产出分析是研究非遗产业关联的重要手段，由美国经济学家里昂惕夫提出。通过投入产出表和投入产出模型，可以对一定时期内非遗产业与其他经济部门之间的经济技术联系进行数量分析。这种方法可以揭示非遗产业在社会再生产过程中的具体作用和影响。

（三）社会调查和案例研究

社会调查和案例研究在非遗产业学研究中非常重要。通过社会调查，研究者可以收集反映非遗产业实际情况的一手资料，获取可靠的产业数据。通过案例研究，则能够对典型非遗产业深入剖析，揭示非遗产业发展的普遍规律和具体表现形式。

（四）系统论与博弈论

系统论与博弈论是研究非遗产业学的重要理论与工具。系统是由若干相互联系和制约的要素组成的有机整体，系统论研究系统整体及其构成要素的相互关系，说明其系统结构、功能和动态变化。系统分析方法包括系统工程、系统管理、运筹学、决策论、信息论、控制论、结构分析、系统动力分析等。在研究非遗产业结构的变化和优化、产业布局的调整、产业政策的作用和反馈时，都需要运用系统论的理论和方法。博弈论通过研究个人、团队或组织在一定环境条件和规则下的行为选择及其结果，为非遗产业的竞争和合作提供理论支持。如非遗产业中的企业之间存在竞争与合作关系，运用博弈论可以分析企业在市场中的行为策略，预测其可能的市场反应和决策行为，进而为非遗产业政策制定提供参考与选择。

第五节　非遗产业学研究的意义

非遗产业学作为新兴的经济学科，尽管尚未形成完善的理论体系，但其研究的价值意义非常重要，应该引起应有的关注。在理论层面，非遗产业学通过探讨非遗在经济活动中的作用，有效连接微观与宏观经济学，构建了完整的科学体系，弥补了中观经济学的不足。在实践层面，非遗产业学揭示了非遗产业发展的内在规律，为政府制定科学的非遗产业政策提供了理论支持，确保非遗资源的有效利用和有序传承。要通过优化非遗产业的结构、布局和组织等，推动非遗产业的健康发展。与此同时，非遗产业学研究还能够为发展中国家提供宝贵的经验指导，促进其非遗经济的发展。可以说，研究和学习非遗产业学不仅具有重大的理论意义，还具有深远的实践意义。

一　非遗产业学研究的理论意义

非遗产业学研究不仅弥补了中观经济学研究的不足，同时也促进了理论经济学体系的统一，丰富了应用经济学的研究基础。作为一门新兴学科，非遗产业学在理论经济学中扮演着重要角色，特别是进一步弥补了传统经济学对中观经济研究的不足。中观经济学是连接微观经济学和宏观经济学的重要层次，它研究产业经济的具体行为及其影响。非遗产业学通过研究非遗产业在经济活动中的作用，有效地将微观经济学和宏观经济学联系起来，形成一个具有内在逻辑联系的完整科学体系，推动了中观经济学的发展，并使经济学研究更加全面和系统。此外，非遗产业学还为应用经济学和管理学等研究提供了新的基础。系统的非遗产业理论研究，为相关政策制定者提供了科学指导，其研究成果在非遗产业实际中的直接转化与应用，也进一步帮助企业和政府更好地认知非遗及其资源的多重价值和创新潜力，推动非遗产业的繁荣发展。

二 非遗产业学研究的实践意义

（一）为非遗产业政策提供理论基础

非遗产业学揭示了非遗产业发展的规律和特点，为政府制定和执行相关政策提供了理论指导，能够进一步提升相关政策制定的科学性与有效性，科学有效的政策能促进非遗产业的崛起。具体来看，一是制定科学的非遗及其产业保护发展政策。政府在研究和制定非遗保护和产业发展政策时，可以依据非遗产业学的理论和研究成果，形成科学合理的保护与推进政策，不仅确保非遗资源的有效利用，还有利于实现非遗的赓续传承。二是提高非遗及其产业政策的实施效能。非遗产业学的研究能够帮助政府更好地认知并把握非遗产业发展的内在规律，从而提高相关政策的执行效果，促进非遗产业的健康发展。

（二）促进非遗产业各方面的合理化

非遗产业学研究非遗产业的结构、布局和组织等方面的问题，为资源合理配置、区域经济协调发展提供理论依据。通过非遗产业的结构优化、布局合理化和组织完善化，能够实现非遗产业发展水平的整体提升。具体来看，一是在优化产业结构方面。通过研究非遗产业的内部结构和资源配置，非遗产业学为产业结构优化提供科学的理论指导，促进非遗资源的合理利用和产业的协调发展。二是在合理布局资源方面。非遗产业学通过研究非遗资源的区域分布和布局，为区域经济的协调发展提供科学依据，通过合理配置资源，促进区域经济的均衡发展和非遗资源的有效利用。三是在完善产业组织方面。非遗产业学通过研究非遗产业的组织形式和运作模式，为企业和政府提供科学的管理方法，促进其产业发展的健康有序。

（三）指导发展中国家的非遗经济

非遗产业学对非遗经济的发展，特别是对发展中国家非遗经济的发展具有重要指导意义。许多发展中国家具有大量的非遗资源，然而由于普遍存在经济发展水平低、产业发展落后、产业结构不合理等问题，其非遗资源的利用及经济的发展受到极大的限制。非遗产业学通过系统的非遗产业理论，能够为其问题的解决提供一定的经验指导，帮助这些国家制定有效的非遗产业政策，优化非遗产业结构和布局，更好地利用当地的非遗文化资源，推动其国家与区域的非遗经济的发展。

第三章

非遗产业发展的态势

近年来，非遗在我国的保护与发展实践中逐步深入人心，形成了新的发展格局。国家通过实施传统工艺振兴计划、非遗扶贫就业工坊建设和传承人研修培训计划等，展现了对非遗保护与发展的高度重视。在"十四五"规划中，国家进一步提出了以习近平新时代中国特色社会主义思想为指导，把牢牢把握正确方向、坚持以人民为中心、坚持系统性保护、坚持依法科学保护、坚持守正创新作为基本原则，贯彻"保护为主、抢救第一、合理利用、传承发展"的工作方针的要求。强调要全面提升非遗保护水平，加强非遗传承创新，推动其融入现代生活，促进非遗与相关产业的深度融合。虽然我国非遗保护工作已经取得卓越成绩，但在媒介融合、创新发展、资源管理和能力建设等方面仍需不断提升。全面探讨非遗产业发展的现状、问题与态势，是理解和推动非遗产业健康发展的基础。这些探讨能够帮助我们明确非遗产业发展的优势与短板，揭示核心问题与挑战，研判产业未来发展的创新趋向，从而对抗潜在风险，捕捉新兴机遇，为非遗产业布局与战略调整提供科学依据，促进非遗产业的蓬勃发展。

第一节　非遗产业发展的现状

非遗是产生、发展于人类社会历史进程中，与人类生活实践与生产劳动联系紧密的人类集体经验、智慧、技艺、信仰等的世代传承，是一个国家和民族的文化基因，也是一个国家和民族屹立世界的"根"与"魂"，具有极为重要的文化底蕴与传承价值。

一　非遗发展的基本现状

（一）非遗保护意识与发展理念不断革新

非遗凝聚着人类文明的精髓，以文化形态承载着丰富的精神、文化、科学、历史、审美、教育、经济等诸多价值。非遗资源作为文化资源的重要组成部分，是国家与民族赖以生存的重要精神财富与物质财富。非遗保护历经二十年的发展取得了世界范围内瞩目的成绩，其中最为关键的就是"非物质文化遗产"这一概念已经从最初的陌生，发展为如今的深入人心，大众的非遗保护与传承发展意识及理念大为提升。近年来，非遗保护工作形成了全新的发展格局。中国传统工艺振兴计划深入实施，传统工艺工作站以及非遗扶贫就业工坊稳步建设，非遗传承人研修研习培训计划持续推进。在"见人见物见生活"理念指导下，文化和自然遗产日、中国非遗博览会、全国非遗曲艺周等活动开展得如火如荼，非遗保护工程已然成为全国人民自觉实践的共同事业。面对全球化进程加快所带来的机遇与挑战，非遗及其资源目前也已成为新时代理论研究与实践探索的焦点，国家以文件形式提出了大力弘扬与发展传统文化，提升民族自信心等新时代文化发展的战略性要求。在习近平总书记一系列关于传承发展中华优秀传统文化的重要讲话精神指引下，非遗作为国家重要战略性资源，作为中国文化"走出去"的重要突破口的战略地位被广泛认知。积极推动非遗保护与传承，促进中华优秀传统文化创造性转化、创新性发展，不断激活非遗的生命力、影响力成为当前非遗发展的重要取向。从非遗发展的历程来看，对非遗保护意识的觉醒与认识的发展事实上经历了一个并不长的渐进性过程，从历史遗存的抢救保护、历史文化现象的挖掘整理，到历史文化信息与传统的保护与活态化传承，再到把非遗作为一种资源进行保护与发展的观念转变，是非遗保护不断深入的结果，也是非遗多元化、多层次、多样态发展状态的市场需求与价值呈现。在新的发展时期，虽然非遗保护的意识与社会的参与度有了前所未有的提高，但在意识领域仍存在许多不可回避的问题需要进一步厘清，如新时代非遗发展中的媒介融合问题，非遗的创造性转化、创新性发展问题，非遗资源管理问题，非遗发展的能力建设问题等，这就要求我们进一步提高认识，站在更高水平上推进非遗的传承发展。

（二）中国特色非遗保护体系基本形成

中国非遗保护工作起步较晚，但发展迅速，成果颇丰。面对浩如烟海的非遗资源，我国政府在非遗的发展中发挥了重要作用。2005 年，国务院办公厅颁布《关于加强我国非物质文化遗产保护工作的意见》，提出"保护为主、抢救第一、合理利用、传承发展"的指导方针，提出建立非遗代表作名录体系，推进非遗研究、认定、保存和传播，加强非遗知识产权保护，对传统文化生态保持较完整且有特殊价值的村落或特定区域采取动态整体性保护的方式，为构建中国式保护体系指明了方向。同时要求"发挥政府主导作用，建立协调有效的保护工作领导机制"。同年，国务院发布《关于加强文化遗产保护的通知》，进一步提出建立"国家、省、市、县"四级名录体系，为重点非遗尤其是濒危非遗项目的保护提供了依据。2006 年，《国家"十一五"时期文化发展规划纲要》颁布，提出绘制国家非遗资源分布图并确立非遗传承人谱系，制定传承人资助办法，将每年 6 月的第二个星期六作为文化遗产日。2009 年，文化部非遗司正式成立，其后各地文化厅陆续成立非遗处，专司非遗保护工作。2011 年，《中华人民共和国非物质文化遗产法》（简称"《非遗法》"）颁布，正式开启了中国非遗保护有法可依、有法必依的发展道路。2017 年，中共中央办公厅、国务院办公厅印发《关于实施中华优秀传统文化传承发展工程的意见》，提出进一步完善非遗保护制度，实施传统工艺振兴计划等要求。随后，文化部、工业和信息化部、财政部发布《中国传统工艺振兴计划》，提出"立足中华民族优秀传统文化，学习借鉴人类文明优秀成果，发掘和运用传统工艺所包含的文化元素和工艺理念，丰富传统工艺的题材和产品品种，提升设计与制作水平，提高产品品质，培育中国工匠和知名品牌，使传统工艺在现代生活中得到新的广泛应用，更好满足人民群众消费升级的需要。到 2020 年，传统工艺的传承和再创造能力、行业管理水平和市场竞争力、从业者收入以及对城乡就业的促进作用得到明显提升"的总体目标。2018 年 4 月 8 日，以"负责非物质文化遗产保护，推动非物质文化遗产的保护、传承、普及、弘扬和振兴"为主要职责的新组建的中国文化和旅游部正式挂牌，开始履行其行政职责，其内设机构非物质文化遗产司调整设立综合处、规划处、管理处、发展处和传播处，以适应新时代中国非遗保护发展的新需要。《"十四五"非物质文化遗产保护规划》进一步提出了以习近平新时代中国特色社会主义思想为指导，把牢牢把握正确方向、坚持以人民为中心、坚持系统性保护、坚持依法科学保护、坚持守正创新作为基本原则，贯彻"保护为主、抢救第一、合理利用、传承发展"的工作方针，并提出了到 2025 年的发展目标和 2035 年的远景目标。在一系列保护政策与措施的推进下，我国非遗从早期"抢救保护，建章立制"的基础建设阶段，迈入"巩固抢救保护成果，提高传承发展水平，重视非遗及其资源的转化与发展"的崭新阶段。当前中国非遗发展在顶层设计、法治建设、传承实践、资金保障等环节的探索与经验都得到了国际社会的普遍认可，中国特色非遗保护体系基本形成。

（三）非遗名录申报与文化生态区建设等工作稳步推进

自 2001 年 5 月联合国教科文组织公布世界首批"人类口头和非物质遗产代表作名录"起，作为《公约》缔约国，中国积极推进向联合国教科文组织申报非物质文化遗产名录（名册）项目的相关工作。截至 2023 年 12 月底，中国列入联合国教科文组织非物质文化遗产名录（名册）的项目共计 43 项，其中包括人类非物质文化遗产代表作 35 项、急需保护的非物质文化遗产 7 项、优秀实践 1 项。在中国政府积极参与国际非遗保护工作的同时，非遗保护名录体系逐步建立。国务院先后于 2006 年、2008 年、2011 年、2014 年和 2021 年公布了五批国家级项目名录，共计 1 557 个国家级非物质文化遗产代表性项目（以下简称"国家级项目"）。2007 年、2008 年、2009 年、2012 年、2018 年，先后命名了五批国家级非物质文化遗产代表性项目代表性传承人，共计 3 068 人。此外，2018 年文化和旅游部出台《国家级文化生态保护区管理办法》，于 2019 年 3 月 1 日起正式施行。自 2007 年闽南文化生态保护实验区设立以来，截至 2023 年 8 月底，我国共设立国家级文化生态保护区 16 个，国家级文化生态保护实验区 7 个，涉及省份 17 个。此外，文化和旅游部先于 2011 年 10 月和 2014 年 5 月公布了两批国家级非遗生产性保护示范基地，合计 100 个。2024 年，文化和旅游部发布文件认定 99 家企业和单位为"2023—2025 年国家级非物质文化遗产生产性保护示范基地"。文化生态保护区与生产性保护示范基地的设立是我国独具特色的非遗保护制度。目前，中国非遗名录申报与国家级文化生态保护实验区、国家级非物质文化遗产生产性保护示范基地等建设工作有序推进，这既是我们在借鉴世界文化遗产管理保护经验及方法基础上，进行的非遗保护道路探索与创新，更是在中华文明内在精神性与非遗传承发展中对民族文化、民族记忆的珍视与延续。

（四）非遗相关法律法规建设步伐加快

立法是国家意志的集中体现，具有权威性、强制性、稳定性等特征。非遗法律法规体系的建立是非遗传承发展的重要制度保障。非遗法律法规的制定过程存在阶段性特征，以2011年国家颁布的《中华人民共和国非物质文化遗产法》为界，《非遗法》颁布之前，我国非遗相关法律法规的制定存在"先下后上""先地方后中央"特征，表现为"非物质文化遗产"概念正式引入中国之前，以政府为主导的民族民间传统文化保护与实践已开展多年，各地在相关立法实践方面都进行了许多探索，如云南、福建等地相继出台了省级民族民间传统文化的保护条例。从2006年起，"非物质文化遗产"这一名词开始进入各地制定的地方性法规中，如2006年出台的《江苏省非遗保护条例》、2007年出台的《浙江省非遗保护条例》等。这些地方性法规一方面为非遗保护工作的规范化提供了法治保障，另一方面也为《非遗法》的制定提供了重要的借鉴与参考。《非遗法》的出台具有里程碑式的意义，标志着非遗保护工作真正进入依法保护的新时代。随后，各省（区、市）纷纷在本行政区域内根据实际情况，借鉴先进立法经验，制定本地区非遗地方性法规，这一阶段的立法过程体现出"自上而下"的特征。

近年来，非遗相关法律法规建设步伐加快，对政府及相关部门职责、非遗调查、代表性项目、代表性项目传承人、整体性保护、非遗的合理利用等方面都进行了完善。但就非遗发展实践而言，现有法规还存在保护方式较为单一、知识产权保护有待加强、上下位阶的法律间缺乏充分衔接等问题，尤其是随着社会、经济、科技等的快速发展，非遗领域新业态的涌现以及在非遗与其他产业融合发展的前沿实践推动下，非遗在保护传承中必然会遇到许多新的问题，面临新的挑战。因此，非遗法律法规的制定与完善是一项需要在前沿实践推动下长期探索的系统性工程，仍存在许多空白有待填补。

（五）非遗教育顶层设计与落地实施有效对接

《中华人民共和国非物质文化遗产法》第三十四条规定："学校应当按照国务院教育主管部门的规定，开展相关的非物质文化遗产教育。"自2002年中央美院率先成立"非遗研究中心"，北京师范大学、中央民族大学、河北师范大学等高校陆续成立相关研究机构起，全国多所高校开设非遗相关课程，学科建设与理论研究不断完善。2015年，文化部联合教育部启动实施中国非遗传承人群研修研习培训计划，通过培训的形式加强专业理论学习、增长知识技能、进行交流互鉴、推动实践探索，使非遗项目持有人、从业者及传承人群开拓了视野，为其更好地传承民族优秀传统文化，创造美好生活提供了学术和教学资源支持。2018 年 5 月 10 日，教育部发布《关于开展中华优秀传统文化传承基地建设的通知》，支持高校围绕民族民间音乐、民族民间美术、民族民间舞蹈、戏剧、戏曲、曲艺、传统手工技艺和民族传统体育等传统文化项目建设传承基地，通过高校强大的学术理论资源和丰富的优秀人才资源，普及、保护、传承、创新、发展、传播优秀传统文化。中华优秀传统文化传承基地建设内容包括课程建设、社团建设、工作坊建设、科学研究、辐射带动、展示交流六个方面。教育部将对认定的基地予以经费、课题、平台、政策等方面的支持。2021 年 2 月，"非物质文化遗产保护"被教育部新增列入普通高等学校本科专业目录，这一举措为非遗专业人才的培养提供了重要推动力。同年 10 月，文化和旅游部与教育部、人力资源和社会保障部联合印发了《中国非物质文化遗产传承人研修研习培训计划实施方案（2021—2025）》，进一步对研培计划进行了系统部署，明确了"十四五"期间的各项工作安排。据统计，自 2015 年以来，全国已有超过 120 所本科高校、职业院校和技工院校参与了该项计划，共举办了超过 1 220 期各类研培班，培训了 4.2 万人次的传承人。此外，通过各地延伸培训，受益的非遗传承人总数已超过 10 万人次。政策的出台以及各地宣传、文化、教育等部门的共同推进与积极落实，使我国非遗传承教育的顶层设计与落地实施得以有效衔接。

（六）非遗理论研究更加深入多元

对于非遗的认识是从陌生到一步步清晰与熟悉的过程，离不开众多学者的总结与探索，他们从人类学、社会学、艺术学、经济学等领域入手，为非遗的发展及非遗学的建设奠定了学术基础。在全球化背景下，当前非遗研究的理论挖掘更加深入、角度更为多元。总结非遗理论研究是对过去实践成果的集中梳理，也是为今后非遗的传承发展积累的重要经验。目前，关于非遗保护、传承、发展的著作、论文等研究成果相当丰富。著作方面，主要包括学术性研究与非学术研究两大板块，编著者主要有政府、学者与民众。非学术性著作以展示非遗保护成果为主，如地方性非遗普查成果，非遗科普介绍、政府与个人工作总结等；学术性研究主要包括对非遗概念与内涵的界定、非遗的特性与价值、非遗的传播与推广、非遗学与其他学科的关系与构建等。论文方面，从中国知网数据来看（见图 3-1），检索篇名包括"非遗"的中文文献共有 21 797 条结果，发文量呈现逐年攀升的趋势，2023 年有 4 166 篇，2024 年预测值为 4 576 篇，内容涵盖"非遗文化""非遗保护""非遗传承""非遗""传承人"等多种视角。在基础性的研究之外，"乡村振兴""活态传承""非遗资源""文旅融合"等方面的文献持续增多。

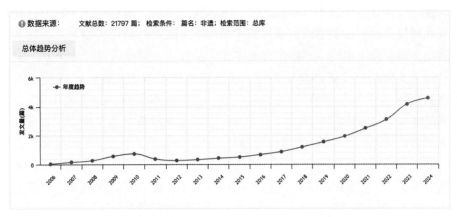

图 3-1　中国知网检索篇名为"非遗"的发文量可视化结果图①

事实上，自非遗成为保护热点以来，非遗相关研究持续升温，呈现出从宏观到微观不断细化深入的趋势，研究文献不仅数量连年增长，而且内容与范围不断丰富和拓展，对现状分析、学理探究、保护方法、传播途径等方面都有了更加深度的剖析。2011 年，全国性非遗普查工作基本完成，学界提出了"非遗后时代"与"后申遗时代"的概念，十几年的非遗发展也使"非遗学"建立的呼声高涨，许多专家学者在努力推动这一学科的建立完善。当前非遗理论研究更加深入多元，学界对非遗与我国实际的对接也基本完成，这些理论成果对非遗的持续发展意义深远。虽然目前非遗的相关研究已经取得了诸多成果，但与实践相比，理论还存在一定的滞后性，远不能满足新时代社会经济文化发展的巨大需求。随着社会、经济等大环境的急速变化，非遗必然会面临许多新的前沿问题，有待进一步深度研究。因此，我们需要在宏观研究与微观实践及理论方面共同推动非遗在新时代的发展。

（七）非遗的传播与交流能力不断增强

非遗的传播与交流是《中华人民共和国非物质文化遗产法》与联合国教科文组织《保护非物质文化遗产公约》确定的保护非遗的重要举措。非遗的赓续既靠传承，也靠传播。关注与研究非遗的目的在于传承传播优秀民族文化与智慧，发挥其在当代生活中的积极作用。非遗保护首先是要让其在现代语境下有充分的生存空间，保持鲜活的生命力，实现可持续传承与发展，从而改善、丰富人们的精神与物质生活，使人们坚定文化自信，从而推动民族文化的传承。当前我国非遗传播已有不少积极的实践。一是《非遗法》明确提出了设立"文化和自然遗产日"；二是许多相关政策的出台实施极大地促进了非遗的传承与传播；三是随着非遗保护传播意识的提升，以往"酒香不怕巷子深"的观念有了很大的转变。过去"言传身教""口传心授"的代际纵向传承方式随着互联网平台、融媒体矩阵等新兴业态的发展而生发出新的可能，传播速度、传承方式与渠道有了巨大的改变。尤其是在跨界思维下，非遗传承与传播交流的界限越来越模糊。创新传播形式，丰富传播内容，提

---

① 图片及数据来源：中国知网平台。检索日期：2024 年 7 月 19 日。

倡公共参与，全方位传播推广非遗，使其融入现代生活，以趣味、年轻、有效的方式与群众对接互动，这是当前非遗传播与交流的重要发展趋向。鉴于此，在非遗的交流展示方面，每年国内、国际的各类非遗展示展演、交流研讨活动众多。在2024年6月的"文化和自然遗产日"期间，非遗宣传展示活动主题为"保护传承非遗赓续历史文脉 谱写时代华章"。宣传口号有"保护传承非遗 赓续历史文脉""加强非遗系统性保护 提升保护传承水平""讲好中国非遗故事深化文明交流互鉴""加强非遗保护传承 建设中华民族现代文明""人民的非遗人民共享"。据统计，各省（区、市）在"文化和自然遗产日"前后举办12 614场非遗宣传展示活动，其中线下活动9 642场，重点活动有气象万千——中国非遗保护实践主题展、"非遗里的美好生活"摄影作品征集展示活动、云游非遗·影像展等①。

实际上，非遗传播在某种意义上也是对非遗加深研究的过程，通过传播，非遗的内涵、价值等被不断发掘。当前在非遗研究领域的学术成果展示与交流渠道也在不断拓展与建构。在新时代背景下，非遗传播需要新的表达方式，要运用高科技手段，将线上线下结合起来。打造深度非遗传播模式是当下非遗传播的一大亮点。目前，从国家到地方都建立起"非物质文化遗产网"，推出非遗微信公众号、非遗微博、电子期刊等，此外非遗纪录片、非遗相关影视作品的推出，AR、VR、AI等技术应用在非遗传播中都发挥了巨大的推动作用，传播方式的转变与传播渠道的打通成为非遗传播的强大推手与重要窗口。与此同时，《关于实施中华优秀传统文化传承发展工程的意见》《关于加强和改进中外人文交流工作的若干意见》等文件的发布，也指引着文化发展与文化产业的走向，为新时代非遗文化产业的传播带来一定的积极作用。可以说，随着非遗实践的深入推进，非遗传播与交流的影响力在广度与深度上持续增强。

（八）非遗产业融合发展趋势愈加凸显

当下，融合发展成为非遗传承发展大的趋势。产业融合的结果是产业边界的模糊甚至消失，在经济全球化发展以及科技发展的推动下，产业融合的深度发展为非遗发展带来了更多空间与可能，也催生了许多新的业态。创新融合趋势下，非遗因其自身易于与各产业对接的资源特性，其产业结构转型优化不断加快，融合范围不断扩大，纵深发展与融合发展的趋势愈加凸显。从创新科技的融合发展来看，非遗的数字化发展使其在生产、消费、传播、教育、服务、创意等领域发生了颠覆性的变化。跨界融合已经不是某一产业的内部融合，而是一个"大融合"的概念，非遗与文化产业、互联网产业、旅游产业、金融产业等共融发展是一个不可回避的发展趋势。当前，非遗"活化"已取得了很多实际成效，如非遗刺绣与服装、皮具等融合，在打造自主品牌、引领时尚消费方面成绩显著；非遗与"互联网+"跨界融合，线上交易平台为非遗传承中华文化提供了更便捷、更广阔的空间与渠道。此

---

① 光明网."文化和自然遗产日"活动精彩纷呈［EB/OL］.［2024-08-08］. https://baijiahao.baidu.com/s?id=1800530074090729660&wfr=spider&for=pc. 2024-05-31.

外，异常火爆的"非遗研学之旅"将"非遗+旅游+教育"相融合的创新模式展现得淋漓尽致，让大众与传承人牵手，在非遗传承地体悟非遗之美，挖掘文化力量。

实际上，虽然我们一直强调跨界融合，但对非遗而言其本身是无界的。千百年来，作为民族文化的精华，非遗一直根植于我们的生活，只是随着现代化、工业化的发展，需要重新找到其与现代生活的契合点，使其融入与扎根于现代生活，建立与社会的多元互动，重新焕发其生命力。在这一过程中，跨界融合就是极为有效的方法，能够打破认知边界与产业壁垒，在新的领域生发无限可能。非遗跨界创新的道路需要更多社会力量的介入，从而形成可持续发展、可自我循环的非遗跨界创新生态圈，整合非遗创新、非遗传播、非遗产业三个发展阶段，以共创、共享、共赢精神为核心，使非遗世代相传、生生不息，使非遗传承人得到应有的尊重与保障。

二 非遗产业发展基本现状

非遗产业是文化产业的重要组成部分，其独特、丰富的资源以及极富生命力、感染力的表现形式使其在文化产业发展中具有广泛的群众基础。目前，这一新兴业态发展较快。文化自信是一个国家、一个民族发展中更基本、更深沉、更持久的力量，坚定文化自信必须推动中华优秀传统文化创造性转化、创新性发展，不断铸就中华文化新辉煌。迈入非遗发展的新阶段，非遗从保护思路到发展形态都产生了许多新的变化，生发出许多新的业态。在文化大发展背景下，越来越多的人认识到非遗作为我国重要战略资源的重要性。同时，非遗保护传承理念的更新也为非遗在新时代的多产业深度共融发展奠定了思想基础，非遗与旅游、互联网、金融、教育、科技等产业的融合发展成为当前非遗发展的重要走向。

（一）非遗衍生品产业发展出现新形态

艺术衍生品是一个统称，有两个基本方向：一是以原创艺术品为基础衍生出来的产品，比如高仿、复制，具有原创与版权两个体系；二是没有艺术原型，但依托艺术资源的要素进行整合，形成的具有审美功能、知识产权的产品。目前来看，艺术衍生品产业的发展已经进入了一个比较新的发展阶段，正迎来前所未有的机遇，也面临着结构性的转型：一是消费市场不断规模化，需求旺盛；二是世界艺术衍生品产业链面临重塑；三是中国概念不断崛起，中国民族文化资源介入艺术衍生品产业发展的机遇正在成熟。在这一趋势下，我国作为具有丰厚非遗资源的文化大国，积极发挥非遗及其文化的资源优势，推动非遗衍生品产业的发展具有重要意义。我们完全有可能在产业链重塑过程中占领高端的产业资源，以资源、工艺、传承人为起点，迅速在世界范围内扩展产业链，重塑产业链。现在我们处于产业链一个比较低的位置，我们还需要发现更有价值的东西。文创产业的发展其实是具有大视野与大发展空间的，能够促进中国文化产业及其传统产业整体性的产业升级，最终带动中国文化"走出去"，带动中国文化艺术资源产业化、资产化。因此，在多元化融合发展成为时代主题的今天，面对非遗衍生品产业发展的巨大市场潜力，以及传统非遗保护与发展模式很难适应现代社会非遗发展需要的现状，积极推动非遗衍生品产业发展，促进产业转型升级意义重大。

目前，我们在非遗衍生品打造方面已经进行了诸多探索。从各大高校深入发掘非遗文化，提炼非遗元素，积极将其与现代设计融合，打造出许多独具特色的热门非遗文创商品，到相关企业、机构、互联网电商与传承人直接合作，创立非遗衍生品品牌，拓展线上线下多渠道销售，加大非遗宣传推广，提高非遗消费体验等，可以说，非遗衍生品正逐渐脱离以往在艺术品商店、美术馆、博物馆等空间的零售模式，而开启了较为成熟的产业化发展新征程。非遗衍生品的发展从初期的小规模市场探索逐渐独立发展，形成较完整的产业链，包括非遗文化价值的深度挖掘，非遗元素的提炼、创意、设计、生产、销售、消费等。在新时代凝聚非遗资源，开展多产业跨界融合发展，在现代设计与前沿科技的推动下，尤其在"互联网+"的平台作用下，非遗衍生品产业发展速度将大大加快，宣传与消费渠道将更加宽广。此外，在国家的高度重视与社会各方力量的共同参与下，我们相信非遗衍生品产业在新时代发展中能够抓住机遇，在世界艺术衍生品产业链发展重塑及我国艺术衍生品产业结构性转型的双重推动下，尽快构建面向国际化与具有民族特色资源的中国艺术衍生品产业格局与产业市场。

（二）文旅融合为非遗发展创造新机遇

非遗与旅游的关系是各国都十分重视的问题，为此，联合国教科文组织在《实施〈保护非物质文化遗产公约〉操作指南》的修订中专门增加了"旅游业对非物质文化遗产的影响以及非物质文化遗产对旅游业的影响"的表述。习近平总书记指出："旅游是传播文明、交流文化、增进友谊的桥梁。"文旅融合为非遗传承发展也带来了新的机遇，它不是机械地将文化与旅游相加，而是一种自上而下的、全面的深度融合，不仅丰富人们的日常生活，提升了人们的精神面貌与幸福感，同时也为非遗产业的发展开辟了更大的空间，带动了区域经济的高速发展，产生了丰厚的经济收益，尤其在少数民族非遗项目的开发方面，具有极强的推动作用。

2023年，文化产业呈现出强劲复苏和蓬勃发展的态势，文博领域的一票难求、文旅行业涌现的淄博热、"尔滨"热，以及"跟着演出去旅行"等热潮都彰显了这一点。文化和旅游部相关负责人在2024年全国两会"部长通道"上指出，文化和旅游产业链长、收益面广，涉及各行各业，具有显著的带动效应。文旅产业不仅能增强人民群众的幸福感和获得感，还能扩大内需，拉动经济增长，实现人财两旺的良好局面[①]。当前，文旅融合市场已经呈现出消费层次多样、结构性热点突出的特点，"新中式""国潮风""非遗游"等文化旅游项目广受大众欢迎，北京、西安、杭州等地成为热门目的地。多元化跨界融合深入发展，涌现出"艺术+旅游""工业园区+旅游"等新模式。同时，数字化创新加速，虚拟现实和人工智能等新技术

---

① 文创中国. 从2024年政府工作报告看文化产业发展五大方向 [EB/OL]. (2024-03-14) [2024-08-08]. http://creativity.china.com.cn/2024-03/14/content_42725273.htm.

推动文化创意产品迅速发展，带动了文化旅游消费的升级和增长①。

从市场的维度来看，"非遗+旅游"模式主要是基于非遗的活态属性与文化属性。一方面，非遗的活态化是非遗市场化的前提，因为非遗先天具有市场基因，是在生活中产生与发展的，大众消费群体数量庞大；另一方面，非遗的文化属性是非遗与旅游融合的独特资源，通过资源开发能够打造出文旅市场中广受欢迎的产品，例如故宫的文创产品，在非遗资源的开发方面就取得了十分显著的市场效益。还有各地都在积极打造的非遗实景演出，也纷纷引爆旅游市场，例如张艺谋、王朝歌等人打造的山水实景演出"印象"系列就是将非遗元素与旅游场景相结合的成功案例。特别是随着科技的发展，非遗旅游产业也不断注入新的活力，通过AI、VR等技术的运用，游客能够更为深刻地感受非遗、体验非遗。事实上，文化与旅游本身就是具有交集的产业，二者相互促进。传统庙会、节庆活动本身无法形成产业，但与旅游结合能够有效吸引游客，提升旅游发展的内涵，丰富其形式，助推产业发展。非遗作为文化领域中最具有代表性的板块，与旅游相融合能够形成非凡的文化旅游新业态。当然，在非遗与旅游产业的融合发展中也存在很多问题，如对非遗资源的文化内涵发掘不足、地域特色不突出、同质化现象普遍、融合方式有待深入、融合理念需要提升等，但不可否认的是，文旅融合为非遗发展创造了新机遇，为非遗产业发展提供了广阔的空间，成为非遗进一步发展的重要引擎。

（三）非遗与影视产业发展互相成就

非遗与影视产业的融合发展模式是相互成就的。非遗依托影视进行广泛的传播，影视则因非遗深厚的文化而更好地展现故事情节，提升作品品质与艺术感染力。近年来，不少非遗项目在与影视融合的开发模式上取得了巨大的社会关注度与经济效益。如藏族史诗《格萨（斯）尔》、彝族创世史诗《查姆》、瑶族史诗《密洛陀》等影视文学作品，为当地少数民族非遗项目的产业化发展路径提供了精彩而完整的发展形态。影片《刘三姐》《百鸟朝凤》等的播出进一步将非遗带到观众面前。2018年，一度红遍亚洲、网络播放量超过150亿次的宫廷热播剧《延禧攻略》，将非遗与影视产业的融合推向高潮。一方面，剧中人物服饰融入刺绣、缂丝、绒花等多种非遗项目，均由老绣工纯手工绣制，甚至苏州缂丝制作技艺传承人也参与制作指导；剧中饰物"绒花"由"南京最后的绒花匠人"赵树宪参照故宫博物院馆藏实物手工制作而成。剧中还展现了昆曲、打树花等非遗项目，使观众感受到非遗所蕴含的文化与美感。在《延禧攻略》IP带动下，苏州非遗办积极推送介绍剧中所用苏州苏扇、缂丝、吴罗、苏绣、昆曲等项目的文章，成功地将当地非遗推向市场，吸引了广泛的关注。非遗与影视业互相成就，为影视业带来了精彩的文化"包装"，影视业也将非遗置于更广阔的传播平台上，以全新方式展现非遗的价值与魅力，让更多人关注到非遗，这对非遗和影视业来说都是极为重要的发展机遇。

---

① 唐晓云. 文化赋能经济社会发展　以文化提升旅游的内涵品质［EB/OL］.（2024-07-16）［2024-08-08］. http://opinion.people.com.cn/BIG5/n1/2024/0716/c1003-40278449.html.

（四）科技驱动非遗发展呈现全新模式

社会智力发展与科技密不可分，不仅体现于文化内容，也体现于文化形式的载体。科技创新发展是非遗新时代研究与实践发展的重要突破点，极大地促进了文化产业的表现、创新以及传播，使人们的生产、生活方式发生了变革，也为文化遗产的保护提供了更加可靠的技术支持，对挖掘、传承、发展中华民族博大厚重的文化资源，对在信息时代中国文化在国际获得尊重与认同具有重要意义。

中共中央办公厅、国务院办公厅印发的《关于推进实施国家文化数字化战略的意见》明确提出"中华文化全景呈现，中华文化数字化成果全民共享"的目标，要求强化中华文化数据库数据入库标准。文化和旅游部发布的《"十四五"非物质文化遗产保护规划》则进一步列明了非遗记录工程、非遗新媒体传播计划等重点任务，细化了相关要求。事实上，科技作用于非遗保护与传播早已不是新命题，我国非遗发展在科技力量驱动下呈现出新格局。一是基于互联网技术的创新发展，文化的交流形式被重新定义，互联网已成为文化融合与海内外传播的重要载体与渠道。新媒体使非遗传播更为立体，微信、微博、抖音等社交平台为现代人的生活带来了前所未有的体验，AR、VR、AI等新技术的应用使非遗保护与传承模式走向新阶段。在高科技手段的运用与沉浸式展演的热潮中，许多非遗项目走进了大众的生活。如在贵州"黔·视界2018非遗文化艺术周"上，非遗与科技结合，为观众带来了一场穿越时空的非遗文化盛宴，光影互动艺术装置的运用集视觉、艺术、互动娱乐于一体，展现非遗之美，VR技术、3D技术让观众对非遗"触手可及"。2018年，北京世纪剧院的Memory5D+《五维记忆》中国非遗沉浸式创意秀，以全球最新视觉成像技术360°无死角造景，使观者沉浸于表演中，同时采用7.1环绕声场设备及气味传感技术，为观众带来听觉与嗅觉的震撼。二是借助高科技手段的支撑，非遗在记录、传播、衍生品生产、商品交易等各个环节都与以往有了很大差别。传统影像资料保护技术存在诸多弊端，如因存放过程中霉变而导致的资料缺失、模糊等问题，已很难满足非遗量大、点多、分散等特点下的保存需要。因此，对非遗进行数字化保护，在尊重非遗原始生态基础上运用数字摄像、二维三维扫描、3D模型制作、超清摄影等数字技术方法和手段对非遗进行信息数字化采集，把珍贵的非遗技艺，传统音乐、舞蹈、美术，民俗活动、民间体育等非遗信息转变为可以度量的数据化资料，高度保真地存储于计算机、互联网中是十分必要的。可以说，现代科技融入非遗保护工程已成为非遗保护发展的主要方式之一。当然，在探讨科技对非遗的保护与传承作用时，不应仅仅停留于对非遗的整理记录，而是要通过数字化的手段更好地理解其文化精神与内涵，以数字时代的文化基因赋予非遗新的生命。

目前，我国非遗产业与科技的融合已经呈现出很好的开端，但融合的规模还有待进一步加大，融合力度也需要进一步加强，系统性与完整性等一系列问题尚需解决。因此，在今后的发展中还需要更多科研力量的投入，进一步探索科技注入非遗产业的发展路径与方法，平衡非遗与科技的产业融合，助推传统文化在新时代的发展，使非遗产业迈上更高的台阶，打造可持续发展的产业模式，将我国珍贵的非遗及其文化资源生生不息地传承下去，为子孙后代留下宝贵的民族文化遗产。

（五）产教融合推动非遗的薪火相传

目前，产教融合正成为突破高等教育与产业发展矛盾、解决社会经济发展中众多问题的战略选择。新中国成立后，产业与高等教育发展大致经历了以下六个阶段：一是产教边界清晰阶段，二是产品导向的产教同构阶段，三是政治导向的产教捆绑阶段，四是知识本位导向的产教关系弱化阶段，五是创新驱动导向的产教关系恢复阶段，六是当前产教融合发展的进行时新阶段。非遗产教融合的创新模式对推进新时代非遗发展的创造性转化与创新性发展具有重要作用。2017 年，国务院办公厅发布《深化产教融合的若干意见》，提出深化"引企入教"改革，这表明产教融合已经成为社会责任。党的十九大报告提出"深化产教融合、校企合作"职教指导思想，明确了职业教育的发展方向。2018 年 5 月，教育部发布《关于开展中华优秀传统文化传承基地建设的通知》，指出：为深入贯彻落实党的十九大精神，深入推进中华优秀传统文化全方位融入高校教育，不断创新新时代高校传承中华优秀传统文化的理念、形式与方法，充分发挥高校文化传承创新的优势与作用，着力提高中华优秀传统文化传承发展的质量和水平，决定在全国普通高校开展中华优秀传统文化传承基地建设，支持高校围绕民族民间音乐、民族民间美术、民族民间舞蹈、戏剧、戏曲、曲艺、传统手工技艺和民族传统体育等传统文化项目建设传承基地。2019 年，国务院印发《国家职业教育改革实施方案》，提出促进产教融合校企"双元"育人。2020 年 1 月，为贯彻落实《国务院办公厅关于深化产教融合的若干意见》和《关于加快建设发展新工科实施卓越工程师教育培养计划 2.0 的意见》等有关文件精神，深入推进产学合作协同育人，教育部发布了《教育部产学合作协同育人项目管理办法》。此外，党的二十大报告中，习近平总书记强调要"加强企业主导的产学研深度融合，强化目标导向，提高科技成果转化和产业化水平"。报告还首次列专章将"科技是第一生产力、人才是第一资源、创新是第一动力"进行了一体部署，这为加快推动高等教育高质量发展提供了根本遵循和行动路径。可以说，一系列文件的发布实施标志着在经济发展新常态下，"产教融合、校企合作"已经纳入国家层面的政策导向，成为时代发展的必然趋势。

非遗是一种活态传承，其核心在于对传承人的保护。"师徒相授"是非遗传承发展的传统模式，而产教融合的深度发展能够极大促进新时代非遗的薪火相传。第一，产教融合能够聚拢非遗资源优势，开展非遗职业教育，突破以往传承方式单一狭窄的状态，从非遗人才培养、创新创业、产品转化、市场营销等方面入手，在一定程度上能够缓解非遗传承人断档的问题。第二，将非遗传承与职业教育对接，以系统化、现代化的教育理念为指导，在教学中实现传统技艺与现代设计的融合，能够极大地加强非遗传承的"造血"能力。第三，产教融合的发展模式在与相关企业合作过程中，对于高校人才培养，尤其是应用型人才培养意义重大，能够最大限度地实现资源对接与共赢发展，为新时代非遗产业化发展带来新的机遇，助力我国经济的持续、高速发展。

（六）互联网时代让传统非遗焕发青春

"互联网+"已经上升到我国文化建设的战略层面，相关政策的陆续出台迅速将互联网渗入社会生活的各行各业，人们的生活方式与消费习惯发生了翻天覆地的变化。可以毫不夸张地说，互联网机制及其平台建构正在改变传统文化的发展形态，为中国传统文化打开了一扇发展的新大门，迎来了更多发展的可能性、发展机遇以及更大的发展空间。互联网机制及其平台建构适宜传统文化资源价值发现与跨界融合，能够让传统文化焕发青春与生机。以往一谈到非遗，就会想到抢救、保护，一谈到互联网，就会强调其对传统文化的冲击，而忽视互联网通过精神的、时尚的、生活的、市场的等手段将传统文化融入当代生活的一面。如今，我们更多的是强调"市场+互联网"的发展机制，建立"平台+互联网"的机制架构，从而解决非遗市场与产业发展的诸多问题。

目前，我国"互联网+非遗"的产业发展模式已经进入了实际的应用阶段。互联网机制具有开发、包容与便捷、高效的特质，借助互联网平台、云计算、大数据与移动支付等信息技术手段，非遗的数字化资源能够通过动态图文、新兴媒体、虚拟现实技术等方式，以网络化、可视化、数字化的形态在电脑、触摸屏等传播载体上得以有效传播，影响力持续增强。同时，在互联网思维下，产业发展思路不断转变，使用与销售渠道不断拓宽，找准自身生存定位成为新时代非遗产业发展极为重要的突破口。在实践中，近年来互联网"非遗+众筹"市场极具吸引力。2016 年 1 月 22 日，国内首个非遗互联网众筹项目"春节非遗众筹"在淘宝网正式上线，开启了非遗产业发展新篇章，为广大网友提供了接触非遗的全新体验平台。此后，国内陆续成功发起了多项非遗互联网众筹项目。2018 年 8 月 14 日，京东众筹平台与互联网黄金产品优质企业金钱柜文化联合推出的花丝镶嵌工艺产品"花丝葫芦"公开发售，以"80 后""90 后"为目标受众，通过互联网经济下的新兴媒介让更多年轻人看到非遗艺术品。"互联网+非遗"的产业模式将文化机构、非遗企业、传承人等纳入网络环境，打破非遗资源的地域限制，实现了产品的跨区域销售，在刺激消费的同时扩大非遗 IP 传播，促进非遗及其文化的传承保护，实现了互联网与非遗产业发展的双赢局面。此外，《2024 非遗数据报告》显示：过去一年抖音平台上的国家级非遗相关视频累计分享量同比增长 36%，国家级濒危非遗相关视频数量同比增长 33%；"00 后"和"60 后"最爱看国家级非遗相关内容，且越来越多人传承和传播非遗，"95 后""00 后"成为生力军，30 岁以下传承人年增长 72%；创作者们以特效视频、探访复刻等多种形式展示非遗，濒危、小众非遗因此被更多人看到；非遗视频和直播带动用户种草、打卡及消费，过去一年，共有 1 379 万名网友在抖音分享非遗体验，其中漆扇打卡视频增速超 318 倍，团购非遗商品的用户数同比增长 328%[①]。这些数据证明，互联网已经成为非遗及其文化在新时代焕发青春活

---

① 卫中. 2024 抖音非遗数据报告显示：30 岁以下传承人同比增长 72%［EB/OL］.（2024-08-16）［2024-08-20］. https://baijiahao.baidu.com/s?id=1801111119364933189&wfr=spider&for=pc.

力的重要支撑。

（七）非遗知识产权保护问题备受关注

非遗艺术品是一种特殊类别的艺术品。经过 30 多年的发展，我国艺术品市场的规模已位于世界第一，发展之迅速可谓有目共睹，但法治滞后所带来的问题也广受诟病。艺术品市场立法不健全与艺术品市场迅速发展的状况不相适应。2011 年出台的《中华人民共和国非物质文化遗产法》，是具有里程碑式意义的非遗保护的重要法律，只是《非遗法》过于偏重行政保护，与知识产权法律体系尚缺乏相应的有效衔接。与此相对应，现行的著作权制度等法律法规，也很难为民间文艺与非遗艺术品提供更为有效的知识产权保护。从目前来看，在知识产权视野中，非遗的知识产权保护，主要涉及传统知识、民间文艺、传统名号三个方面。随着知识经济与非遗产业化发展的加快，我国非遗市场中的知识产权相关案件数量骤增，与专利、商标等有关的纠纷不时曝出。在非遗知识产权保护过程中，存在的问题主要有以下六个方面：一是我国知识产权法律制度还不健全，对非遗艺术品知识产权保护作用有限；二是在非遗市场与产业新业态的实践发展中，人们对知识产权的保护意识还需进一步加强；三是非遗艺术品交易过程中，对传承人的法律保护很多时候体现在知识产权方面，但在具体法律实践或签订具体的合同时，往往会被错误地认为适用法律；四是非遗艺术品知识产权的产业融合能力不断增强，面临更多、更复杂、更前沿的问题；五是非遗艺术品知识产权价值的提升、经济利益的引导，使知识产权格外受关注，特别是互联网环境下知识产权发展与保护面临新问题；六是面对互联网+非遗的快速发展，新矛盾、新问题、新方法的出现为非遗艺术品知识产权保护提出了新课题。

随着科技的发展、非遗产业实践的推动，我国对建立非遗知识产权体系的认识大为提高，对相关法律法规制定与出台的呼声一直在加大，这也是非遗产业发展的现实状况。2018 年 2 月，《关于加强知识产权审判领域改革创新若干问题的意见》的出台对全面加快我国知识产权审判体系和审判能力现代化建设意义重大。2019 年 6 月 17 日，国务院知识产权战略实施工作部际联席会议办公室印发了《2019 年深入实施国家知识产权战略加快建设知识产权强国推进计划》，提出 2019 年推进国家知识产权战略实施的 6 大重点任务、106 项具体措施，其中对非遗的知识产权保护进行了明确规定；同时指出要提高非物质文化遗产传承人的知识产权保护意识和能力，加强传统工艺相关资源的挖掘整理，支持各地开展非物质文化遗产知识产权保护研究。2021 年，国务院印发《"十四五"国家知识产权保护和运用规划的通知》，明确了"十四五"时期开展知识产权工作的指导思想、基本原则、主要目标、重点任务和实施保障措施，对未来五年的知识产权工作进行了全面部署。虽然我国非遗知识产权保护还有很长的路要走，但在国家的高度重视与知识产权战略指引下，相信非遗保护法律法规与知识产权制度的衔接会更加顺畅，非遗知识产权保护体系的建构也将不断丰富完善。

第二节　非遗产业发展的问题

　　经过多年的艰苦努力，非遗产业发展取得了长足的进步，但非遗传承人保护问题、非遗开发过程中的本真性与标准化问题、非遗产业化中建设性破坏与保护性破坏问题等仍然没有得到妥善解决。随着新时代的到来，非遗产业化发展又涌现出许多新兴问题，最值得关注的是：非遗与当代主流文化脱节，与当代社会生活的距离在扩大；非遗市场、非遗产业、非遗产品在传播文化艺术方面的作用没有被重视；非遗资源与区域综合开发的融合不够。总体来说，当前非遗产业发展的状况是：老问题仍然棘手，新问题层出不穷。

一　非遗传承发展中存在的基本问题

　　非遗是我国文化建设的重要组成部分，是中华民族文化的基石，是树立中华民族自信的源头活水，对其进行保护与传承具有很强的现实意义和深远的历史意义。同时，非遗保护与传承的效果直接影响非遗产业的未来发展方向，因此，要保持非遗产业的可持续发展，首先就要解决非遗保护与传承过程中所出现的一系列问题。当前非遗保护与传承存在对非遗资源是民族战略资源的认知度低、非遗资源与区域综合开发的融合度不够、非遗传承人保护力度不够、非遗保护的"本真性"与"标准化"矛盾犹存、非遗的建设性破坏与保护性破坏仍然严重、非遗理论研究薄弱等一系列问题。

　　（一）对非遗资源是民族战略资源的认知度低

　　早在 2016 年，习近平总书记就提出"传统文化是独特的战略资源"。他所提出的"中国梦"这一重要概念，正是以丰富的中华历史文化为基础的。他指出："中华民族的伟大复兴需要以中华文化发展繁荣为条件。没有文明的继承和发展，没有文化的弘扬和繁荣，就没有中国梦的实现。"他还强调："中华优秀传统文化是中华民族的突出优势，是我们最深厚的文化软实力；中国特色社会主义根植于中华文化沃土、反映中国人民意愿、适应中国和时代发展进步要求，有着深厚历史渊源和广泛现实基础。"同时，在四个自信问题上，"坚定中国特色社会主义道路自信、理论自信、制度自信，说到底是要坚定文化自信，文化自信是更基本、更深沉、更持久的力量"。非遗作为我国传统文化的重要组成部分，要更好地对其进行传承与保护工作，就必须将其提升至国家战略的高度，具备非遗资源是民族最为独特的战略资源的认知。令人遗憾的是，当前部分参与非遗保护与传承的工作者的这种认知普遍偏低。他们仅仅把非遗资源看作一种简单的文化符号，部分非遗传承人也只是把继承下来的手艺视为养家糊口的工作，一些非遗产业开发者甚至把非遗资源视为赚钱工具。这种对非遗世俗化的认知，使得从业者无法以正确的态度和视角来对待非遗传承与保护工作，致使非遗传承与保护工作发展方向不明晰，工作执行力度不到位，非遗及其资源难以传承与保护。

（二）非遗保护与传承的整体性弱，非遗资源与区域综合开发的融合度不够

中国拥有五千多年的灿烂文明，不同地域、不同民族拥有不同的生活方式，在此基础上孕育出多样化的文化。随着历史的发展，民族之间的迁徙也使得不同地域文化产生交流融合，由此诞生了许多新型文化。同时，中国自古以来就是一个注重对外交流的国家，因此也吸纳了许多外来先进文化。本土文化的融合发展与外来文化的本土化使中国传统文化逐渐形成一个复杂多元的系统，这要求非遗保护与传承工作要有一个整体观念。此外，文化是社会系统中的一个组成部分，并非一个孤立的发展过程，它的产生、衍变与创新与当时的政治、经济、技术等外在因素有着密切关系，这也要求非遗资源要同区域综合开发进行深度融合，使非遗成为区域开发体系中的有机组成部分。然而，当前非遗的保护与传承整体性意识较弱，非遗及其文化的资源化、系统化工作，各自为政，存在着大量的"孤岛"，尚未有效整合。首先，非遗保护工作在空间上彼此孤立和分散。如前所述，中国传统文化在不同地区与民族的文化交流融合中不断发展演变，这意味着不同地区、不同民族的文化之间并没有一个绝对明显的界限，很多非遗同时具备多种文化特征。当前，一些地区组织或机构往往只对自身所在区域的非遗与资源进行保护，而忽视其他地区非遗同自身所在区域非遗之间的联系，使得中国传统文化只能以碎片化的方式进行呈现。其次，保护工作忽视非遗在时间向度上的衍变。中国传统文化并非静态的存在，而是一个动态发展的过程，这意味着同一种文化会随着时间的推移而不断变化发展。当前一些非遗保护工作很多只注重保护当下形态的非遗，而不注重从源头抓起，从时间线上进行完整保护，导致很多非遗找不到根源，破坏了文化遗产内容与形式上的完整性。最后，缺乏对非遗生态环境的保护。非遗并不是在象牙塔中与外界隔绝发展的，因此，对具体文化事项的保护，不但要保护非遗资源的自身及其有形外观，更要注意它们所依赖、所因应的构造性环境。当前，部分非遗保护工作只围绕非遗的文化形式开展，忽视非遗赖以生存的整体客观环境，致使非遗保护与传承工作的效度大打折扣。同时，孤立的非遗保护与传承观念所造成的直接恶果就是使非遗资源与区域综合开发的融合程度降低。非遗保护与传承的真正价值，除了完整保存中国传统文化，更重要的是能够将其同区域综合开发相结合，实现创新式的发展，使中国传统文化能够更好地发挥自身的社会功能，更好地服务于人民、服务于本地区的综合发展。要实现该目的就必须把非遗资源视为地区综合开发的一个有机组成部分，其保护传承与开发工作必须同当地的政治、经济、技术等外部条件紧密结合，以非遗资源为根本塑造当地的地域文化，以此走特色发展之路。

当前非遗资源与区域综合开发融合程度不高，主要表现在以下方面：首先，非遗资源整合度低。实现非遗资源与区域综合开发的有效结合必须做好非遗资源整合工作，当前在不同层次、不同结构、不同形式、不同内容的非遗资源识别、选择、

配置上，并未将非遗资源同城市整体发展建设进行有效适配，以致非遗保护与开发同区域总体发展脱节。其次，非遗同当代主流文化脱节。非遗传统文化是打造区域特色文化的重要来源与载体，当前非遗传统文化与当代文化脱节严重，非遗保护与开发不注重将传统文化与当代文化进行融合，很多非遗文化形式只停留在博物馆而没有融入实际生活，不仅不能实现非遗资源的有效"活化"，也致使许多区域在打造自身特色文化上无从下手，找不到自身文化所属的源头。再次，对非遗资源本身的价值与地位认识不清。在区域综合发展中，要充分认识开发过程中各个组成因素的真正价值，这样才能合理地对其进行运用，最大限度地发挥各自的功能。非遗资源与区域综合开发的融合度低，一个重要的原因就是当前对非遗资源本身价值与地位的认识不够，致使非遗资源在很多方面沦为其他产业的附庸。近几年，非遗与旅游产业的融合被越来越多的人所关注，在产业融合过程中，人们过分注重非遗通过旅游产业创造的经济价值而忽视非遗资源本身的文化内涵，导致许多地区的非遗资源仅仅只是被视作一种单纯的文化符号，不能完全发挥与实现其真正的价值。最后，非遗资源没有同区域综合规划进行有效结合。当前人们把非遗资源孤立看待，没有将非遗资源视为区域发展规划中的一个有机组成部分。盲目开发与保护，过度开发与重复开发情况严重，甚至造成社会资源的浪费。这不仅不能使非遗更好地服务于区域综合发展，反而还使其成为区域文化中一个突兀的存在。更有甚者会放大非遗当中的敏感因素，歪曲非遗的价值和功能。

（三）非遗传承人保护力度不够，存在青黄不接、断层明显的问题

非遗绝大多数都来源于民族的传统文化，或是传统技艺，或是独特的生活方式，其种类繁多、覆盖面广。非遗传承的核心因素，毫无疑问是传承人，所以传承人应当受到特殊保护，传承人在非遗资源活化过程中的作用是核心性的。当前对非遗传承人的保护力度不够。首先，对代表性传承人的认定存在弊端。其一，传承人的代表性不够，有很多并非行业翘楚，致使很多珍贵手艺并没有得到有效保护。其二，以传承人个体来涵盖整个传承群体。如在宣纸、洋蛇灯、无为鱼灯等群体传承项目中，只对其中承担一个工序的传承人进行保护，造成传承群体中成员的隔阂与对抗。其三，在一些濒危非遗项目传承人选择上，所选传承人年老体弱，已不具备传承能力，而他这一脉的优秀后继者匮乏。其次，传承人保护政策存在不足。其一，政府决策人员对非遗传承人的权利职责认识不清，致使政策在非遗传承人保护上存在漏洞与误区。其二，决策者对非遗多元性缺乏认识，忽视不同非遗之间所具有的特殊性，往往用一套标准来衡量所有，致使很多情况不同的非遗传承人没有得到适当保护。其三，目前非遗传承人的选定以各级政府机关为主导，导致很多非遗项目的审评过程中缺乏专业性，使评选结果的权威性不够。最后，非遗传承人权利保障机制不完善。所谓传承人权利保障机制是指与传承人私权利设置、确认、实现、救济等有关的所有法律原则、制度、监管体制，程序性规定的相关的方式、手段和措施之总和。从形式上看，当前非遗传承人权利保护机制仍纷繁杂乱，不具有针对性。同时，非遗传承人还存在青黄不接、断层趋势明显的问题。当前许多非遗

都面临后继乏人的窘境，许多非遗传承人都年过古稀，年轻一辈选择从事其他方面的工作，或背井离乡去城市打拼，致使很多非遗项目面临无人传承的困境。从国家级的非遗传承人数量上看，在1 986位非遗传承人中，"235人已经离世，在世的传承人50%以上超过70周岁，老龄化严重"。例如南宁平话师公戏团成员年龄偏大，有的八九十岁了还参与演出。年轻人少有看戏、学戏的意愿。

（四）非遗保护的"本真性"与"标准化"问题仍然存在诸多矛盾

20世纪60年代，"本真性"被引入遗产保护领域，并逐渐在世界范围内达成共识。1964年的《威尼斯宪章》奠定了"本真性"对文化遗产保护的意义。"本真性"就是要保护原生的、本来的、真实的历史原物，保护它所遗存的全部历史文化信息。2011年《中华人民共和国非物质文化遗产法》的颁布，标志着我国非遗保护已进入"标准化时代"。如何处理好非遗保护中的"本真性"与"标准化"之间的关系就成为我国非遗保护中要面对的一大难题。一方面，非遗保护标准化与文化多样性之间的矛盾仍然没有得到妥善解决。中国历史悠久、幅员辽阔，不同地域、不同民族孕育出不同的非遗，保护非遗的"本真性"从整体来看就是要尊重非遗的多样性特征。非遗保护标准的制定必须要依据一个严格固定的衡量标尺，否则就会忽视不同地区非遗的特性，不利于非遗的活态传承。另一方面，非遗保护标准存在滞后性，不能很好适应非遗的动态变化。非遗本身就是活态的，会不断随时间、地点以及情境而发生变化。从概念中可以看到，非遗在不同时间、地点的变化情况也包含在非遗保护"本真性"之中。但是非遗保护标准是经过多方协商，在达成共识的基础上形成的，同时标准的实施还必须经过官方机构的认证，复杂的程序意味着非遗保护标准的落地实施会与非遗的变化不匹配，这样就会降低非遗保护标准的执行效率，甚至会使非遗标准的更新速度无法赶上非遗实际情况的变化速度。

（五）非遗的建设性破坏与保护性破坏仍很严重

进入产业化发展阶段以来，非遗建设性破坏与保护性破坏成为阻碍非遗发展的一个痼疾。建设性破坏与保护性破坏往往是在加强保护和开发的过程中发生的。一方面，在现代化建设中不注重对含有非遗文化内涵的有形遗存进行保护。当前经济的迅猛发展使得许多地方现代化建设步伐加快，拆毁废旧设施、建立现代化设施成为很多地方的首要任务。在现代化建设过程中，一些地区不注重对富含传统文化内涵的有形遗存进行合理保护，很多珍贵遗迹在重建中被直接拆毁，带来无可挽回的损失。另一方面，片面开发非遗的经济价值，这是非遗保护性破坏最为重要的表现。在一些项目被官方确定为非遗保护对象之后，一些人片面地去开发它的经济价值，而忽视非遗本身的文化内涵。在此影响下，一些非遗项目被过度商业化，很多传统民间手工艺制作被机械化生产和复制，破坏了非遗项目本身的特征，违反了非遗保护"本真性"的原则。更有甚者，为了迎合市场甚至对非遗项目进行改造，放大其中敏感性部分，抑或是无中生有，歪曲非遗本身的文化含义，这些都是对非物质文化遗产的一种根本性伤害。

（六）非遗理论研究薄弱，有效支撑平台缺乏

非遗配套机制不完善同样也是阻碍非遗保护与传承工作顺利开展的一大问题。具体体现为非遗理论研究薄弱与有效支撑平台缺乏这两方面。一是非遗理论研究薄弱。这主要体现为以下几点。首先，研究成果绝对数量不足。非遗保护与传承工作的顺利开展，必须要有理论指导。当前有关非遗保护与传承的研究成果数量严重不足，使得从业者在实践操作中缺乏有效的理论指导，导致非遗保护与传承工作前进方向不明确。其次，有关非遗保护与传承理论研究更多聚焦于非遗保护与传承实践中所存在的问题，并对此提出解决对策，而缺乏探讨非遗资源本身的文化内涵，不注重深挖其文化根源，造成研究结论基本浮于表面。同时，提出的对策建议的可行性与可操作性弱，甚至有些研究还提出不当结论，严重影响非遗保护与传承工作的准确性与科学性。二是有效支撑平台缺乏。当前，在非遗的保护与传承工作中还缺乏具备综合服务功能的支撑平台，缺乏有效非遗保护传承监管机制。这些都严重阻碍了非遗保护与传承工作在新时代的顺利开展。

二 非遗产业发展与创新中呈现的突出问题

当前非遗产业发展存在如下问题：非遗文化资源在创造性转化与创新性发展上能力严重不足；非遗产品内涵开发不足，传播形态单一；非遗产业缺乏有效市场机制与服务平台；非遗平台融合非遗产品市场与产业的能力不强；协同创新机制缺乏，产业化后劲不足；人才结构不合理，从业人员文化水平偏低；经营管理落后，对新市场的适应能力弱；知名品牌数量少，品牌效应不足；政府扶持力度不够，非遗政策存在误区；非遗产业支撑服务体系不完善；等等。

（一）非遗文化资源在创造性转化与创新性发展上能力严重不足

习近平总书记多次强调，弘扬中华优秀传统文化，要处理好继承与创造性发展的关系，重点做好创造性转化与创新性发展。所谓创造性转化，就是要按照时代的特点和要求，对那些至今仍有借鉴价值的内涵和陈旧的表现形式加以改造，赋予其新的时代内涵和表达形式，激活其生命力。同时，所谓创新性发展，就是要按照时代的新进步、新进展，对中华优秀传统文化的内涵加以补充、拓展、完善，增强其影响力和感召力。当前，非遗产业在这两方面还存在不足，这已然成为非遗产业在新时代继续发展所面临的难题之一。首先，非遗与当代主流文化脱节，与当代社会生活的距离在扩大。非遗产业化开发的根本目的是满足当代人的精神文化消费需求，这要求非遗必须能与当代主流价值观密切联系，这样非遗产品才有消费市场，整体产业才能获得利润。随着生活方式的演变，许多非遗价值已经不适应当代生活发展需求，同时，在非遗产业化开发过程中由于方式不当或存在偏差，忽视了非遗同主流文化之间的联系，导致很多非遗的文化和工艺逐渐淡出百姓生活，使非遗丧失被创造性转化的条件。其次，不注重改造和淘汰非遗中陈旧落后的观念或不适应当代文化生活的部分。非遗本身是一个动态发展的过程，随着时代变化而不断发展

完善。当前一些人不对非遗文化价值进行仔细筛选甄别，在产业化工作中采取全盘接受或"一刀切"态度，致使非遗中一些陈旧迂腐的价值观念被保留或放大，很多创新思想和点子无法进行构思与落实，减少了非遗的创造性转化空间，给非遗产业继续发展带来巨大阻碍。最后，没有根据新时代文化对非遗传统文化进行补充、扩展与完善。从概念中可以看出，非遗创新性发展最关键的是要为非遗补充文化新内容，实现创新性发展的一个重要手段就是与人们生活方式进行广泛结合。当今已进入科技信息化高速发展的时代，非遗与现代科技的融合程度可以作为判断非遗创新性发展的标准之一。当前非遗在产业化过程中与现代科学技术的融合程度不尽如人意，没有建立非遗与现代科技和生活方式之间的密切联系，非遗的文化消费需求价值没有得到最大限度的开发，限制了产业化对非遗的文化资源进行创造性转化与创新性发展的功能。

（二）非遗产品内涵开发不足，传播形态单一

非遗产品是非遗传承的重要资源化载体，因此，要充分发掘非遗文化资源价值就必须做好非遗产品内涵开发，并进行广泛传播，这同样也是非遗产业所应承担的重要责任。当前很多非遗产品文化内涵不足，传播形态单一，非遗产品作为非遗资源载体的重要性体现不够。首先，非遗产品所蕴含的文化价值不高，或是非遗产品与所代表的非遗文化资源匹配度不够。作为以文化资源为核心的产品，产品的呈现形态必须突出其蕴含于内的传统文化底蕴与价值。当前，一些非遗产品从外观与使用价值上没有凸显与其所对应的历史文化价值，而是着眼于产品的使用功能，在产品与非遗上仅仅只做一种简单嫁接，使消费者在消费产品的过程中体会不到产品所蕴含的历史文化价值。非遗产品没有发挥好传播与扩散非遗文化的作用。其次，传播渠道狭窄，传播形态单一。第一，在产品宣传与非遗传播上，一些非遗企业没能充分利用融媒体或新媒体。许多非遗企业仍然沿用传统的传播媒体进行产品宣传与文化传播，限制了传播效率，造成传播渠道狭窄、传播面不广、传播深度不足等问题。第二，不注重传播的交互机制。在传播过程中，不注重受众反馈意见，或故意制造信息不对称，使得产业与市场脱节严重，企业适应市场需求变化的能力降低，无法最大限度地使非遗产品满足消费者精神文化需求，不利于非遗产业健康有序发展。最后，非遗市场、非遗产业、非遗产品传播非遗文化的作用没有被重视。如何平衡经济利益与社会文化价值之间的关系是包括非遗产业在内所有文化产业都必须要面对和处理的首要问题。关于这一矛盾，学者们已经给出了解答，即文化产品要以社会效应为主、经济效应为辅，当经济效应与社会效应发生矛盾时，经济效应要服从社会效应。在具体操作过程中，一些企业却本末倒置，把经济效应放在第一位，不注重非遗产业化的核心任务是通过市场、产业与产品来传播非遗文化，没有最大限度地履行作为非遗资源载体应具备的责任。要保证非遗产业的持续发展，利用市场机制传播非遗应该得到足够的重视。

（三）非遗产业缺乏有效的市场机制与服务平台

非遗是中国文化产业发展的战略突破口与重要抓手，然而，市场机制不成熟、

不完善，服务平台效率低或功能不全成为非遗产业在新时代持续发展的重要障碍。一方面，市场机制不成熟、不完善。第一，没有形成有效的市场机制以实现非遗资源在产业间的优化配置。当前非遗产业体系中，有个别企业通过兼并与扩张等方式在市场中形成垄断地位，阻碍了非遗资源在不同企业之间的合理流动，不利于实现非遗资源配置的帕累托最优。第二，没有形成自由交易的销售环境。成熟的市场机制同时也要求能有一个平等和谐的非遗产品销售环境。当前，一些非遗企业利用自身优势故意造成企业与消费者之间的信息不对称，使消费者在交易过程中不能完全了解产品功能信息，以致做出错误的购买决策，导致产品售后问题频频出现。第三，在非遗产品供求、价格制定以及风险管控上没有形成一套行之有效的系统，很多决策权都把握在企业手中，缺乏科学、权威、严谨的行业标准，严重破坏了非遗产业的合理秩序，不利于非遗产业健康发展。另一方面，缺乏有效的非遗服务平台。第一，非遗平台功能不全面。非遗产业服务平台理应具备以下功能：文化及其产品确权服务、非遗产品鉴定服务、非遗产品估值服务、非遗作品鉴证备案、非遗产品溯源服务、集中保管服务以及物流服务。当前产业内却鲜少有具备上述所有功能的综合服务平台，使得很多实际问题无法得到有效解决。第二，缺乏科学合理的平台管理机制，内部管理混乱、人员冗余、分工不明确等现象尤为突出，加剧了非遗产业存在的风险隐患，造成企业处理应急事件能力低下，降低了消费者对企业甚至对整体行业的信任度，最终造成非遗产品市场份额缩减的恶果。

（四）非遗平台融合非遗产品市场与产业的能力不强

当前，非遗平台不仅功能不全、效率不高，与非遗产品市场和产业融合的能力也不强，无法对非遗产品的"资源化、商品化、资产化和金融化"提供有效帮助。一方面，非遗平台在功能设计上没有有效贴合非遗产品市场实际需求。一个有效的非遗平台在功能设计上应该要紧密贴合非遗产业与产品市场中的切实需求，这样提供的服务才会有针对性，才能切实解决非遗产品市场与非遗产业发展中的具体问题。当前非遗平台在设计过程中不仅没有紧密贴合产业发展实际情况，没有根据非遗产品功能与消费者反馈需求来进行功能设计，反而在很多方面人为主观判定，造成非遗平台在发挥作用上没能收到预期效果，甚至造成功能冗余，严重降低了非遗平台的效率。另一方面，非遗平台在构思设计阶段没有与产业综合规划相结合。第一，非遗平台构思设计与非遗产业规划设计相互孤立。非遗平台建构没有被视为非遗产业规划中一个关键有机的组成部分，在构思设计阶段没有同非遗产业发展规划进行紧密结合。第二，非遗平台设计没有体现出非遗产业未来发展目标与方向。当前非遗平台在设计构思上也没有向非遗产业未来预期实现目标靠拢，在功能上也没有做好延伸，以致非遗平台不能实现"创新"的产品开发和"融合"的媒体传播，不能承担"有效率的交易"和受众群体"大众化"的可持续发展的责任，无法发挥作为非遗企业与非遗消费者之间的纽带作用，也无法为非遗产业提供一个健康有序的市场环境。

（五）协同创新机制缺失，产业化后劲不足

文化创意产业的一大特征是具有强融合性。就非遗产业来讲，实现可持续发展必须是金融、技艺、科技、研究、创意、设计、管理的协同发展。任何一项缺失都会严重阻碍产业化发展。从目前情况来看，非遗产业还没有形成有效促进产业化的协同创新机制，使得非遗产业化后劲不足。首先，非遗产业创新能力不足。创新能力是协同创新机制的核心与根本，并非产业与生俱来的，需要不断地培养与积累，没有创新这一核心，所形成的协同机制也只能是一具空壳。第一，创新意识不足。导致产业创新能力不足的首要原因是创新意识不足，没有创新意识就不会在实际工作中进行创新实践。当前非遗产业对非遗资源的开发或利用更多是"搬运"，并未将非遗资源同当代文化深度融合。第二，创新人才缺乏。创新能否得以实现的关键还是"人"。当前非遗产业既缺乏对非遗资源进行创造性构思设计的人才，也缺乏将构思设计落实为产品的人才，导致整体创新乏力。其次，很多非遗生产方式仍然停留在手工作坊阶段，没有与创意产业元素融合发展。非遗自身的生产方式与文化创意产业相融合，是非遗创新协同机制建设的重要前提。一些非遗生产者对现代生产方式持抵制态度，仍然坚持传统思维，拒绝采用先进生产手段，同时也拒绝与文创企业合作，使得创新协同机制很难构建。最后，非遗企业缺乏与科技企业、科研院所、创意机构的协同。一些非遗企业从利润最大化角度出发，为了维护自身对非遗资源的垄断权，更倾向于自己单干。而仅仅靠政府部门扶持的几个工作室及企业，又难以承担产业化创新的重任，导致对所开发的非遗项目美学内涵理解不深，开发出的产品档次不高，创新效果难以达到预期。

（六）人才结构不合理，从业人员文化水平偏低

对于任何行业来说，维持其生存与发展的关键还是人才。从当前实际情况看，非遗产业存在人才结构不合理、从业人员文化水平偏低的问题。首先，从业人员老龄化严重。从业人员年龄偏高、青黄不接是非遗产业人才结构不合理的一个表现。非遗文化与工艺长久传承下去并焕发生命力需要有新鲜血液持续不断地注入。而一些年轻人对非遗工艺传承不感兴趣，选择去从事其他行业，使得传统老工艺陷入后继无人的窘境。其次，既懂传统文化内涵又懂产业化经营的复合型人才极度匮乏。非遗产业同其他文化产业一样，具有社会属性与经济属性，要求从业人员既懂传统文化内涵又懂现代经营管理。当前大部分非遗产业从业人员的知识结构单一，懂传统文化的人员不懂现代经营管理，无法实现非遗产品价值变现，而懂经营管理的人才又不懂非遗的文化内涵，往往造成过度开发。复合型人才匮乏也致使企业必须分开招聘文化人员与经营人员，造成企业人员冗余。最后，从业人员整体文化水平有待提高。如前文所述，非遗产业的运营不仅要求从业人员具备较高的文化水平，也要求其能熟练运用管理与运营方法。

（七）经营管理落后，对新市场的适应能力弱

非遗产业经营管理落后，难以适应新市场环境。一方面，经营管理方式方法陈旧、过时，没有适应时代需求的变化。当前非遗产业仍然沿用传统老式的经营管理

办法，不注重吸收与学习新的管理方法，造成管理效率低下，企业所开发的非遗产品与实际市场需求脱节。另一方面，管理内容不全面、不科学，没有反映新时代非遗企业需要注重的问题。一些非遗企业仍然对传统管理方法照搬照用，没有结合自身实际情况进行改造，没有重点关注解决新的问题。例如，非遗"资源化、商品化、资产化、金融化"等新问题没有包含在管理内容当中。同时，产业链虽逐渐完善，但非遗产品确权、产品鉴定、作品估值、作品鉴证备案、产品溯源、产品集中保管及物流等方面却没有体现在管理内容当中。

（八）知名品牌数量少，品牌效应不足

非遗产业要想获得长期发展，维持稳定的市场份额，必须打造知名品牌，具备品牌效应。当前非遗产业知名品牌缺乏，品牌效应不明显。首先，知名品牌数量短缺。产业发展程度如何可以从其所拥有的知名品牌的数量中看出，而且知名品牌数量多寡也可以反映产业发展所取得的成绩好坏以及产品质量的高低。当前，非遗产业知名品牌数量不足，这意味着非遗产业的市场占有率及市场渗透率不足，同时也反映出非遗产业还没有形成稳定的消费市场，未来发展还具有不确定性。其次，品牌大众化程度不足，消费者对非遗品牌的认可度不够。在非遗消费市场中，被人们认知与认可的非遗品牌数量非常稀少，消费者对大多数非遗品牌没有感性认知，这使得非遗产品的回头客不足。已建立的品牌大部分小众化，品牌普及度不高，意味着非遗产品并没有被主流市场所接受，仍然存在非常大的改善空间，这对非遗产业的长期健康稳定发展是极其不利的。最后，非遗产业塑造知名品牌的能力不强。知名品牌缺乏最根本的原因还是在于企业自身，当前非遗产业塑造与培育能力不足。第一，非遗产品质量良莠不齐，没有集中对位市场需求。知名品牌能否建立的关键在于消费者对产品是否认可，这一点从产品质量上体现。当前很多非遗产品质量低劣，使用价值不高，没能完全满足消费者的需求，造成消费者对非遗产品的认可与接受程度低，自然也就缺乏知名品牌。第二，非遗企业不注重塑造企业文化，在经营管理过程中没有基于企业与产品特征来塑造企业文化，使得非遗企业没法塑造品牌形象。第三，很多非遗企业在品牌宣传上不到位。在建立品牌以后，很多非遗企业不注重向消费者宣传，消费者接收不到信息，所以品牌不被消费者认知。同时，在宣传渠道上，很多非遗企业都没有利用大众化程度更高的网络等新媒体进行品牌宣传，限制了信息传播范围，导致品牌普及程度不高。

（九）政府扶持力度不够，非遗政策存在误区

政府对非遗产业的扶持是影响非遗产业发展的重要外部因素。政府扶持能为非遗产业发展指明正确方向，并能在产业建设与开发方面起到迅速聚拢资源的作用。随着文化产业的迅速发展，文化产业创造的巨大产值逐渐被政府部门关注，在非遗产业上也逐渐有政策倾斜。但是从整体来说，政府对非遗产业的扶持力度仍然较小，同时，在所颁布与实施的政策中还出现了一些理解偏差及误区。首先，政府对非遗产业重视程度不够。很多非遗原生资源位于地理位置比较偏僻、经济不发达的小镇或农村。地方政府对非遗开发认识不足，没有看到对其开发能产生更大的社会

文化价值与经济价值。同时，非遗生产存在一个较长的成本回收期，地方政府很少出台相关保护与支持政策。缺乏政策支持，非遗产业很难单靠自身力量聚集社会资源，在发展过程中会遇到更多阻碍。其次，非遗政策实施力度不够，后续力量缺乏。近几年来，各地政府针对非遗产业相继出台各种扶持政策，而且政策覆盖面更加广泛，内容更加全面，政策与非遗产业自身发展情况的贴合也更加紧密，但是，很多政策仅仅只停留在表面，在实践的力度上还远远不够，既缺乏人力资源与技术，也缺乏专项资金支撑。同时，"重申报、轻保护，重利用、轻管理"现象仍然非常普遍，具体政策落实不到位，并存在多个部门内容交叉、权责不清、沟通不畅的现象。第三，非遗政策执行的主体力量单一，社会参与度不够，出现"拖动前进式"模式。最后，政府直接将工业生产理念套用到非遗产业政策当中。很多地方政府并没有真正了解非遗产业与其他物质产业之间的区别，简单地把非遗产业化视为一般类型的产业化，在所颁布的很多政策中都是直接套用工业生产理论。这种以纯利润为导向的指导方针，会给非遗产业在具体实践中提供错误指导，对非遗产业的长远健康发展带来严重危害。因此，为了保证非遗产业朝着正确方向前进，亟须调整或纠正政策中所存在的误区。

（十）非遗产业支撑服务体系不完善

产业支撑服务体系是衡量一个产业发展的关键指标之一，主要包括行业监管机制、物流服务体系及实现行业与外界进行联系与交流的中介平台等。当前非遗产业支撑服务体系不完善，意味着非遗产业还没有过渡到成熟阶段。首先，非遗行业监管机制不完善。行业监管是规范非遗企业行为，保障产业市场环境安全的重要机制，主要包括相关法律法规、政府规章、行业监管协会及消费者协会等。当前，一些非遗企业从事违法经济活动，或打行业擦边球，严重危害市场环境安全。一些非遗企业为了利益最大化，展开恶性竞争或对非遗资源进行破坏性开发，扰乱行业正常秩序。其次，物流体系不健全。非遗产品在成功销售之后，如何通过物流送到消费者手中也是非遗企业应予以重视的问题。第一，非遗企业没有自己的物流系统。大多数非遗企业规模小，没有能力承担自设物流系统的成本，导致产品在销售后的储存与运输不在企业控制范围，出现商品损耗或丢失的情况，给非遗企业的产品售后服务带来巨大压力。第二，有针对性的第三方物流公司缺乏。当前与非遗企业进行合作的第三方物流公司都是一般的物流企业，没有专门运送非遗产品的经验，在储存与运输途中没有进行分类处理，导致商品损耗严重。同时，与第三方物流公司展开合作的非遗企业还必须支付高昂的委托代理费用，这无疑又提高了商品的运输成本。最后，非遗产业同外界进行联系与合作的中介缺乏。第一，缺乏非遗产业同政府部门的联系中介。非遗产业与政府部门的联系中介主要负责向政府报告非遗产业的实际发展情况，以及负责向非遗产业下达政府的相关产业政策。当前缺乏有效与政府进行联系的中介平台，导致政府制定的行业政策没能及时到达相关企业。第二，非遗产业同其他产业的联系中介缺乏。当前非遗产业还缺乏与其他产业进行交流的平台，使得非遗产业不能与其他行业开展有效合作，出现非遗产品开发深度不够、产品质量不高等一系列问题。第三，缺乏产业与消费者之间的联系中介。产业与消费者之间的联系中介负责向消费者提供非遗企业与非遗产品信息，并向非遗企业提供消费者的反馈信息。当前缺乏一个有效与消费者进行联系的中介平台，导致非遗企业与消费者之间信息不平衡，以致非遗产品无法完全满足消费者的实际消费需求。甚至，一些不法企业利用非遗企业消费者之间的信息不对称来侵害消费者的合法权益，严重破坏了非遗企业乃至非遗行业的信誉。

第三节　非遗产业发展的态势

在新时代下，非遗产业发展已呈现出以下态势：抢救、保护、传承与利用协同发展，非遗与现代产业融合发展，非遗创造性转化与创新性发展，非遗系统性资源化发展，非遗数字化发展，非遗多元赋能、跨界融合发展，非遗与旅游开发相结合发展以及非遗对外交流持续扩大。

一　抢救、保护、传承与利用协同发展的趋势

当前，非遗产业已经不再是抢救、保护、传承与利用孤立发展，而是朝着协同发展方向迈进。这主要得益于以信息网络技术的飞速发展，非遗服务支撑机制的不断完善以及相关政策、法律及规章制度的保障。首先，利用先进科学技术来实现非遗抢救、保护、传承与利用的协同发展。非遗智库与信息服务平台的不断完善，能为非遗产业实践操作提供丰富的数据支持，同时，大数据、区块链等技术的不断发展又能及时筛选出有用信息并与非遗工作的实际情况进行配对，为工作人员提供重要参考标准。非遗工作人员把实际情况上传到非遗数据平台，非遗智库根据数据库信息，通过终端算法为实际非遗资源提供一套行之有效的综合保护利用发展方案。同时，通信技术的发达，使得设计规划可以被迅速传达到非遗相关工作的各个部门，实现非遗抢救、保护、传承与利用的协同发展。其次，当地民众积极参与非遗抢救、保护、传承与利用的工作。以前，非遗抢救、保护、传承与利用工作都是由官方机构人员来承担，当前，非遗官方机构在具体实践中一方面要积极与当地民众进行沟通，引导居民重建对本土文化的自信，加大抢救力度；另一方面，要根据当地居民的记忆及生活需求，对当地非遗文化资源进行修复，同时鼓励居民保存当地文化、延续传统生活方式。最后，按照现代需求对非遗进行抢救、保护、传承与利用。非遗抢救、保护、传承与利用协同发展的另外一个表现就是根据现代人们的生活需求来开展具体工作。非遗资源在上述过程中实现了同现代文化的有效结合，实现了产业开发与抢救、保护、传承的同步，从而降低了产业化成本。

二 非遗与现代产业融合发展的趋势

伴随着文化产业快速发展及产业融合时代的到来，非遗也出现了与现代产业融合发展的势头，主要表现在非遗与"互联网+"产业相结合、非遗与传统产业相结合以及非遗与融媒体相结合三个方面。

（一）非遗与"互联网+"产业相结合

"互联网+"这个行业词汇首先出现在 2015 年的政府工作报告当中，它代表一种新经济形态，并经过近几年的发展得到全社会的认同。正是因为"互联网+"对于社会资源进行深入的优化配置，才使得互联网创新成果融于文化、经济、社会各个领域之中，提升了全社会的创新力和生产力。时至今日，无论是非遗的保护与传承还是非遗产业的开发都与"互联网+"融合发展。一方面，利用互联网技术进行非遗保护与传承。网络的传播、储存与采集技术为非遗的保护与传承提供了技术支持，技术人员将非遗项目资料及手艺教学资料上传到网络中，运用信息技术对非遗项目的文化内涵进行二次呈现，既实现了对传统博物馆模式的延伸，又弥补了传承人口授式传承模式的缺陷。另一方面，利用"互联网+"来进行非遗产品经营与销售。第一，打造网上商城。将可供销售的非遗产品放入网络商城进行分类销售，无法直接销售的则利用互联网机制进行文化 IP 开发。第二，开通网络支付渠道。开启网络支付渠道，消费者通过扫描二维码即可完成非遗产品的购买支付。第三，进行网络宣传拍卖。借助网络平台，宣传推介有潜力的非遗项目传承人，通过拍摄宣传片、照片、视频等方式，不仅对产品进行网络宣传，还可以拍卖的方式购买宣传展示的作品，以达到教育与销售的双重目的。

（二）非遗与传统产业相结合

传统产业与人们的生活息息相关，是人们生活必不可少的组成部分，因此，非遗与传统产业相结合既可以增强传统产业的活力，又可以使非遗更好地渗透进人们的日常生活。首先，非遗为传统产业产品注入文化内涵。非遗与传统产业的结合最普遍的就是将自身的文化内涵移植到传统产品有形实体上，为传统产业产品注入非遗精神文化价值，增加传统产业产品的文化附加值。例如，一些服装企业购买非遗元素的使用权，设计制作含有非遗元素的服装，以此来提升服装的价值与品位，带动服装销售，同时又能起到宣传普及非遗的作用。其次，非遗成为传统产业产业链的一部分。与进行文化授权不同的是，这种合作方式是非遗与传统产业的一种深度有机融合。例如，在家装行业中，运用适合的非遗传统手工艺进行装修装饰，将非遗渗透进现代人的日常生活当中。最后，非遗同传统产业合作开发文化衍生品。前面两种结合方式说到底是以传统产业为核心，而且主要利益获益方是传统产业。非遗同传统产业合作开发文化衍生品是以非遗自身为核心，重点是突出非遗自身的文化内涵，是以满足消费者精神文化需求为旨归的。例如，故宫同美妆企业进行合作推出的故宫口红就是一个典型案例，产品的核心并非突出口红的使用价值，而是在于为故宫所蕴含的传统文化价值寻找一个恰当的实物载体，以此来实现文化的价值变现。

（三）非遗与融媒体相结合

传播媒介在非遗传承与非遗产品宣传中担任着非常重要的角色，其传播效果与传播范围极大地影响了非遗传承的效果与非遗产品的市场份额。当前传媒业早已经不是各种传播媒介孤立发展的状态，信息技术的发展、新媒体的出现以及传统媒体的自救都迫使传媒业朝着融媒体的方向发展。因此，非遗为了更好地实现传承与产品宣传，同融媒体相结合势在必行。一方面，利用融媒体终端来传播非遗文化，进行产品宣传。当前很多非遗项目及企业都利用融媒体传播范围广、传播速度快、传播效果好之特性，将非遗及其产品信息以教学资料、文化纪录片、短视频等形式放在融媒体终端上，通过推送传达到受众所使用的媒介客户端，以此来达到传播效果。另一方面，非遗与融媒体展开合作，共同开发非遗传统文化IP。利用融媒体终端来进行非遗及其产品宣传与传播只是将融媒体简单当作一种传播媒介，是非遗与融媒体最浅层的一种结合。非遗与融媒体展开合作共同开发文化IP产品，可以说是各自发挥自身长处的一种深层融合，是实现非遗创造性转化与创新性发展的有益实践。例如，通过合作开发出非遗IP，出版社在此基础上推出小说等文学作品，影视公司或视频网站将其翻拍成电影或电视剧，游戏企业将其制作成游戏产品等。这不仅有效传播了非遗文化，同时还实现了非遗资源的活化，创造了丰厚的经济利润。

三　非遗创造性转化与创新性发展的趋势

网络信息技术的发展、生活观念的转变催生了人们与以往不同的消费需求，非遗产业要适应全新消费需求就必须在创新上下功夫。当前非遗产业通过与现代时尚设计进行融合、与现代文化及生活理念进行融合、探索新的非遗产业化模式以及与创意产业结合进行产品转化四个方面来实现非遗创造性转化与创新性发展。

（一）非遗与现代时尚设计融合创新发展

设计是实现非遗创造性转化与创新性发展的关键一环，优秀的设计不仅能恰当保留并突出非遗传统文化的精华，更能对其进行现代性改造，使其焕发新的生机与活力。同时，还能为设计理念寻求一个恰如其分的物质载体，既能保留传统文化底蕴，又符合现代人的生活品位。因此，很多非遗企业都十分注重将非遗与现代时尚设计进行融合创新发展。例如，在艺术领域，很多非遗企业将非遗文化改编成现代影视戏剧。在商业领域，非遗企业将传统习俗与现代时尚进行对接，如将传统刺绣工艺运用到现代服装行业中，通过现代设计引起新一轮的时尚潮流等。可以看出，通过现代时尚设计可以实现非遗文化内涵与表现形态上的创造与创新。

（二）非遗与现代文化及生活理念融合发展

要实现非遗创造性转化与创新性发展，最关键的还是要让非遗本身成为现代生活中的一个必要组成部分。要让非遗得到现代消费者认可就需要将非遗与现代文化及生活理念进行融合，即文化内涵上的创新。如何在适应现代文化潮流与保持传统特征上相融合就成为非遗产业首先要处理的矛盾。随着生活节奏的加快，现代人尤其是年轻人更偏爱形式简洁、方便快捷的产品，一时间，崇尚简约成为潮流。例如，在汉服的设计与制作上，去除了古代服装厚重繁缛的工艺装饰；在材料选用上，选择质量更为轻薄服帖的丝质品；在造型款式上，简单大方又不失古朴典雅，既让人体验到汉服的传统文化韵味，又不会觉得突兀。这成为非遗与现代生活理念融合的成功案例之一。

（三）探索新的非遗产业化模式

除了与现代设计进行融合，在非遗产品中植入现代文化与生活理念，探索新的非遗产业化模式同样也是实现非遗创造性转化与创新性发展的一条重要途径。近年来，非遗与时尚、电商、旅游、品牌、社区经济等现代元素的融合实践如雨后春笋般涌现，展现出显著成效，充分反映出国家对文化传承与创新的高度重视。以"非遗+电商"的融合为例，随着非遗产品的创新和电商的迭代发展，许多非遗传承人借助电商平台展示其作品，并运用营销策略吸引年轻消费者关注，电商的便捷性和消费的无界感使传统非遗以全新的产品形态与服务方式触达更为广泛的市场。特别是在数字技术的飞速推进下，非遗的呈现形式愈加多样，依托 AR/VR 等前沿科技的沉浸式非遗文化体验进一步助力其强势发展。在"非遗+旅游"方面，非遗产品与文化旅游相结合，极大地提升了游客的体验感，推动了非遗产品的市场化进程，实现了经济发展与非遗传承的和谐共振。与此同时，"非遗+品牌合作"模式的兴起使非遗得以与知名品牌携手合作，拓展市场空间，在提升非遗产品市场价值的同时，也为品牌发展注入深厚的文化底蕴。在"非遗+社区经济"模式下，地方非遗合作社的建立使非遗传承人、设计师与市场营销人员紧密协作，从供给侧入手，共同开发符合市场需求的非遗产品，在激活社区经济的同时促进非遗的传播传承。可以说，在日趋多元的非遗产业化模式创新探索中，非遗正闪耀着独特的文化魅力。这一发展趋势不仅回应了习近平总书记在守正创新中推进文化建设的重要指示，也契合了国家在新发展阶段对文化产业转型升级的战略需求，赋予了非遗未来发展不竭的动力。

（四）非遗与创意产业结合进行产品转化

将非遗与创意产业结合进行产品转化是未来非遗产业发展的必然趋势之一，创意产业可以说是非遗产业化开发与创新型发展的主体。创意产业拥有进行非遗资源开发、非遗创新设计、非遗生产经营、非遗产品销售等的专业人才队伍以及细致完善的产业化分工，能够准确把握现代市场需求，利用先进技术及设备对非遗资源进行开发，对非遗产品进行转化。这不仅能提高非遗产品转化效率，而且还能缩减非遗产品转化成本，更重要的是能够准确把握非遗产品转化方向，防止转化偏差而造成的社会资源浪费及对非遗文化资源的破坏。

四 非遗系统性资源化发展的趋势

经过多年发展与努力，非遗已经逐渐摆脱无序、管理混乱、分散化的状态，而朝着系统性资源化的方向发展。主要表现为非遗资源的系统化、资产化以及市场化与产业化。

(一) 非遗资源系统化

从地理分布上来看，非遗资源大都零碎地分散在中国各个偏僻乡镇地区，总体呈现出点、散、乱之特征。从形态上看，当前无论是从时间连续性方面还是从空间连接性方面，保存完整的非遗资源可谓屈指可数，碎片化特征明显。在过去，对非遗资源的管理与开发不注重分类、不把同类型非遗资源相联系，而且在开发上都只是一次性利用，造成非遗资源利用效率低下。随着管理体制的完善以及非遗产业化手段的逐渐科学化，非遗资源逐渐系统化。首先，在管理上，非遗资源的分类逐渐合理化，不同地区的非遗文化资源联系更加紧密。因此，要实现对资源最大程度的开发就必须对非遗资源进行合理的分类，并将在文化流变过程中联系紧密的非遗资源进行整合，这样不仅使得非遗资源管理更加有序，还能有效降低非遗资源开发的成本。其次，在产业开发上，对非遗文化资源进行系统性整合开发。在实现对非遗资源的分类管理与整合之后，就可以从整体上，以某地某一种非遗文化资源为重点，然后将与其相关的其他地域非遗资源或其他类别非遗资源进行"全域式"开发，不仅能最大限度地反映非遗文化全貌，还能增强非遗产品的文化内涵。最后，在利用上，对非遗资源进行创新性的重复利用。非遗资源系统化的一个重要特征就是能够对同一种非遗资源进行创新性的重复利用，这也是非遗资源系统化过程中的一个关键环节。

(二) 非遗资源资产化

在非遗资源经营中，很多非遗项目组织及非遗企业开始注重将非遗资源打造成为资源性资产，实现价值增值。将非遗资源资产化能够实现非遗保护工作责任到人，以产权的形式进行保护，同时，非遗资源资产化还能实现无形资源的有效量化，数据的可视化不仅方便非遗资源管理，还能提高对非遗保护与利用进行评估的效率。特别是，非遗资源资产化能更进一步挖掘与发挥非遗资源本身的经济价值。

(三) 非遗资源的市场化、产业化

非遗资源的市场化、产业化是非遗系统性资源化发展的最终目的，不仅是实现非遗资源经济价值的关键一步，也是实现非遗创新性保护与传承的关键一步。当前，国内非遗组织与企业通过多种手段来实现非遗资源的市场化与产业化。首先，积极推进文化与金融的对接。非遗资源市场化、产业化必须以金融为助力，在尊重文化、非遗产业特性的基础上，创造性地使用金融工具进行模式创新。其次，打造完整非遗产业链。非遗资源市场化、产业化的最终归宿是将非遗资源转化成非遗产品，因此打造一条完整的产业链，能最大限度地将非遗资源进行市场化与产业化开

发，使非遗产品自身具备造血功能。同时，也只有以产品为载体才能实现非遗的创新传承与发展。最后，打造体验式经营新模式。体验式经营可以实现非遗产品服务与销售合二为一，使得消费者可以在专业指导下迅速获得非遗产品的消费体验，提高非遗产品的变现概率。

五 非遗数字化发展的趋势

1992 年联合国教科文组织发起的"世界记忆计划"，将数字化思路引入非遗保护传承与开发领域。数字化技术随着互联网技术的发展而日趋成熟，是将数据挖掘、文本分析、数字化、可视化、GIS 等现代信息技术融入非遗保护传承与产业开发。中国非遗的数字化发展处于起步阶段，在未来有非常大的发展潜力。

（一）非遗资源的数字化

非遗资源数字化是指将非遗中的游艺竞技、文学艺术、神话传说、音乐舞蹈、风俗庆典、民间信仰、医药等传统文化资源，以文字、图像等可视化手段综合记录下来，并呈现其历史、现状，追踪其发展情况。数字化技术能将易受破坏的有形非遗资源转化成数字格式，保存时间更为持久，保存载体轻便且易于移动，方便共享。同时，数字化技术能抽取非遗项目中的文化特征形成关键词库，进而构建非遗数据库与信息资源库，能够通过相应的数字平台进行信息检索。此外，数字化技术通过虚拟现实技术，运用全息影像将非遗再现，通过完整地展示和表达来保持非遗的原生性，为后续的传承和再创造提供可能。

（二）非遗资源的数字化整合与共享

资源整合与共享是非遗资源数字化的核心与最终目的。目前，中国已经建立了国家、省、市、区四级文化遗产名录，各机构、各部门均已开展不同层次的采集、整理、挖掘、数字化保护工作，构建起了基于文字、图像、声音、视频的数字资源。各机构、各部门需要建立统一的数字化标准，实现各数据库之间的数据对接，以进行非遗资源的深度整合与挖掘。

非遗资源的数字化整合与共享除了对非遗资源进行数据化采集、经营与管理，更重要的是将整合好的非遗资源数据信息进行出版与发表，这样才能真正实现非遗资源数据化的价值。伴随数字化技术的迅猛发展，非遗资源数字化复合出版是在得到有效整合条件下实现非遗资源共享的一条有效途径。非遗资源数字化复合出版是非遗文化内容的全媒体出版，包括对非遗文化内容用多种符号表达、用多种媒体复合表达、用多种传播载体复合表达、用多种传媒形态复合表达、用多种显示终端和制作技术复合表达等多个方面。

六 非遗多元赋能、跨界融合发展的趋势

在对中华传统文化进行创造性转化与创新性发展的"双创"理念的指导下，非遗保护与开发的形态出现了一系列新的变化，多种跨界融合的新兴模式不断涌现，

其中包括非遗与科技融合、社会资本的跨界投入、非遗与文旅融合、国家政策导向下非遗与其他领域的融合四个方面。

（一）非遗与科技融合

科技是第一生产力，是实现创新的重要手段。借助现代高科技手段开发和创新非遗产品，既有利于促进非遗产品形态的转换，使其重获新生，又可以满足当代消费者求新、求异、求乐、求知的心理需求。当前，以人工智能、区块链、大数据、云计算、融媒体、"互联网+"等为代表的新兴技术快速发展，为非遗的保护与开发提供了重要的现代科技支撑。在产业化开发中，很多企业与组织将非遗传统文化与现代科技文化进行结合，从而实现文化内涵上的创新。非遗与科技的融合旨在通过提升非遗产品的科技含量来加大其文化价值与经济价值，增强其市场吸引力与竞争力。在具体操作上，通过创意与现代科技对传统工艺进行改造和创新，将传统手工生产方式同现代机器生产方式进行结合，依托多样性的非遗资源开发提供多元化的文化产品与服务，并赋予产品新的内涵与价值，实现产品形态、功能、品种上的持续更新。此外，在与科技融合过程中还要注重吸收其他优秀文化元素，提高非遗产品的附加值。

（二）社会资本的跨界投入

经过多年发展，非遗文创产业所迸发的经济增长潜力开始对其他领域的社会资本产生巨大吸引力。随着文化金融市场的逐渐完善，社会资本跨界投资非遗产业成为可能，在形式上主要分为直接投资和间接投资。其中，直接投资是指其他领域投资者或投资企业与组织直接将资金投入非遗项目，或者直接投资开办或合办非遗文化企业。通过直接投资，其他领域投资者获得非遗文创企业全部或一定数量的企业资产及经营的所有权，具体包括对非遗产业现金、厂房、机械设备、交通工具、通信设备、土地或土地使用权等有形资产的投资，以及对专利、商标、咨询服务等无形资产的投资。这种投资方式使其他行业直接参与非遗开发运营，有利于加强非遗产业同其他产业的联系与融合。间接投资是指其他领域投资者或投资企业与组织以资本购买非遗企业所发行的公司债券、金融债券或股票等金融产品，以预期获取一定收益的投资。该投资方式是其他领域投资者或投资企业与组织只对非遗产业提供资金支撑而并不参与非遗产业开发与产品运营活动，因此灵活性较强，有利于维护非遗产业的秩序，避免出现因其他行业介入而引起行业混乱。

（三）非遗与文旅融合

文化旅游是一种新型旅游模式，要通过"参观+体验"的模式，全方位再现非遗的文化内涵，让游客能够全身心地感受非遗，实现寓教于乐的目的。在实践中，很多旅行社联合当地非遗机构推出以某一非遗文化或工艺为主题的文旅产品，按照非遗的起源发展路线来精心设计旅行线路，把原本分散在各地的非遗资源进行有效联合，既完整传播了非遗文化，又能形成聚合联动效应，有效带动非遗资源所属地区的经济发展。

（四）国家政策导向下非遗与其他领域的融合发展

在非遗与其他领域的融合发展中，国家政策起着至关重要的作用。相较于其他领域，非遗有其自身的独有属性，其传承、保护、开发与利用都有一套自成体系的独立规则与标准。如果不遵循非遗自身标准规则而与其他领域盲目融合，不仅不利于非遗本身的可持续发展，甚至还会给非遗资源带来无法挽回的破坏，因此需要一个科学、权威的导向。近几年，国家相继推出了一系列促进非遗与其他领域相融合的政策。如在非遗与旅游产业的融合上，共建"一带一路"倡议提出之后，有关丝绸之路的非遗旅游产品及衍生品被广泛开发，创造了巨大的经济收入。在非遗与互联网的融合上，2015年，国务院印发《关于积极推进"互联网+"行动的指导意见》，指出"互联网+"对实现中国经济提质增效具有重要意义。2017年，习近平总书记在党的十九大报告中，多次提到互联网，高度重视发展互联网经济。在上述政策指导下，非遗也开始利用"互联网+"来进行保护与传承，开发非遗网络产品，利用网络技术来进行非遗产品经营与销售。在非遗与数字化技术融合方面，党的二十大报告强调："加快发展数字经济，促进数字经济和实体经济深度融合，打造具有国际竞争力的数字产业集群。"习近平总书记高度重视发展数字经济，强调数字经济"正在成为重组全球要素资源、重塑全球经济结构、改变全球竞争格局的关键力量"，"推动实施国家大数据战略，加快完善数字基础设施，推进数据资源整合和开放共享，保障数据安全，加快建设数字中国"。如今，非遗的数字化发展也进行得如火如荼。如"2024文化遗产保护数字化国际论坛"活动上，新疆龟兹石窟壁画通过先进的数字技术，投射在北京首钢园标志性建筑三高炉的炉膛上。壁画中的乐舞图案在光影中跃动生辉，为中外宾客呈现了一场华美且具有深厚文化底蕴的视觉盛宴。这不仅展示了中国丰富的文化遗产，还通过现代技术手段，让传统艺术重焕光彩，增强了国际文化交流的深度和广度。

七 非遗与旅游开发相结合发展的趋势

在非遗文化传播与产业化开发过程中，直接让消费者身临其境感受非遗文化、直接消费非遗产品与服务，无疑要比透过媒介以及购买间接性商品更有效。在众多消费模式中，旅游这种消费方式能完美契合体验型消费的要求。通过旅游开发，非遗不仅得到了更有效的保护与传播，还创造了巨大经济产值。当前，非遗的旅游开发紧紧围绕非遗资源原生形态，呈现出纵深化、多样化的发展趋势，已发展出博物馆模式、主题公园模式、节庆模式、舞台化表演模式、生态保护区开发模式、民俗村模式、旅游商品开发模式、体验式展销模式、非遗街模式和文化综合体模式十种主要的非遗旅游消费模式。

（一）博物馆模式

博物馆兼具艺术观赏、历史溯源、科学研究、教育推广等方面的价值与功能，逐渐成为公共文化服务和旅游发展的前沿阵地与有效载体，同时也成为提升民众文化精神消费水平和生活幸福感的重要途径。在文化旅游的推动下，全国逐渐兴起了博物馆旅游热潮。博物馆有着非常广阔的发展前景。首先，国家相继推出扶持政策，为博物馆旅游创造了良好的环境氛围。国家相关部门先后出台了《关于全国博物馆、纪念馆免费开放的通知》《关于推进文化创意和设计服务与相关产业融合发展的若干意见》《博物馆条例》《关于进一步加强文物工作的指导意见》《关于推动文化文物单位文化创意产品开发的若干意见》《国家文物事业发展"十三五"规划》等，为博物馆的发展提供了方向指导。其次，博物馆数量增多、类型越来越丰富。2023年全国博物馆最新统计数据，全国博物馆备案数量达到6833家，新增博物馆数量268家，总计参观人数12.9亿人次，举办展览4万多个，举办教育活动38万多场①。在类型方面，除普通的历史、综合、艺术、自然博物馆外，还有生态、数字综合、社区博物馆等各种类型。最后，科技的更新换代为博物馆旅游体验、互动提供了支撑。互联网信息技术、数字技术、虚拟现实技术、人工智能技术广泛运用到博物馆中，提升了博物馆藏品的陈设与展示水平。同时，博物馆推出微信、微博等媒体交互平台，并根据展览设计相应的文化衍生品，使博物馆向多样化、复合型、互动式的展陈方式转型，提高了观众的体验。

（二）主题公园模式

非遗主题公园是将某一非遗文化主题同休闲娱乐进行结合，具体是将某一地区的非遗资源或多个地区的非遗资源进行整合，集中包装、提炼，采用人造景观开发方式进行场景再现，从而创造一种具有创意性游园线索和策划性活动方式的现代旅游形态，可以更好地满足游客多样化的休闲娱乐需求。1983年，中国建立的第一个主题公园——北京大观园至今已有40多年发展历史。据《旅游绿皮书：2021—2022年中国旅游发展分析与预测》，据不完全统计，中国已累计开发主题公园旅游点近3000个，其中规模性的主题公园300余个，包括大型和特大型主题公园，总占地面积600亩（1亩＝666.7平方米，下同）及以上或总投资15亿元人民币及以上的93家。与此同时，中国大型主题公园市场主体数量增长速度领先世界其他地区，客流量增速快，结合"十四五"规划相关指标预测，中国大型主题公园市场将进一步扩大，且游客消费品质不断升级，体验要求不断提高②。在未来发展中，非遗与主题公园的结合可以有效解决主题公园质量不理想与特性缺乏的问题。

（三）节庆模式

与主题公园靠景点吸引游客所不同的是，节庆更强调游客的参与感，更加注重游客通过亲身体验节庆活动来满足自身休闲娱乐需求。因此，节庆模式更强调游客对当地文化特色的体验与参与，更突出地域特色。可以看出，节庆旅游与非遗有着很高的匹配度。近几年，国内节庆旅游逐渐成为旅游消费热点，很多地区也相继开

---

① 文博圈. 6 833家！国家文物局局长公布全国博物馆最新数据！［EB/OL］. (2024-05-20)［2024-08-16］. http://www.sanyamuseum.com/a/2/2024/0520/6843.html.

② 羊城晚报. 中国主题公园增长领先世界 中国已累计开发主题公园旅游点近3 000个［EB/OL］. (2022-03-21)［2024-08-16］. http://henan.china.com.cn/m/2022/03/21/content_41911434.html.

发出非遗节庆旅游产品并形成产业链。如内蒙古的"那达慕"大会、回族的"古尔邦节"、白族和彝族的"火把节"等，在节庆期间会吸引大量的旅游者。

（四）舞台化表演模式

舞台化表演模式与节庆模式同属于短期非遗旅游产品。与节庆模式不同的是，游客是通过在台下观看专业演员在舞台上的表演来感知文化而非实际亲身参与。在众多非遗文化中，戏曲、舞蹈及文学作品是重要组成部分。与其他旅游模式不同，舞台化表演模式注重满足观众的感官需求，观众通过视觉、听觉等来了解非遗传统文化。同时在现代科技的加持下，舞台表演更是把感官效应放大，观众可以最大限度地满足自身对非遗文化的精神消费需求。值得一提的是，舞台表演的完成，需要编剧、导演、演员等各方的协作，因此其都有机会加入自己的主观见解，从而有利于非遗文化创新及实现传统文化与现代文化的融合对接。

（五）生态保护区开发模式

这种模式的特征是让游客能够感受最原生态、最朴实的非遗传统文化。城市生活压力增大，使得人们对暂时逃离喧闹的城市、感受宁静惬意的乡村田园生活的需求增加。在需求推动下，国内相继建立了一批文化生态保护区，如云南独龙族传统文化保护区、湖南通道侗族文化生态保护区等。

（六）民俗村模式

随着我国居民收入水平的提升以及乡村振兴战略的实施，乡村旅游得到蓬勃发展。乡村旅游是以旅游度假为宗旨，以乡村的自然风光、人文景观、农业资源和乡村礼仪风俗、乡村风情等资源为吸引的旅游形式。民俗文化作为非遗文化的重要组成部分，是民族传统文化的载体。民俗文化维系着民族情感，有着极大的感染力和影响力。从旅游文化的角度来说，民俗文化具有奇特性和区域性，因而能够成为旅游资源的重要组成部分。民俗文化具有亲和力，是普通老百姓可以实际接触参与的文化。游客在旅行途中不仅能放松身心、舒缓压力，还能感受不同的民俗文化，既有利于文化传播又能带动当地经济发展。

（七）旅游商品开发模式

旅游商品是旅游目的地向旅游者提供的富有特色且具有纪念性、艺术性、实用性的物质产品。非遗旅游商品直接把非遗载于有形实体产品中，消费者通过购买商品来满足自身精神文化及娱乐需求。旅游商品是非遗旅游产业链延伸的产物，能够提高非遗旅游产业的附加值。

（八）体验式展销模式

所谓体验式展销，是指以某种非遗为背景，在一个空间场所中，通过体验空间设计或展品来感受非遗文化，借助现代化科技实现非遗旅游产品与消费者的互动，并营造一种使消费者能身临其境的旅游消费模式。体验式展销能够满足消费者休闲娱乐的需要，同时还能传播当地非遗文化以及推动旅游产品销售。

（九）非遗街模式

非遗街是以具有悠久历史及文化价值的古街为基础，对其进行旅游开发，突出其中的非遗文化历史价值。与民俗村等其他旅游消费模式不同，非遗街往往不是存在于一个相对孤立或隔绝的空间中，而是与现代生活空间共存，这意味着游客在旅游过程中可以在非遗传统文化与现代生活文化之间随时切换。同时，这种共存方式也能加速非遗文化与现代都市文化的融合，因此在非遗街中的旅行消费模式更具有现代生活的特征。

（十）文化综合体模式

从规划咨询角度看，文化综合体是以文化为导向的区域综合开发，是指基于一定的文化资源与土地基础，以文化体验、文化产业、文化旅游为导向进行土地综合开发而形成的，以互动发展的文化消费聚落、文化创意园区、文化产业园区、文化创意地产开发区为核心功能构架，整体服务品质较高的文化产业聚集区。作为聚集综合文化产业功能的特定空间，该类区域是一个泛文化产业聚集区，也是一个区域经济系统，并有可能成为一个文化体验目的地。文化综合体旅游规划从土地的优化利用，过渡到商业模式的突破，再深入到项目产品的设计创新上。总体上，今后的旅游规划逐渐向"土地价值的优化利用、商业模式的综合创新、项目产品的创新设计、主题意境的构筑营造"方向发展，但更加注重的是以游客体验为核心的意境塑造，实现非遗文化产业、旅游产业、新城建设三者的有机融合。

八 非遗对外交流持续扩大的趋势

在全球化背景下，世界各国联系日益紧密，国际文化贸易的持续繁荣发展，也使得非遗对外交流持续扩大。中华民族要树立真正的文化自信，不仅是要对自己的文化形成认同，更要让世界其他国家了解与认同中国文化。近年来，习近平总书记所提出的"文化走出去"、共建"一带一路"倡议和"构建世界命运共同体"等都表明政府鼓励中国文化积极参与对外交流活动和国际竞争。

非遗是中国文化的根脉，是最能体现并代表中国特色的文化，因此它是中国文化在国际竞争中真正的核心竞争力。同时，在对外交流中，中国非遗文化与其他国家的文化并非一种非此即彼、一争长短的关系，而是一种取长补短、和谐共荣的关系。中国对国外文化企业也一直秉持一种欢迎态度，国内非遗项目和文创企业同国外文创企业进行合作，共同对中国非遗文化资源进行加工和改造，开发出质量高、有新意、符合价值观的文化佳作。例如，《功夫熊猫》《花木兰》《卧虎藏龙》等许多具有中国非遗文化元素的影视作品，受到全球广泛好评。

第四章

非遗资源化管理

目前，我国非遗的保护与发展正处在一个重要的转型阶段，关于非遗保护与发展的能力建设，是当下非遗理论与实践中的一个核心问题。在非遗保护与发展的能力建设中，非遗资源管理问题是基础性的战略问题。重视非遗资源管理，对其进行前瞻性的理论研究与前沿性的实践探索，有益于我们破除长期以来对于非遗保护与发展的一些模糊的、僵化的，甚至是落后的、错误的认知，有益于我们打破禁区，突破瓶颈，形成对于非遗保护与发展相对科学、理性的认知、态度和做法，从而更好地在新时代推动非遗的传承与发展。

第一节　非遗资源化的意义

非遗资源化是非遗发展的重要战略取向。通过历史考察可以看出，非遗保护和发展经历了从早期统治者的爱好、兴趣和学术团体的努力，到 1949 年新中国成立后的政府主导，再到 21 世纪在联合国教科文组织倡导下的跨越式发展，逐步形成了完整的保护机制和发展体系。进入新时代，非遗的资源化成为面向当代社会和融入人们生活的必然选择，也是非遗未来发展的重要方向。这一战略不仅关注非遗作为历史文化现象的保护和传承，更强调其在现代社会经济中的开发与利用。通过资源化、资产化和产业化，以及科技的融合发展，非遗能够更深层次地融入人们的生活和生产，推动全民共同参与保护和弘扬非遗文化，从而激发全社会的创造力和精神力量。这种全方位的资源化发展，使非遗从小众保护转变为全民共享，既实现了非遗保护，又极大地促进了社会经济的发展。

一　非遗资源化是非遗发展的重要战略取向

（一）非遗保护发展的历史考察

相对于物质文化遗产，非遗是以非物质的方式传承下来的文化遗产，主要包括口头传说和表述、表演艺术，社会风俗、礼仪、节庆，以及有关自然界和宇宙的知识及实践，传统的手工艺技能等，具有传承性、精神性、活态性、实践性等特点。

20 世纪以前，我国既没有非遗的概念，更没有相应的非遗保护与运用体系，对于非遗的保护大多是出于统治者的爱好和兴趣，保护的重点也不是传承人，而是一些相关的文字资料，如明清两代的《永乐大典》《四库全书》中就保存了大量的民俗资料。1949 年以前，中国的非遗保护是在改造旧文化、提倡新文化的大背景下展开的，与五四运动并行，其显著特征是将西方的新思想引入非遗的保护活动。章炳麟、梁启超、鲁迅等人在大力宣传科学、民主思潮的同时，将西方的"图腾"理论、人类学派进化论和残留物学说等西方民俗学理论带到了中国，由此激发了一部分知识分子对民间文化遗产的兴趣，一些民俗学社团提出要对民俗文化进行实地调查，并写成了如《云南民族调查报告》等考察报告。当时的共产党人已经懂得利用歌谣、谚语、传说、秧歌等民间文艺为革命斗争服务，在凝聚人心、鼓舞士气方面效果显著。1942年文艺座谈会后，中国进一步掀起了民间文艺学习的热潮。毛泽东在1956年专门指出："手工业中许多好东西，不要搞掉了。"1960年，毛泽东又提出将"封建时代的文化"与"封建主义的东西"区分开来，以及非封建主义的要"充分利用"的思想。在这一思想的指导下，当时的中国民间文艺研究会本着"全面搜集、重点整理、大力推广、加强研究"的指导方针，在民间文学、曲艺、音乐等方面开展了若干工作。"文化大革命"后，非遗保护最具代表性的成就之一是1979年文化部、国家民委、中国文联发起的10套《中国民族民间文艺集成志书》编撰工程的完成。由此可见，1949年之前，我国非遗保护的组织者多是知识分子和学术团体；1949年之后，非遗保护更多是在政府的引领之下有组织地开展。虽然保护的主体有变化，取得的成就有所不同，但二者的保护思路基本一致，主要在于创建学术团体，开展调查、挖掘、搜集、展览和研究，但这一时期我国还没有形成对于非遗的全方位、立体化、系统化的保护机制。

进入21世纪，中国的非遗学术研究、保护活动取得了跨越式的重要发展，这一跨越与联合国教科文组织对非遗保护的大力提倡紧密相关。1997年，联合国教科文组织第29次大会通过了《人类口头和非物质文化遗产代表作申报书编写指南》，并正式提出了"非物质文化遗产"这一概念。2003年，联合国教科文组织第32届大会通过了《保护非物质文化遗产公约》，进一步界定了非遗的内涵和外延。该公约侧重于对濒危非遗的保护，并提出要公布《急需保护的非物质文化遗产名录》。中国于2004年8月28日经全国人大常务委员会通过后，成为第六个缔约国。

在这一过程中，中国正式建立起了以政府为主导的非遗保护体系。2005年，国务院办公厅颁布《关于加强我国非物质文化遗产保护工作的意见》，要求"发挥政府的主导作用，建立协调有效的保护工作领导机制"，提出了"保护为主、抢救第一、合理利用、传承发展"的工作指导方针，并提出建立非遗代表作名录体系，推进非遗研究、认定、保存和传播，加强非遗知识产权保护，在传统文化生态保持较完整并具有特殊价值的村落或特定区域进行动态整体性保护的方式。同年，国务院发布了《关于加强文化遗产保护的通知》，进一步提出建立"国家+省+市+县"4级名录体系，要求用3年时间开展非遗普查，抢救非遗，加强少数民族文化遗产和文化生态区的保护。2006年颁布的《国家"十一五"时期文化发展规划纲要》进一步提出绘制国家非遗资源分布图，确立非遗传承人谱系，制定传承人资助办法等思想。2011年《中华人民共和国非物质文化遗产法》颁布，规定了县级以上政府对非遗负有规划、提供资金保障、支持传承人等相关责任，我国的非遗保护步入了有法可依的时代。

（二）非遗资源化发展是当下非遗生存发展的战略基础

我国对非遗保护与发展的认知，经历了一个并不长的渐进性发展过程。从把非遗作为一种历史遗存进行抢救保护，到作为一种历史文化现象进行挖掘整理，再到作为一种历史文化信息与传统进行活态化传承，再到作为一种资源状态进行保护与发展，这是非遗保护与发展工作不断深入的结果，更是非遗保护与发展规律的内在要求，也是非遗量大、点多、分散及非遗多元化、多层次、多样态的现实生存发展的价值呈现与需求呈现。特别是在当下，非遗的传承与发展已经迎来了新时代，新消费的快速发展为非遗传承与发展带来了重大的冲击与挑战。面对这样的时代语境，作为非遗价值最有效的放大器，非遗的资源化是非遗面向当代社会，介入、融入当代人们生活的必选路径，是非遗未来发展的战略方向。资源化发展，意味着非遗不再仅仅作为一种历史遗留的文化现象与文化信息存在，而是更多地作为一种要素、方法、手段、能力，乃至价值取向，介入、影响、融合到当代人们的认知、生活、生产之中，从而把小部分人对非遗的保护、传承、发展工作转换为全民对非遗的感受、认知、弘扬与创造过程，并在这一过程中激发整个社会的创造能力与精神力量。

二 非遗保护与传承发展正处于重要转型时期

目前，我国的非遗保护与发展正处在一个重要的发展转型阶段。在这个阶段，面临的问题比较多、比较复杂：既有观念的，也有理论的；既有战略的，又有实践的。在这个重要的转型期，我们首先需要解决两方面的问题。

（一）厘清传承发展与异化发展的边界

要实现非遗的活态化传承与发展，首先需要区分传承发展与异化发展的异同与边界。一方面，不能把按照非遗内在发展规律的进化发展与传承视为异化。非遗的传承发展是多层次、多维度的，我们既要看到它是我们民族的精神家园，是精神财富，需要抢救与保护；同时也必须认识到，非遗也是我们民族赖以生存与发展的重要资源。另外，我们还必须看到，非遗的传承与传播，既可以通过文化事业的建设来实现，更可以通过文化产品的生产与消费来实现。另一方面，也不能把异化发展作为传承发展的内容。非遗的发展需要尊重非遗自身的属性，如果背离了这一本质，发展的手段就会让它与发展的目标背道而驰。非遗能够成为一种资源，是因为它是一种文化，具有文化价值。非遗的资源化发展，绝不是拿非遗元素作为吸引眼球的手段而对非遗过度开发。

（二）要认清几个非遗发展过程中的观念与认识问题

当前非遗保护与发展中的问题，很多都是人们从非遗生存、非遗现象与非遗文化等认知向非遗资源进行认识转化的过程中的问题。这些问题归结起来主要体现在以下四个方面。

1. 非遗保护与发展过程中的观念问题

一是非遗遗存观与非遗资源观的矛盾。当下，强调非遗遗存观的人们认为，非遗保护，重点在保护，反对将非遗资源化，特别是市场化、产业化；而强调非遗资源观的人们认为，非遗不仅是一种文化遗存，更是一种资源，这种资源在条件成熟的时候，是可以转变成市场与产业资源的。二是两种非遗财富观的矛盾。从大财富的观念来看，非遗首先是一个民族发展过程中最为宝贵的财富，这种财富既有精神性的，又有物质性的。当下的问题在于，有的人过分强调非遗财富的精神性，有的人又过分强调非遗财富的物质性。事实上，我们需要处理好非遗财富精神性与物质性之间的关系，防止顾此失彼，防止在任何一个向度上走向极端。三是非遗发展过程中的工作观问题。非遗是一项丰富与复杂的社会系统工程，不是单向度、单层次的一种工作，非遗发展至少包括精神、事业、市场与产业及环境优化四个层面的问题，因此，在具体的工作过程中，一定要分清哪些非遗或者是某一种非遗的哪些部分只适合在精神层面进行研究与发掘，哪些非遗或者是某一种非遗的哪些部分只适合在事业层面由政府主导进行研究、发掘与推广，哪些非遗或者是某一种非遗的哪些部分适合在市场与产业层面进行开发等。一定要克服"一刀切"的做法，既不能用精神层面或是事业层面来否定市场与产业层面的工作，更不能以市场与产业层面来冲击精神层面或是事业层面的工作。事实上，精神层面、事业层面、市场与产业层面的非遗工作，都可以为社会文化环境的整体优化做出积极贡献。

2. 非遗保护发展策略与战略格局问题

非遗保护发展策略突出的是分类管理、突出重点，面对濒临灭绝的非遗品种，我们一直采取的策略是尽快抢救与保护，但同时我们必须清楚：抢救与保护并不是非遗发展的全部。非遗的保护发展还有一个战略格局问题，即要通过对非遗的抢救、保护、传承、发展（包括市场与产业开发）来形成非遗可持续发展的格局。所以，我们不能用一种策略问题来取代全面的战略格局问题，不能将非遗保护发展的策略问题与战略格局问题相混淆。

3. 项目建设与能力建设问题

当下的非遗工作中有一种假借抢救与保护之名，以所谓的项目建设来取代非遗保护发展能力建设的倾向。非遗保护发展的基础与核心是形成非遗保护与发展的能力建设，不能以项目建设来代替非遗保护发展系统的能力建设。

4. 正确认识非遗资源融入当代人们生活、融入现代社会经济的问题

非遗的保护为什么赶不上非遗消失的速度，最大的问题在于非遗与人们的生活相距过远。扭转这一局面，需要让非遗融入当代人们的生活，需要建立起以传承人为中心的人才培养及以名人、名品、名牌为核心的产品体系。可以从以下四个方面加以强化。一是非遗资源化问题。在文化产业快速发展的时代背景下，重新激活非遗资源的价值发现问题，并对此做出更深层次、更系统的挖掘，这是非遗发展面向未来的时代要求。二是资源资产化问题。习近平总书记指出，传统文化是一种独特的战略资源。我们不能仅仅让历史文化停留在遗存、现象和记忆的层面，它应该成为中华民族生存和发展的核心，成为独特而丰富的战略资源。要实现这一目标，关键在于使历史文化"活化"。"活化"是防止历史文化变得教条化、空洞化、概念化、抽象化和离散化的重要手段，也是弘扬历史文化的核心方法和措施。历史文化

"活化"是为文化传统注入精神和灵魂的过程，必须沿着文化资源化、资源系统化、资产化、金融化和证券化（大众化）这条主线进行。三是非遗资源产业化机制的形成及边界的界定。非遗资源化与非遗产业的发展需要我们不断走出当下我国非遗传承与发展的固有圈子，摒弃既有惯性，要建立起产业化发展的基本框架，积极发展在名人、名品、名牌体系下的非遗资源化与非遗产业发展战略路径，利用资本的聚合力与政策洼地，围绕以品牌推动产业链建构与 IP 推动跨界整合来建构非遗资源化平台及产业链，从而不断在非遗资源的创意、设计等高端层面上，整合资源，建构产业链，并在这个过程中形成区域非遗产业集群。四是以新的科技融合发展为推手，推动"市场+互联网"机制，以及"平台+互联网"这一新的产业发展体系的形成。需要重点关注两个发展方向：其一是基于"平台+互联网"机制的非遗电商业态的发展，其二是基于"平台+互联网"机制的非遗艺术品实物集成电子化交易模式的创新发展。科技手段的应用，如在非遗资源数字化的基础上，搜集非遗大数据、提供非遗云服务等，通过加密、防复制等技术手段实现非遗移动鉴证备案等，对于非遗保护与发展都将起到重要作用。

第二节　非遗资源化逻辑

　　非遗资源作为重要的战略资源，不仅承载着民族的文化记忆和精神财富，还体现了其独特的文化和物质价值。在新时代，非遗的资源化发展成为必然，它不仅是对非遗抢救与保护工作的延续，更是将非遗纳入更大生态架构中的战略选择。非遗资源化不仅满足了人民对美好生活的需求，还通过资源的系统化、资产化、金融化和产业化，为文化产业的发展提供新的动力和方向。这一过程使非遗从历史遗存转变为生产要素，更成为中华民族走向世界的文化支撑和经济发展的重要动力。

一　非遗资源是重要的战略资源

　　文化遗产可分为两类：一类是物质文化遗产，另一类是依靠传承人活态传承的非物质文化遗产。非遗不仅仅是文化遗存，承载着民族的文化记忆、民族文化现象、民族的精神家园，更是一个民族最为独特、最为重要、最具价值的精神与物质财富。所以，对于非遗，我们不仅仅要努力抢救与保护、传承，更要把其当作民族发展与超越的最为重要的战略资源。重视非遗资源的重要战略地位，强调非遗由抢救、保护向资源状态进行转变，并非不重视非遗的抢救与保护工作，而是要将非遗的抢救与保护工作放在一个更大的发展生态的架构下，进行更好、更完整、更有效地观照。关于非遗资源的重要战略地位，主要可以从以下四个方面加以分析。

（一）非遗资源化发展是非遗发展的时代要求

党的十九大报告提出，中国特色社会主义进入了新时代，新时代最为突出的表现就是我国社会的主要矛盾已经转化成为人民日益增长的美好生活需要和不平衡不充分的发展之间的矛盾。在党的二十大报告中，对这一矛盾的变化再次进行了强调，这预示着人民日益增长的美好生活需要正在并将继续引发消费方式发生革命性演化，这就决定了我国消费市场规模不断扩大，消费水平及消费能力不断提升这样一个大的时代背景。

事实上，新时代从某种意义上说是新的发展机制建立的开始。而这种新机制最为根本的特征，就是市场对资源配置起决定性作用，消费对经济发展起基础性作用。甚至可以说，新消费和中高端消费将成为拉动中国现实经济增长"三驾马车"中的第一动力。在这种新常态下，我国经济发展正在面对发展中的大问题：如何调结构？如何转变发展方式？怎样以此为基础，形成新的发展优势？在这种情况下，围绕怎样调结构与转变发展方式，文化资源及其产业的发展进入了国家的战略视野。为此，从中央到地方，都出台了很多政策，目的就是积极推动文化资源的转化及文化产业的发展，并力图在不长的时间内，使文化产业成为我国国民经济的支柱性产业。但是，经过多年的发展，人们颇为尴尬地发现：文化资源的转化及文化产业发展的基本事实是基础薄弱、落地难、见效慢。但在实践的过程中，人们同时也发现，文化产业的发展也存在可以落地的方式，这些成功的案例主要集中在三大方面：一是以版权为中心的产业业态，特别是一些跨界融合的新兴产业形态；二是艺术品产业，其产品体系可以划分为书法艺术品、美术艺术品、工艺艺术品、民间（非遗）艺术品、古董杂项艺术品、艺术品服务、顾问服务等类型；三是"文化+科技体验+旅游"类项目，如各地都在争相发展的以科技体验为中心的主题公园。由于这三个板块有很多成功的先例，一些地区在强烈的经济与政绩需求下，便不顾本身的资源禀赋状况与区域优势，大量照搬照抄已有的项目与做法，这造成了全国范围内区域文化产业发展的严重趋同化，制造了新的产业发展过程中的新问题。在这样的形势下，从国家到地方已经逐渐意识到，对于不同的区域及地方，要大力发展特色文化产业。因为特色文化产业最重要的特征，就是强调不同区域需要根据自身的文化资源优势与特色，推动文化产业的个性化发展，有益于不同区域之间实现差异化竞争、差异性竞合，从而达成文化产业结构的互补与融合，扩展文化产业的发展空间与整体的良性循环。在这一理念的支持下，人们进一步发现，对一个区域来说，最具特色的文化资源就是那些长期被忽视，看起来并不"高大上"的民间文化艺术资源，以及在此基础上形成的大量的、具有鲜明地方特色的、取之不竭、越挖掘越丰富的非遗资源。所以，非遗资源化及非遗产业的发展，近几年得到了社会各界越来越广泛的关注。

（二）非遗资源是中华民族最为重要、最为独特、最为丰富的财富

非遗，作为一个民族文化和生命印记的凝结，不仅反映了其文明发展和智慧积淀，更是中华民族最珍贵、最独特、最丰富的资源财富。随着经济全球化进程的不

断推进，在文化强国的时代背景下，非遗资源的价值发现问题需要被重新激活，并对其做出更深层次、更系统的挖掘，这是中华民族面向未来的时代要求。按照马克思主义的观点，资源从本质上讲是生产要素的代名词。《经济学解说》中将"资源"定义为"生产过程中所使用的投入"。资源具有很强的财富特性。强调非遗的资源属性，就是强调非遗不仅仅是一种历史的遗存与信息，更是一种可以创造财富的资源，是中华民族赖以生存与发展的一种独特的、丰富的战略性资源。作为一种资源，非遗创造的财富既有精神层面的，也有物质层面的，不能简单地用一种财富观去否定另一种财富观。

（三）非遗资源化发展打开了非遗发展的未来之门

新的时代为非遗的传承提出了新的挑战与机遇。新的挑战就是如何在未来的发展过程中，"活化"非遗资源，使其成为中华民族走向世界的文化家园与文化自信的基石，成为中华民族发展中坚实的资源支撑；新的机遇，就是新时代、新消费和中高端消费的迅速崛起为非遗带来的人们的文化精神、文化消费体验的需求，以及其背后巨大的市场与产业的需求。面对这样的挑战与机遇，如果我们一味地强调非遗的保护与抢救——虽然这非常重要——已经很不够了。我们既不能仅仅把非遗当成一种文化遗存展示在博物馆，也不可能回到以前的场景去搞"原生态"传承。我们需要的不仅仅是留住记忆，更是面向未来，面向来自整个世界的文化交流与碰撞。非遗的传承发展必须要面向未来，以资源的开放性、多元性和更为丰富的方法、手段，介入、影响并融合到当代人们的认知、学习、生活、生产之中。

（四）非遗文化资源是我国在新的发展阶段文化"走出去"的重要战略突破口

在现阶段，文化如何"走出去"的问题，是当下中国文化发展中的一个战略重点和战略难点。在这方面，我们不仅有方式、方法之惑，也有内容与路径之惑。非遗文化资源是我国在新的发展阶段文化"走出去"最具战略意义的内容与路径，非遗资源化的发展，有利于解开中国文化"走出去"的误区与当下困境，用最具民族特色的内容资源，用更加国际化的和易于被大众接受的方法讲好中国故事。可以说，在当下中国文化"走出去"的战略蓝图中，要积极探寻中国文化源流的资源与智慧，树立特色鲜明的中国形象，非遗资源的运用是极其重要的一个战略突破口。

二　非遗资源化是非遗及其资源资产化的基础与前提

非遗资源化是民族在新的发展阶段寻找新领域和新资源的重要选择，也是民族文化"走出去"与伟大复兴的重要财富宝库。以欧洲为例，非遗资源一直被视为民族身份和国家象征。尽管在欧洲一体化进程中，国家边界逐渐模糊，但非遗及其资源的独立完整性能够个性化地体现和保持各国的特质。因此，许多发达国家和一些发展中国家都非常重视非遗资源的保护、开发和利用，尤其是通过非遗资源带动旅游业的发展。大量国内外的实践表明，保护和开发非遗资源对社会和经济发展具有重要作用。

目前，非遗资源的活化已成为非遗领域发展的重要战略。在这一战略推进过程中，艺术金融是推动优秀传统文化现代表达及新传播机制的建构力量，与此同时，数字经济背景下非遗资源的活化，也涉及非遗资源资产化、金融化的发展，这是一个新生事物，需要不断地深入研究。需要看到的是，艺术金融的发展是一个过程，其研究基础是艺术品市场。艺术金融是在艺术品市场"商品化、资产化、金融化、证券化（大众化）"这一主线的发展过程中，不断孕育、产生、发展的。按照这一主线，要实现艺术金融对非遗及其资源的活化，则需要明确非遗发展的主线就在于：非遗及其资源系统化、资产化、金融化、证券化（大众化），其中的核心是非遗及其资源的价值发现，关键是资源的估值，核心是定价；最终实现非遗资源资产的金融化，即将非遗资产变为艺术金融资产。由此可见，在这一发展链条中，非遗资源化是非遗及其资源资产化的基础和前提。

第一，非遗资源是一个历史资源，是历史文化不断积累的结果，必须深刻认识非遗资源的丰富内涵。对此可从以下四个方面入手。一是历史环境遗存。非遗是特定历史时期的文化产物，具有深厚的历史背景和文化积淀。理解非遗资源的历史环境遗存，有助于准确把握其发展脉络和文化意义。二是传承载体。非遗的传承依赖于特定的传承载体，如口头传说、技艺、习俗等，这些载体承载着非遗的精神和技艺，构成了非遗资源的重要组成部分。三是精神内质。非遗蕴含着丰富的精神内涵，包括民族智慧、价值观念和文化特质，是非遗资源的核心所在。四是现实效能。非遗不仅具有文化价值，还能通过旅游、文化产品等形式转化为经济收益，满足现代社会的文化和经济需求。只有理解了非遗结构体系的产生背景和其精神内质，才能准确理解和发掘保护、利用非遗资源的价值和意义。一般来讲，非遗资源内涵具有多元性、广泛性、活态性、伴生性、效能性等特征，所以非遗资源的多元化、多样态是其存在的基础。对非遗传承发展必须建立在对多元化、多样态非遗资源系统挖掘与整理的基础上，既要尊重历史，又要面对现实，这就需要非遗资源化工作的深度介入，这是研究非遗资源的重要基础。

第二，非遗资源化的发展。尽管当前的主要任务仍是非遗资源的保护与资源化，但我们不能忽视在非遗市场发展过程中寻找和开拓新发展空间的迫切需求。非遗资源化工作不仅有助于进一步拓展非遗资源传承发展的空间，而且其自身具有重要的战略意义。这项工作不仅能推动非遗资源化的发展达到新的高度，更重要的是，它标志着非遗资源管理、评价及其理论研究工作迈入了科学化、系统化和常态化的发展阶段。

第三，非遗资源是一个民族和国家最为独特、最为重要的文化资源，必须根据其资源特性和价值规律进行系统整理和发掘。非遗资源的新特质，特别是其非标准特性、复用性、消费过程中的增值性、价值的复合性以及环境的友好性，都是其区别于其他资源的独特特征。因此，非遗资源化工作需要依据非遗资源的基本特性，进一步按照其内在价值规律，持续挖掘价值。正如联合国教科文组织《世界文化多样性宣言》指出的那样："文化多样性是交流、革新和创作的源泉，对人类来讲就像生物多样性对维持生物平衡那样必不可少。从这个意义上讲，文化多样性是人类的共同遗产，应当从当代人和子孙后代的利益考虑予以承认和肯定。"这也是系统整理和发掘非遗资源的一个重要前提。

第四，非遗资源作为一个系统的资源状态，特别是多元化、多样性的资源存在的复杂状态，决定了非遗资源化工作的复杂性、艰巨性与系统性要求，必须用更加科学、更加有效、更加前沿的方式方法去研究、分析与管理。就像联合国教科文组织《保护非物质文化遗产公约》指出的那样："鼓励开展有效保护非物质文化遗产，特别是濒危非物质文化遗产的科学、技术和艺术研究以及方法研究。"只有这样，才能找到更加合适的方式、方法与平台，更好地发掘与发现非遗资源的价值，这也是非遗资源管理评价工作的根本所在。

第五，非遗资源化的发展问题，正处在重要的转型阶段，重点是能力建设问题，核心是非遗资源化能力建设。目前，非遗资源化的发展问题，正处在一个重要的发展转型阶段，在这个阶段，面临的问题比较多、比较复杂，既有观念的，也有理论的，既有战略的，又有实践的。但其中最为核心的是非遗资源化过程中的能力建设问题。

第三节　非遗资源系统化过程

在非遗及其资源的资产化过程中，不仅需要明确非遗的资源属性，同时还要对非遗资源进行系统化。也就是说，非遗及其资源资产化的一个重要前提，就在于非遗资源的系统化。基于研究我们发现，非遗及其资源系统化具有两个基本的进程，一是非遗资源本身的系统化发展；二是非遗资源管理的系统化。且二者之间相互衔接与融合，共同组成非遗资源系统化发展过程。

一　非遗及其资源的系统化

非遗产品并非普通产品，其背后凝结着传承人的智慧与技艺，具有附加的版权、著作权等衍生延伸权利，这些都是非遗的资源，对这些资源要进行系统化的梳理，分析哪些是非遗本身的价值，哪些是非遗的附加值、延伸价值等，唯有如此才能使其资源系统化，将系统化的资源资产化，进而才能将非遗资产价值最大化。

资源管理的系统化是指对资源进行全方位、全过程管理。它是由事前预防、事中监督控制和事后严格评估等组成的管理系统。资源管理的系统化需要依托资源的系统化管理，而资源的系统化管理可以理解为：对资源进行全面科学的过程与质量等管理的部门细化、明确其职能和岗位职责的一种管理工作的系统落实。由此可见，非遗及其资源管理系统化，至少分为两个层次：一是指对非遗及其资源进行全方位、全过程管理；二是指非遗及其资源的系统化管理，即对非遗及其资源进行全面科学的过程与质量等方面管理的系统落实。通过以上分析可以看出，所谓非遗及其资源管理系统化，是指对非遗及其资源进行全方位、全过程管理及全面科学地管理的系统落实过程，同时建构体系。非遗及其资源系统化架构见图4-1。

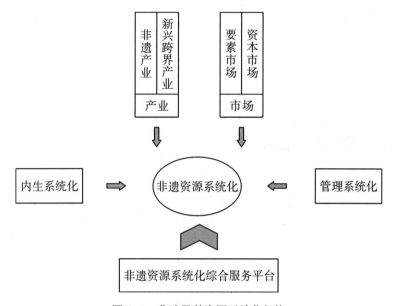

图4-1 非遗及其资源系统化架构

二 非遗及其资源系统化路径

（一）非遗及其资源的内生性系统化

从上述分析可知，非遗及其资源内生性系统化的基本路径概括来看主要包括以下三个方面：

（1）非遗价值资源的系统化；

（2）非遗的价值衍生资源的系统化；

（3）非遗的延伸及关联融合资源的系统化。

（二）非遗及其资源的管理系统化

以上分析也揭示了非遗及其资源管理的系统化，其基本路径至少表现为以下三个方面：

（1）非遗及其资源管理过程的系统化；

（2）非遗及其资源管理中的系统化管理；

（3）非遗及其资源管理的支撑保障的系统化。

非遗及其资源系统化的基本路径见图4-2。

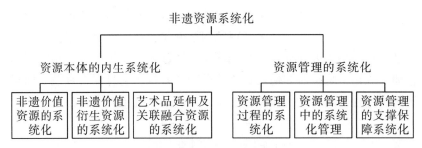

图 4-2　非遗及其资源系统化基本路径

第四节　非遗资源管理

在非遗及其产业发展中，非遗资源管理问题至关重要。它不仅是推动非遗保护传承的必要手段，更是非遗及其产业可持续发展的重要保障。非遗作为民族珍贵的文化基因，需要在全球文化艺术和产业发展的大格局中进行系统化管理，具体措施包括：强化理论研究、抓好重点环节管理、建构完善的管理体制、建立支撑体系、强化法律制约和政策引导等。非遗资源管理的基本战略目标在于明确发展框架和重点战略路径。此外，需要深入阐释非遗及其资源的价值管理问题，明确非遗及其资源管理的原则、策略与内容，把握非遗及其资源管理的重点环节，从而通过科学管理推动非遗资源资产化、资产金融化和证券化，满足多元文化消费需求，实现非遗及其产业健康发展。

一　非遗资源管理及其基本战略目标

（一）非遗资源化与非遗资源管理

非遗是一个民族珍贵的生命印记和活态的文化基因，能够反映出本民族的文明历史和智慧水平，是人类最为宝贵的遗产性财富。做好非遗的资源管理工作，关键是要认知、尊重非遗传承发展的内在规律，站在"一个基础、两个大的格局"上来探索实现非遗保护与发展转型的重要举措。

"一个基础"，即我国非遗发展的现实基础。

"两个大的格局"，即世界文化艺术发展的格局、世界产业发展的格局。

加强非遗资源的管理工作，具体应做到以下五个方面。

第一，要强化理论与前沿实践的总结与提升研究，做好战略的制定与规划布局。

第二，要抓好非遗资源重点环节的管理工作。

第三，要不断建构非遗管理体制与体系，推动市场体系的成长，真正做到育民、惠民、富民。

第四，要建立非遗管理的支撑体系，文化投融资，特别包括文化财政、文化税收、文化市场及工商管理等服务支撑体系。

第五，要强化法律制约、政策与引导、行业管理工作，解决非遗保护与发展的监管与持续发展问题。

（二）非遗资源管理的基本战略目标

非遗资源管理的基本战略目标，总的来讲，就是要明晰发展框架和重点战略路径。具体就是：

一个核心，即不断发掘非遗资源及其产品的最终消费；

一条主线，即非遗资源化、资源资产化、资产金融化及证券化；

三条路径，即非遗与科技融合、非遗与金融融合、非遗与"互联网+"市场机制融合；

一个平台，即构建"互联网+平台化"的综合平台化支撑服务；

一个目标，即满足人们多样化、多层次、多目标的非遗消费需求。

二　非遗及其资源的价值管理

非遗及其资源的价值管理是其价值发现的基础。价值管理是一个过程，有相应的发现结构和规程。正是由于价值管理的这种有序性与有效性，非遗及其资源价值发现的能力与效率才会提高。

（一）建构机制与环境

树立现代金融意识，善于发掘"非遗资源"优势，提升推进"非遗资源资产化"能力，建立资源向资本、资本向产业流动的有效机制和环境。

（二）发掘价值

一是延伸价值，延伸"非遗资源"的宽度，不"墨守成规"；二是挖掘价值，挖掘"非遗资源"的深度，学会"裁弯取直"；三是创造价值，丰富"非遗资源"的维度，善于"无中生有"。

（三）发现价值

价值发现是在价值寻找与研究过程中的一种行为过程，它包括价值的回归、发现与创作等部分，是非遗及其资源价值建构的核心。

（四）整合价值

创造条件，激活非遗资源，并通过要素市场、资本市场、资本工具、资本纽带和资本运作，与其他要素合理搭配、有机联动，融入非遗产业的发展过程，产生1+1>2的效果，使非遗资源和资本成为种子和载体，用有限的资源撬动更大的发展能力。具体来看，一是使非遗资源完成由价值向使用价值的转化升级，使之计入资产，资源被激活，投入生产经营过程；二是形成好的商业模式，或对非遗资源进行科学的规划和加工改造，实现资源价值的提升；三是利用优势资源聚集各种生产要素，形成推动区域经济快速发展的拉动力；四是为非遗资源资产化提供适宜的环境和机制。

（五）提升价值

非遗资源资产化取决于人们的视野宽度、开放意识和资本经营能力。一是有效发挥非遗资源价值和资本潜能，要求打破资源的藩篱，建立健全非遗资源和资本等要素合理有效流动的体制机制；二是政府要在非遗资源的初次配置中尊重规律、尊重科学，把资本性资源尽量配置到带动效应最大化的平台和领域；三是建立非遗资本与资产经营分离的体制机制，给非遗资源、资本与其他要素的有机结合提供广阔的空间和更多的机会。

（六）实现价值

推进非遗资源资产化，要注意发挥如下四个作用：一是杠杆撬动作用；二是聚合带动作用；三是内生促进作用；四是风险保障作用。

（七）放大价值

合力推进非遗及其资源资产化，要充分发挥艺术金融及其产业的主体作用，建立多层次要素市场与资本市场体系，发挥金融资本的撬动作用，大力发展艺术金融产业基金与股权投资基金。

三 非遗及其资源管理的基本原则、重要策略与主要内容

（一）非遗及其资源管理的基本原则

1. 社会效益与经济效益兼顾原则

非遗的资源管理，首先需要坚持社会效益与经济效益兼顾的原则。发展非遗产业的主要目的之一，就是让产业发展成为扩大非遗受众范围的有效媒介，通过商品效应形成"润物细无声"的文化效应，在全社会范围内形成对中华文明的理解与体认，形成全民族的文化认同。在非遗资源管理中，需要凸显非遗鲜明的文化特质，实现社会效益和经济效益的双赢，这是非遗产业与其他产业的根本区别。

2. 政府主导与市场主体并行原则

改革开放 40 多年来，经济制度的转轨和社会结构的转型亟待创新社会治理体制。然而，一方面，由于受到传统计划经济思维的影响，社会主义市场经济体制下的资源配置机制仍然是以行政权为主，而不是以产权作为资源配置的主要方式。另一方面，当下非遗产业本身的复杂性、政府自身的低效障碍，以及新的社会背景下不断崛起的民间社会力量，在客观上形成了对政府重新定位自身角色功能的诉求。作为政府，在非遗的保护工作中，"授之以鱼"不如"授之以渔"，与其通过给予资金的方式保障民间手艺人的生存，不如同时帮助这些手艺人打开视野，为他们打

造学习的平台、交流的平台，引领其走向更广阔的世界，使这些手艺人通过自己的努力，进一步提升自身的修养和技艺，更新自己的知识结构，提高综合素质，自觉自发地与时代同呼吸共命运。

3. 传统性与创新性兼顾原则

在非遗的传承和发展中，有一个突出的规律，就是越是最原始的、最基本的元素，越是不能够丢掉。越是传统的、越是"土"的非遗，越有世界性的共通性，越会引起人们的共鸣。因此，非遗资源管理中必须将尊重传统放在首位。同时，也要勇于创新，把非遗融入当代人的生活，使非遗的文化符号、艺术气质，乃至文化理念成为人们日常生活中的一部分，转化为人们的生活环境和氛围，让非遗活起来。

（二）非遗及其资源管理的重要策略

（1）深刻认识与把握非遗传承发展的内在规律。既要看到非遗是中华民族的精神家园，需要积极地抢救与保护，同时，也必须认识到，非遗也是一种资源，是我们民族赖以生存与发展的重要财富之一，而产业发展是极为重要的财富实现手段。

（2）发挥市场在资源配置中的主导作用，积极运用财政、政策等综合性、间接性手段来引导与规范其发展，不断在市场机制与政府政策取向进程中找到契合点，尽量减少政府直接建项目、管项目，用垄断的强势能力与市场争利。

（3）搞好顶层设计，建立以产业规划与产业政策为核心的调控体系。针对非遗资源化与非遗产业的发展，构建切实可行的"战略—规划—计划—政策评价—发展调适"体系，推动非遗传承发展到动态化、最优化的发展状态。

（4）重视新技术融合对管理创新的支撑作用，建立并完善相应的管理体系。具体来讲，这个创新体系包括四个层次：管理体制与制度—管理体系（分类管理）—行业管理职能（行业协会）—自律（市场主体），即通过创新的管理体系，在新技术的有效保障与支撑下，提升管理效能。

（5）以法治建设为基础，信用管理为主线，进一步提升行业的监管能力与水平。当下，非遗的保护与发展应该探索以立法为核心的监管新体系，在完善立法的同时，开展贯彻执法检查，对近年来非遗保护工作进行督查，纠正和解决执法不严、监管不力、保护责任不落实的问题；创新建立国家级非遗代表性项目的评估制度和监测体系，对已经立项的非遗项目的保护工作要定期评估发布报告，接受社会的监督，加强非遗的知识产权保护。

（三）非遗及其资源管理的主要内容

做好非遗资源的挖掘、保护、传承工作，非遗资源市场平台的搭建工作，非遗资源产业发展的融资工作，以及非遗资源的鉴定价值评估工作、拓展授权工作、产业配套支撑工作、产业发展监督管理工作，培育与提升非遗的产业链，加强、优化非遗的人才培育，形成面向非遗产业全产业链的人才体系，实现产学研的协同。发挥专家的研究优势，企业的资本优势，通过结合地方政府的力量，以区域为单位进行全面、科学的挖掘，尤其围绕其中的名家、精品，建立行之有效的资源保护与转化模式，制订战略规划，构建相应的支撑体系。

四 非遗及其资源管理的重点环节

在非遗资源管理中，要善于抓住重点环节，建立并完善非遗产品的规范交易平台，建设不同层次的非遗博物馆、实体店和拍卖机构，搭建艺术家和经营者之间公平、诚信的合作平台等。做好非遗资源管理，重点在于以下环节。

（一）重视非遗的资源化与资源系统化进程

非遗只有做到了资源化，才有进一步"活化"的基础。同样，也只有推进非遗资源的系统化，才能最大限度地发挥非遗的效应。

（二）实现非遗资源经营主体的新跨越

进行非遗资源及其产业发展的结构调整，实现非遗经营主体上的新跨越，加快文企联姻的步伐，进一步加大非遗服务体系的建设，逐步完善非遗产业发展所需要的配套服务机制，形成管理运行的新机制。做大、做好、做强一批代表性非遗产业企业，形成一批具有东方气质、国家气派的非遗品牌。

（三）优化产业发展的现实环境

不断优化非遗资源管理及其产业的发展环境，在政策、人力、物力、财力上给予充分保障。通过举办非遗艺术活动，扩大非遗的群众基础，为非遗发展创造良好的空间与氛围；同时挖掘非遗人才，为非遗的发展提供智力支持。加强与商业的融合，除了依靠政府的力量之外，还要发挥金融机构的职能，通过知识产权抵押贷款、项目融资贷款、信用贷款等方式解决资金缺口问题。

（四）保护与开发并重，不断融入现实生活

保护优先，开发有序，在保护中开发，在开发中保护，实现资源保护与产业开发的同步。在保护中开发，避免过度商业化导致的文化扭曲；在开发中保护，确保非遗核心价值不被破坏，形成良性互动。此外，重视对特色文化内容的创意开发（包括文化旅游、文化创意产品、教育培训等，强调社会参与与共建共享），发挥内容的引领和辐射效应，二者同步发展，相得益彰。

（五）积极培育并利用资本市场

从目前来看，首先，在文化产业发展的过程中，证券市场及股权市场比较活跃，但对我国非遗企业来讲，更可能的路子是在产业基础或股权投资基金的支撑推进下，积极参与新三板市场，进而进入证券市场，发展壮大非遗产业资本市场。其次，要积极推动金融体系融合非遗产业的发展，最关键的是加大信贷资源向非遗产业配置的力度。最后，大力发展非遗要素市场及资本市场，不断推进非遗资源化与提高非遗产业化发展的金融化能力，提升非遗资源化与非遗产业的发展后劲。

（六）抓住全球产业链重塑机遇

以非遗资源系统化、系统资源资产化为基础，抓住全球产业链重塑的战略机遇，进一步提升产业链的有利站位，迅速壮大并发展非遗产业集群。

（七）探索非遗产业创新模式

在"文化+""互联网+""金融+"融合发展的机制基础上，不断探索市场规模化发展的创新模式。一是基于"平台+互联网"机制的非遗电商业态发展，以需求为导向，推动非遗资源化与非遗产业的发展。二是基于"平台+互联网"机制的非遗艺术品实物集成电子化交易模式创新发展。一方面，进一步发掘非遗发展过程中的投资需求；另一方面，不断构建非遗资源的价值发现平台与价值发现能力，进一步向非遗艺术品财富管理的方向探索。

当然，研究和探讨非遗资源管理工作只是一个起点。这不仅是因为非遗资源管理本身是一个相对较新的领域，更重要的是，在当前新的形势与环境下，非遗资源管理面临着诸多新问题、新挑战和新的战略机遇。如何应对、解决这些问题，把握机遇，亟须找到新的突破点，这需要我们共同面对、深入探究。

第五章

非遗资源『活化』

非遗资源"活化"是非遗产业发展进程中需要下大力气研究的关键问题，也是当前非遗传承发展中需要特别关注的研究议题。非遗资源唯有通过"活化"才能进一步与产业和金融等领域相融合，并更为有效地与市场和产业资源相对接。可以说，如果非遗资源"活化"不力，非遗及其产业的发展就将面临严重的"瓶颈"与困难。因此，非遗资源的"活化"是实现其资源系统化、资产化、金融化发展的重要前提。深入研究非遗资源"活化"的发展背景、相关理论、基本框架与战略路径，是非遗产业学研究中不可或缺的重要组成部分。

第一节　非遗资源"活化"的发展背景

非遗是中华优秀传统文化在当代的活态呈现，承载了丰富的历史记忆和文化价值。非遗资源的"活化"，即通过现代手段和方法使其重新焕发活力，是推动文化传承和经济发展的关键举措。

一　非遗资源"活化"是国家的一项重要发展战略

习近平总书记强调，传统文化是独特的战略资源，我们不能仅仅让历史文化成为遗存、现象与记忆，它应该是中华民族最为核心、最为独特、最为丰厚的赖以生存发展的战略资源，而要实现这种转变，最为核心的就是首先让历史文化"活化"；历史文化"活化"的最大效能，就是成为中华民族屹立世界的最为宝贵、最为强大的精神财富与物质财富。"活化"是避免历史文化教条化、空洞化、概念化、抽象化、离散化的重要手段，也是弘扬历史文化的核心手段与措施。历史文化"活化"就是一个为文化传统寻找精神与灵魂的过程[①]。文化消费产业与文化新经济的发展，对历史文化的"活化"提出了巨大的需求与支撑。

二　数字经济的快速发展成为非遗资源"活化"的新动力

在数字化赋能发展背景下，文化艺术领域成为最为活跃的发展领域。数字化是围绕信息化、网络化、数字化、智能化展开的，其核心是基于数字基础设施构建数字场景。数字化场景是各类主体围绕一项或多项特定需要，运用数字技术推动服务要素整合、业务系统集成、运营模式创新，提供实时、定向、互动、闭环数字化应用体验的重要载体。在数字化发展背景下，需要关注的是数字产业化、产业数字化、产业融合化以及治理数字化四个大的方面。

① 西沐. 艺术金融学概论 [M]. 北京：中国经济出版社，2019.

对于数字化的理解，重点是要理解其发展过程的两个形态，即数字化形态与数智化形态。所谓数字化形态，是指基于数字基础设施的数字场景的建构；而数智化形态，是指随着数字经济的不断发展，数字经济的未来形态应该是将数据资源转化为数字资产，并且在以元宇宙为底座技术的数智经济新形态的创新发展中不断深化。在这一过程中，数据的智能化尤为重要。数智化与数据化的关键区别在于数据智能源于数据的不断智能化。

第二节　非遗资源"活化"的理论阐释

非遗资源"活化"是一个动态发展过程，涵盖展示教育、传播学习、场景化教育、线上线下体验和沉浸式场景体验等多个阶段，旨在提升公众认知，加深理解，实现非遗的保护与创新利用。这一过程不仅是非遗传承的重要路径，更是一项复杂的社会系统工程，既需要文化事业的支持，又依赖文化产业和市场的支撑。其核心在于通过"平台+生态"的场景化模式，实现价值发现与管理，并通过沉浸式体验和数字化场景融合，满足多样化消费需求，最终推动非遗资源的系统化与资产化。非遗资源"活化"不仅推动经济高质量发展，还在社会、文化等方面发挥着重要的战略作用。

一　非遗资源"活化"首先是一个过程

文化作为一个复杂的社会系统，是人类认知和理解世界的重要维度，而非遗则是这一文化系统的重要组成部分。对非遗资源进行"活化"，是新时代文化发展的重要战略之一。非遗资源"活化"主要经历了几个关键的发展阶段：第一，通过展示活动和教育活动增加公众对非遗的认知和理解，这是展示教育阶段；第二，通过多种媒介和平台广泛传播非遗知识和技艺，促进公众学习和传承，这是传播学习阶段；第三，在其原生环境中集成体验，使人们深入理解和感受非遗的文化价值，这是线下的场景化教育阶段；第四，通过线上和线下相结合的方式提供多样化体验，扩大非遗的影响力和受众群体，这是在场线上线下体验阶段；第五，通过虚拟现实和增强现实等先进技术手段，在沉浸式场景中呈现非遗资源，提供生动和深入的体验，这是在境沉浸式场景体验阶段。综上所述，非遗资源的"活化"过程不仅是对文化遗产的保护与传承，更是对其进行创新性发展和利用的关键路径。这一过程反映了非遗在不同阶段的功能和价值，也体现了文化在新时代背景下的动态演进。

二 非遗资源"活化"是一项社会系统工程

非遗资源"活化"不是一个项目，而是一项社会系统工程，不仅需要文化事业的支持，更需要文化产业与市场的支撑。文化事业发展关键在于公共文化服务与教育体系的建设，核心是解决文化及其资源的共享问题；而文化产业的发展是与文化事业相对应的概念，是文化创新发展的重要形态，也日益成为文化创新发展的强大基础性支撑。非遗近年来与旅游的融合发展就是其在文化产业维度"活化"发展的探索延伸。

三 非遗资源"活化"有两个主要的发展向度

（一）价值向度上的发现

非遗资源"活化"离不开对非遗及其资源的价值发现，而非遗及其资源的价值并非一成不变，而是动态变化的，因而不同历史时期与发展阶段下的非遗及其资源在价值发现的方式、方法以及相关的影响因素与机制方面都不尽相同，这就要求我们要在动态发展的过程中不断揭示其价值，在精神消费的不断成长中实现这一发现。换言之，过程性、阶段性、多样化以及复杂性是文化资源价值发现与形成的重要特征。基于对这一特征的认知，我们提出了要基于"平台+生态"的场景化来实现非遗及其资源价值发现，基于"平台+生态"的场景化对发现的价值实施有效的价值管理战略。

（二）精神向度上的体验

1. 非遗资源"活化"要围绕体验这一核心进行价值发现与管理

非遗资源"活化"的关键在于沉浸式的交互体验，非遗及其资源价值发现与价值管理要在基于"平台+生态"的场景化中紧紧围绕体验，尤其是深度沉浸式融合体验这个核心去实现。它强调的是将数字化虚拟场景与沉浸式体验进一步协调，并以此打破传统意义上的数字化孤岛式场景，使其与深度体验、融合式消费环境进行融合，建立起以新的产品与服务为主体的数字化场景。这一数字化场景建构的目的就在于通过沉浸式体验实现数字资产的产生、发展与管理，与当前多样化、多样态、个性化的消费需求精准对接。其发展的基本形态主要包括两种：一是线下场景——互联网场景——数字化场景，强调的是在地、在线、在场；二是在境，即基于元宇宙的数字化场景的建构①。

2. 非遗资源"活化"要形成"非遗——资源化——资源系统化——系统资源资产化——资产金融化——证券化（大众化）"的发展主线

（1）非遗是其资源"活化"的基础，因而无疑也是其发展主线的起点。

---

① 西沐，雷茜. 数字经济发展的基础与核心［EB/OL］.（2023-04-27）［2024-08-16］. http://www.art-mmm.cn/wenxianjiaoliu/html/12486.html.

（2）在非遗资源"活化"发展过程中，艺术金融的作用日益凸显，而其发展历程也鲜明地呈现着这样一条主线，即"资源化——资源系统化——系统资源资产化——资产金融化——证券化（大众化）"。由此，非遗资源"活化"也将沿着"非遗——资源化——资源系统化——系统资源资产化——资产金融化——证券化（大众化）"的轨迹不断推进。

四 非遗资源"活化"是高质量发展的应有之义

非遗资源"活化"不仅在推动国家经济发展中发挥着重要作用，还对社会、经济、文化等多个维度的发展具有全面提升的战略意义。作为高质量发展的应有之义，非遗资源"活化"的核心在于实现资源化及其最大化。非遗资源的"活化"过程始于非遗现象向非遗资源的转化，进而系统化和要素化，成为推动高质量发展的基础。高质量发展的核心在于将非遗资源转化为发展要素，通过数字经济的发展，使非遗资源成为关键的生产要素。非遗资源要素化需要依托综合服务平台，通过确权、定价、资产化等步骤，实现非遗资源的最大化利用。平台化机制和生态系统的构建是推动非遗资源"活化"的重要手段，特别是在数字艺术金融和新技术融合的背景下，要不断推动形成新的业态和场景化发展模式。在这一过程中，"平台+生态"的场景化发展模式能够进一步推动非遗资源的价值发现与管理。通过数字技术的应用，构建沉浸式、可消费、可流转的数字化场景，有助于实现非遗资源的价值最大化，并通过金融创新推动非遗资源资产化，提升其市场和产业价值。同时，应该看到的是，非遗资源"活化"不仅是中华民族丰厚的财富之源，更是高质量发展的核心要素。它为民族精神的传承和弘扬提供了重要支撑，是实现国家治理现代化和中国式现代化发展的重要智慧源泉。因此，深入挖掘和充分利用非遗资源，不仅有助于弘扬中华优秀传统文化，更能够为实现中华民族伟大复兴的中国梦贡献力量。

非遗资源"活化"是一个过程，是一项复杂的社会系统工程，其发展具有价值向度上的发现与精神向度上的体验两个重要方向。推动非遗资源"活化"既是我国当前的重要发展战略，也是高质量发展的应有之义。若对其过程加以概括，可表述为：非遗资源"活化"是以体验为核心，以资源化为基础，以创意为纽带，把非遗资源化、资源系统化，并使之与当代社会生产生活、文化价值取向以及产业和市场相对接，进而实现系统与体系化的价值发现与呈现的过程。

第三节　非遗资源"活化"的基本架构

探讨非遗资源"活化"的基本架构意义重大，主要包括对非遗资源"活化"系统及其系统结果的深入分析。非遗资源"活化"系统由非遗、资本、科技和市场四大要素组成，这些要素在与环境互动中协同作用，实现非遗资源"活化"的目标。非遗资源"活化"的系统结构分为三部分，即基础部分（非遗资源化和资源系统化）、核心部分（体验的状态和体验的方式方法）、实现部分（学习领悟，体验内容数字化、传播物联网，体验科技化，体验消费化以及体验交流国际化）。通过这些环节，加之创意的融入推动，非遗资源得以实现全面的"活化"。

一　非遗资源"活化"的系统

系统是由相互关联的组件或部分构成的整体，这些组件和部分协同作用，以实现特定的目标或功能。系统可以是物理的、机械的，也可以是社会的、生物的等。这些组件和部分之间通常存在相互影响和作用的关系，共同催生一定的系统行为，并与其所处的环境互动，不断磨合和适应。

在非遗资源"活化"系统中，非遗、资本、科技、市场四大要素是共同构成非遗资源"活化"这一共同体系统的重要部分（见图5-1），而这一共同体系统又势必与其所处环境相互依存、相互影响并相互适应，组成了非遗资源"活化"的整体系统，其形成目的就是实现非遗资源"活化"这一特定目标。

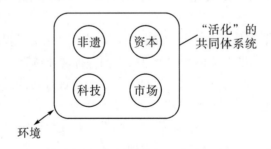

图5-1　非遗资源"活化"的系统

二　非遗资源"活化"的系统结构

非遗资源"活化"的基本架构主要可分为三大部分（见图5-2）：一是非遗资源化、资源系统化，这是整个架构形成的基础；二是体验是非遗"活化"的核心，包括体验的状态与体验的方式方法；三是体验的具体实现路径，这是非遗活化的关键。被赋予了创意的"活化"环节是将整个架构的基础部分与核心部分相对接，并最终获得实现的关键所在，是整个非遗资源"活化"系统得以贯通的重要一环。

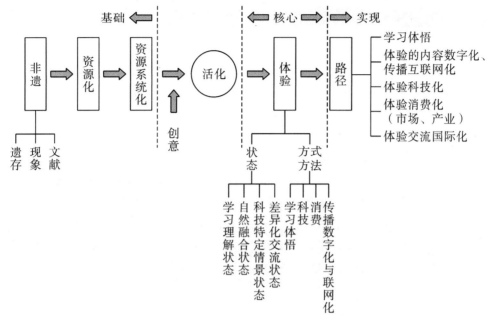

图 5-2　非遗资源"活化"的基本架构

进一步分析各个部分的内容，可以发现：

首先，系统结构的基础部分，主要包括非遗（遗存、现象、文献）、非遗的资源化，以及资源的系统化三个重要方面，其中非遗既是整个系统结构的起点，也是其发展的底层支撑。

其次，在非遗资源化的基础上，要强化对体验的多元化研究，这是进一步提升非遗"活化"能力的核心。其中最为重要的是要强化对体验状态（包括学习理解状态、自然融合状态、科技特定情景状态、差异文化交流状态）与体验技术（也即体验的方式方法，包括学习领悟、科技、消费以及传播数字化与互联网）的研究。这里的体验还要强调两个要点：一是体验的能力，主要体现在体验的便捷性、大众化与娱乐化方面；二是体验的水平，主要体现在体验的深度上。

此外，系统结构的实现部分，主要指的是路径，即需要重点关注以下五条路径：一是学习体悟；二是体验的内容数字化及传播互联网化；三是体验的科技化；四是体验的消费化（市场、产业）；五是体验交流的国际化等。

第四节　非遗资源"活化"的战略路径

非遗是优秀传统文化的集中体现，是数字化发展背景下最具活力与最为独特的资源发展领域，"活化"理论是非遗发展的根本理论指导与基础。在过去的文化艺术数字化研究中，往往过于强调交易的重要性，而忽视了其他方面的作用。依据"活化"理论的基本框架，可以进一步系统完善数字经济赋能非遗及其产业发展的方式方法，总结其发展的战略路径。

研究非遗资源"活化"的战略路径，首先需要认识体验在非遗资源"活化"过程中的关键地位与作用。在认知领域，科学与艺术是认知世界的两种基本方式：科学认知强调观察与逻辑，而艺术认知则注重体验与感悟。对于文化的认知与理解，我们更多地强调体验，体验是让历史文化"活"起来的关键途径。通过体验，非遗资源得以在现代社会中焕发新的生命力，实现其价值的全面呈现与系统化管理。

一　体验的学习体悟

学习体悟是最为传统的一种非遗"活化"的手段。它是通过学习与理解，牵动起已有的体验经验与积累，从而知会的过程。如我们在朗读唐诗宋词时，通过对文字的诵读和品味，不仅能够理解其字面意思，更能深入体会其中的意境之美和情感深度。这种学习体悟的过程，不仅仅是知识的获取，更是心灵的感受和情感的共鸣。此外，体验的学习体悟还可以通过实践活动来实现，如通过参与非遗技艺的学习与实践，亲身体验其工艺制作过程，这种实践性的体悟学习，能够使人们更加深刻地理解非遗的价值与魅力，使人们在动手实践中获得非遗知识，并在体验中不断深化对非遗的理解。

二　体验的内容数字化及传播互联网化

体验的内容数字化及传播互联网化，是非遗"活化"的重要方式之一。这种"活化"方式改变了传统的体验模式，使得非遗体验更加直接、便捷，并且扩大了其传播范围，提升了其传播速度。这种以"知识学习为基础"的体验，通过数字化和互联网化的手段，实现了质的提升，不仅丰富了非遗资源的呈现方式，还增强了学习的互动性和参与感，提升了公众的文化素养和认知水平。同时，这种体验方式也为非遗保护和传承提供了新的路径，为非遗大众化打开了大门。

三 体验的科技化

体验的科技化就是在特定时空背景下，利用新科技融合技术，即声、光、电技术，媒介融合技术，以及 AR、VR、超感设备等，演绎非遗故事，通过超感体验系统，形成深度的非遗体验。如利用 AR 技术，可以在现实环境中叠加数字信息，使得历史建筑、文物和人物"复活"，让观众能够在现实场景中与历史互动。VR 技术则可以创建完全沉浸式的虚拟环境，让人们"穿越"到历史事件发生的现场，亲身体验当时的情景和氛围。这种沉浸式体验极大地增强了文化的吸引力和感染力，使学习和体验变得更加生动有趣。此外，当下不少主题公园所推出的超感体验系统装备等，也都是这一体验形式的落地，不仅使非遗体验融入了更多感官化与立体化的体验，增强了其体验的沉浸感和互动性，还能更好地传达非遗的文化细节与内涵，提升游客的参与度和满意度。

四 体验的消费化

消费是一种互动式的深度体验，这一概念在文化产业发展中表现得尤为显著。每一种产品，特别是文化产品，对其消费使用的过程，其实就是对文化认知、认同的过程。因此，体验的消费化就是通过市场机制、产业机制，利用品牌、时尚等要素，"活化"非遗资源的重要路径之一。通过市场机制，非遗产品被转化为市场上的消费品，消费者在购买和使用这些产品时，不仅获得了实用价值，更通过消费过程加深了对非遗的体验和认同。如非遗工艺品在市场上销售，通过品牌化和时尚化的包装，不仅提升了其产品的市场吸引力，也使得消费者在消费过程中更深刻地了解和欣赏这些传统技艺；通过品牌建设与时尚元素的融入，不仅为非遗产品树立了独特的形象，也使其产品在现代社会中更具生命力。这些都极大地推动了非遗的价值提升。产业机制则通过整合上下游资源，将非遗创意、生产、销售和服务有机结合，形成完整的产业链条。如文化旅游产业通过将非遗资源转化为旅游产品，打造特色旅游线路和项目，实现了非遗资源的高效利用和价值增值。文化创意产业则通过将非遗元素融入现代设计和生产，开发出一系列文化创意产品，推动了非遗产业的蓬勃发展。这种产业链的整合，使得非遗资源在市场和产业中得以广泛传播和应用，从而实现了非遗的传承与创新。

总体来看，体验的消费化不仅改变了传统的文化传播模式，从过去的"送文化"转变为"卖文化"，到通过产业链整合来输出文化，极大地提升了非遗产品的市场化程度，扩大了传播范围。这种方式不仅使非遗资源得以保护和传承，还使其在现代市场中焕发了新的生命力、拓展了新的发展空间。

五 体验交流的国际化

文化之所以要交流，是由于文化间的差异性。体验交流的国际化通过在不同文化之间互动，既增强了文化的自我身份认同和自我立场的辨识能力，同时也对维护文化系统的独立性和完整性具有深远意义。通过文化交流，个体和群体能够更清晰地认识自身文化的独特性和价值。这种自我身份的认同和立场的明确，有助于增强文化自觉性，进而推动文化的保护和传承。同时，跨文化的交流为不同文化的融合碰撞提供机会，提升了文化的多样性和包容性。如国际非遗文化节、非遗展览与研讨会等活动的举办，不仅将非遗在全球范围内进行展示、传播、推广，更为其与其他文化的深度对话与交流提供平台。这一过程既丰富了非遗的文化内涵，也将非遗"活化"置于国际文化生态中，促进了全球文化的和谐共生。

第六章　非遗产业发展的机制

非遗凝结了一个民族珍贵的生命印记，是活态的文化基因，能够反映出本民族的文明历史和智慧水平，是中华民族最为重要、最为独特、最为丰富的财富。从把非遗作为一种历史遗存进行抢救保护，到作为一种历史文化现象进行挖掘整理，再到作为一种历史文化信息与传统进行活态化传承，最后到作为一种资源状态进行保护与发展，这是非遗保护与发展工作不断深入的结果，更是非遗保护与发展规律的内在要求，也是非遗量大、点多、分散及非遗多元化、多层次、多样态的现实生存发展的价值呈现与需求呈现。如今，非遗的传承与发展已经迎来了新时代，新消费的快速发展为非遗传承与发展带来了巨大的冲击与挑战。以文化体验消费为主体的精神消费不断崛起，正在成为拉动经济增长的重要力量；时尚化消费将成为消费结构性变化中的重要力量；产业跨界融合发展正在成为时代潮流；以张扬个性为主调的定制化消费，将体现消费者消费品格和个性化需求，消费者对品牌文化、品牌定位、品牌追求的认知将更加精准、更加个性化；网络消费呈爆发式、几何状快速增长；共享消费的发展不断成为满足消费者更多元化需求的新空间；智能消费渐渐成为新的消费业态生发的沃土。人们对美好生活品质的追求将不断催生新的消费业态。

面对这样的时代语境，作为非遗价值最有效的放大器，非遗产业化发展是非遗面向当代社会，介入、融入当代人们生活的必选路径，是非遗未来发展的战略方向。非遗产业化发展，意味着非遗不再仅仅作为一种历史遗留的文化现象与文化信息存在，而是更多地作为一种要素、方法、手段、能力，乃至价值取向，介入、影响、融入当代人们的认知、生活、生产之中，从而把小部分人对非遗的保护、传承、发展工作转换为全民对非遗的认知、弘扬与创造过程，并在这一过程中激发整个社会的创造能力与精神力量。事实上，新时代从某种意义上说是新的发展机制建立的开始。而这种新机制最为根本的特征，就是市场对资源配置起决定性作用，消费对经济发展起基础性作用。

第一节　非遗产业发展机制的内涵与类型

分析非遗产业发展机制的内涵与类型，对于推动非遗产业的科学发展具有重要意义。非遗产业发展机制研究旨在揭示非遗与市场结合过程中各要素的基本关系及其相互作用的规律，优化非遗产业内部各因素的匹配耦合，提高其对环境的适应能力，最终促进非遗产业的经济效益和社会效益提升。非遗产业发展机制大致可以分为：需求拉动引入型、文化推动进入型、政策法规诱导型、自然放任松散型、"孵化器"模式五种类型。

一 非遗产业发展机制的理论阐释

所谓机制，系拉丁文意译而来，原意指："机械、机器的构造原理和动作原理，其中包括其结构的组成部分之间的相互关系。这种关系不仅是指静态的关系状态，而且是指机器、机械完成一个动作各部分协调配合的联系方式。后来这一概念又被类比使用在生物学、生理学、医学中，说明有机体组织、器官实现功能的相互联系方式。"① 被引入到社会学领域的研究系统中后，机制的主要含义是系统内各要素发生相互作用，以及这些要素与所处环境之间相互作用的内在依据与运行的内在逻辑。机制既不是某一个特定的目标，也不是某一种具体的行为，而是作为目标与行为之间的转化中介或内在证据而存在。

非遗产业作为一个系统，其发展机制也符合以上基本原则和规律，我们可以将非遗产业发展机制定义为：特定时代与社会语境中非遗的文化系统、市场系统中的各要素在非遗与市场结合过程中所产生的基本关系，以及这些关系之间相互作用、相互制约的基本规律，由这些关联对象、关联规律所形成的整体秩序与这个整个秩序在现实中所发挥出的协同效应。这一机制不仅是基于文化因素与经济因素之间关联方式与转化关系的理论建构，更是着眼于现实实践，综合这一领域内的各种文化因素、经济因素，致力于从根本上优化非遗产业内部各因素之间的匹配耦合，提高它们对周围环境的适应能力，使其在形成、生长、运行、优化的过程中，充分发挥制约关系和能动作用，使整体产业发展能够逐步完善、功能优化、有序运行，最终形成产业发展的牵引力、内驱力、整合力，从而提高非遗产业的经济效益和社会效益，实现非遗产业从发展理念到运行方式的整体转型。

二 非遗产业发展机制的类型与特征

（一）需求拉动引入型

这种机制类型形成的最大原因是买方市场（包括潜在的）的存在，非遗生产者为了满足市场和提高市场的占有率而对产品更新换代，为了增加生产能力而对生产手段及工艺流程进行改造和创新，即出于对现实经济利益的追求而被激发出的一种非遗文化与经济结合的类型。这种机制类型有如下基本特征：第一，市场发育良好，市场信号可以用来调节生产运营过程；第二，有相当数量的非遗作品及手艺人为不断变化的市场需求提供源源不断的支持，这些手艺人的理解能力和适应性较好，能够根据市场的需求及时地调整自己的产品方向、文化手段和工艺流程；第三，经营者有较为现代化的信息收集处理手段，对于非遗文化、经济信息的交换及

---

① 朱李鸣. 技术引进运行机制问题初探 [J]. 科学管理研究, 1989 (4)：35-41.

反馈及时、有效，能够指导企业进军各种层次的市场。

（二）文化推动进入型

这种机制类型的存在主要是较为强大的文化系统中的要素对其他要素，如资本要素、政策要素等形成了吸附，而最终形成整体的生产能力的结果，文化系统各要素处于核心主动地位，各经济因素处于被更新分配和组合的地位。这一类型的市场以紫砂市场、陶瓷市场、玉雕市场为代表。这种机制类型有如下基本特征：第一，有高势态的文化成果（文化资源）和能将成果（资源）转化为商品生产的技术能力和生产能力；第二，有比较健全的金融贸易市场和生产要素市场，能有效满足高势态文化的要求；第三，有培育兼具人文精神和商业战略眼光的文化实业家的文化及社会环境。

（三）政策法规诱导型

这种机制类型的产生，一般是因为在非遗产业发展的过程中，虽然非遗产业主体还没有形成非遗文化与经济紧密结合的态势，但领导层面已经意识到这种结合的急迫性和重要意义，并利用规范性的政策或法规进行了一定层次的产业引导与支持工作。这种引导与支持分为两个基本层次：一是采用政策法规对非遗产业主体进行制约导向（如产业政策及文化政策等）；二是采用树立样板对广大的非遗产业主体进行示范诱导，即发挥样板的"示范效应"。目前，这种类型存在于我国大部分地区。一般来说，这种机制运行所需要的基本特征是：第一，行政主体对非遗产业发展的认识和重视达到了一定的高度，具有较高的积极性，并具备进行产业发展的条件，制定政策法规进行诱导的基本条件基本成熟；第二，制定了一系列具有法律效力的、统一的（至少在一个区域内）权威性政策及法规；第三，有相应的检查、监督和保证机构和程序的存在，以便政策和法规的诱导效应能充分发挥出来。

（四）自然放任松散型

这种机制中的非遗产业主体既不重视企业生产水平的提高，又不重视资金及劳力的投入，而是在原有条件大体不变的情况下，维持其简单的再生产，依靠自然增长维持其生存。其特征主要有：第一，现有的政策导向没有落到实处，大部分从业者综合素质偏低，缺乏远景规划；第二，经营机构总体上呈现出"散、滥、差"的特征，市场分散，产业规模小，产业集中度低，创新能力低下，融资能力差，综合实力弱；第三，市场经营主体单一、结构单一，缺乏跨行业的思路与经营，缺乏多元化的盈利渠道；第四，非遗资源开发趋同性严重，缺乏原创性；第五，非遗产业发展力度有待强化，忽视对市场的培育，商品化程度低，以品牌为导向的趋势不明显，没有形成产业链。目前，我国大多数的民间艺人都处于这种状态。

（五）"孵化器"模式

这一模式主要是指相关机构为有非遗开发能力或有非遗资源而无相应的场地、设施、资金及各种服务条件的人提供相应的场地、设施、资金及有关服务，从而促使其尽快将非遗资源转化成为具体的生产或产品，从而实现将其企业化（商品化、产业化）的目的。这一模式以各大高校的美术设计专业与民间艺人的合作为代表。这种模式优化了创意、生产、销售结构，有利于发挥各方优势，集中最好的资源形成合力，最大限度地吸纳创意，极大地缩短了创作—生产—市场的传递周期，增强了非遗对接时代的能力。

第二节 非遗产业发展机制的目标与原则

40 多年的改革开放实践已经使中国初步形成了较为成熟的经济制度转轨模式和社会转型结构，社会生态的多样性与利益主体的多元性，要求有一个更为现代化的市场发展机制。当下，非遗产业发展机制建立的重点就是如何通过各项子机制的搭建，将原本依赖行政力量形成的市场支撑力量扩展到政府以外的社会力量，将传统"自上而下"的"管理"变为"上下互动、协商合作"的"共治"，实现政府治理和社会自我调节的良性互动，使非遗产业形成一个传承有序、自我管理、自我服务、自我监督、良性发展的现代产业体系。

一 非遗产业发展机制的目标分析

非遗产业发展机制建立的目标可以归纳为以下三点。

（一）实现经营主体的新跨越

首先进行非遗领域的结构调整，实现非遗经营主体的新跨越，加快文企联姻的步伐，进一步加大非遗产业服务体系建设，逐步完善非遗产业发展所需要的配套服务机制，形成管理运行的新机制。做大、做好、做强一批代表性非遗企业，树立一批具有自主知识产权、东方气质、国家气派的非遗品牌。

（二）优化产业发展的现实环境并释放非遗产业活力

加大政策投入，在政策、人力、物力、财力上给予充分保障。通过举办多种类型的活动，扩大非遗的群众基础，聚合非遗产业发展需要的各方面人才，加快非遗与商业的融合、与生活的融合。充分发挥金融机构的职能，通过知识产权抵押贷款、项目融资贷款、信用贷款等方式解决非遗发展所需要的资金缺口问题，释放非遗产业活力。

（三）非遗的保护与开发并重

保护优先，开发有序，在保护中开发，在开发中保护，重视对非遗的创意开发，发挥内容的引领和辐射效应，二者同步发展，相得益彰。

二 非遗产业发展机制的原则确立

（一）社会效益与经济效益兼顾

非遗中蕴含的民族品格、民族气质，是中华民族生生不息、薪火相传的精神血脉，它们不仅是中华民族过去能够达到文明高峰的基础，也是中华民族今天能够实现伟大复兴的基础，是中华民族不断向前的精神家园与情感寄托。在非遗产业机制的搭建中，最应该重视的就是要凸显其鲜明的文化特质，把握住非遗产业发展的价值核心，把握住非遗产业与其他产业的根本区别，充分实现其社会效益。只有保证了非遗的社会效益，才能从根本上保证非遗的经济效益。

（二）政府主导与市场主体并行

非遗自身的复杂性以及新的社会背景下不断崛起的民间力量，形成了对政府重新定位自身角色功能的诉求。"授之以鱼"不如"授之以渔"，政府与其通过给予资金保障民间手艺人生存，不如帮助这些手艺人打造学习平台、交流平台，使他们的技艺得到提升，观念得到更新，有能力与时代对话。

（三）传统性与创新性兼顾

总体而言，非遗的载体和表现形式可以创新，但是本质和内涵不能变。在文化艺术的发展史及其传承和发展中，有一个突出的规律，就是越是最原始的、最基本的元素，越是不能够丢掉；越是传统的、越是"土"的民间艺术，越有世界性的共通性，越会在广泛的时代里引起普遍的共鸣。发展非遗产业，如果偏离了传统的原点，就失去了"质"；而失去了"质"，也就失去了"存在"。真正优秀的非遗是包含精神创造的智力成果，它是文化与艺术的融合，是借用古老的文明元素在为人类传情达意，随着时代的演进，这种文化艺术的表达势必会发生衍变，势必需要创新。

第三节　非遗产业发展机制的具体建构

中国拥有悠久的传统文化和丰富的非物质文化遗产资源，建立非遗产业发展的关键在于完善挖掘、保护和传承机制。通过分析非遗资源的产业要素，借鉴波特的"钻石模型"理论，可将非遗资源分为生产资源和人力资源两大类。生产资源包括初级要素如原材料和产业工人，以及高级要素如文化积淀、核心技艺和原创思维。非遗传承人、设计者、管理者和研究者则是人力资源的重要组成部分。建立科学、系统的非遗挖掘、保护与传承机制，能有效提升非遗资源的文化和经济价值，促进非遗产业的现代化发展。

 一　非遗资源的挖掘、保护、传承机制

中国有着悠久灿烂的优秀传统文化，非遗资源丰厚。欲流之远者，必浚其泉源。建立非遗产业发展机制的第一个环节，是建立起非遗资源的挖掘、保护及传承机制。为了建立系统的、具有针对性、科学性的非遗资源挖掘、保护及传承机制，首先需要分析构成非遗资源的产业要素。在"钻石模型"中，波特提出了对产业竞争优势产生最大影响的四个要素——生产要素，需求条件，相关与支持性产业，企业战略、结构和同业竞争，以及会对这四个要素产生影响的两个变量——市场机遇和政府。这四个要素与两个变量结合在一起，形成了一个彼此影响的互动关系，构成了一个动态的竞争环境。借鉴这一理论，结合当下非遗的发展现状，可以将中国当下非遗资源的产业要素分为生产资源和人力资源两大类进行分析。

（一）生产资源

非遗资源是一种具有鲜明民族特质和中华文明特色的文化资源，是一种战略性的产业资源，具有唯一性、历史性及稳定性，也存在一定程度的现实性与变异性，我们可以将非遗生产资源分为初级要素和高级要素两种，这两种要素在产业中的占比，将成为划分某一历史阶段中非遗产业发展层级的依据。加大高级要素的投入力度，也将是非遗产业走向现代、走向未来，取得更大社会效益与经济效益的关键。

1. 初级要素

第一，原材料。非遗资源种类丰富，有些材料唾手可得，有些材料则需要投入大量的人力、技术、时间成本去获取，有些材料本身就是一种不可再生的珍贵资源，如紫砂壶的原料、木雕的原料等。随着时代的发展，人们对于原材料的需要也在发生变化，即便是剪纸、竹编等非遗种类，由于市场对产品质量不断提出更高要求，也开始走精品化路线，使得非遗对注入了更多创意和科技的"原材料"的需要越来越多。以剪纸为例，有些商家已经研发出了夜光剪纸和不会褪色的剪纸，解决了人们因为担心纸张褪色，而不敢花高价购藏剪纸非遗产品的后顾之忧。

第二，产业工人。在当下非遗产业的链条中，很多产业工人实际是农民身份，大多数只是在农闲时间和闲暇时间通过加工民间艺术品的方式赚钱贴补家用，这些产业工人的年龄从十几岁到八十几岁，文化程度从文盲到初高中毕业，以家庭妇女为主力，这些产业工人的手艺平平，没有接受过审美方面的引导，他们生产的产品一般面向大众消费市场，以生活日用品为主，如有刺绣的布老虎鞋、过年贴的窗花等。这些产业工人的最大优势是劳动力成本低廉，能够满足批发市场对于产品的大批量需求，对于区域特征鲜明的非遗产品而言，这些产业工人是最易获得，也是最应该去利用的人力资源。其劣势在于他们生产的产品往往较为粗糙，人员不固定，在组织上成本较高，缺乏合同和法律的约束，容易造成工期的延误，给企业造成损失。

2. 高级要素

第一，文化积淀。非遗是民族精神的具象化符号。作为文化物种，非遗中蕴含的民族品格、民族气质，是中华民族生生不息、薪火相传的精神血脉，是中华民族智性与心性的积累。人们对非遗的认同，最根本的来自对其背后的文化价值和历史传承的认同。

第二，核心技艺。每一门艺术都有自己独特的艺术语言和独特的创作技法，它们是这门艺术的灵魂和走向未来的核心竞争力。与机械生产不同，"以手造物"的非遗有着自身创作的特性与灵性，很多优秀的非遗传承人在长期的实践中形成了自己的"绝活儿"，遗憾的是，这些"绝活儿"往往随着老传承人的逝去而湮没，对此，国家应该以录音、影像、文字说明等相结合的方式对这些技艺进行记录，建立专门的数据库对其进行保存和传播。

第三，原创思维。非遗尽管有着独特的历史传承性，但是要想走得更远，仅仅重复过去是行不通的。今天的市场之所以对非遗提出了新的要求，最根本的原因在于这个世界正在改变。当下非遗产业在创意人才方面存在巨大的缺口，原创性严重不足，同行之间抄袭的现象普遍。

（二）人力资源

1. 非遗传承人

掌握非遗核心技艺的非遗传承人是整个非遗产业链条中的核心部分，他们是非遗与技艺的载体，是历史与创造的主体，是思想与灵感的源泉。当下的非遗产业发展需要非遗传承人在传统和当代找到自己的空间，除了技艺的传承、掌握，也应该懂得经济和法律，不仅能坐得住，也应该能"走出去"。

2. 设计者

原创不足是非遗市场仿制成风、相互压价的主要原因之一。一些设计人员缺乏创作能力，一些设计者走入个人审美的小圈子，设计出来的非遗产品不被市场所接受。艺术是追求个性的，非遗的个性是建立在大众共性的基础之上的，其最主要的审美标准是中华民族传统的审美，如中国人普遍喜欢红、黄两色，这是一个民族的审美共识，属于一个民族独特的文化基因。中国人自古喜欢以暖调子为主的冷暖搭配，这和传统民族文化紧密相关，因为中国民间最重要的心理诉求就是喜庆吉祥，希望带有吉祥寓意的非遗产品会给自己带来好运。进行非遗产品的设计，需要设计者拥有较为全面的艺术修养和文化积淀。

3. 管理者

在理想的现代社会治理体系中，政府组织并不该是唯一的责任承担者与改革推进者。非遗产业想要走上更健康、更现代的发展之路，需要在管理层面上形成多样化的社会网络结构，这不是"九龙治水"的条块分割，而是在政府宏观控制的前提下，进一步放宽政策，鼓励更多的民间主体加入市场事务的管理，形成一个多元主体的共治形态，促使多方的利益诉求在一个平台上进行表达与博弈，而最后在市场的实践竞争中形成一个平衡、稳定的治理体系。

4. 研究者

目前非遗产业的研究力量还比较薄弱，大多数对于非遗的研究依然集中在单纯的抢救保护向度上，综合性的学术研究不足。部分研究者知识结构单一，视野有限，缺乏团队支持和调研经费，使其最终的研究成果趋于单薄，缺乏深度和代表性，缺乏实际应用价值。有些政府机构掌握着丰富的研究资料，但缺乏对研究工作的重视，缺乏专业的研究人员，思维较为狭隘，与专家的合作缺乏开放性，没有发挥应有的作用。

二 非遗产业发展的平台机制

（一）评奖平台

中国民间文艺山花奖是经中共中央宣传部批准，由中国文学艺术界联合会和中国民间文艺家协会联合主办的全国性民间文艺奖项。山花奖的评奖宗旨是坚持"二为"方向和"双百"方针，表彰成绩突出的民间文艺工作者，鼓励多出精品多出人才，促进我国各民族民间文艺事业的发展和繁荣，为加强民族文化交流、增进民族团结、弘扬中华民族优秀文化做出贡献。山花奖共设置六个奖项：民间文艺成就奖、民间文艺学术著作奖、民间文学作品奖、民间艺术表演奖、民间工艺美术作品奖和民俗影像作品奖。自 1999 年开始评奖，每两年一届，至 2023 年已举办十六届，先后推出了一大批优秀人才和优秀作品，为促进我国非物质文化遗产的抢救和保护，推动民间文艺事业的繁荣发展做出了贡献。当下非遗的评奖机构较为混乱，很多"山寨"社团、非法社会组织为了牟利巧设各类奖项收取费用、颁发证书给非遗传承人及相关人员，具有很大的迷惑性和社会危害性。国家相关机构应该加强对非遗市场的监督管理，进一步完善立法，加大对违法行为的惩处力度，加强非遗传承人及相关人员的职业道德建设，积极维护非遗传承人及相关人员的合法权益，营造风清气正、权威公正的评奖环境。

（二）拍卖平台

随着非遗市场体系的逐步扩张与成熟，一些高端的非遗产品也开始活跃在拍卖平台上。庆阳被中国民间文艺家协会命名为"香包刺绣之乡""民间剪纸之乡""皮影之乡"。2014 年，在"中国·庆阳香包民俗文化节"期间，庆阳举行了首次庆阳民俗文化艺术品拍卖会。这次拍卖会上的拍品均为从当地各县区选送出的民俗艺术品精品，具有鲜明的陇东特色，拍品涵盖香包、刺绣、剪纸、皮影四大类，共计 120 件，获得了较好的市场反响。这一形式更适合那些艺术造诣较高，已经取得了一定社会声誉的名家名作。

（三）系统化、资产化平台

随着中国艺术品市场的发展，人们已经意识到艺术品的增值保值作用，非遗资产化成为非遗产业发展的一个重要方向。非遗资产化进程受阻是当前非遗市场规模化发展的重要障碍。非遗监督管理机构的重要职能就包括解决非遗的资产评估问题，突破非遗资产化的瓶颈。各级地方文化主管部门应与相关财政部门就此问题进行衔接，参照已经成立的其他艺术品评估办法，使非遗资产评估纳入地方财政系统，尽早实现非遗的资产化，这对于非遗产业扩大规模，在更高的平台上展现价值有重要的意义。

（四）互联网平台

不断建构非遗资源的价值发现平台与价值发现能力，进一步向非遗财富管理的方向探索。一是推动基于"平台+互联网"机制的非遗电商业态的发展，以市场需求为导向，推动非遗资源化与非遗产业的发展；二是基于"平台+互联网"机制的非遗艺术品实物集成电子化交易模式的创新发展。

（五）博物馆平台

随着社会整体的发展和进步，今天博物馆的功能已经从最初的"保存、研究、传播"向更加多元、更加注重体验和互动的多元化休闲娱乐功能转化。法国博物馆学界开创性人物乔治·亨利·里维埃和于格·戴瓦兰提出了"生态博物馆"的概念：生态博物馆，就是把文化遗产原状保存和保护在其所属的社区及环境中，它不是封闭的建筑场馆，而是动态、开放的展示社区，被称为"无墙的博物馆"。艺术是活灵活现的，非遗有着天然的亲民性，在展示中应该重视增强与在场者的互动性，为游客提供观看的环境，也提供体验的平台，使人们不单是欣赏者，也成为参与者，使"民间"的艺术真正回到民间。

（六）装裱、印刷、包装等配套产业

以紫砂为例，在生产紫砂陶的企业、工作室和家庭作坊外，各类为紫砂陶生产和销售服务的衍生或配套行业也已经初具规模，成为一个独立的产业。如宜兴当地的陶瓷原料生产企业有 20 余家，产品包装生产企业有 40 余家，专门为工作室或家庭作坊烧制产品的气窑或油烧窑也有数十眼，此外还有专门的运输户、后期加工（雕刻）、广告网络宣传等一系列服务业。同时，紫砂陶的兴盛也直接或间接地惠及了一大批生产、服务企业，如餐饮、娱乐、旅游与运输等。

三　非遗产业发展的投融资机制

非遗产业在未来的发展势必需要突破资金匮乏的瓶颈，因此需要尽快建立投资资本进入非遗市场的机制，聚合不同层面的资金。在当下政策与环境的制约中，资本准入是非遗市场的一个主要瓶颈。《中国紫砂艺术研究》中指出："针对紫砂艺术品市场的资本准入来说，紫砂艺术品市场尚处于初级发展规模，目前的投资、收藏活动是以个人为主，未有大机构、大藏家全面进入；买家是以中国人为主，未有太多欧美资金注入。在个人收藏、投资者中，追求短期效应的人又占多数；少数金融机构、银行及外资涉猎艺术领域也主要是为了利用艺术品装饰工作环境。而且，受观念的局限，不少人认为资本的进入带有过度商业化倾向。因此，以运营性为目的的资本全方位介入艺术品市场很少或几乎没有。但是，在紫砂艺术品市场逐渐成为当地文化产业重要组成部分的今天，资本的进入不是一种选择而是必需，资本的力量就是杠杆，会不停地制造市场的神话，促使紫砂艺术品市场不断做大做强。"[①] 当下，非遗市场的资本准入可以遵循以下原则：一是对资本的非歧视原则；二是通过优惠政策引导，鼓励投资资本参与非遗市场的原则；三是在有效的监管下逐步推进的原则。

四 非遗的鉴定与价值评估机制

标准是衡量事物发展的准则。没有标准，事物发展就失去了评判的尺度。中国艺术品市场中普遍存在的秩序问题、诚信问题同样存在于非遗产业中，这使行业标准的建立，鉴定、价值评估机制的建立日益重要。当下的非遗市场，存在学术评价标准缺失、真假评价标准缺失、市场价值评价标准缺失等问题，严重制约了非遗市场的发展。构建非遗的鉴定机制、价值评估机制，需要考虑到非遗自身独特的物质与精神双重属性，鉴定标准的科学性与权威性，标准适用范围的广泛性以及评价标准落地的适用性与现实性。

（一）非遗定价因素

从目前来看，决定我国非遗定价的因素大致有以下三个方面。第一，技术职称。这是目前为止非遗定价系统中的一个最主要因素，国家级大师作品价格要远高于同行其他艺术家，以紫砂壶为例，国家级大师的作品价格一般在六位数以上，高级工艺美术师的作品价格不会低于五位数，而助理工艺美术师的作品价格一般在千元左右，总体价格呈金字塔状，越往上人数越少，价格越高。第二，社会认可度。通常来说，媒体上出镜率高的艺术家，市场表现会更好。各类商业性会展活动，也是艺术家们展示自我、预约客户、获取商机的重要平台。当下亟须建立针对非遗的艺术批评体系，相比书画艺术品，对于非遗艺术品的艺术批评在数量和质量上明显不足。第三，制作工艺及造型。以紫砂壶为例，制作工艺可用"泥、形、工、款、功"来概括。一是"泥"，首先要看紫砂泥质的好坏，紫砂泥有紫泥、绿泥及红泥之分，也有老泥和新泥之分，不光是其光泽不同，其结构也不尽相同。由于原材料不同，其功能效用及给人的感官感觉也就不尽相同。二是"形"，紫砂壶的器型是存世的各种器皿中最丰富的，素有"方非一式""圆不一相"之赞誉。如何评价这些造型，又往往是"仁者见仁，智者见智"。三是"工"，在成型过程中，点、线、面的起承转合、抑扬顿挫必须交代清楚。面或毛或光，线或直或曲，点或方或圆，

---

① 西沐. 中国紫砂艺术研究［M］. 北京：中国书店出版社，2011.

都不能有半点含糊。四是"款",款即壶的款识。根据款识了解制作者和题诗者的身份,由此辨别壶的优劣。五是"功",这是指紫砂陶的使用功能,即是否因造型美而忽视了功能美。非遗的工艺往往能够决定该作品的层级和档次,是"优"与"劣"最直观的分水岭。

（二）确立非遗资源评估原则

1. 综合系统性原则

非遗的传承与发展多有赖于特殊的地域文化生态环境。对非遗的评估,必须综合考虑其特殊的文化背景、艺术价值、经济社会情况、实际生存状态、资源开发的可能性等因素,进行综合分析。始终把握系统的整体性和统一性,进行综合系统地分析和评估。

2. 代表性原则

非遗产业开发设计的层面较多,不可能一一包含在其中,那样会使评估指标过于庞杂,很难抓住主要方面。因此,要有针对性地选取核心指标进行评估,使这些核心指标能够反映非遗的主要特征。

3. 科学性与可操作性相结合原则

评估的标准应该概念明确、定义清楚,方便进行数据采集和信息收集,相关指标也应该容易获得,中间没有过多干涉环节,确保其客观和真实,同时要易于理解,便于推广,能够让大多数人在实际中使用。这就要求在制定指标的时候,相关专家、民间艺人、政府部门工作人员需要共同商议,给出科学方案。

五　非遗产业发展的拓展机制

现实的市场竞争使得非遗企图"守株待兔""倚老卖老"的做法再也行不通。非遗的资源特性是"越久越醇",市场上的取胜之道是在核心价值不变的情况下,与时俱进地进行拓展和升级。非遗真正具有突破性的创新必须在发现由社会和历史变迁引起的时代机遇的基础上进行。在准确地把握了特定的时代特点之后,需要在拥有这种新时代特性的文化中寻找足以体现和表达这种时代特性的文化密码,然后再以讲故事的方式,将产品的文化内涵生动形象地表达出来,回应时代对于艺术精品的需要。可以从以下方面进行拓展。

（一）非遗中的市场元素

生产性保护是非物质文化遗产的一种自我更新、自我造血的方式。联合国教科文组织在 2003 年通过了《保护非物质文化遗产法》。至今,中国分别采取了抢救性保护、原生态保护、生产性保护、整体性保护等方式对 10 个门类的非遗项目进行保护,一些"非物质文化遗产"变成了"非物质文化遗产项目",变成了"非物质文化遗产产品",并逐步在国内外主流市场亮相。很多生产性保护项目的代表性传承人本身就兼有企业负责人的身份,他们所从事的非遗项目成就了他们自身,反过来他们也在企业的经营中推动了非遗项目的传承和整个社会的发展。进行非遗的拓展，必须找到非遗中的市场元素这一媒介，对接当代社会，完成自我造血。

（二）产品授权

非遗产品的授权是非遗市场拓展的重要路径与形式。在非遗产品市场中，有非遗传承人原作，也有非遗传承人授权监制作品。如聂家庄泥塑是中国传统泥塑的重要代表，至今已有400多年历史，作品形象古朴夸张、粗犷豪放、注重传神，以"声、形、动、趣"并茂的艺术风格在中国传统泥塑中独树一帜，尤以造型稚拙、威风凛凛、发声洪亮的"叫虎"为代表，堪称中国"声色泥塑"之典范。2015年，潍坊文化产权交易中心正式推出"非遗上市"计划，"乾坤虎——民间艺术大师系列之聂希蔚艺术珍藏品"是其中的第一款产品。乾坤虎源于聂家庄传统泥塑中的"叫虎"，富有祈福安康、镇宅招财之寓意，早在1994年就获文化部"中国一绝"证书。该款产品由国家级非物质文化遗产传承人、年近八旬的聂希蔚大师采用聂家庄存量稀少的红岗子土做泥坯原料，历经十几道工序而成，由传承人亲制的为原作，授权监制限量出品的，为衍生品。每件均由传承人亲笔签名制作或是监制，并附有收藏证书，这种形式是非遗产品进行授权推广的典范。

（三）跨界整合

非遗产业的发展需要通过跨界合作，寻找创意和销售上的突破口。2011年，爱马仕国际顶级时装大奖——一款 Dolce & Gabbana 设计的抹胸短款婚纱备受瞩目，婚纱上绣着的一朵朵的红艳花卉出自四川羌绣绣娘王福荣之手，这是非遗与时尚的成功联姻。德化陶瓷以其"白如雪、润如玉、透如绢"的玉质美感驰名中外，被誉为"象牙白""中国白""东方艺术珍品"，成为世界各大博物馆的"镇馆之宝"。现在，德化陶瓷形成了传统瓷雕、出口工艺瓷、日用瓷为主导的产业格局，以陶瓷文化为主要特色的旅游业发展势头强劲。这也是将非遗技艺（德化陶瓷制作工艺）与当代生活以及旅游跨界整合的成功案例。

六　非遗产业发展的支撑服务机制

（一）传播机制

1. 学术刊物——重视文化价值挖掘维度

一个艺术门类当它处于自娱自乐阶段时，可以暂时忽略理论的分析和升华，但当它成为一项产业，成为一个国家对外进行文化传递的名片时，理论研究的开展就非常必要。针对非遗的研究需要站在历史、美学、哲学、经济学甚至政治学、未来学等更高的层面来进行整体观照，深入挖掘其文化价值，这也是增加中国文化自信的重要手段。相比电影、电视、音乐、书法、绘画等主流艺术形式，当下非遗方面的学术刊物还有待进一步发展，为数不多的刊物亟须与时俱进地调整办刊思路，重视新时代的特点与需求，为指导非遗传承与发展做出切实的工作。

2. 普及宣传——重视大众认知维度

当下大众对非遗的内涵和传承脉络普遍缺乏了解，情感较为淡漠，很多人依然认为非遗仅仅是"过去的故事"，也难登大雅之堂，对于某一非遗作品价值的高低无从判断。如何使更多的人对非遗形成正确的认知，产生亲近感是非遗传承与发展的当务之急。世界手工艺理事会作为非营利非政府组织，1964 年 6 月 12 日成立于美国纽约，已拥有 110 个会员国家，并成为联合国教科文组织的下设机构。2014 年 10 月 18 日，由世界手工艺理事会主办的 2014 "世界工艺文化节"在中国浙江东阳开幕。当代民艺设计推动者、歌手朱哲琴当选"世界手工艺大使"。在现场，朱哲琴通过一段短片向理事会各国成员及到场嘉宾传递了手工艺心声，有效地增进了世界各国手工艺者之间的友谊。随着新媒体的发展和人们碎片化阅读习惯的形成，如何利用好各种新载体传播非遗新形象是时代的新课题。

3. 产业资讯——重视产业发展维度

非遗产业体系的建立，需要专业的艺术媒体为非遗进行个性挖掘和品牌塑造。与书画艺术相比，非遗市场还缺乏权威的市场指数、艺术批评平台，这使市场价格的形成单一地依赖于职称评价体系。

(二) 技术支撑

时代的发展，正在加大非遗行业中技术应用的比例，科技的发展会逐步淘汰只掌握一般技艺、从事简单重复性劳动的产业工人，而对创意人才、技术人才、跨界人才等高层次人才的需求则日益增长。这将会使得非遗行业整体渐渐从劳动密集型向知识密集型转型，提升非遗的发展层级，提高与时代的融合度。

七 非遗产业发展的监督管理机制

(一) 非遗发展政策效应的监管

莱斯利·里普森认为，政治是一个有意识的行为领域，通过它，我们可以比目前生活得更好。作为研究课题，政治事件可以用理性分析；作为事件的艺术，它们的机制可能对政治的实质有所改进。有学者认为："合理的分析有时必须是政治性的。它总是涉及包含一些事情并排除其他一些事情的选择，并在其他远景可能时以一种特定的方式来观察世界。"[①] 但在实践中，为了防止利益共谋、权力寻租和优势滥用，保证政策的效果，必须对相应的产业政策进行慎重的评估，评估既要包括政策执行前评估，也要包括政策执行中和执行后评估；既要评估政策的管理效果、又要评估政策的政治和法律效果，以便能够及时地发现政策中的瑕疵，做出正确调整或终止决定；既要坚持价值主体需要的尺度，又要坚持公共行政价值客观属性的尺度，坚持合目的性与合规律性的有机统一。表6-1为政策绩效评价标准。

---

① 张丽珍. 政策终结评估标准的立体透视 [J]. 山东社会科学，2013 (11)：125-129.

表 6-1　政策绩效评价标准①

标准类型	问题	说明性标准
效果	结果是否有价值？	服务的单位数
效率	为得到这个有价值的结果付出了多大代价？	单位成本、净得益、成本—收益比
充足性	这个有价值的结果的完成在多大程度上解决了目标问题？	固定成本、固定效果、卡尔多—希克斯准则
公平性	成本和效益在不同集团之间是否等量分配？	罗尔斯准则、帕累托准则
回应性	政策运行结果是否符合特定集团的需要、偏好或价值观念？	与民意测验的一致性
适应性	所需结果（目标）是否真正有价值或者值得去做？	公共计划应该效率与公平兼顾

（二）从社会发展的视域去理解非遗发展的机制监管问题

随着新时代的来临，非遗的传承与发展必然面对新挑战与新机遇。非遗的未来发展必将不断包含进新的时间、空间上的质素，这是不以个人的意志为转移的。传统的"纯粹的民间手工艺品"——无功利目的、无意识的人用传统的艺术创作思想，用原始的手工方式和原材料制作的纯手工艺品终归会渐渐衰微，而由此孕育和衍生的非遗产品将随着时代的开放，在新社会形成新的发展态势，并延伸到国际社会。因此，着手研究和建立起新时代的非遗产业发展机制，是我们顺应时代要求"不忘初心、牢记使命"的最佳选择。但同时，非遗产业发展机制的监管也凸显出来：非遗发展的安全问题，非遗产业机制与非遗持续发展的问题，非遗产业机制与非遗传播问题，非遗产业发展机制与非遗教育、美育等问题。这都是非遗发展的机制监管亟须解决的重大现实问题。

---

① 邓恩. 公共政策分析导论［M］. 2 版. 谢明，等译. 北京：中国人民大学出版社，2002.

第七章

非遗产业分类

产业分类是产业理论研究的基础条件与重要任务，对于非遗产业的研究亦是如此。从产业研究基础层面看，非遗产业的分类可以形成多层次、多样化的产业体系，满足不同研究需求。同时，通过明确非遗产业分类，可以系统地研究各类非遗产业的结构及其相互关系，有助于揭示其内在规律，提升研究的科学性。从产业研究任务层面来看，合理的非遗产业分类是开展非遗产业研究的首要任务。由于非遗产业具有丰富多样的内容和形式，其分类方法也需灵活多样。针对不同研究目的和视角，需要采用不同的分类标准。可以说，正确理解与把握非遗产业的内涵和特点，是进行分类研究的前提。而唯有解决好非遗的产业分类问题，才能进一步开展非遗产业结构及其发展的研究，探索其发展路径和创新模式，提出更具针对性的非遗产业发展政策。

第一节　非遗产业分类的必要性

产业分类是根据不同特点将产业按照特定标准划分为各种产业类型，以便开展产业相关研究与管理的活动。其必要性在于产业分类是产业管理的客观需要。具体体现在两个方面。一是适应经济发展。产业分类反映了产业及其相关系统的发展状况，有助于合理布局、调整产业结构。二是进行适当的管理。产业分类能够系统地进行产业管理，提高资源利用效率，推动社会经济协调发展。

非遗产业是一种全新的产业业态，是一种新的业态形式，它主要是指经营特种商品的特殊行业，概括地讲，包括原创非遗产业、衍生非遗产业、非遗产品服务产业、非遗产品支撑产业等部分，其本质与根本是建立于产业与服务这一基石之上的规模化、社会化、大众化发展的核心点与基本趋向。如今，文化产业的发展已经越来越难以离开非遗产业的发展与壮大。由此可见，除了要从理论上进一步系统地研究与拓展非遗产业的基本理论与体系，用新的产业理论去构建与培育非遗产业体系之外，还应将着力点放在非遗产业市场主体及体系的建设上，重视非遗产业战略规划的研究与制定，进一步加大对非遗产业的金融介入与财政投入支持，完善服务平台建设，并以最大的力度整合与搭建非遗产业资源平台，做好非遗产业资源要素在空间及时间上的聚集，这是当前非遗产业发展的重要使命。在非遗产业发展中，始终要以产业的理念来发展。具体来看，对非遗产业进行分类至少具有以下五个重要意义。

一　明确各非遗产业发展的具体方向与战略规划

产业分类有助于明确各非遗产业发展的具体方向与战略规划。不同类别的非遗在保护、传承和发展中有着不同的需求和重点，通过分类可以制定有针对性的保护措施和发展策略。例如，原创非遗产业需要注重技艺传承和创新，而衍生非遗产业可能更多关注市场推广和产品开发。

二 提升非遗产业发展的资源配置效率

我国非遗资源数量庞大、种类繁多，涉及范围十分广泛，对非遗产业进行分类有助于更为科学地进行非遗资源的优化配置，提高其资源利用效率。政府和社会组织可以根据不同类别的非遗资源特点与发展需要，有针对性地展开资金、人才以及技术等方面的投入与分配，从而确保非遗资源的安全、合理、高效利用。

三 推动非遗产业发展政策的制定与实施

产业分类有助于政府制定和实施更为有效的非遗保护与产业发展政策。不同类别的非遗在法律保护、经济支持和社会宣传等方面的需求均不相同。通过分类可为政策制定提供更为精确的依据。如针对那些濒危非遗项目及其资源，可以制定专项的保护政策；而对那些具有广阔市场与产业发展潜力的非遗及其资源，可以提供一定的经济与技术支持，促进其市场与产业发展。

四 增强非遗产业发展的市场竞争力

产业分类有助于提高非遗产业的市场竞争力。通过分类，非遗产业可以更好地在市场中确立自己的定位与发展特色，从而展开积极的品牌建设与推广活动。如原创非遗产品可以通过独特设计和品牌营销提升其产品附加值；非遗旅游项目则可以通过进一步打造特色旅游线路与深度的非遗文化体验活动吸引游客们的关注与参与。

五 促进非遗产业发展的学术研究与交流

非遗产业分类有助于学术研究的深入与交流的增强。不同类别的非遗有不同的研究对象和方法，通过分类，可以更具针对性地开展相关的学术研究，促进非遗产业理论的系统化、科学化。同时，分类也有助于促进各类非遗产业研究者之间的交流与合作，推动非遗产业领域的学术进步。

第二节　非遗产业的构成及基本分类

非遗产业的构成及基本分类是理解非遗产业及其发展潜力的关键。非遗产业的产品体系可分为非遗工艺品、非遗美术品、非遗民俗文化产品等十三大类，且各类产品均体现了丰富的非遗文化和艺术价值。进一步细分，非遗产业的构成包括原创性非遗产业、以版权为中心的衍生非遗产业，以及非遗产业的支撑和服务体系等多个层次。研究非遗产业的构成和基本分类有助于系统地理解非遗资源的多样性和复杂性，从而制定更为科学的保护、传承和发展策略，提升非遗产业的整体竞争力和可持续发展能力。

一　非遗产业的产品体系

从非遗发展角度分析，基于非遗的种类可以将非遗产业的产品体系进行划分。大致可分为以下十三类：①非遗工艺品；②非遗美术品；③非遗民俗文化产品；④非遗影视综艺文化产品；⑤非遗歌舞戏曲文化产品；⑥非遗医药文化产品；⑦非遗建筑园林文化产品；⑧非遗家具文化产品；⑨非遗服饰文化产品；⑩非遗餐饮文化产品；⑪以版权为中心的衍生非遗产品；⑫非遗发展的支撑服务；⑬其他非遗产品。

二　非遗产业的体系构成

非遗产业的体系构成，事实上是与非遗产业的产品体系相对应展开的研究，概括来看也可分为以下十三大类型：①非遗工艺品产业；②非遗美术产业；③非遗民俗与旅游产业；④非遗影视综艺产业；⑤非遗歌舞戏曲产业；⑥非遗医药产业；⑦非遗建筑园林产业；⑧非遗家具家居产业；⑨非遗服饰产业；⑩非遗餐饮产业；⑪以版权为中心的衍生非遗产业；⑫非遗发展的支撑服务产业；⑬其他产业。

进一步将非遗产业的体系进行归纳，又可概括为以下四大产业体系。

（一）原创性非遗产业

原创性非遗作品是非遗产业中最有价值的资源与文化形式。原创性顾名思义是指非遗传承人经过构思、创意，亲手创作完成的作品与创造，体现了非遗传承人灵感创意与智慧的结晶。其中，学术价值、艺术价值、文化价值与历史价值是原创艺术作品的关键。如果原创性非遗作品同时又具备较高的学术价值、艺术价值、文化价值与历史价值，则其是非遗产业中的精品。在当下非遗产业的发展过程中，由于产业发展的不成熟性，原创性非遗作品的数量还需继续培育。

原创性非遗产业是以发展与运营非遗传承人的原创作品为主的产业模式，由于非遗作品均为非遗传承人亲手原创，故而非遗作品的价位都比较高，属于运营非遗作品的高端产业链模式。当下，非遗产业及市场鱼龙混杂，因而在非遗产业发展的结构中，原创性非遗产业应该是其中的主体，处于非遗产业发展的上游环节，发展原创性非遗产业有助于有效地遏制赝品与劣作，使闪光的精品水落石出。然而，由于原创非遗作品均为高端产品，超出了大众消费普遍能接受的价格，而且是非日常消耗品，原创非遗产品在收藏、投资、销售方面都难免举步维艰。所以，在运营方面，原创性非遗产业不能坐等着别人来消费，而应主动出击，多方寻求运作手段，让更多的大众来亲身接触原创非遗作品。

（二）以版权为中心的衍生非遗产业

衍生非遗产业是以发展与运营衍生非遗产品为主的产业模式。所谓的衍生非遗产品，是指从原生非遗中派生出来的，与高价值、高品质产品结合生成的跨界融合非遗产品。目前，非遗产业发展过程中流通的衍生非遗产品一般分为两种：一是专供收藏和欣赏的复制品；二是融合介质的生活用品，如衣服、茶具、笔记本等。衍生非遗产品的开发对于推动非遗产业和传统产业相互融合、促进传统产业的升级有着非常积极的作用。在中国，尽管非遗产业已经兴起，但衍生非遗产品的发展还十分缓慢并没有形成规模，这与国内的购买力和文化认知不足有很大关系，但更重要的是与我国艺术授权业态的发展相对滞后有关。

（三）非遗产业的支撑体系

支撑体系是支持非遗产业强有力发展的保障，要想建设具有较强竞争力的非遗产业结构，促使非遗产业可持续发展，支撑体系不可或缺。在产业支撑体系方面，最重要的是人才支撑体系与政策支撑体系。目前，非遗产业在这两方面虽然有了一定的模型，但都不是很完善，要创新产业人才管理机制，健全科学稳定的人才支持保障体系，建立人才培养机制，构建多层次产业人才培养体系，并创新人才的流动机制，构建产业人才市场体系。同时，在政策上，要积极建构非遗产业结构政策、产业组织政策、产业布局政策、产业发展政策、产业竞争政策、产业序列政策等，从而最大限度地去发挥产业政策在调整非遗产业结构、优化产业组织、实现资源优化配置方面的效应。

（四）非遗服务产业体系

我国非遗产品顾问的出现不仅是非遗市场发展到一定历史阶段，以及非遗资本市场发展壮大的必然产物，更是非遗产业发展过程中的一种趋势。当下，非遗产品投资已经成为一种广泛的社会化需求，非遗产品顾问也在由"小"变"大"，由一对一到一对多、多对多，并将逐步发展为一种社会化的大众服务。非遗产品顾问服务的出现，表明投资的社会化服务成了一种产品。随着需求扩大，除了需要非遗产品顾问提供非遗产品鉴定与评估等咨询外，还需要更为专业化的监管服务，甚至是更公正、公开与透明的交易见证，以及更为专业的相关的金融手段与金融服务等。如今，国内非遗产品顾问服务要走向专业化还需时日，需力争先在专业知识的学习与教育职业素养的培育与考核、服务意识与能力的培养三方面进行强化，这是非遗产品顾问服务发展的基础。

三 非遗产业主体

（一）非遗产业主体的层次

非遗产业的主体形式多样，再加上非遗产业是一个新兴业态，创新与跨业态的主体形态不断增加。为了便于分析研究，这里把非遗产业的主体概括为以下几个重要层次：管理与监管机构（政府部门、管理机构、监管机构等）；企业与机构（企业、金融机构、流通机构等）；专业组织（行业组织、俱乐部、爱好者联盟等）；支撑服务体系（评估、鉴定、顾问服务机构等）；社会化服务体系（投资顾问、教育培训体系、资讯体系、艺术爱好者等）。

（二）非遗产业主体

第一，非遗产业的管理与监管机构。其主要包括政府部门、管理机构、监管机构等。管理与监管部门是非遗产业发展的政策与引导资金主要的扶持力量，没有政府部门的支持，非遗产业的发展就会停留在市场自发的发展阶段。管理机构行使着监督与管理非遗产业的义务，是保障非遗产业正规化、理性化发展的后盾。但是，由于目前非遗产业发展的初级性，管理机构及其职能还处于一个发展阶段，有很大的空间要拓展。

第二，非遗产业的企业与机构。企业、金融机构、流通机构等一起构成了非遗产业的企业与机构主体。金融及资本市场是非遗产业发展资金主要的供给力量，没有金融与资本体系的支持，非遗产业的发展就会停留在产业发展的作坊阶段；企业是非遗产业投资的主体，它们拥有雄厚的资金实力，不仅可以为非遗产业的壮大推助澜，还可以通过投资非遗产品来提升自身的企业形象；金融机构以各大银行作为代表，会进一步推出为非遗产业发展服务的金融产品，使非遗与金融实现有效的联姻；流通机构是非遗产业持续发展的重要机构，包括非遗交易平台、非遗产品商店、拍卖行、非遗产品展览。其中，非遗交易平台是近些年来发展最为火爆的流通机构。

第三，非遗产业的专业组织。非遗产业专业组织包括行业组织、俱乐部、爱好者阶层联盟等。行业组织是市场向产业转型的关键，同时也是规范非遗产业经营秩序、引导非遗产业健康发展、搭建政府和非遗产品经营单位沟通渠道的重要平台。非遗俱乐部聚集了一批对非遗充满热爱、拥有梦想的艺术狂热者，他们通过俱乐部这个平台来切磋非遗艺术、绽放热情，比之学院机构，非遗俱乐部有着更为轻松与随意的氛围。爱好者阶层联盟则是非遗产业中消费的主力军，作为有一定物质基础与经济实力的中产阶层，为了彰显自己与众不同的生活格调与品位，他们会将购买与收藏非遗产品作为生活的一部分。可以说，中产阶层是非遗产品消费者中非常有潜力的一个群体。

第四，非遗产业的支撑服务体系。评估、鉴定、顾问服务机构共同构成了非遗产业的支撑服务体系。评估、鉴定机构是非遗产业中作品质量的把关者，从而防止赝品、劣作流通于市场，污染产业发展环境。在评估、鉴定手段方面，经验鉴定加科学鉴定是目前评估、鉴定机构发展的主要目标，而科学、公正、公开、透明的鉴定流程是评估、鉴定机构的原则，在当下的非遗产业发展过程中，培养专业的鉴定人才队伍是重中之重，而顾问服务机构除了需要非遗产品顾问提供非遗产品鉴定与评估等咨询外，更多的还需要更为专业化的监管服务。

第五，社会化体系。非遗产业的社会化体系主要包括教育培训体系、资讯体系、非遗爱好者。当非遗逐渐发展成为现代社会的一种职业之时，非遗教育与培训就成为一种不可或缺的体系。目前，各大院校都设有艺术系，也有不少院校成立了非遗研究所或相关的非遗机构，更为重要的是，为解决非遗专业人才需求的巨大缺口，"中国非物质文化遗产传承人群研修研习培训计划"于 2015 年实施。2021 年，"非物质文化遗产保护"作为新增专业之一被教育部列入了普通高等学校本科专业目录，这为非遗专业人才建设带来了重要推动力，与此同时社会上也不乏许多业余非遗班的开设。可以说，无论是专业的，还是业余的，非遗教育培训体系都已经渐趋成熟。在非遗产品走向广阔市场的今天，非遗发展的行情需要时时被人们感知。因此，资讯体系是非遗产业的重要体系。通过它，人们可以随时掌握与了解非遗产业动态与产品信息等，以便更好地与产业发展形成互动。此外，在专业非遗传承人之外，还有一大批非遗爱好者，他们有自己特定的职业，只是在业余之时从事非遗创作。他们作品的质量虽然比不得专业非遗传承人，但其中也不乏品质优秀者，很多非遗爱好者经过多年的锤炼，进入了专业非遗传承人的队伍。

四 非遗产业体系

（一）非遗产业体系的层次

从非遗产业的分析可以看出，非遗产业的体系是一个立体的复杂系统。但从产业体系的视角出发，非遗产业体系可以概括为非遗产业生产体系、非遗产业流通体系、非遗产业消费体系、非遗产业支撑体系四个相关的体系层次。

（二）非遗产业体系的分析

1. 非遗产业生产体系

生产体系是任何一个产业的源头与起点，非遗产业也同样如此。没有生产体系，非遗产业的后续发展就无从谈起。针对非遗产业而言，非遗传承人是生产体系中主要的生产者，非遗产品则是生产体系中的产品。对于生产体系来说，产品的质量是生命线。在非遗产业的发展过程中，非遗传承人必须具备较高的艺术能力与修养，唯有如此，非遗传承人才能为社会奉献出更好的、闪光的精品，从而逐步引领非遗产业的发展走向正轨。

2. 非遗产业流通体系

市场流通是商品运动的过程，它不会创造价值，但却是创造和实现价值的必要条件。凡是存在商品生产的地方，市场流通便构成了再生产过程的重要环节，因为商品生产出来以后，是否能顺利地卖出去转化为货币是一个关键，这直接关系着商品再生产能否顺利进行和发展，对于非遗产业来说，市场流通同样是其最为重要的承载形式，非遗产品正是在不断地流通与交换的过程中体现与实现自身价值的。而且，产业化发展的最终目标是要打造品牌与实现规模化，而对于非遗产业的发展来说，不仅仅是一种价值在市场流通中产生，更为重要的是，品牌与规模也是在市场流通中建立的。因此，流通体系是非遗产业发展过程中的重要环节。

3. 非遗产业消费体系

非遗产品市场是"创作——展示——市场——收藏——消费"的发展链条，链条的起点是非遗产品的生产者，而终端就是非遗产品的消费者。市场交易的繁荣最终以终端消费量为基础，流通兑现是打通和整合整个价值链的核心所在，只有当生产出来的非遗产品最终进入了消费环节，才完成了整个产业链条。

4. 非遗产业支撑服务体系

这主要包括非遗产业发展的市场支持服务体系、政策支撑服务体系、科技支撑服务体系、金融支撑服务体系、人才支撑服务体系以及智库支撑服务体系等。

五　非遗产业环境

当前，我国非遗产业的发展已经具备成熟而又稳定的环境。民族复兴必然伴随着文化繁荣兴盛。文化越来越成为民族凝聚力和创造力的重要源泉，越来越成为综合国力竞争的重要因素，丰富精神文化生活越来越成为我国人民的热切愿望。国家逐步重视文化软实力的作用成为非遗产业发展的社会文化环境。政策法规是约束与规范非遗产业理性发展的重要条文。在非遗产业不断发展过程中，我国出台了不少颇有意义的政策法规。其中，《艺术品经营管理办法》《中华人民共和国文物保护法实施条例》与《中华人民共和国非物质文化遗产法》等，都为推动我国非遗产业管理的规范化进程提供了法律上的支持和保障。但是，随着非遗产业的不断向前发展，当下的政策法规环境仍显得十分落伍与滞后，很多原有的政策条文与法律规定都已不适应当下非遗产业的发展，形同废止。因此还要努力构建与当下非遗产业发展相配套的政策法规环境，这样才能对非遗产业的发展实现合理、有效的监管。

第八章

非遗产业管理

非遗作为文化遗产的重要组成部分，不仅承载着丰富的历史文化信息，也是促进地方经济发展和提升国家文化软实力的重要战略性资源。非遗产业管理是通过科学的管理手段，推动非遗资源的保护、传承与产业化发展的关键环节。深入研究非遗产业管理，有助于进一步明确非遗资源在现代经济发展中的地位与作用，为非遗产业的可持续发展提供全面的理论支持与实践指导。本章主要从非遗产业结构、非遗产业关联、非遗产业布局以及非遗产业组织四个方面展开详细阐述，系统探讨非遗产业管理的理论与实践。

第一节　非遗产业结构

非遗产业结构研究对于理解非遗产业及其经济发展具有重要意义。非遗产业结构不仅是衡量非遗经济发展水平的重要标志，也是其发展的决定性因素。本节将探讨非遗产业结构的概念与类型，分析其制约因素，并在揭示非遗产业发展变动规律的基础上，提出优化非遗产业结构的机制和措施，从而为非遗产业及其经济的协调发展提供理论支持。

一　非遗产业结构概念、类型

（一）非遗产业结构的概念

"结构"通常是指事物的各个构成部分的组合及其相互关系。非遗产业结构则是指在国民经济中非遗产业的构成及其相互关系。非遗产业结构具有"广义"与"狭义"之分。狭义的非遗产业结构，其内容主要涉及构成非遗产业总体的各非遗产业的类型与组合方式，各非遗产业之间的本质联系，各非遗产业的技术发展基础、发展程度以及其在国民经济中的地位和作用。广义的非遗产业结构，即除了狭义的非遗产业结构内容外，还包括非遗产业之间在数量比例上的关系、在空间上的分布结构。

（二）非遗产业结构的类型

非遗具有丰富的内涵和多样的种类，因此其产业结构也呈现出多种形式。由于非遗产业各部分的发展状况和程度存在显著的差异，且它们之间的关系以及在国民经济中的地位和作用也处于不断变化之中，非遗产业结构也随之多样化并不断演进。因此，不同类型的非遗产业结构必然存在。正确分类非遗产业结构类型是研究其现状和发展规律的基础。非遗产业结构可以根据以下不同标准和方法进行分类。

1. 三次产业结构下的非遗产业结构类型

根据不同非遗产业在国民经济中的比重，可以将其产业结构分为以下四种类型。

（1）金字塔型结构。其特点在于第一产业（农业）占主导地位，第二产业（工业）和第三产业（服务业）占比较少。在非遗产业领域主要是非遗传统农业技艺、非遗农耕文化节庆活动等；其产业发展的代表地区主要是那些依赖传统农业发展的农村与少数民族地区。

（2）橄榄型结构。其特点在于第二产业占比最大，第一产业和第三产业占比较少。在非遗产业领域主要是非遗手工艺品制作、传统食品加工等；其产业发展的代表地区主要是以非遗手工业为主的地区，如景德镇。

（3）哑铃型结构。其特点在于第一、第三产业比重较大，第二产业占比较少。在非遗产业领域主要是旅游业与非遗结合发展的相关产业，如非遗文化旅游节、非遗传统表演艺术等；其产业发展的代表地区主要是旅游资源丰富地区，如云南丽江。

（4）倒金字塔型结构。其特点在于第三产业占主导，第一、第二产业占比较少。在非遗产业领域主要是那些文化创意产业、数字化非遗展示较发达的城市或地区；其产业发展主要集中在大城市，如北京、上海等。

2. 产业比例关系不同的非遗产业结构类型

根据产业数量比例，可将非遗产业结构分为：协调型结构的非遗产业与失衡型结构的非遗产业。其中，协调性结构的非遗产业，也称为均衡型结构的非遗产业，其特点在于其产业的数量比例合理，投入产出均衡，没有过剩或短缺现象，或者这一现象不显著，是国民经济能够协调发展的非遗产业结构。具体来看，其主要是指各类非遗项目资源发展较为均衡的非遗产业类型，如非遗传统手工艺，非遗文化旅游产业等，其代表地区主要集中于经济与文化发展均衡地区，如苏州，其传统园林技艺与现代文化创意产业相结合。失衡型非遗产业结构也可称为畸形非遗产业结构，是产业数量比例失调、投入产出失衡，某些非遗产品过剩或严重短缺，对国民经济的长期发展和效益的提高将产生不利影响的非遗产业结构。具体来看，主要是指某类非遗产业占比过大或过小，继而导致非遗资源开发利用不均衡的非遗产业类型，如某些地区过度依赖旅游业对非遗的发展拉动，而忽视了对其他非遗及其资源的保护发展，导致非遗产业发展失衡。

3. 农业、轻工业和重工业构成不同的非遗产业结构类型

根据物质生产部门划分，产业分为农业、轻工业以及重工业。按照三者不同的产业结构，可分为重型结构、轻型结构、以农业为主型结构三种类型。非遗产业主要涉及轻工业非遗产业与农业型非遗产业。

非遗轻工业产业类型，主要包括传统手工艺和与日常生活相关的工艺品制作等，这些产业不仅具有丰富的非遗文化内涵，更是与现代市场需求紧密相连，能够成为非遗文化与经济价值的较好载体。典型的非遗轻工业产业类型有：非遗手工艺品产业，包括刺绣、编织、陶瓷等，其产品多以手工制作为主，强调工艺精细且兼具美学价值，既有日用品又有工艺品；非遗食品加工产业，例如北京烤鸭、广东腊味、绍兴黄酒等，其产品制作多依赖独特工艺，产品具有浓郁的地方特色与文化意

蕴；此外，还有非遗传统乐器制作、传统家具制作等产业。

非遗农业产业类型，主要包括与农业生产、农耕文化和传统农产品相关的各类技艺和活动，较为典型的有：依赖特定农业资源和手工技艺发展起来的，与非遗餐饮制作技艺相关的产业，如福建武夷岩茶（大红袍），山西汾阳的杏花村汾酒等。此外，还有与农业生产周期相关的各种节庆活动和民俗仪式等相关的非遗产业。这些活动不仅是对农业活动的庆祝，也是传承农耕文化的重要方式。

非遗通常不会直接与重工业相联系，因为非遗主要涉及的是民俗文化、传统技艺、传统表演等领域。然而，在某些情况下，非遗也可能与某些传统的工业技艺相关联，而这些技艺可能属于重工业的范畴。如传统铸造技艺方面，一些非遗项目包含古老的金属铸造工艺，那么这类技艺需要复杂的金属加工和高温熔炼过程，具备一定的重工业特点。传统造船技艺方面，一些沿海地区的非遗项目包括传统的造船技艺，这需要大量的木材和金属加工，甚至涉及一些重工业设备的使用。尽管这些技艺涉及重工业的某些元素，但总体上来说，非遗产业结构更倾向于与轻工业、手工艺和服务业等领域相关。

4. 产业发展层次不同的非遗产业类型

根据非遗产业的发展程度、技术水平、生产要素密集度、加工程度和附加值的高低，可以将其产业结构分为初级结构非遗产业、中级结构非遗产业以及高级结构非遗产业等不同类型。初级结构非遗产业，主要指技术含量低、主要依赖传统手工技艺的劳动密集型产业，如传统的竹编、草编和木雕等产业。这些产业多以家庭为单位进行生产，产品主要用于当地市场或作为旅游纪念品销售；中级结构非遗产业，主要是指技术水平和产业规模有所提高，开始与现代技术结合的资本和劳动密集型非遗产业，如结合现代设计和技术的非遗刺绣工艺，传统食品加工技艺与现代卫生标准结合的食品制作产业等；高级结构非遗产业，主要是指高度结合现代科技和市场需求，形成成熟产业链的技术密集型非遗产业和高附加值非遗产业，如虚拟现实（VR）和增强现实（AR）技术在非遗展示展演中的综合应用，非遗文化创意产品的现代设计与制造呈现等。非遗产业结构的高级化过程主要体现为从初级结构向中级结构与高级结构的发展演变过程。

（三）非遗产业结构与非遗经济发展

非遗产业结构理论在非遗经济学研究中占据举足轻重的地位，其重要性源于非遗产业结构与经济发展之间的密切关系。非遗产业结构与经济发展相互依存、相互促进，非遗产业结构不仅是过去经济发展的成果，也是未来经济发展的基础、动力和关键因素。非遗产业结构的现状及其演变对非遗经济发展的影响和作用，主要体现在以下五个方面。

1. 非遗产业结构的调整是非遗经济发展的重要组成部分

非遗产业结构的优化不仅是非遗经济发展的关键内容，也为非遗经济发展提供了强大的动力源泉。非遗经济的发展不仅仅体现在数量的增长上，还包括其经济结构的优化和人们生活质量的提高，而非遗产业在其中扮演着不可或缺的角色。一是在提升非遗资源利用效率方面。通过优化非遗产业结构，能够更加高效地利用非遗资源，实现其文化和经济价值的最大化。如通过产业化开发和市场化运作，非遗资源不仅得到了保护和传承，也为地方经济带来了新的增长点。二是在增强非遗产业市场竞争力方面。优化非遗产业结构能够显著提升其市场竞争力。借助现代管理和科学技术手段，非遗产品的质量和附加值得以提升，这为非遗在国内外市场中的传播与消费带来了巨大推动，有利于实现非遗经济的快速增长。

2. 非遗产业结构是衡量非遗经济发展水平的重要标志

非遗产业结构的优化程度往往是衡量一个地区非遗经济发展水平的重要标志。不同的发展阶段，其产业结构也各具特色。非遗产业作为文化产业与文化经济发展的重要组成部分，在不同阶段展现出不同的特性。一是从非遗产业类型和分布来看。在农业经济阶段，非遗产业主要体现为传统手工艺和民俗文化活动。在工业经济阶段，非遗产业开始向文化创意和旅游等新兴领域拓展。在知识经济阶段，非遗产业更多与现代科技融合，形成新的文化产品和服务。二是从非遗产业结构的演进来看。非遗产业结构的演进不仅反映了经济发展的阶段性特征，还体现了社会对文化价值的不断追求。例如随着经济和生活水平的提高，社会对文化产品的需求增加，非遗产业从传统手工艺逐渐向文化创意产业和数字文化产业转型升级。

3. 非遗产业结构的优化是实现非遗经济协调与可持续发展的关键因素

非遗产业结构的合理性和优化程度直接影响到非遗经济的协调和可持续发展。具体来看，一是促进区域非遗经济协调发展方面。通过合理布局非遗产业，可以实现区域非遗经济的协调发展。不同地区的非遗资源各有特色，通过科学规划和合理利用，这些资源可以带动区域非遗经济的均衡发展。如西部地区可依托丰富的非遗资源发展非遗旅游产业，东部地区则可通过创新和出口提升非遗产品的国际竞争力。二是推动绿色经济和可持续发展方面。非遗产业结构的优化还助推了绿色经济和可持续发展。发展环保、资源节约型的非遗产业，可以减少环境污染和资源浪费。如通过推动非遗手工艺品生产，能够减少工业生产对环境的负面影响。发展非遗旅游与教育培训产业则有助于生态保护和非遗传承。

4. 非遗产业结构对非遗经济效益具有决定性影响

合理和高级的非遗产业结构是实现资源优化配置和高效利用的关键因素，直接影响非遗经济效益的高低。具体表现在以下两个方面：一是提高非遗资源的利用效率。优化非遗产业结构可以有效提高非遗资源的利用效率，避免资源浪费。如通过对非遗产业发展方向的科学规划推动非遗资源的优化配置，能够进一步提升非遗产业发展的整体效益。二是增强非遗产业的经济效益。非遗产业结构的优化不仅能提升单个企业的效益，更能带动整个非遗产业的经济效益。非遗产业的升级与创新能够增加非遗市场的有效供给，满足多样化的非遗文化市场消费需求，带动非遗乃至整个文化经济的快速发展。尤其是品牌化和国际化的发展战略能够推动非遗产品持续开拓新的市场，提高其产品在全球市场中的份额，从而进一步提升非遗产业的发展效能。

5. 非遗产业结构升级是推动非遗经济发展的强劲动力

优化的非遗产业结构意味着其产业比例协调、技术先进和发展层次较高，能够极大地推动非遗经济的发展。一方面，优化的非遗产业结构能够促进非遗产业创新发展。现代科技和管理模式的引入，为非遗产业的创新发展提供了广阔的前景与空间。如非遗数字化和智能化技术的应用可以创造出新的非遗文化产品与服务，推动非遗产业的创新与腾飞。另一方面，优化的非遗产业结构能够推动实现非遗经济的高速发展。如非遗产业集群的形成发展可以产生规模效应，提升非遗产业整体实力。

（四）非遗产业结构效应

非遗产业结构对其经济发展的显著影响，源于其独特的产业结构效应。这种效应指的是非遗产业结构及其变化对非遗经济发展影响的方式与效果。具体而言，非遗产业结构效应包括以下六个方面。

1. 非遗产业结构的关联效应

非遗产业结构在内部和外部都具有显著的关联效应。内部的产业关联效应表现为，一种非遗产业的发展可以带动相关产业的前向、后向、旁向和环向的发展。如传统手工艺品产业的发展，可以推动原材料供应、加工制造、营销服务等相关产业的共同发展。外部的结构关联效应则体现为，非遗产业结构的变化能够引起资源配置、就业结构、消费模式和收入分配等方面的连锁反应，从而影响整个经济的发展效果。如非遗旅游业的发展不仅带动了当地的餐饮、住宿等服务业，还促进了区域经济的整体提升。

2. 非遗产业结构的弹性效应

非遗产业结构的弹性效应是指其能够适应市场需求变化，从而提高经济增长效率的能力。非遗产业通过创新和多元化发展，能够灵活调整产业供给结构，以适应不断变化的市场需求。如通过开发具有现代审美和实用功能的非遗产品，能够有效满足不同消费者的多样化需求，提高非遗经济发展效益。

3. 非遗产业结构的成长效应

非遗产业结构的成长效应是指其产业结构的调整升级能够推动非遗资源的重新配置，使非遗资源流向生产率更高的部门，进而极大地提高产出效益。如通过支持和鼓励非遗产业中的文化创意产品和非遗数字化展示等高附加值项目研发，可以提升整个非遗产业的生产效率和经济贡献。

4. 非遗产业结构的开放效应

非遗产业结构的开放效应是指通过利用国际产业结构变动的机遇，调整和优化本国产业结构，促进经济增长。非遗产业通过国际交流与合作，不仅可以借鉴先进的管理和技术经验，还可以开拓国际市场，提升非遗产品的国际竞争力和影响力。如通过参与国际非遗博览会和展览、演出等活动，非遗产品可以进入全球市场，扩大产品的销售渠道，提升品牌知名度。

5. 非遗产业结构的供给效应

非遗产业结构的供给效应是指通过产业结构的改善，提高供给能力，增加有效供给，减少无效供给。如通过引入现代化设计理念、生产技术和管理模式，非遗产品的质量和产量都将获得大幅提升，并通过减少低效益和低质量非遗产品的生产，从而进一步满足新消费背景下高质量的文化产品消费需求。

6. 非遗产业结构的需求效应

非遗产业结构的需求效应是指其产业结构的改进能够更好地满足市场消费需求，引领消费趋势，并创造新的市场需求，拓宽消费市场边界。如通过非遗现代化包装和营销，借助非遗消费平台支撑，可以吸引更多年轻消费者的关注，激发他们对传统文化产品的兴趣和购买欲望，拓展非遗消费市场，促进非遗产业发展。

二 非遗产业结构的制约因素

探究非遗产业结构的现状及其变化因素对于理解其在经济发展中的作用至关重要。当前，制约非遗产业结构的因素主要包括经济发展因素、需求因素、供给因素、科学技术因素、制度因素、社会因素以及国际因素等。

（一）经济发展因素

非遗产业结构作为经济发展的产物，受多种经济发展因素的制约。首先，生产力发展的水平直接影响非遗产业的形态：在低生产力阶段，非遗产业多集中于传统手工艺和劳动密集型领域，而随着生产力提升，非遗产业逐渐向资本密集型和高新技术产业转型。其次，不同的经济发展阶段也会导致非遗产业结构的变化。如在知识经济时代，非遗产业更多依赖高新技术和知识密集型产业，推动其结构的高级化。此外，经济总量和增长速度也是关键因素：经济总量越大，分工和专业化程度越高，非遗产业结构就越复杂；而快速的经济增长则有助于高新技术产业的发展，较慢的增长速度则有利于淘汰落后产业。总体来看，非遗产业结构的调整还受到需求、供给、技术等其他因素的影响，这些因素均与经济发展状况密切相关。

（二）需求因素

需求因素是影响非遗产业结构的重要方面，其变化直接决定了产业结构的现状和动态。首先，需求总量的大小决定了非遗产业的规模：人口数量、经济发展水平、人均收入和投资规模的变化都会引起需求总量的波动，从而推动非遗产业结构的调整。其次，需求结构的变化对非遗产业结构具有直接影响：随着人们对文化娱乐和旅游需求的增加，非遗产业的种类和规模也会随之扩展，有利于多样化发展。

（三）供给因素

供给因素涉及生产要素的提供，包括自然条件、资源禀赋、劳动力资源和资本供应状况等方面。首先，自然条件和资源禀赋是非遗产业发展的基础，如旅游资源丰富的地区更适合发展非遗旅游产业。其次，劳动力资源的数量、素质和价格直接影响非遗产业结构的形成和变化：劳动力丰富且成本低的地区适合发展劳动密集型非遗产业，而高素质劳动力则有助于推动知识技术密集型产业的发展。最后，资本供应状况也至关重要，充足的资本能促进非遗产业的扩张和技术升级，推动产业结构的优化和提升。

（四）科学技术因素

科学技术确实是推动非遗产业结构变革的核心动力，技术进步与创新是其发展的关键驱动因素。在当前科技飞速发展的时代，非遗产业迎来了前所未有的机遇和挑战。数字化技术不仅实现了非遗资源的现代化展示和传播，还通过 3D 打印技术复刻精美的传统工艺品，大大提高了生产效率和产品质量。同时，人工智能技术的应用，使非遗资源的保护和传承更加精准和高效，通过智能化的数据分析和处理，实现了对非遗资源的动态监测和管理。其次，技术创新为非遗产业注入了新的活力，能够开发出满足市场需求的全新非遗产品和服务。以虚拟现实（VR）和增强现实（AR）技术为例，这些技术为游客提供了沉浸式的非遗体验，不仅使非遗文化更具互动性和吸引力，还开辟了新的市场需求。再次，区块链技术的引入，为非遗产品的版权保护和认证提供了新的解决方案，确保了非遗产品的原创性和真实性，提升了消费者的信任度和市场价值。此外，物联网技术的应用，也在改变非遗产业的运营模式。通过物联网设备，非遗工坊和博物馆可以实时收集和分析观众的反馈数据，优化展览和产品设计，提高用户体验和满意度。这种基于数据驱动的决策模式，使非遗产业更加敏捷和高效。可以说，科学技术的进步和创新正在深刻改变非遗产业的结构和发展模式。数字化、人工智能、虚拟现实、区块链和物联网等前沿科技的融合应用正不断开创新的非遗商业模式，生发新的非遗市场需求。

（五）制度因素

在非遗产业结构的形成和演变中，制度因素扮演着关键角色。我国的经济制度、经济体制、经济发展战略和产业政策对非遗产业的发展具有深远影响。首先，合理的经济制度和体制是非遗产业结构优化的基础。完善的市场机制促进了非遗产业的竞争与创新，确保了非遗资源的有效配置与其产业的健康发展。市场化改革和放宽准入条件等举措为非遗企业创造了更为优良的经营环境。其次，正确的经济发展战略和政策是引导非遗产业健康发展的重要保障。如《中华人民共和国非物质文化遗产法》、文化产业专项资金、税收优惠政策和非遗传承人补贴等国家出台的支持政策，为非遗产业的发展奠定了基础，提高了发展活力。此外，政府实施的一系列科学的产业政策，如《文化产业振兴规划》《"十四五"非物质文化遗产保护规划》等，有效地推动了非遗资源的保护与开发，促进了非遗产业的合理布局和优化升级。这些政策不仅支持非遗的传承与保护，还鼓励非遗产业创新和商业化应用。文化部与财政部联合设立的非遗保护专项资金就专门用于支持各类非遗项目和传承人的活动。此外，政府通过积极举办非遗博览会、非遗文化节等，推动非遗的市场推广和品牌建设，帮助非遗产业开拓国内外市场。

（六）社会因素

社会因素对非遗产业结构的形成和演变起着关键作用，其中包括政治法律、文化传统、教育事业和人口状况等方面。这些因素通过影响其他制约因素，间接塑造了非遗产业的发展路径。文化传统和生活习惯深刻影响非遗产品的消费结构。如在具有浓厚文化传统的地区，居民对非遗产品的需求较高，推动了非遗产业的发展，传统节庆和民俗活动不仅提升了当地居民对非遗产品的认同感，还吸引了游客和消费者，促进了非遗产业的繁荣。与此同时，教育事业的发展对非遗产业的技术升级和结构优化具有重要作用。通过加强非遗相关专业和培训课程的设置，提高劳动力素质和技术水平，不仅促进非遗技艺的传承创新，还促进非遗产业向高附加值方向发展，实现产业结构的优化升级。

（七）国际因素

国际因素对非遗产业结构的形成和演变具有一定的影响作用，这些因素包括国际分工、全球市场、国际贸易、国际金融和国际投资等。首先，国际分工能够充分发挥各国的比较优势，因此合理的非遗产业结构应该积极地融入全球发展体系。我们应以积极参与国际文化交流与合作实现中国非遗产品在国际上的竞争力提升，传播中华文化的独特魅力。其次，国际市场和贸易的变化直接影响非遗产品的出口和进口。全球市场对非遗消费需求的增加，推动了非遗产业的出口，促进其在国际市场上的发展。如中国的丝绸、瓷器和许多传统工艺品在国际市场上备受青睐，这不仅为非遗产业发展带来了丰厚的经济收益，也促进了文化的跨国传播。此外，国际金融和投资会为非遗产业的发展带来一定的资金支持。如国外资本的进入使得非遗产业能够采用更先进的保护和展示技术，为非遗产业提供新的发展平台，提升非遗消费的互动体验感。但是，需要警惕的是，在国际资本的介入后，要格外关注非遗文化的安全问题。

三　非遗产业结构的优化

非遗产业结构的优化对于推动非遗经济发展具有显著的双重作用，既能够大力推进非遗经济增长，同时也可能在一定条件下阻碍非遗经济发展。因此，如何有效地优化非遗产业结构，成为理论研究和实践探索的重要任务。

（一）非遗产业结构优化的概念

非遗产业结构优化是指各相关非遗产业协调发展、整体水平持续提升的过程。这一优化过程包含两个关键方面：产业结构合理化和产业结构高度化。产业结构合理化，意味着各非遗产业之间的经济技术联系和数量比例关系趋于协调和平衡，实现非遗资源的高效配置和利用。产业结构高度化，是指产业结构从低层次向高层次演进，不断提升非遗产业的整体发展水平，促进其在更高层次上实现可持续发展。

（二）非遗产业结构优化的标志与衡量

根据非遗产业结构优化的概念，其结构优化的标志与衡量也主要体现于非遗产业结构合理化与其产业结构高度化两大方面。具体来看，一是非遗产业结构合理化。产业结构合理化的标志在于各非遗产业之间的比例协调、资源的有效利用以及产出与需求的平衡。例如，非遗产业的发展应紧跟社会需求的变化，确保供需平衡，避免出现供过于求或供不应求的情况。同时，非遗产业应充分利用其资源优势，参与全球分工，发挥比较优势，实现可持续发展。衡量产业结构合理化的方法包括市场供求判断法、需求适应性判断法和结构效果判断法等，这些方法通过观察市场供求平衡、需求结构的适应性和产业结构变动对经济产出的影响，来评估非遗产业结构的合理化程度。二是非遗产业结构高度化。非遗产业结构高度化的标志包括高度加工化、高附加值化、技术集约化、知识化和服务化等。例如，通过提升非遗产品的加工程度和附加值，可以显著增强其产品的市场竞争力，从而获得丰厚的经济收益。非遗产业的技术水平和知识含量越高，产业结构就越高级。此外，第三产业的发展，尤其是文化旅游和服务业的比重增加，也是非遗产业结构高度化的重要标志。衡量产业结构高度化的方法包括加工度衡量法、附加值衡量法、技术集约程度衡量法、知识化程度衡量法和第三次产业比重衡量法等。这些方法通过分析非遗产业的加工程度、附加值、技术水平和知识含量，评估其发展水平的高低。

（三）非遗产业结构优化的机制和措施

1. 以市场机制为基础优化非遗产业

在非遗产业中，市场机制的推动作用尤为显著，不仅能够将传统非遗与现代市场需求紧密结合，还能促进非遗产业的不断创新。价格信号引导着资源的流动，确保稀缺资源投入到最需要的地方，从而提高整体效率。与此同时，竞争机制激励企业不断改进工艺和产品，以满足日益变化的市场需求。这种良性竞争不仅提升了非遗产品的市场竞争力，也推动了整个非遗产业的持续发展。

2. 以政府调控为辅优化非遗产业

虽然市场机制在优化非遗产业结构中发挥了重要作用，但其局限性也不容忽视，例如难以解决公共部门的发展和外部性等问题。因此，政府调控成为必要的补充措施。政府通过制定和实施科学的产业政策，有效支持非遗产业的发展，弥补市场机制的不足。其具体措施包括提供资金支持，以确保非遗产业获得充足的经济保障；开展技术培训，提升从业者的技能水平和创新能力；进行市场推广，扩大非遗产品的市场影响力和认知度。这些调控手段不仅促进了非遗产业的合理布局和持续优化，还激发了非遗在现代经济中的发展活力。在政府与市场的双重驱动下，非遗产业能够实现其经济价值的释放与文化价值的彰显。

3. 政府在优化非遗产业中的具体措施

政府通过多种措施促进非遗产业的可持续发展。首先，政府应识别并支持具有潜力的主导非遗产业，以最大化资源利用，推动这些非遗产业成为非遗经济增长的引擎。其次，合理调整非遗产业结构，纠正比例失衡，确保各类非遗产业均衡发展，避免资源集中在某些特定领域而导致的其他领域发展滞后。再次，政府应积极鼓励技术创新，通过引入先进技术和方法，提升非遗产业的技术水平和附加值，实现传统技艺的现代化和市场化。此外，政府应推动制度创新，完善市场机制，为非遗产业的发展提供良好的政策和法律环境。这包括简化审批流程、提供税收优惠等政策支持，以及营造公平竞争的非遗市场环境。最后，政府需要制定针对性的非遗产业政策，区分不同类型的非遗产业，根据其特点和发展阶段，实施差异化的支持措施，推动整体非遗产业结构的优化升级。

第二节　非遗产业关联

非遗产业关联是指非遗产业与其他产业之间的数量关系和相互作用。其研究意义在于：通过定量和静态分析方法，揭示非遗产业之间的经济技术联系，深化和完善非遗经济理论；优化非遗产业结构，提高非遗企业生产决策的科学性和准确性；为非遗产业政策的制定提供科学依据，促进非遗产业可持续发展；推动非遗保护与传承，实现非遗经济整体提升。本节重点论述非遗产业关联的概念及其丰富种类，并深入阐释非遗产业关联分析的价值意义。

一　非遗产业关联概述

（一）非遗产业关联的概念

非遗产业关联，即非遗产业联系，指的是各非遗相关产业在经济技术上的数量比例关系，涵盖投入产出和供给需求的数量关系。这一概念的基础源自20世纪30年代美国经济学家瓦西里·里昂惕夫提出的投入产出理论。通过投入产出表（也称里昂惕夫表），可以系统分析非遗产业之间在生产、交换和分配上的联系，揭示各产业之间数量比例的规律性。非遗产业关联理论对于认识非遗经济发展中各相关产业部门之间的比例关系及其特征具有重要意义。这些比例关系不仅为经济预测和经济计划提供依据，还为制定有效的非遗产业政策提供科学支持。投入产出理论因其广泛应用和精确性，受到全球各国的高度重视，包括美国和日本等国家都采用这种分析方法来编制投入产出表。非遗产业关联理论不仅可以用于分析各种非遗经济问题，还可以作为制定和执行经济政策的指导，特别是在反映各非遗相关产业的中间投入和中间需求方面，比传统的产业结构理论更为广泛、细致和量化。非遗产业结构理论通常从较粗的非遗产业分类入手，研究其产业演变规律；而非遗产业关联理论则通过投入产出表和数学模型，将社会再生产过程中各非遗产业部门的投入产出关系量化，分析其比例关系及特征。

非遗产业关联的实质在于经济活动过程中各非遗相关产业之间存在的广泛、复杂和密切的经济技术联系。在一般经济活动中，每一个非遗产业都需要其他产业提供各种产出以满足自身的要素需求，同时也将自身的产出作为市场供给，满足其他产业的消费需求。正是这种复杂的供给与需求关系，使各非遗产业能够在经济活动中相互支持、共同发展。如果某一非遗产业没有其他产业提供的要素供给，或者其产出不能满足其他产业的消费需求，那么该产业将难以长期生存，缺乏产业生命力。因此，非遗产业关联的核心在于各非遗产业之间的供给与需求关系的相互依存与支持。

（二）非遗产业关联的种类

1. 根据非遗产业间的依托方式进行分类，可分为非遗产业的产品或劳务联系、生产技术联系、价格联系、劳动就业联系、投资联系

（1）非遗产业的产品或劳务联系

产品或劳务联系是非遗产业之间最基本的联系。在非遗产业中，各部门相互提供产品或服务，形成密切的合作关系。例如，传统手工艺品制作需要农业部门提供原材料，手工艺品则供应给文化旅游和零售业。这种互通有无的关系确保了各个非遗产业部门的正常运作和协同发展。

（2）非遗产业的生产技术联系

生产技术联系强调各非遗产业在生产工艺和技术上的依赖关系。每个非遗产业部门都有特定的生产技术要求，这些要求决定了其对其他产业提供的产品或服务的质量和技术性能。例如，传统织布技术的传承和发展需要高质量的棉花和染料，这些原材料的生产和供应必然受到相应的农业和化工产业技术水平的影响。

（3）非遗产业的价格联系

价格联系通过货币交换表现出来，是非遗产业间的重要经济关系。在非遗产业发展中，非遗产品与服务的价格波动会影响其他相关产业。例如，传统工艺品的价格上涨可能会带动原材料价格的上涨，同时也会影响旅游业和零售业的定价策略。价格联系使不同非遗产业间的经济活动通过统一的度量标准进行比较与调整。

（4）非遗产业的劳动就业联系

劳动就业联系反映了非遗产业之间在创造就业机会上的相互影响。一个非遗产业的规模的扩展会带动相关产业就业机会的增长。例如，传统手工艺品产业发展不仅需要具备精湛非遗技艺的传承人、工匠，还需要市场营销、物流运输等相关服务，从而间接促进这些领域就业机会的大幅增加。

（5）非遗产业的投资联系

投资联系体现在各非遗产业对资本的需求和配置上。非遗产业的发展需要一定的资金投入，而这些投资往往受到相关产业发展的影响。例如，政府或社会资本在支持传统文化发展时，通常也会考虑相关配套设施和服务的投资需求，唯有如此才能保证其发展项目的整体推进和最终落地。

2. 根据供给与需求的不同，非遗产业关联还可以进一步细分为前向联系、后向联系和环向联系

（1）非遗产业的前向联系

当非遗产业部门向其他部门提供产品或服务时，形成前向联系。例如，传统染料生产供应给手工织布行业；陶瓷制造业向餐饮业和旅游业提供陶瓷器皿，这些陶瓷制品不仅用于实际餐饮，还可以作为旅游纪念品进行销售。

（2）非遗产业的后向联系

当非遗产业部门从其他部门获取产品或服务时，形成后向联系。例如，手工织布行业需要从农业部门获取棉花，而传统美食制作需要从农业和渔业获取原材料，

如粮食、肉类和海鲜，这些基础原材料的供应对美食制作产业的发展至关重要。

（3）非遗产业的环向联系

多个非遗产业部门通过复杂的供需关系形成环状关联。例如，手工织布需要染料生产，染料生产需要植物种植，植物种植又依赖农业工具制造，这些产业共同形成一个闭环。此外，传统的建筑技艺需要木材加工，而木材加工依赖林业，林业则需要农业机械和工具的支持，这些产业又共同构成了一个相互依存的循环系统。

3. 非遗产业联系可以按照技术工艺的方向和特点分为单向联系、双向联系和多向联系

（1）非遗产业的单向联系

非遗产业的单向联系是指非遗产业发展进程中，一个产业部门为另一个产业部门提供产品或服务，而后者不再为前者提供任何产品或服务的状态。例如，传统编织业提供草席给酒店业、家居业，而酒店业与家具业并不会为编织业提供产品或服务。

（2）非遗产业的双向联系

非遗产业的双向联系是指在其产业发展过程中，两个产业部门相互提供产品或服务，形成互利共生的关系。例如，传统竹编工艺为茶文化体验馆提供竹制茶具与装饰品，而茶文化体验馆则反过来通过举办茶艺展示活动和文化交流活动推广竹编工艺。这种双向联系不仅促进了两个产业部门的共同发展，还提升了非遗的传承传播能力，拓宽了非遗消费市场。

（3）非遗产业的多向联系

非遗产业的多向联系指的是多个产业部门通过复杂的产业链条相互关联，共同促进各自的发展。例如，传统陶瓷工艺需要采掘优质黏土，这些黏土由矿业部门管理。而矿业部门需要传统制陶工艺生产的陶瓷工具来提升其开采和加工效率。与此同时，传统陶瓷工艺生产的精美陶瓷制品被旅游产业作为文化商品进行出售，在吸引游客的同时也推广了陶瓷文化。旅游业的兴盛反过来增加了大众对陶瓷制品的消费需求，进一步推动了陶瓷工艺及其产业的发展。这种多向联系不仅在生产和销售环节上紧密相连，还在技术和文化推广方面形成了一个互相支持的循环系统，以确保各个产业部门在非遗保护与传承中实现多方共赢。

4. 根据依赖程度，非遗产业关联还可以分为直接联系和间接联系

（1）非遗产业的直接联系

非遗产业的直接联系是指非遗产业部门之间直接进行产品或服务交换。例如，传统刺绣工艺品的生产与文化旅游纪念品销售之间的关系。刺绣工艺品制作完成后，直接通过旅游景点的纪念品商店进行销售，游客购买这些独具特色的刺绣工艺品作为纪念品。这种直接联系既简化了销售渠道，又提升了非遗手工艺品的市场价值，推动了其工艺的现代传承。

（2）非遗产业的间接联系

非遗产业的间接联系是指非遗产业部门通过其他中介部门进行产品或服务交换。例如，传统戏曲演出需要音响和舞台设备，而这些设备的生产依赖于制造业和电

子工业。戏曲演出团体通过租赁或购买音响设备公司的产品，实现演出的顺利进行。这种间接联系表明，虽然戏曲演出和制造业之间没有直接交易，但通过音响设备公司这个中介，两者之间形成了紧密的合作关系，保障了非遗的传播和技术支持的供给。

二 非遗产业关联分析的意义

非遗产业关联分析在非遗经济的发展和研究中具有重要意义，其不仅能够提高非遗产业预测准确性，深化非遗经济理论研究，促进非遗经济结构比较，还能解析复杂的非遗经济关系，并为把握不同非遗产业的地位和作用提供科学依据。

（一）提高非遗产业预测准确性

通过非遗产业关联分析能够优化非遗产业预测方法，提升预测准确性。非遗企业在制订生产计划时，常常面临对市场信息掌握不足和对未来发展走势不确定的情况，投入产出表能够提供全面的经济活动数据，帮助非遗企业做出更精准的生产决策，从而避免资源浪费，优化资源配置。

（二）深化非遗经济理论研究

非遗产业关联分析有助于非遗经济理论研究的深化。非遗产业的发展涉及多个部门商品和服务的流动，如传统手工艺品、传统表演艺术和文化旅游业、培训教育业等，通过产业关联分析，可以揭示这些经济部门之间的互动关系，为经济理论的研究提供实证依据，解决非遗经济理论与其产业发展现实之间存在的脱节问题，这对非遗产业研究与发展都非常重要。

（三）促进非遗经济结构比较

非遗产业关联分析可以比较和研究不同非遗经济结构的特征，揭示其内部组成部分的运行机制，帮助理解非遗经济发展的相似性和差异性，吸取并找到优化非遗产业发展的借鉴经验和方法。

（四）解析非遗经济关系

非遗产业关联分析能够利用投入产出法反映其产业发展在工资、利润、税收和价格之间存在的复杂关系，解释它们在特定经济环境中的互动机制，进而为非遗产业政策的制定提供依据。如政府补贴、市场价格和非遗传承人的报酬/工资之间具有复杂关系，通过分析可以明确政府补贴对传承人、从业者收入和非遗产品价格的影响，从而优化相关政策的制定。

（五）把握非遗产业发展地位与作用

在非遗产业关联分析中，投入产出表描述了产业结构演化的不同阶段，提供了包括人均国民收入、产业附加价值率等在内的数量指标，为决策者评估不同产业部门的地位和作用提供数据支持。通过投入产出模型计算直接消耗系数与完全消耗系数，可以深入了解各个非遗产业部门与其他产业部门之间的内在联系与依存关系，从而识别出主导非遗产业和支柱非遗产业，进而制定更有针对性的产业发展政策与战略，推进非遗产业科学稳步向前。

第三节　非遗产业布局

非遗产业布局理论是研究非遗产业分布状况及其发展规律的理论，通过分析非遗产业在地域空间上的分布及其相互关系，能够优化资源配置，提高经济效益，为非遗产业政策的制定提供有益的理论参考；同时，非遗产业布局也是广义的非遗产业结构理论的重要组成部分，其内容涵盖十分丰富。本节着重论述非遗产业布局的概念、合理化、制约因素、布局规律、基本原则，以及非遗产业布局调整等基本问题。

一　非遗产业布局概述

（一）非遗产业布局的概念

非遗产业布局是指非遗产业在特定地域空间上的分布与组合，涵盖非遗企业组织、生产要素和生产能力的集中与分散。广义的非遗产业布局不仅包括非遗工业，还涵盖非遗农业、非遗服务业等所有相关产业的空间分布与组合。作为一种全面性、长远性和战略性的经济布局，非遗产业布局反映了国家在非遗产业领域的发展规模和水平，是非遗社会生产和经济活动在地域上的体现。在社会化大生产条件下，合理的非遗产业布局能够发挥各地区的非遗产业优势，合理利用非遗资源，实现非遗产业良好的社会、经济和生态效益。研究非遗产业布局理论，探讨其空间分布规律，对于理解非遗产业布局的变化以及制定科学合理的非遗产业发展战略具有重要意义。

（二）非遗产业布局合理化

1. 非遗产业布局合理化的标志

非遗产业布局合理化的核心标志在于，其能够适应非遗产业的区域分工需求，充分发挥地域非遗资源的比较优势，提升各地区非遗资源的利用效率，实现非遗经济效益和区域经济协调发展。

2. 非遗产业布局合理化的意义

合理的非遗产业布局具有深远的意义。首先，它能够促进非遗产业的区域分工与经济协作，充分发挥地区非遗资源的比较优势与绝对优势，提升资源综合利用效率，推动各地区非遗经济与社会的协调发展。其次，合理的非遗产业布局有助于优化和调整非遗产业结构，进而促进非遗经济的协调、持续和快速发展。相反，不合理的非遗产业布局会阻碍区域非遗产业的分工与经济协作，难以充分利用各地非遗资源，导致资源利用效率低下，地区间的非遗经济发展差距扩大，经济发展矛盾法治化，从而限制非遗产业结构的调整与优化，最终制约整体非遗经济的发展。因此，推动非遗产业布局合理化，对于实现区域经济协调、资源高效利用和非遗经济可持续发展至关重要。

（三）非遗产业布局的制约因素

非遗产业布局受多种因素的制约，这些因素主要可归纳为自然因素、经济因素、技术因素、社会因素和地理位置因素。第一，自然因素。其包括自然环境和自然资源。气候、水源、土壤等自然条件决定了非遗资源的分布和开发潜力。如某些手工艺品的原材料可能只在特定的气候和地质条件下生长，这直接影响了相关非遗产业的区域布局。第二，经济因素。经济因素在非遗产业布局方面起着关键作用。区域分工决定了非遗产业布局的性质和规模。发达地区由于经济基础好、市场需求大，往往成为非遗产业的集中地，而资源丰富但经济较落后地区则需要通过区域经济协作实现非遗产业的发展。此外，生产要素如劳动力、资本和市场规模也会影响非遗产业的布局。在非遗劳动力充裕且素质较高地区，技术密集型和知识密集型的非遗产业更容易发展；而在资本充裕的地区，资本密集型非遗产业则更具优势。第三，技术因素。技术因素对非遗产业布局的影响主要体现在非遗资源的开发利用和产业结构的优化升级上。先进的技术能够提高非遗资源的综合利用效率，使得非遗产业能够在资源丰富的地区得到更好的发展。同时，技术进步也能够改变非遗产业区位，例如高新技术的发展使得某些非遗产业向知识密集区集中。第四，社会因素。如人口分布、政治制度、文化环境和历史传统也对非遗产业布局具有深远影响。人口数量和素质很大程度上决定了劳动力的供给和需求，从而可能影响非遗产业的分布。政府政策和法律制度能够通过税收优惠、投资引导等方式直接影响非遗产业的区域布局。文化环境和历史传统则影响了某些非遗产业的传承和发展。第五，地理位置因素。地理位置因素也是制约非遗产业布局的重要因素。地理位置决定了一个地区的市场范围和交通便利程度。经济区位优越的地区往往由于市场需求大、运输成本低而能够带动更大的非遗产业发展。此外，特殊的自然环境如沿海、临空等位置也会对非遗产业布局产生显著影响。

（四）非遗产业布局的一般规律

非遗产业布局的一般规律决定了其空间分布和组合的基本原则，这些规律主要可概括为以下六个方面。

1. 生产力发展水平决定着非遗产业布局的形式与内容

在农业社会，与非遗相关的产业活动分布状况受自然条件影响较大，呈现分散性；随着工业革命和科技进步，非遗产业逐渐向资源丰富和交通便利的地区集中；在信息技术时代，非遗产业开始向知识密集区集中，并实现适度分散，以适应现代社会的发展需求和文化传承的需要。

2. 劳动地域分工影响非遗产业布局的合理性

通过区域经济分工和协作，各地区能够发挥其在非遗产业发展方面的比较优势，实现非遗资源的最优配置。合理的劳动地域分工不仅能促进非遗产品的流通和经济效益的提高，还能够推动非遗产业布局由低级向高级不断演进，增强区域非遗产业与经济的协调发展。

3. 非遗资源禀赋对非遗产业布局具有重要制约作用

各地自然资源和生产条件具有差异，使得某些地区在非遗资源的利用和开发上具有绝对或相对优势。非遗产业布局必须根据各地区的资源禀赋进行规划，以充分发挥其资源优势，实现非遗资源的高效利用和保护，确保文化遗产的传承与创新。

4. 非遗产业分布的集中与分散变化规律

非遗产业布局过程经历了从分散到集中再到适度分散的演变。初期的非遗产业布局往往分散，随着经济和交通的发展，产业逐渐向资源丰富和交通便利的地区集中。然而，过度集中的弊端促使非遗产业布局进一步向适度分散转变，以实现更加合理的非遗资源配置，促进非遗保护传承与其产业发展创新。

5. 地区生产专门化与多样化并存的规律

在市场机制的作用下，各地根据其在非遗资源方面的绝对或比较优势进行专门化生产，这种专门化促进了生产效率和经济效益的提高。而随着专门化的非遗产业的发展，多样化的地区生产也会随之产生，两者相互促进，共同推动非遗产业布局的优化升级，促进文化多样性和经济多样化发展。

6. 非遗产业分布的地区差异性规律

非遗产业布局不可避免地表现为地区差异性，因为不同地区的自然、经济、社会和技术条件各不相同，尤其是非遗资源禀赋不同。而随着生产力发展，非遗产业布局逐步由分散走向集中，再由高度集中走向适度分散，但完全的协调仍难以实现。因此，地区差异性也就成为非遗产业布局的一项重要特征。

（五）非遗产业布局的基本原则

非遗产业布局应遵循以下基本原则，以确保其科学、合理、可持续地发展。

1. 经济效益优先原则

非遗产业布局应以经济效益最大化为目标，通过优化区位选择，实现最小劳动消耗和最大经济效益。如非遗手工艺品的生产应尽量靠近资源产地或消费市场，以减少运输成本和提高经济效益，同时增强市场竞争力。

2. 全局性、长远性和预见性原则

非遗产业布局应从国家和区域发展的战略高度出发，兼顾当前和长远利益，协调局部和全局利益。如在规划非遗旅游项目时，应考虑未来旅游需求的增长和区域文化资源的保护，确保非遗产业能够长期健康发展。

3. 分工协作原则

非遗产业布局应立足于区域非遗资源的禀赋和差异，促进区域间的经济协作和资源共享。如某些地区擅长某种传统技艺，而另一些地区则拥有丰富的原材料，通过分工协作，可以实现优势互补，提高整体产业效益和竞争力。

4. 集中与分散相结合原则

非遗产业布局应在不同发展阶段，根据集聚效应和分散需求进行合理调整。在初期，可以通过集中布局形成规模效应；在成熟阶段，则适当分散，避免过度集中带来的不利影响，以促进各地非遗产业的均衡发展，确保非遗传承与社会经济发展的多方共赢。

5. 发挥地区比较优势原则

根据各地区非遗产业发展的资源、文化、技术等禀赋差异，充分发挥其比较优势。如对拥有丰富非遗资源的地区，可以优先发展相关非遗产业，通过区域特色带动经济增长和非遗传承传播。

6. 可持续发展原则

非遗产业布局应兼顾经济效益、生态环境效益和社会效益，确保可持续发展。如在非遗产业发展过程中，应注重环境保护，合理利用自然资源，避免对生态环境的破坏，同时推动社会效益的提升，如促进就业和社区发展、乡村振兴等，实现非遗产业的长久繁荣。

二 非遗产业布局的调整

（一）非遗产业布局调整的必要性

1. 满足地区经济发展的需求

非遗产业的发展依赖于各地的自然资源、人口、劳动力、资本、技术、市场、组织管理、产业结构和政策等要素，这些要素在不同地区存在显著差异。为了促进区域经济的协调发展，非遗产业布局需要根据这些差异进行调整，使各地区能够充分发挥其比较优势，实现资源的最优配置，这也是实现以非遗产业促进地区经济发展的客观需要。

2. 实现国民经济的协调发展

非遗产业布局具有全局性、长远性和战略性，不仅关乎非遗产业自身的发展，还对经济建设、技术进步、环境保护、社会稳定以及文化传承与安全产生深远影响。合理的非遗产业布局能够避免由于不恰当的区位选择而导致的文化破坏、环境污染和运输成本增加等问题，从而推动非遗经济乃至整个国民经济的稳步发展。

3. 优化产业结构和提升经济效益

调整不合理的非遗产业布局，有助于建立合理的地区分工与协作，充分利用各地区的资源和技术优势，提升社会劳动生产率和经济效益。通过优化非遗产业布局，可以减少重复建设和资源浪费，促进非遗产业结构的优化升级，加快非遗经济的发展，尽快发挥投资效益。

4. 促进社会稳定和文化传承

调整非遗产业布局，有助于缩小地区间的经济差距，促进各地非遗产业的协调发展，增强文化认同和社会稳定。合理的产业布局可以为不发达地区带来更多的经济机会和发展资源，提高当地居民的生活水平，促进非遗的保护和传承以及社会和谐。

5. 保护生态环境，实现可持续发展

许多非遗产业，如传统手工艺、传统农业和食品制作等，都高度依赖当地的自然资源。因此，通过调整非遗产业布局，可以实现自然资源的合理利用，保护生态环境，维持生态平衡，推动可持续发展。合理的布局能够避免环境污染和生态破坏，确保非遗资源得以长期利用和传承，保障非遗的赓续传承与非遗产业的可持续发展。

（二）非遗产业布局调整的主要原则

1. 市场机制与国家干预双重调节原则

市场机制与国家干预双重调节原则以市场机制为主导，通过供需关系和市场竞争优化非遗产业布局，同时结合适度的国家干预和宏观调控，确保非遗产业布局的科学合理。国家干预应体现在非遗产业相关政策引导、基础设施建设和公共服务提供等方面，以解决市场失灵问题，保障非遗产业的健康发展。

2. 经济手段为主与行政手段为辅原则

在调整非遗产业布局时，主要应运用税收优惠、财政补贴、金融支持等经济手段，通过市场激励引导非遗产业布局。同时，必要时可辅以法律法规和行政规划等行政手段，实现非遗产业布局调整的有效性和科学性。

3. 适度的政府政策倾斜原则

政府应制定并实施适当的倾斜政策，通过财政投资、税收优惠、金融支持等手段，重点扶持和引导非遗产业在特定区域的发展。改善非遗产业投资环境，推动区域非遗资源的有效利用和保护，促进区域非遗经济繁荣。

4. 适时调整原则

政府应根据非遗产业布局的现状和发展目标，定期评估并及时进行产业布局调整，避免因布局不合理带来的经济损失和资源浪费。适时的非遗产业布局调整能够推动非遗"活化"，促进非遗产业健康、持续发展，从而更好地实现非遗的当代传承。

第四节　非遗产业组织

非遗产业学不仅研究非遗产业间的相互关系，还深入探讨非遗产业内部企业间的互动关系。不同于非遗产业结构理论、非遗产业关联理论与非遗产业布局理论，这些理论主要关注非遗产业间的相互关系与空间布局，而非遗产业组织理论则侧重于分析非遗产业内部企业的竞争与垄断关系，构成了非遗产业学研究的重要部分，其理论内容相当丰富。本节重点介绍非遗产业组织的概念与体系，以及非遗市场结构、市场行为、市场绩效等基本问题。

一　非遗产业组织概述

（一）非遗产业组织的概念

非遗产业组织指的是在非遗产业领域内，不同企业或机构之间的相互关系。这种关系不仅通过市场机制来体现，如市场交换、竞争与垄断、市场占有和资源配置等，还包括各企业在共同的非遗领域内协同合作与分工的动态联系。具体来说，非遗产业组织关注生产同类或具有高度替代性非遗产品的企业集合，以及这些企业在非遗商品市场上从事生产经营活动的方式和相互关系。

（二）非遗产业组织的体系

非遗产业组织体系是通过市场结构、市场行为和市场绩效的相互作用，形成的非遗企业间关系网络，旨在优化非遗资源的配置。该体系的核心任务是分析非遗产业内部企业之间的关系，揭示这些关系变化的规律及其对企业经营绩效的影响。首先，市场结构由市场供求环境决定，影响非遗产业内企业的竞争格局和市场份额分布。其次，市场结构制约企业的市场行为，如定价策略、生产决策和创新活动等，这些行为直接影响企业的经营绩效。最后，企业的市场绩效反过来又影响市场结构，形成动态循环。通过对市场结构、市场行为和市场绩效的综合分析，非遗产业组织体系不仅揭示非遗产业内部资源的优化配置路径，还为制定科学的产业组织政策提供理论依据。

二 非遗市场结构

（一）非遗市场结构的概念及特征

非遗市场结构是指在非遗产业中，企业之间市场关系的表现形式及其特征。它包括卖方之间、买方之间、买卖双方之间，以及现有和潜在市场参与者之间在数量、规模、市场份额和利益分配等方面的关系。这些关系决定了市场的竞争和垄断形式，反映了市场主体在交易中的地位、作用和比例关系。

非遗市场结构的主要类型包括完全竞争、完全垄断、垄断竞争和寡头垄断。完全竞争和完全垄断是极端形式，大多数现实市场介于垄断竞争和寡头垄断之间。非遗产业组织理论的研究重点在于分析垄断竞争和寡头垄断非遗市场结构下的市场行为与绩效，以及它们之间的相互关系，并提供政府干预的政策建议。这种非遗市场结构的分析有助于揭示非遗产业内企业的竞争动态，为优化非遗资源配置和促进非遗产业健康发展提供理论支撑。

（二）非遗市场结构的影响因素

非遗市场结构受到多种因素的影响，其中三个主要因素是非遗市场集中度、非遗产品差别化和非遗市场进入与退出壁垒。

1. 非遗市场集中度

市场集中度在非遗产业中表现为少数企业或组织在市场中的主导地位。这反映了非遗市场中的垄断与竞争程度。高市场集中度通常意味着少数企业控制了大部分市场份额，这可能影响非遗产业的资源分配与文化传承。影响市场集中度的因素包括规模经济水平、市场容量大小、行业进入壁垒的高度、企业间的合并自由度以及相关的政策和法规。具体来看，规模经济水平越高，大企业在市场中的地位就越稳固；市场容量越大，新企业进入的机会也越多；高进入壁垒保护了现有企业的市场份额，而相关政策和法规可以通过限制或促进竞争来影响市场集中度。

2. 非遗产品差别化

非遗产品的独特性和文化价值使其在市场上具有明显的产品差异，而高产品差别化可以增强非遗企业的竞争力，巩固其市场地位。因此，非遗企业通过产品研发、创新与品牌建设、市场宣传和优质配套服务的提供等手段，能够提升非遗产品的独特性和附加值，从而提升其产品市场占有率。非遗产品差别化在非遗产业中的表现具体包括手工艺品的工艺独特性、传统技艺蕴含的文化价值和历史背景等。

3. 非遗市场进入与退出壁垒

非遗市场进入与退出壁垒在非遗产业中也非常关键。进入壁垒包括高技术要求、文化传承的复杂性、资金投入以及相关法规等，这些因素限制了新企业进入非遗市场，保护了现有企业和非遗技艺的稳定性。退出壁垒包括设备专用性、文化传承责任、政策法规限制等，这些使得企业在退出非遗市场时面临诸多挑战。这些壁垒保障了非遗产业发展的持续性和传承的完整性。

三 非遗市场行为

（一）非遗市场行为的概念

非遗市场行为是指在非遗产业发展中，非遗企业依据市场供求状况并充分考虑与其他企业的关系，所采取的战略决策和行动。这些行为不仅受到非遗市场结构的影响，还会反过来作用于市场结构，并直接影响市场绩效。

非遗市场行为是连接市场结构和行业绩效的中间环节。市场结构对企业行为产生约束与引导作用，而企业行为则通过影响竞争态势和资源配置，反过来改变市场结构的特征。如在高集中度的市场中，非遗企业可能会采取更积极的市场策略，如品牌推广和差异化竞争，以巩固市场地位。通常企业行为受到内部和外部因素的制约。内部因素包括企业的产权关系、所有权与控制权的分配，以及企业内部的治理结构和管理水平。这些内部因素决定了企业的决策效率和执行能力。外部因素则涵盖了市场结构、行业绩效状况、产业政策和法律环境。这些外部因素影响企业的战略选择和市场行动。如政府的保护政策和市场法规可以为非遗企业提供发展支持，但也可能设置进入壁垒，影响新企业的进入和现有企业的市场行为。企业的市场行为方式由其经营目标驱动。对于非遗企业来说，经营目标不仅包括经济效益，还包括非遗传承与产业创新。非遗企业通过产品创新、品牌建设、市场推广等行为来提升市场占有率，同时兼顾非遗保护与传承。

（二）非遗市场行为的内容

非遗市场行为的内容主要包括以下三个方面。首先是定价行为，非遗企业通过控制和影响价格来达到市场目标，包括阻止新企业进入市场的定价策略、通过降低价格驱逐竞争对手以及实施价格歧视策略，以使利润和市场份额最大化。其次是非价格行为，非遗企业通过研发、技术创新和广告宣传等方式来形成产品差异，提升非遗产品的独特性和市场竞争力，相关市场促销活动也在其中起到重要作用。最后是企业组织调整行为，涉及非遗企业产权关系和规模的变动，如非遗企业的兼并、一体化、多元化经营和跨国经营等。这些非遗市场行为共同作用，影响非遗企业的市场地位和行业绩效，推动非遗产业的深化发展。

四　非遗市场绩效

（一）非遗市场绩效的概念

非遗市场绩效指的是在特定非遗市场结构下，非遗企业通过各种市场行为，使非遗产业在价格、产量、成本、利润、产品质量、产品品种及技术进步等方面所呈现出的实际状况。这一概念体现了非遗市场的运行效率和效果，是评估非遗产业经济活动成效的重要指标。

研究非遗市场绩效主要包括两个方面。首先，是对非遗市场绩效的描述和评价，主要从资源配置效率、产业规模结构效率及技术进步等具体方面进行分析，以直接或间接地反映非遗市场的基本情况，并对其优劣进行评估。其次，是探讨非遗市场绩效与市场结构、市场行为之间的关系，通过分析这三者的相互作用，寻找影响非遗市场绩效的关键因素，从而解释导致特定非遗市场绩效的原因。

（二）非遗市场绩效的分析模式

非遗市场绩效的分析可以通过 S-C-P（结构—行为—绩效）模式来进行，这一模式能够从短期和长期两个角度对非遗市场进行深入考察。首先，在短期内，非遗市场结构通常保持相对稳定，因此可以视为既定的。这种市场结构作为非遗企业的外部环境，决定了企业的生产经营和竞争策略。具体而言，非遗市场结构的状况引导并决定了非遗企业的市场行为。例如，非遗企业必须根据市场结构采取适应性策略，以确保其生存和发展。由此可见，非遗市场结构直接影响非遗企业的市场行为。而非遗市场绩效的优劣则依赖于企业的生产经营活动，如价格策略会影响利润水平，产品策略决定市场需求的满足程度，销售策略则影响销售成本等。换句话说，非遗市场行为决定了非遗市场绩效。因此，从短期来看，非遗市场绩效的直接决定因素是非遗市场行为，而非遗市场行为的基本制约因素则是非遗市场结构。其次，从长期来看，非遗市场结构是动态变化的，这种变化往往是非遗市场行为的结果，有时非遗市场绩效的变化也会直接影响其市场结构。例如，非遗企业的技术进步可以改变其产业成本结构、产品差异和进入条件，这些变化会导致非遗市场结构的调整。此外，非遗企业的合并行为可能提高市场集中度，而价格策略则会影响新企业的进入。因此，从长期来看，非遗市场结构、非遗市场行为和非遗市场绩效之间存在着相互作用和影响的关系。

第九章　非遗产业运营

今天，我们之所以特别关注和研究非遗及其产业的发展、创新这一重要问题，是因为非遗的发展推动了非遗产业的壮大。而随着非遗产业规模不断拓展与快速发展，其产业结构分化加快，新业态层出不穷，结构日益复杂。也就是说，非遗产业的发展进入了新的时期，这预示着市场与产业的发展有了更多的不确定性，研究非遗文化及其产业发展的意义，就在于持续不断地深耕市场发展前沿、探索实践案例、提升研究分析能力与水平、把握与引导产业发展方向、开拓产业创新发展的新空间，在不确定性中寻找稳定发展的可能性。基于此，本章主要分析了非遗产业的商业化、平台化以及场景化运营，以期在市场与产业前沿的总结和剖析中探寻新时代非遗产业发展之道。

第一节　非遗产业的商业化运营

非遗产业的商业化运营是将非遗通过市场化手段转化为具有经济价值的产品或服务的过程，是非遗产业发展的重要环节。其核心在于平衡非遗保护与商业开发之间的关系，实现经济效益与非遗传承的双赢局面。在现代社会发展与非遗消费迅速崛起的背景下，中华优秀传统文化作为中华文明的智慧结晶，毫无疑问已经成为商业领域不断创新的动力之源。我们看到，越来越多非遗符号、图案以及传说故事等文化元素被广泛应用于各类商业活动，形成了非遗文化 IP；且非遗产品设计能力不断提升，产品线延伸势头强劲，品牌塑造与传播能力持续增强，并通过非遗产品的消费体验，将蕴藏其间的丰富文化渗透到大众生活的各个层面，成为满足人民群众物质与精神文化需求的重要手段。这些非遗 IP 以及商业活动作为保护传承非遗的重要方式与载体，让非遗在现代生活中不断"活化"，在商业模式创新中绽放光彩。

一　非遗产业商业化运营的特点分析

（一）多维一体的非遗商业运营模式

非遗产业发展的核心在于将独特的文化价值转化为经济价值，实现文化与经济的双赢。如今，在非遗产业的商业化运营方面出现了多维一体的创新运营模式，这种模式将非遗的保护、传承、活化、创新、市场推广与现代技术应用紧密结合在一起，形成了一个全方位的运营体系。具体而言，这种模式涵盖了非遗传承、企业运营、产品创新、技术引入、展示展演、研学旅游、新媒体传播、流量明星、校企合作和园区建设等多个维度，不仅促进了非遗文化的传承与创新，还通过多渠道、多形式的市场推广推动了非遗项目的商业化发展。例如，非遗企业与高校的合作，为非遗产业发展储备了强大的智力支持和人才资源；具备专业素养与高超技艺，且掌据新技术与企业管理等知识的新一代传承人，大大激发了非遗产业创新活力。与此同时，非遗产业园区的建设为企业提供了集聚发展的平台，形成了显著的产业集群效应，提升了整体竞争力。现代技术的应用也为非遗市场与产业带来了新的机遇，通过数字化技术和新媒体平台，非遗项目吸引了更多年轻群体的关注。利用大数据和人工智能技术，非遗企业能够更精准地进行市场分析和产品推广，提升市场竞争力和经济效益。

（二）以传承人为核心的企业运营管理

非遗的传承依赖传承人的技艺和知识，这些传承人不仅是非遗技艺的掌握者，更是非遗企业的核心运营者，负责企业方针制定、日常管理、产品研发和人员培训等。这种模式能够有效保障非遗技艺的传承，推动非遗商业化发展。在保持技艺原真性和独特性的同时，一些非遗企业在发展中也积极探索以现代管理和运营策略提升其市场竞争力，利用大数据分析和数字营销手段展开精准的市场定位，不断优化其产品设计和推广策略，并结合线上销售渠道，扩大企业品牌影响力和产品市场覆盖面等。与此同时，非遗企业发展往往在注重经济效益提升基础上，还肩负着非遗传承使命与相应的社会责任，主要体现在非遗文化传承、社区发展乡村振兴以及环境保护等方面。通过商业化手段推动非遗技艺的保护和传承，避免其核心记忆失传、损毁、异化等，并在商业化发展中为当地发展带来一定的就业机会与经济收益，以促进社区发展，乡村振兴。如许多非遗企业与地方政府和社区合作，建立非遗传习所和培训中心，提供技能培训和就业支持，增强社区经济活力和凝聚力。

（三）产品与服务创新是非遗商业化运营的关键

非遗文化认同与市场需求的平衡对非遗产业商业化运营提出了新的挑战。我们知道，非遗承载着丰富的历史文化内涵，其价值不仅体现在产品本身，还在于其背后的故事与技艺。因此，近年来，在非遗产业的商业化运营中，必须深入挖掘和传承这些文化内涵，通过产品展示、消费与体验，增强消费者的文化认同，满足消费者日益个性化、多样化的消费需求。因此，近年来非遗企业在传统非遗产品的生产制作基础上，也在积极探索非遗产品形态创新和服务模式优化。

1. 非遗产品与现代设计融合服务新消费需求

需要看到的是，非遗产品因其独特的手工艺和制作流程在市场上具有不可替代的独特性。由于这些产品通常由非遗传承人手工制作，数量有限，因此具备一定的稀缺性和收藏价值。通过高品质和独特设计，非遗产品能够在市场上脱颖而出，吸引特定的消费群体。同时，面对当前日益兴起的新消费需求，非遗市场要求有更多价廉物美且消费便捷，能够满足广大市场消费者多样化、个性化需求的非遗产品出现。因此，将传统非遗技艺与现代时尚设计相结合，制作出的既具传统特色又符合现代审美的快消型非遗产品，也是非遗企业进行产品创新的一个重要方向。如皮影企业在传统皮影雕刻基础上，进一步研发了皮影首饰、挂件、摆件等衍生品，并创新皮影戏剧目，通过皮影艺术品、皮影衍生品以及皮影戏演出等多种商品形态满足多元的消费需求。这种融合传统与现代的做法，不仅保留了非遗文化精髓，还激发了非遗消费市场活力。

2. 现代科技发展为非遗产品创新带来新契机

非遗产业在商业化运营中必须不断进行产品创新，既要保持传统技艺的独特性，又要适应现代市场需求。那么引入现代科技就是必要的手段。非遗企业通过引入数字化技术、3D 打印技术等不仅提高了企业生产效率，创新了非遗产品形态与呈现效果，更极大地丰富了非遗消费体验，显著增强了非遗产品的市场竞争力，扩大了非遗文化的影响力。如数字化技术的应用使非遗产品在展示和传播方面更具互动性和观赏性，通过沉浸式数字体验，消费者可以全方位感受非遗文化魅力，增强文化认同感和消费体验感。现代舞美灯光技术的运用也使得演出类非遗项目的呈现效果更加震撼和生动，吸引了更多年轻观众的关注。这种融合传统与现代的做法，不仅保留了文化精髓，还满足了当代市场的多样化需求，为非遗的传承和弘扬提供了新的路径和平台。

（四）非遗品牌建设与企业社会责任的综合实践

非遗产业商业化运营的一个重要特点是系统的非遗品牌建设和推广，这是非遗企业提升其产品市场知名度和美誉度的重要路径。品牌建设既涵盖品牌定位、品牌故事挖掘、品牌形象设计等内容，又包括以产品广告、社交媒体推广，参与展览、演出、文化交流及商业活动等方式展开的多维非遗品牌打造与传播，在增强消费者非遗文化认同感的同时不断筑牢非遗品牌忠诚度。此外，在非遗产业的商业化运营中，非遗企业还肩负着巨大的社会责任。一方面，其企业发展需要继续遵循非遗与自然和谐共处的基本理念，推动非遗产业可持续发展，注重采用环保材料和工艺，减少产业发展过程中对环境的影响，并积极宣传环保理念，提升公众环保意识。另一方面，非遗企业需要通过商业化手段推动非遗技艺的保护和传承，避免出现遗失、损毁与异化等问题，并为当地社区发展与乡村振兴带来就业机会和经济收益。如许多非遗企业就在与社区合作过程中，通过建立传习所和培训中心，为社区居民提供技能培训和就业支持，增强社区非遗传承活力，提升社区凝聚力。非遗企业的这种综合实践无疑为社会带来了广泛的文化和环境价值，更彰显了非遗产业发展在现代经济社会中的独特作用和重要意义。

（五）多渠道的市场推广与销售模式

通过新媒体平台、流量明星合作和校企合作等多种方式，非遗企业在市场推广方面取得了显著成效，不断扩大非遗文化影响力，这也成为当前非遗产业商业化运营的特点之一。这种多渠道的推广策略在提升非遗企业知名度的同时，还吸引了更多年轻消费群体的关注与兴趣。另外，非遗产品销售渠道的日益多样化主要体现于非遗线上消费与线下消费两个层面。非遗线上消费主要是通过电商平台、自营网站和社交电商等实现的，而线下消费则涵盖非遗产品专卖店、文化旅游景区、博物馆商店和艺术展览、商业空间等场所。此外，非遗企业还积极参加国内外各类文化展览和博览会等活动，拓展非遗海内外市场，进一步扩大其影响力。在具体实践中，多渠道的市场推广与销售模式主要表现为：一是举办非遗技艺体验活动，设立工作坊，让消费者亲身体验制作过程，增加与产品的情感联系；二是通过社交媒体互动和粉丝社群的建立，进一步增强消费者的参与感和归属感，提升客户忠诚度；三是通过非遗展示展演和非遗研学旅游等活动，将传统非遗文化以更加直观、生动的方式呈现给公众等。通过这些多维度、多渠道的推广和营销策略，非遗企业不仅实现了市场知名度的提升，还增强了文化传承的实际效果，促进了非遗的广泛传播及其产业的蓬勃发展。

二 非遗产业商业化运营的问题与趋势

（一）非遗产业商业化运营的主要问题

1. 非遗企业组织架构亟待合理化

非遗企业，特别是小微企业，常常面临管理人员匮乏的问题，其组织架构的合理化亟待提升。许多非遗企业主要是由传承人、家族成员和学徒组成。尽管非遗传承人在技艺上具备卓越的专业知识和技能，但他们往往缺乏现代企业管理和市场营销的经验，导致企业在管理和市场推广方面存在显著不足。此外，家族成员和学徒通常也缺乏专业的经营和推广知识与能力，这进一步加剧了企业内部的管理困境。这种人员架构的不合理性直接影响了非遗企业的管理效率和市场竞争力，使企业难以制定和实施有效的管理策略和市场推广计划，导致企业在市场竞争中处于劣势，发展潜力受限。因此，非遗企业在人员架构和管理模式上亟须进行合理化调整，要引入专业的管理和市场营销人才，提升内部人员的专业素质和管理能力，以适应现代市场环境的需求，实现企业的稳步发展。

2. 非遗产品定价标准尚不明确

尽管目前多数非遗企业在商业经营中已形成初步的产品定价策略，但市场需求波动，以及非遗产品的独特性和手工制作过程的复杂性导致的成本多样化特性，产品缺乏统一的定价标准，市场销售存在定价随意与混乱现象，消费者难以判断非遗产品的真实价值，进而影响企业收益，损害消费者信任。也就是说，非遗产品制作过程的复杂性和成本差异、市场需求的波动性以及价格信息的缺乏，都使得非遗产品的价格难以被合理评估。为解决这些问题，非遗企业亟待建立科学合理的定价机制，通过行业协会和专家制定相关的定价标准和指导价格，从而确保非遗市场定价的透明公正。与此同时，非遗企业还应通过成本核算和市场分析，建立科学的定价体系，并加强与消费者的沟通，通过产品说明和制作过程展示等方式，努力提高消费者对非遗产品价值的认知，增强其信任感与购买意愿，促进非遗产业快速发展。

3. 非遗产业政策落实仍需加强

近年来，虽然国家对非遗保护及其产业发展的支持力度持续加大，但在具体政策的落地执行上仍存在诸多不足。非遗企业管理者普遍反映的一个问题就是政策资金扶持，这极大地阻碍了企业创新发展的步伐。其具体表现在以下三个方面。一是非遗产业发展的政策宣传不到位，导致许多非遗企业无法及时获取相关政策信息，错过了重要的政策机会，无法充分利用政府提供的支持和资源。二是政策实施过程中存在审批烦琐、资金发放迟缓等问题，削弱了政策的实际效果。许多非遗企业在申请政府扶持资金时，需经过较为复杂的审批流程，耗费大量时间和人力资源，即使审批通过，资金的发放也可能存在拖延现象，影响了项目的推进和实施。这种情况在小微企业中尤为明显，因为它们缺乏应对烦琐手续的资源和能力，导致政策红利难以真正落地。三是政策的区域差异性和执行标准的不一致性，也对非遗企业的发展产生了不利影响，不同地区在政策执行上的标准和要求有所不同，使企业在跨区域经营和扩展时面临额外的困难和挑战。为了解决这些问题，非遗产业政策的实施需要进一步优化和完善，要加大政策宣传力度，确保非遗企业能够及时获取最新的政策信息，通过设立专门的政策信息平台、举办政策解读讲座和培训等方式，提高企业对政策的知晓度和利用率；简化审批流程，提高资金发放的效率，深化推进"互联网+政务服务"，通过在线审批和电子化流程，减少审批时间和程序，确保非遗产业支持资金的及时到位，从而支持非遗企业的发展和创新。此外，政府应加强对政策执行的监督和评估，确保政策在各地区的执行标准和效果一致，通过定期评估和反馈机制，及时发现和解决政策实施中的问题，确保政策红利真正惠及非遗企业，推动非遗产业的快速、健康发展。

（二）非遗产业商业化运营的发展趋势

1. 多元化与现代化是非遗产业商业化运营的重要趋势

随着市场对非遗文化认知的日益加深，非遗产业的商业化运营模式正朝着多元化、专业化和现代化的方向发展，这既是其运营特点，也是其发展的重要趋势。第一，非遗企业通过多元化产品开发，将传统技艺与现代设计巧妙结合，创造出既具传统韵味又符合现代审美的独特产品。第二，线上线下相结合的多渠道销售模式逐渐成熟。线上通过电商平台、自营网站和社交电商打破地域限制，线下通过专卖店、文化旅游景区、博物馆商店和各大商业街区等提供消费体验，从而形成全方位的非遗市场覆盖。第三，文化旅游和研学体验成为非遗产业的新兴趋势。非遗企业通过文化旅游项目和研学活动，吸引游客和学生深度体验非遗技艺，增加互动性和参与感，从而推动非遗文化的教育和传播。第四，非遗跨界合作也是其产业发展创新的重要方向。非遗企业与时尚品牌、影视娱乐和餐饮等行业携手，拓展产品应用场景，提升品牌知名度和市场传播力。例如，通过与流量明星合作并利用新媒体平台推广，吸引年轻消费者关注，为非遗新时代的活化注入动力，使非遗传承焕发新机。这种多元化与现代化的发展趋势将为非遗的传承与创新注入源源不断的动力，激发非遗产业发展的无限潜力。

2. 技术引领是非遗产业商业化运营的未来趋势

现代技术的持续引入将进一步加速非遗产业的创新步伐，推动其商业化运营向更高层次发展。未来，非遗企业将在保持传统技艺的基础上，不断应用现代科技提高其产品和服务的附加值，可以说，科技与非遗的深度融合已经是当前乃至未来非遗产业发展中最需关注的趋势。数字化技术和大数据分析将帮助非遗企业实现精准的市场定位、分析与反馈，优化非遗产品设计，扩大其传播和消费范围。人工智能（AI）技术用于数据分析和消费者行为预测，将使非遗企业制定更有效的营销策略，明确产品开发方向。虚拟现实（VR）和增强现实（AR）技术的应用，将通过沉浸式体验和互动平台，显著提升非遗文化消费的体验感和满足感。VR技术让消费者在虚拟环境中亲身体验非遗技艺，AR技术通过智能设备展示产品的历史和制作工艺，增强文化价值和吸引力。此外，区块链技术的应用将实现非遗产品生产过程和传承信息的完整溯源，增强产品真实性和消费者信任度，同时保护知识产权，防止盗版和伪造。5G技术的推广将支持非遗产品的实时互动和远程展示，提供高速稳定的网络连接，使非遗企业能够进行实时的在线展示和互动。

三 非遗产业商业化运营的基本框架与体系

（一）拓展商业运营市场运营体系

非遗商业化市场运营体系要实现传统非遗与现代商业的深度融合，焕发非遗新活力，需要继续在品牌建设、销售渠道拓展、文化活动丰富和消费者需求满足等方面深入发展。第一，要进一步打造强有力的非遗商业品牌，通过深入挖掘非遗文化的独特性和故事性，设计能够触动消费者情感的个性化产品和服务，提升非遗市场认知度，利用媒体宣传、网络直播和社交媒体等现代手段进行商业推广，形成非遗品牌差异化竞争优势。第二，销售渠道的多元化拓展。将非遗线上线下消费渠道进一步融通，通过电商平台设立非遗专区，并探索O2O联动机制，实现精准营销，提高客户黏性和复购率。同时，打造非遗线下实体店的体验式消费空间，增强消费者的参与感、互动感。第三，推进非遗与商场活动和节日庆典的融合，通过沉浸式体验、互动展览和非遗文化主题公园等形式，与商业地产运营商和文旅机构建立长期合作，创造独特的非遗消费场景，吸引更多消费者参与。同时，丰富民俗文化活动内容和形式，结合现代科技手段，打造互动性强的非遗文化体验项目，开发非遗文创产品和文化旅游业务，扩大非遗文化的商业化运营范围。

（二）建设商业运营的技术支持体系

非遗商业运营的技术支持体系建设，核心目的是通过技术支持升级非遗商业消费体验。在非遗保护和商业化运营过程中引入现代科技，以提升文化传承的效率，为非遗消费者带来更深层次的消费体验。技术引入的方向主要包括以下四个方面：第一，通过高精度的数字化技术进行非遗及其资源的全面记录，建立详细的非遗数字档案，确保其文化的完整性和真实性。这为非遗的长久保存与进一步的研究、发展、传播、消费和共享提供可靠的资源基础。在实际操作中，许多非遗项目已经开始使用三维扫描、高清摄影和数字化存档技术，记录工艺流程和文化细节，为后续传承和展示提供了详实的数据支持。第二，虚拟现实技术的应用为非遗展示和传播提供了新的途径。通过VR技术，观众可以身临其境地体验非遗文化，无论是传统技艺的展示还是历史场景的再现，都能带来前所未有的沉浸感。近年来，非遗展览和博物馆中已有大量这方面的尝试，技术应用带来的互动性强、体验感好的非遗消费体验不断释放了非遗文化的魅力。第三，电商平台为非遗产品提供了广阔的市场空间。通过与电商平台的合作，非遗产品实现了在线展示和销售，打破了地域限制，拓展了市场份额。基于电商平台的大数据分析，非遗产品更好地契合了当下新消费需求的满足，同时也进一步优化了非遗产业供应链，提升了市场运营效率。此外，电商平台还推进了非遗消费反馈机制的形成，促进了非遗商业项目运营策略的及时调整与不断改进。第四，物联网技术在非遗商业化运营中的应用也具有重要支撑作用。通过物联网设备的发展更新，非遗产品的智能化管理得以实现，从生产到销售全过程监控，提高了运营效率。如一些高端手工艺品和食品类非遗产品在制作过程中就利用物联网技术实时监控原材料质量，从而确保了产品的高品质，显著提升了非遗生产管理水平。

（三）健全商业运营的人才培养体系

健全非遗商业运营的人才培养体系是实现非遗商业活力迸发与其产业蓬勃发展的根本保障。首先，应聚焦于非遗传承人的培养与发展，政府和企业需加大对传承人的培训力度，多种措施并举持续提升传承人的技艺水平，同时要进一步激发他们的创新能力。中共中央办公厅、国务院办公厅印发的《关于进一步加强非物质文化遗产保护工作的意见》，中宣部、文化和旅游部、财政部联合印发的《非物质文化遗产传承发展工程实施方案》，文化和旅游部印发的《"十四五"非物质文化遗产保护规划》，都明确提出要拓宽人才培养渠道，推动传统传承方式和现代教育体系相结合，创新传承人培养方式。近年来，中国非遗传承人研修培训计划也在"强基础、拓眼界、增学养"的基础上帮助传承人掌握现代技术和管理知识，推动其在现代商业环境中游刃有余。此外，现代管理和市场营销人才的引进同样不可或缺。这些人才能够为非遗项目注入新的活力，优化资源配置，提高运营效率。通过精准的市场调研和数据分析，他们能够洞悉消费者需求，帮助非遗产品在竞争激烈的市场中脱颖而出。实践证明，成功的非遗商业运营案例往往重视多层次的人才培养。如阿里巴巴旗下的淘宝大学与非遗项目合作，提供专业的电商培训，使传承人和小微企业主掌握电商运营技能，实现非遗产品的线上销售和品牌推广。杭州的中国丝绸博物馆通过与高校合作，培养了一批既懂传统技艺又具备现代管理思维的人才，推动了丝绸文化的创新发展和市场推广。这种多层次的培养模式，使非遗传承人和现代管理人才相得益彰，共同推动非遗文化在现代商业环境中的传承与发展。

（四）建立商业运营的评价反馈体系

要想非遗商业运营健康长远发展，就需要建立科学的评价反馈体系，以全面、准确、科学地评估非遗商业项目的经济效益、文化影响和社会效益。如在经济效益方面，通过销售额和市场份额等指标来衡量其商业表现；在文化影响方面，通过文化传播范围、公众参与度和话题度等指标评估其文化传承贡献；在社会效益方面，通过就业机会和社区发展等指标来衡量其社会影响。基于这些评价结果，及时反馈和调整商业运营策略，优化销售模式，改进宣传推广方式，从而提升非遗商业项目的市场传播效率和公众认知度。毋庸置疑，完善的评价反馈体系能够帮助我们发现并解决实际运营中不断暴露的各项问题，能够为非遗商业运营提供持续改进和提升的方向。

（五）完善商业运营的政策支持体系

通过政策支持推动营商环境优化，实现非遗商业运营升级。首先，政府应制定专项非遗商业发展与扶持政策，提供资金支持、税收优惠和技术援助，营造良好的运营政策环境，推动非遗商业化运营的创新与发展。具体措施包括设立专项资金，为非遗商业化运营项目提供低息贷款和直接资助，减轻运营的资金压力；实施增值税减免和企业所得税优惠等税收政策，降低运营成本。其次，加强政府在非遗商业运营方面的管理和服务，简化相关活动的审批流程，提高政策执行的效率和透明度，确保政策红利真正惠及非遗企业。此外，政府应组织技术培训和提供现代技术设备，推动非遗产业在技术创新和数字化转型方面的探索和应用。《中共中央关于进一步全面深化改革 推进中国式现代化的决定》指出，要健全促进实体经济和数字经济深度融合的制度，这为非遗商业领域的数字化探索和转型提出了新要求。随着国家对非遗保护和发展的重视，以及相关政策支持的系统化、精准化，相信非遗产业将获得更为优良的发展环境，有效克服资金、市场等方面的发展障碍，加快产业创新。

 四 非遗产业商业化运营实践中的问题剖析

（一）以传承人为核心的创新主体培育亟待加强

当前，非遗商业化运营领域的创新主体培育不足，制约了其发展，因此要加快培育以传承人为核心的创新主体。其原因在于以下三个方面。一是非遗企业与产业发展具有显著的共同演进作用，必须通过企业创新提升产业竞争力。二是非遗产业商业化运营需要构建多维一体的创新模式，而这种模式的形成需要融合多渠道、多领域的发展路径，培育具有综合服务能力的产业主体和平台，唯有如此，才能切实推动非遗的传承发展与消费共享。三是在非遗产业商业化运营中，传承人作为非遗传承及其产业创新的核心力量，作为非遗企业的重要组织者、参与者，其作用的发挥至关重要。传承人的管理水平、创新理念和开放态度可以激发非遗产品的创新能力，拓展产业发展边界，增强产业综合竞争力。然而，仅靠传承人个体的创新难以实现非遗企业的规模增长和现代化管理水平提升。因此，企业需为传承人提供系统的管理培训和技术支持，帮助其适应现代市场环境的发展需求。通过以传承人为核心的创新主体培育，能够进一步推动非遗产业的全面发展和现代化升级。

（二）非遗产业发展需要警惕非遗的商业化风险

在全球化和市场经济的推动下，非遗产业的商业化运营成为实现非遗传承与经济发展的重要路径，但随之而来的商业化风险需要警惕。以下三点尤为重要。首先，要保持非遗的真实性。地方政府和商人过度强调非遗的商品价值，导致其原真性和文化内涵被扭曲。在市场需求驱动下，非遗产品在内容和形式上被改造、改编，传统手工技艺在低成本大批量生产中失去了独特性，民族歌舞和民俗礼仪被简化成商业演出。因此，我们一再强调，非遗的展示和传承必须保持其原有的文化内涵，确保其真实性和完整性。其次，在非遗的商业化推广过程中，非遗文化内涵容易被淡化或误读，导致消费者对非遗的理解浮于表面，形成文化断层。因而在开发非遗产品时应注重文化创意的融入，通过创新设计提升产品的附加值，避免简单复制和机械生产。此外，过度商业化开发还可能破坏非遗所依赖的自然和文化生态。如随着城市化和工业化的快速发展，出现过文化遗产保护为经济建设让路的情况，历史建筑和传统村落被盲目拆除，破坏了非遗的文化生态。因此，需要建立严格的非遗商业化标准和规范。同时，加强文化教育和宣传，提高社会对非遗保护的认知和参与度，探索非遗与现代科技的结合，

（三）商业运营中传承人权益保护亟待加强

非遗商业化运营过程中，涉及多方权益的保护问题，其中传承人权益保护问题尤为突出。传承人在商业化运营中往往处于弱势地位，面临着收益分配不公、知识产权保护不足、劳动保障缺失、社会地位较低等问题，迫切需要通过机制创新和法律完善加以解决。具体来看，一是收益分配不公问题。尽管非遗项目通过商业化发展带来了可观的经济效益，但传承人作为核心创造者和传承者，常常无法公平分享这些收益。传承人缺乏应有的话语权，收益分配机制不健全，导致其劳动和贡献未能得到应有的回报，这不仅影响了他们传承的积极性，也阻碍了非遗的可持续传承与发展。二是知识产权保护不足问题。这是非遗保护及其产业发展中一直以来难以突破的重点问题。由于非遗知识产权归属模糊，传承人的传统工艺和技艺容易被模仿、被盗用，他们难以通过法律手段获得应有的补偿和保护。这种保护不足的状况，削弱了非遗传承人对自身技艺的控制和利益获取的保障，进一步加剧了其在商业化过程中的弱势。三是劳动保障缺失问题。许多传承人在非遗商业化过程中缺乏基本的劳动保障，如劳动合同、社会保险和职业培训等。这不仅影响传承人的生活质量，也制约了非遗技艺的传承和发展。四是社会地位较低问题。尽管二十年的非遗保护工作已经大幅提升了非遗传承人的社会地位，形成了国、省、市、县四级传承人名录体系，但仍有大量传承人的地位未达到其应有的高度，影响了其各项权益的保护。传承人常因收入低、社会认同感差而地位不高，这也进一步削弱了他们传承和发展的动力。因此，亟须通过有效措施推进传承人权益保护的实现。这包括：进一步完善收益分配机制，确保传承人公平分享经济效益；加强知识产权保护，明确非遗技艺归属，防止侵权；建立劳动保障机制，提供社会保险和职业培训；加大社会宣传和教育力度，提高公众对传承人的尊重和认同；修订和完善相关法律法规，制定明确的权益保护条款等。

第二节　非遗产业的平台化运营

近年来，非遗产业蓬勃发展，获得了广泛的关注。这离不开我国非遗资源的丰富、人民对物质和精神需求的不断提升、政府政策支持的大力推进以及无数非遗产业领域从业者的辛勤努力。与此同时，非遗产业的平台化运营模式也发挥了重要作用。平台化运营模式通过互联网科技和平台化网络效应，推动了文化产业供给侧结构性改革和非遗产业的转型升级，满足了人们日益增长的文化需求。它促进了非遗产业在空间、市场、资金、人才和技术等方面的资源共享，显著提升了资源配置效率。此外，这一模式构建了企业信用体系，增强了社会和消费者对非遗企业及其产品的信任，积累了社会资本和公信力，从而推动非遗产业迈入健康、可持续发展的良性轨道。

一　非遗产业平台化运营的特点分析

（一）公信力的建立与维护

非遗产业平台化运营的核心在于打造"公信力"，这是实现成功运营的基础，也是平台化运营的最大价值。在非遗产品的市场交易中，平台的最大功能是通过"公开、公平、公正"原则建立公信力，整合资源，管控风险，信息透明共享，降低交易成本。非遗产业平台化运营需要严格遵循"三公"原则，依托具备金融牌照资源的文交所交易平台或专业化的非遗电商平台，将传统线下非遗产品交易与"互联网""文交所"和"电商"相结合，构建全新的综合性互联网电子化交易平台，这极大地促进了非遗产业的发展。平台化运营机制可以聚集大量非遗资源、产品和产权交易信息，推出非遗系列产品投资或消费指数，便于消费者和投资者参考选择，降低参与风险。借助互联网科技，平台能全方位推广和宣传非遗项目及传承人，深度整合非遗产业资源，为生产和消费市场提供专业化服务，实现"省时、省力、省心、省钱"的交易体验，从而实现非遗产业平台化运营的高效、便捷、功能齐全以及经济实用的基本目标。

（二）强大的社交功能与完善的分销激励机制

随着互联网技术的不断更新和平台化运营模式的创新，非遗产业平台的社交功能需求日益增强，分销激励机制也日趋完善。具体表现为以下三方面。第一，平台的开放性。运营的开放性使得平台界面友好、亲和力强，从而吸引了更多用户，形成了会员生态链和消费生态圈，从而扩大了会员规模、提升了会员消费能力。第二，平台的社交性。通过实时沟通和互动交流，平台为会员提供高效、便捷的线上线下服务，同时为平台运营提供真实、有效的客户信息和数据，提升了用户体验和消费聚合力。第三，平台化运营模式结合了层级分销激励机制，使中心化的销售体系不断裂变，并且基于分销层级不超过三级的限制，确保了平台运营的合法性。互动开放性和分销激励机制的叠加，促使平台产生强大的内生动力和自我繁殖能力，从而实现会员传播、消费需求和消费能力的持续增长，推动平台的高速发展。

（三）吸引社会资本助力非遗产业发展

我国非遗资源的开发和非遗产业的发展一直面临企业数量少、规模小、产业基础薄弱等问题，再加上运营模式的局限性和产业信息的封闭性，导致非遗产业难以通过传统商业和产业化手段深入发展。近年来，非遗产业平台化运营模式的出现，为这一困境带来了转机。平台化运营不仅优化了社会资源，实现了共享，还显著提升了市场资源配置效率。一方面，这种模式能够深入挖掘非遗发展的投资需求；另一方面，通过构建非遗资源的价值发现平台，提升了非遗资源的价值发现能力。在这一情况下，平台化运营除了依靠文化产业专项扶持资金和产业发展基金，还能有效吸引社会资本的关注和涌入。随着社会资本的不断进入，非遗产业实现了集群化和规模化发展，龙头企业也得以快速成长。"小罐茶"品牌的打造就是一个例子，其在发掘我国茶文化资源基础上，通过现代工业化手段和文化创意理念，对传统茶叶生产流程、工艺和包装进行了卓有成效的改良，大幅提升了生产效率，取得了显著的经济效益。这一案例为更多社会资本进入非遗产业、助推非遗企业发展提供了宝贵的经验和借鉴。

（四）基于大数据支撑的平台数字化

随着大数据时代的到来，数字化信息已经深度渗透到文化产业的各个领域，非遗产业也迎来了数字化转型的机遇。在我国经济快速发展的背景下，非遗产业迅速崛起，互联网科技和移动电商的发展为其增添了腾飞的动力。如今，非遗产业的"大数据"和"数字化"信息已成为关键的生产要素。非遗产业平台化运营的数字化特征日益凸显，一个重要体现就在于精准的客户画像功能。平台通过收集和分析客户的操作和消费行为数据，能够详细描绘每一位客户的消费习惯和潜在需求，从而极大地提升客户在平台上的消费体验和舒适感。这种数字化运营要求构建强大的数据支撑平台，实现非遗产业市场信息的及时更新与反馈。通过动态展示非遗产业数据、提供管理数据的搜索与分析功能，为政府、企业、非遗传承人、投资机构、研究机构以及非遗消费者的决策提供海量数据支持，从而推动非遗产业的全面数字化转型。

二 非遗产业平台化运营的问题与趋势

（一）非遗产业平台化运营的主要问题

1. 创新模式相对单一

近年来，随着国家对非遗保护和产业发展的高度重视，非遗产业平台化运营模式不断创新和扩展。然而，从整体来看其平台创新能力仍显不足，无论是在外在形式上还是内容上，创新方式和运营模式都相对单一。这不仅体现在运营模式上，还反映在功能取向的单一上。回顾过去几年的发展，非遗市场的交易和运营服务平台过于依赖电子商务的线上部分，忽略了线下展示和推广。这导致非遗产品在市场上的有效需求不足，电子化交易容易引发虚假交易和价格波动，甚至由于缺乏自律和监管而出现违规现象。同时，非遗跨界产品和文创类产品的系统化开发和市场化推广也被严重忽视，使得平台化运营模式和发展方向出现偏差。为此，应在保留线上交易便利性的同时，加强线下体验和展示，通过非遗展览、非遗文化节与体验馆等线下活动的广泛开展，促进非遗产品与消费者的互动交流，增强消费者对非遗产品感官认知和文化认同的提升。同时，注重非遗跨界产品和文创类产品的开发、创新与推广，拓宽非遗产业市场空间和消费群体。

2. 综合化服务功能缺失

在非遗产业平台化运营模式的发展中，存在一个无法回避的问题，即运营平台的综合服务功能尚存缺失。非遗资源及其产品的特殊性需要因地制宜地开发和创新综合性服务功能。例如，除了静态展示和交易结算功能外，还需要在交易效率、结算便利、物流快捷和配套金融服务等方面提供更多综合服务，尤其是动态化、立体化和艺术性的展示将给非遗消费者带来极大的感官刺激和消费冲动。然而，当前的非遗平台化交易运营模式仍主要围绕标准化、批量化和形式化的传统电子商务模式，综合服务功能尚未得到充分体现，因此难以发挥平台化交易运营应有的市场价值和引领作用。平台应加强综合服务功能的建设研发和持续创新，提供全方位、多层次的服务，如进一步优化物流配送体系，促进非遗产品消费的安全、快捷运输；引入金融服务，提供贷款、保险等支持，降低非遗企业的运营成本和风险；搭建互动性强的展示平台，利用虚拟现实（VR）、增强现实（AR）等技术，提升非遗产品的展示效果和用户体验等。

3. 融合化和创新性有待提升

当前阶段，我国非遗平台化运营的融合化和创新性仍需加强。这并非因其完全缺乏融合和创新，而是因为其发展水平尚不能满足非遗市场日益增长的消费需求。现有的非遗文化资源尚未能与现阶段的文化市场、艺术设计、时尚生活和传播环境等其他文化资源进行有序融合，也未能有效利用科技、旅游等跨界资源。这种不足限制了非遗产业的进一步发展和市场潜力的充分发挥。因此，平台应积极探索非遗资源与其他文化资源的深度融合，打造跨界合作的创新模式，如将非遗资源进一步与现代艺术设计融合，推出富有文化内涵和时尚元素的高质量、高附加值产品；将非遗与旅游资源深度融合，开发更加特色化的非遗旅游路线，吸引更多游客感受非遗魅力；借助科技手段，提升非遗产品的生产效率和品质，从而提升其文化感染力与市场竞争力等。

（二）非遗产业平台化运营的发展趋势

1. 平台化运营的规模化、集约化与专业化

非遗产业平台化运营正逐步向规模化、集约化和专业化方向迈进。实际上，企

业的规模化发展是为了做大，而集约化发展是为了做强，专业化发展则意味着做优，以此为目标，非遗文化企业需要深入某一领域，重点发展具有独特特色的非遗产业。从全球范围来看，技术领先和专业化发展是文化企业兼并重组的内生动力。然而，在非遗产业发展进程中，真正具备竞争力的特色非遗文化企业仍然较少，它们普遍缺乏文化创意，习惯盲目跟风，产品质量低下，同质化严重，经营管理专业化程度较低。而要实现非遗企业的专业化发展，首先要因地制宜，找准特色定位，深入挖掘文化内涵，吸收中华优秀传统文化元素，打造具有浓厚地域特色的文化品牌。同时，要重视人才、科技和创新，鼓励以知识产权、技术要素和管理价值入股非遗文化企业。通过产业化经营和市场化运作，完成非遗的保护和开发，从根本上推动非遗的可持续发展。为此，需要为非遗资源开发提供公共技术、人才培训、产品评估咨询、对外宣传和国际交流等服务，并在国家、省、市、县四个层面编制非遗保护名录，强化管理。非遗企业应积极构建产学研知识产权联盟，促进知识产权管理服务与企业创新活动的有机结合，提升非遗产业的规模化、集约化和专业化水平。

2. 平台化运营的多元融合驱动

随着互联网科技的飞速发展，非遗产业平台化运营呈现出"运营平台+非遗文化+其他（金融、科技、旅游等）"的综合化、融合化发展趋势。当前，非遗产业交易运营服务平台的创新主要集中在多元化、融合化方面。首先，通过非遗产品的传承创新和交易运营模式的创新，延伸非遗产业链，拓展非遗产品市场，推动非遗产业规模化发展。其次，交易运营模式的创新与非遗产品的多元化发展紧密结合，不仅关注传统非遗产品，还积极挖掘跨界非遗产品、非遗艺术衍生品等新兴市场。最后，基于大数据技术，非遗产业平台化运营能够深度把握和挖掘消费者的真实需求，促进交易运营平台与电子商城的深度融合。

3. 非遗产业与科技、金融、旅游深度融合趋势

近年来非遗产业的发展实践证明，与科技、金融、旅游的融合发展已成为非遗产业平台化运营的重要趋势。非遗产业与互联网科技的结合，特别是移动互联网技术的创新，推动了非遗产业平台化运营的快速发展，实现了产业发展的新高度、新水平。科技创新为非遗产业的规模化、集约化、专业化发展提供了内生动力和实施路径，使非遗产业领域不断涌现新的业态。与此同时，非遗产业与金融的融合，为传统非遗产业的创新和升级注入了新能量，带来新机会。平台的众筹、订单质押、信用担保等金融服务功能，解决了非遗产业融资难的问题。最后，非遗产业与旅游产业的融合发展，使非遗通过旅游实现了活化，旅游因非遗变得更加丰富多彩。非遗与旅游的结合，将非遗文化融入全国各地的风景名胜和旅游景观中，极大地增强了文化吸引力和消费吸引力，带来了显著的经济效益。

三 非遗产业平台化运营的基本框架与体系

(一) 核心价值体系的建立

建立非遗产业发展运营平台的核心价值体系，必须立足于"四公"原则，即公开、公平、公正和共享，以此构建平台的公信力。这一体系应专注于非遗项目及其产品的价值发现和提升，致力于打造全新的非遗生态产业链共享平台。具体而言，即以运营平台为核心，以非遗传承项目、传承人及其作品为主体，在充分考虑非遗及其产品的非标准化、资源个性化、价值构成多元化、开发增值特性和价值提升特性等多重属性基础上，通过建立开放共享的非遗作品及市场信息数据库，形成全新的市场定价、支撑服务、技术服务和信息服务体系。同时，平台化运营需要建立全面的支撑服务体系，包括确权登记、鉴证备案、展示交易、资金结算、仓储物流、金融服务等，通过完善的支撑服务体系，提升非遗产业的整体运营效率。此外，要结合线上非遗商城和线下体验销售平台，实现直观互动的高度融合，从而提升平台价值发现、服务响应和运营效率等方面的表现。

(二) 征信管理体系的建立

在中国非遗产业的发展中，建立以征信管理体系为核心的诚信机制，是突破产业和市场发展瓶颈的关键，也是确保市场规范与有序发展的重要保障。为了实现这一目标，非遗产业平台化运营需依托国家法律法规，系统化地收集、整理、保存和加工非遗传承人及相关机构的市场信用信息。该征信管理体系的核心包括：为客户提供专业化的信用报告、信用评估及信用信息咨询服务，帮助评估和防范非遗市场中的信用风险，推动对非遗市场信用的科学化、规范化管理。具体而言，征信体系分为两大系统：首先是以企业法人为主体的法人信用征信系统，负责对非遗相关企业的信用进行评估；其次是个人信用征信系统，专注于对参与非遗市场的个人交易行为及其社会活动的信用进行管理。

(三) 信息共享服务体系的建立

信息共享服务体系的建立对于解决非遗产业在发展过程中面临的诸多问题具有重要意义。这些问题主要包括非遗产品的确权、估值、溯源、侵权以及信息不对称等。通过建立有效的信息共享服务体系，可以显著改善这些问题并优化信息流通。具体而言，该体系通过信息化管理系统和开放式服务平台，实现非遗市场及产品信息的全面共享，包括非遗传承人数据、非遗产品价格、收藏者和消费者反馈、产品价值评估、交易记录及产品溯源等信息。通过这些系统，相关数据将被准确收集和处理，并有序提供给相关信息使用者和需求者。运营平台的信息共享服务体系将使得非遗市场产品信息、交易行情、交易数据及信用状况等信息能够被便捷地查询和使用。这种信息透明化不仅提升了市场的信任度和透明度，也加强了市场管理者、决策者、从业者与消费者之间的互动，最终为非遗产业的规范化发展提供强有力的数据支持和决策依据。

（四）支撑服务体系的建立

非遗产业运营平台的支撑服务体系主要包括：确权登记、鉴证备案、展示交易、资金结算、仓储物流、金融服务和会员服务等多个系统。各系统分别承担权益登记、备案查询、交易管理、结算支付、集保仓储、金融服务和会员管理等功能，以此聚合完善非遗产业的支撑服务体系。

（五）技术服务体系的建立

非遗产业运营平台的技术服务体系是非遗产业创新发展和运营管理平台化建设的基本需求，主要包括：技术核心支持系统、产品核心交易系统、非遗金融服务系统、仓储物流服务系统和平台其他配套服务系统。

四 非遗产业平台化运营实践中的问题剖析

（一）非遗资源管理与评价研究潜力亟待释放

截至 2023 年 12 月底，我国列入联合国教科文组织非物质文化遗产名录（名册）的项目已达 43 项（总数位居世界第一），国家级非物质文化遗产代表性项目 1 557 个，国家级非物质文化遗产代表性传承人 3 057 名。正是基于如此丰富的资源储备，我国非遗产业的发展才能突飞猛进。我们在看到非遗产业发展到今天取得大好局面的同时，也无法回避目前非遗产业平台化运营实践中存在的一些问题，如非遗资源市场开发不足、转化效率低下等问题。究其原因，主要包括以下四个方面：一是对全国范围内非遗资源的梳理和研究不够深入，缺乏科学化、系统化、规范化的深度调研和研究分析，导致非遗产业市场化开发不足，颇有声望的国家级非遗传承人，往往因缺少市场开发经验和运营管理能力，使项目的开发及其产品的转化并非一帆风顺；二是全国的非遗传承项目和产业开发项目雷同现象十分严重，项目开发前市场调研和效益分析不够认真细致，导致推向市场的众多非遗产业项目良莠不齐，有的甚至难以为继，更难以产生良好的经济效益；三是非遗资源缺乏系统的整合，不论是同类非遗项目之间的横向整合还是不同类非遗项目之间的纵向整合，都会有助于非遗资源的市场开发和产品转化；四是从非遗传承人到非遗企业家必须跨越一座桥，也就是需要实现从工匠到工程师、从工程师到企业家的转变，显然这个转变过程不可能一蹴而就。有效解决这些问题需要充分发挥非遗资源管理评价研究的作用，包括：科学梳理、分类和归档非遗资源；从历史、传承、市场等多维度进行专题评价；根据评价结果提出市场开发和产品转化的建议；等等。中国非遗资源管理评价研究委员会在这方面已经开展了大量的工作，通过组织学术活动和论坛，推动了非遗资源市场开发和产品转化。

（二）非遗创意设计与品牌创新能力有待提升

非遗创意设计对深度挖掘和利用非遗资源至关重要。例如，"小罐茶"成功结合了传统非遗茶文化技艺与现代创意设计，成为中国非遗产业发展中的一个重要案例。同时，版权保护和品牌创新也是非遗产业可持续发展的必由之路。当前，许多非遗企业对版权保护和品牌创新方面的重视仍显不足。特别是在非遗产业发展和平台化运营过程中，伴随着非遗的保护、再生产与开发，虽然有一些非遗项目对产品的外形、材质或工艺进行了改良和优化，依托市场化和平台化运营也取得了较好的经济效益和社会影响，但是大多数非遗企业并未及时对产品进行版权登记或商标注册，尚未意识到非遗产品版权保护和品牌价值的重要性。因此，要做好非遗产业发展平台化运营，就一定要学会运用版权登记和商标注册来保障自己的产品权益和商业利益，同时通过创新产品版权、注重品牌推广等方式，在活化非遗传承的同时，不断扩大非遗产品的市场占有率。这样不仅能够在一定程度上提升民众对非遗文化和非遗产品价值的整体认知，而且往往还能够在实现良好经济效益的同时取得较好的社会效益。

事实上，品牌作为非遗运营平台至关重要的无形资产，是非遗产品品质及其相关服务的信誉保障，是将自己同竞争对手区分开来实现差异化的分辨器，也是消费者与非遗平台化电商之间建立信任关系的基础。对于非遗平台化电商而言，其必须要有强烈的品牌意识和合适的品牌战略，才有可能在众多的非遗电商之中脱颖而出。此外，非遗品牌的打造自然也要注重遵循品牌构建的市场规律，充分运用新媒体以及多样化的品牌传播方式，使非遗文化内涵与非遗实物产品能够有机融合在一起，进而满足消费者在精神和物质两个层面的需求，唯有如此，才有潜力培育成长为中国优秀的非遗品牌。当然，在具体的非遗品牌化过程中，还需要特别注意目前众多非遗品牌在权益归属和传承人权益分配等方面的诸多问题，这些问题都有待于进一步规范和解决。

（三）非遗产业亟需复合型专业人才培养

1. 复合型专业人才培养是非遗产业发展平台化运营的重要保障

随着我国非遗产业及其市场的迅速发展，培养具备专业素质和多领域知识的复合型人才已刻不容缓。近年来，非遗产业规模不断扩大，相关参与人员与日俱增，但许多从业人员尚缺乏足够的与非遗产业发展相关的专业素养，这成为制约非遗产业发展的重要因素。特别是在非遗、文化艺术与科技的深度融合推动下，非遗市场的繁荣，非遗产业平台化运营的发展已经成为推动非遗消费市场崛起的重要力量，这些发展都离不开复合型专业人才的支撑。这些人才不仅需要深厚的传统文化积淀和艺术知识，还要掌握现代科技和市场运营技能，唯有如此，才能更好地实现对传统文化的传承与创新，推动非遗产品的市场化和产业化进程。复合型专业人才的缺乏不仅影响非遗产业的发展，也削弱了非遗产品的市场竞争力，降低了消费者认可度。因此，加强复合型专业人才的培养，是非遗产业实现可持续发展的必然选择，通过引进和培养复合型人才，非遗产业将迎来更加广阔的发展前景，从而进一步促进我国传统文化的传承与弘扬。

2. 建立复合型专业人才培养机制是推动非遗产业发展的关键所在

建立复合型人才的培养机制是促进我国非遗产业快速发展的重要一环，其主要任务是搭建起非遗产业专业化人才支撑服务平台，为非遗企业实现科学化、规范化、现代化管理，为非遗产业创新发展源源不断地培养和输送专业化人才。非遗专业人才培养机制的建立，一是要通过多种方式，如培养、引进、挖掘和激励等，不断提升非遗产业人才的数量与质量，确保人才正常流动，充分发挥非遗传承人和专业人才的独特优势。二是要建立高层次非遗专业人才资源库，方便非遗企业引进高端人才。三是要定期举办专场招聘会，集中提供专业人才招聘服务。四是要通过设立高等教育论坛或发展高峰论坛，邀请政府、教育培训组织和非遗企业代表，就专业人才培养机制进行深入研究和交流。

现代互联网信息技术的迅速发展，国家和各级政府非遗产业扶持政策的相继出台，以及众多非遗工作者的不懈努力，为中国非遗产业的发展插上了腾飞的翅膀。非遗产业各类交易市场不断呈现爆发式增长，非遗文化艺术品交易模式也日新月异。基于电子商务的非遗电商平台化运营模式日渐成熟，随着融合化和移动端方向的快速发展，平台化运营的交易效率和便捷性不断提高。构建多层次非遗产业平台化运营交易市场是非遗产业发展的必然趋势。未来亟须构建多元化、金融化、多层次的非遗平台化公开交易市场，以满足日益增长的非遗文化艺术品消费市场需求。当前，非遗产业平台化交易运营综合服务模式的探索和创新已成为非遗产业发展的必然趋势。"平台+互联网+金融+文化旅游"的服务模式，将在互联网非遗金融和文化旅游的融合推动下不断创新服务，推动中国非遗产业的进一步发展和繁荣。非遗平台化交易运营综合服务模式及其功能结构实现了线上交易系统和线下实体体验店的双向互动，做到了"互联网+"、大数据和线下实体店的完美结合，颠覆了传统非遗艺术品市场的交易模式和消费方式，引领了非遗产业平台化交易模式的创新发展趋势。运营平台的结构与功能更加综合化、多元化，运营更加专业化，服务更加动态化。同时，与互联网科技和资本市场的深度融合推动了非遗产业平台化运营产生了质的飞跃，让非遗规模化、规范化服务变得轻松可行。纵观中国非遗艺术品市场的创新发展轨迹，非遗资源的"系统化、资产化、金融化、证券化（大众化）"将成为主线，而以"非遗文化+互联网+金融"为主要特征，创新发展非遗平台化运营交易服务模式和非遗产业生态系统，将成为推动非遗产业腾飞和走向世界的重要力量。

第三节　非遗产业的场景化运营

非遗产业的场景化运营是通过构建特定的环境和情境，将非遗与现代技术和经济模式相结合，实现其更广泛的传播、保护和商业化的方式。近年来，互联网、大数据、云计算、人工智能、区块链等技术加速创新，日益融入经济社会发展的各领域及全过程，数字经济发展速度之快、辐射范围之广、影响程度之深前所未有，正在成为重组全球艺术品市场要素资源，重塑结构，改变全球市场竞争格局的关键力量。在这一大背景下，非遗产业创新发展的基础及其核心逻辑，发展的态势与基本取向等也都发生了深刻变化，尤其是在非遗产业新业态的涌现和新发展战略方向的探索方面尤为显著。其中，非遗产业场景化运营无疑是非遗数字化发展与其产业创新最前沿，最具代表性的业态，基于这一新的运营模式，非遗产业迅速融入了现代数字经济发展浪潮，在更为有效地推动非遗传承与保护基础上，进一步开辟了非遗产业新的发展路径与市场空间。因此，对这一问题的研究已经成为当下非遗及其产业发展中亟需探讨的重大理论和实践问题。

一 非遗产业场景化运营及其特点分析

非遗产业的场景化运营是非遗产业在数字经济发展过程中形成的新的产业运营模式，对其探讨有必要先厘清相关的概念与特点。

（一）场景的概念

从概念上看，场景是一个广泛应用于不同领域的概念，它通常指代一个特定的环境、背景或者情境。在不同的上下文中，场景具有不同的含义和用途。常见领域中场景的概念主要有以下五种。

一是在戏剧和电影制作中，场景指的是发生特定事件或故事的地点和时间。通常包括角色、道具、布景和灯光等元素，共同为观众营造出故事发生的氛围。

二是在游戏设计中，场景是指游戏中的一个特定区域或关卡。每个场景都有其独特的视觉风格、游戏机制和任务目标，玩家在游戏中通过切换场景来完成游戏流程。

三是在虚拟现实（VR）和增强现实（AR）技术中，场景是指用户所处的虚拟或现实环境。通过 VR 和 AR 技术，用户可以在虚拟场景中进行沉浸式体验，或者在现实场景中添加虚拟元素。

四是在物联网（IoT）领域，场景通常指代设备所处的物理环境。例如，智能家居系统中的场景可能包括客厅、卧室、厨房等，每个场景中的设备会根据用户需求和环境条件进行自动调整。

五是在人工智能（AI）领域，场景是指 AI 系统所面临的特定环境和任务。AI 系统需要根据场景中的信息和上下文来做出合适的决策和行动。由此可见，场景是一个多义词，对其概念的理解有助于更好地把握和应用各个领域中的知识和技能。

（二）非遗产业的场景化运营概念

借由场景的概念，我们可以进一步认知非遗产业的场景化运营。事实上，非遗产业的场景化运营是通过整合现代技术和经济模式，打造特定的环境和情境，使非遗获得更广泛的传播，得到更好的保护，并实现商业化发展。这一运营模式利用虚拟现实、增强现实和物联网等技术，创造出沉浸式和智能互动的文化体验，使非遗及其资源不断"活化"，焕发新的生命力。同时，通过大数据分析和人工智能优化运营策略，能够提升非遗的传播效果及非遗产业市场竞争力。

非遗产业的场景化运营，核心是非遗数字化场景建构。基于这一场景，非遗传播与体验的互动性得以增强，非遗的文化魅力得以彰显，非遗及其产业在现代社会中的传承和创新能力获得持续提升。关于非遗数字化场景，对其概念的认知需要重点把握以下三个方面：

首先，非遗数字场景是各类非遗主体围绕一项或多项特定需求，运用数字技术推动服务要素整合、业务系统集成和运营模式创新，从而提供实时、定向、互动和闭环的数字化应用体验的重要载体。

其次，非遗数字场景的主要特点是高度数字化、智能化、信息化和网络化。

最后，非遗数字化场景作为非遗数字化转型的终端应用、成果输出和价值实现的重要场所，从短期来看，它能拉动非遗数字化投资，扩大非遗数字化服务消费；从长期来看，它能驱动非遗数字化创新，基于非遗数字场景进行价值发现与管理，满足新的非遗消费需求。

（三）非遗产业场景化运营的特点分析

1. 沉浸式体验与智能互动

非遗产业场景化运营有着沉浸式体验与智能互动的特点。首先，不同于传统的运营模式，非遗产业的场景化运营更强调非遗的沉浸式体验，其实现主要依托虚拟现实（VR）与增强现实（AR）技术，从而建构高度真实与可互动性强的非遗体验场景，使消费者能够身临其境地感受非遗文化魅力。这种技术的应用不仅重视对非遗文化的独特场景与技艺的重现，还通过大量互动元素进一步强化消费者的参与感，加深其非遗文化感知力，在深度体验的过程中消费者将形成更为深刻的体验记忆。例如，目前许多博物馆以 VR 技术应用重现非遗节庆场面或是传统技艺制作工艺过程等内容，让消费者仿佛置身其中，获得更为深层的非遗技艺与文化魅力感知。其次，非遗产业的场景化运营通过物联网与人工智能等技术的广泛应用，为非遗消费者提供更为个性化与智能化的互动体验方式。例如在博物馆与文化展览活动中，愈加智能化的技术应用使得非遗的展示呈现也更加个性化，运营方能够通过对消费者兴趣与行为的数据分析调整相关的展示内容，从而实现定制化的非遗体验。与此同时，AI 技术的应用也能够通过语音、图像等识别手段进一步实现与消费者的互动，提高其参与度与满意度。

2. 文化创新与多元化应用

非遗产业场景化运营在保留非遗核心价值的基础上，通过现代技术和创意设计进行创新，使传统非遗与现代审美相结合。同时，其运营涵盖众多应用场景，包括非遗实景演出、非遗互动展览、非遗虚拟博物馆等，能够满足不同消费群体的多样化、个性化消费需求，极大地拓展了非遗消费渠道，提升了非遗传播力度与辐射广度。例如，非遗实景演出借助现代舞台技术与传统非遗文化元素的融合，打造极具震撼力与感染力的非遗文化盛宴；非遗互动展览通过互动装置与多媒体技术应用，能够实现消费者对传统非遗技艺的体验与学习。非遗虚拟博物馆利用数字化手段将海量的非遗资源呈现在世界面前，使其能够突破时空限制，随时随地被访问与欣赏。

3. 市场拓展与大数据驱动

非遗产业场景化运营能够拓展非遗市场，并基于大数据驱动作用不断提升非遗市场竞争力。一方面，非遗产业场景化运营使其市场空间被不断释放，依托非遗主题公园打造、非遗旅游线路开发、非遗项目体验学习等，吸引越来越多消费者，尤其是年轻消费者的关注和参与，借助线上线下销售渠道的打通将非遗市场边界不断拓宽，并且在跨界合作与品牌联动中实现非遗产品附加值的提升，从而推动非遗产业的持续发展。另一方面，依托大数据技术，围绕消费者的行为与消费偏好进行统计与数据分析，运营方能够更具针对性地实施相关的场景优化与策略调整，从而提高非遗传播的效果与精准度。例如在运营中，通过对消费者的参观路线与停留时间的数据进行收集，能够较好地掌握非遗项目与产品的受欢迎情况，从而优化非遗展陈布局或产品供给。此外，通过相关社交媒体的数据统计与分析，也能够了解消费者对于非遗产品的兴趣热点与消费取向，更具针对性地提出推广与宣传策略，并基于多样化的非遗产品与服务供给进一步拓展非遗市场空间。

 二 非遗产业场景化运营的问题与趋势

（一）非遗产业场景化运营的主要问题

1. 数字化在非遗产业场景化运营中的基础地位需要明确

探讨非遗产业场景化运营，一个不容忽视的重要背景就是数字化发展及其推动产生的数字艺术资产。这不仅构成了非遗数字资产的宏大背景，更为非遗及其产业的进化发展带来了深远影响。基于数字化发展、新基础设施的完善以及新技术的融合，非遗产业发展过程中许多问题的解决基础与方式方法已经随之改变。数字化发展为这些问题的解决带来了更多新的可能与路径。

随着数字化发展的迅猛推进，非遗产业的运营模式发生了重大变化。大数据、人工智能、区块链和虚拟现实等数字技术的应用，极大地提升了非遗资源的可访问性和互动性，不仅强化了非遗资源的保护和传承效果，还催生了新的商业模式和盈利模式。数字基础设施的不断完善，如高速网络的普及和云计算技术的应用，为非遗数据的存储、传输和处理提供了强大支持；物联网技术的发展，使得非遗资源的实时监测和管理成为可能，提高了非遗保护和传承的效率。更为重要的是，基于新基础设施的非遗产业数字化场景的建构，正在重塑整个非遗产业发展的业态与生态。可以说，数字化潮流为非遗产业的发展与转型提供了新的可能与抓手。

2. 非遗产业场景化运营亟需建构非遗数字化场景

传统的经济学研究，更多的是把理性人选择稀缺资源的行为作为研究对象，重点研究两个方向，即资源配置的效率与资源利用的效率。由此可见，传统经济学的研究对象是选择行为，重点是效率问题，而数字经济的研究对象是基于其数字资源的特质及价值发现的需要，不仅需要对选择行为进行研究，还需要对数字资源的内涵及其本体进行研究与发现。除此之外，根据价值发现的要求，还需要有相应的体验场景与环境，而这些有可能是在地、在线、在场、在境等。也就是说，数字经济发展的研究对象，已经需要一个数字化的场景，即数字场景已经成为数字经济发展的主要研究对象。

在非遗产业场景化运营中，非遗数字化场景的建构和完善是核心，是推动非遗"活化"的关键力量。非遗产业数字化场景将非遗及其资源置于特定场景中，通过丰富的文化场景建构，为人们提供沉浸式的场景化体验。过去的文化传播方式主要是通过展示、教育、宣传等灌输式的方法，而在新科技的推动下，文化资源"活化"要求我们抓住新基础设施和新业态的发展机遇，打造符合新消费需求的场景化体验空间，以深度的场景化体验进一步激活文化资源。这里所说的"活化"沉浸化，指的就是数字场景的深度体验，是将数字化技术与文化资源"活化"融合，建构具有丰富内涵和沉浸感的全新数字化体验场景。当前非遗消费形态已经发生改变，数字场景深度体验是应对这一转变的新非遗消费方式。场景化的特点是围绕沉浸式体验，将不同消费需求融合起来，强调服务的互动性、便捷性、及时性和安全可靠性，从而满足消费者个性化、快速化、碎片化和即时化的需求。因此，非遗产业场景的建构需要基于数字化基础设施，解决以下两大问题：一是在建构非遗数字化场景过程中，实现非遗产品与服务的数字场景化与沉浸式交互体验的数字场景化；二是在非遗数字化场景建构中，始终围绕以客户为中心，以信用管理为核心建构。这两个基本点是非遗数字场景建构的关键，将引领非遗产业在数字经济中实现更大价值。

（二）非遗产业场景化运营的发展趋势

1. 非遗数字化场景正在成为推动非遗数字化转型与非遗数字经济发展的重要抓手

非遗数字化场景的建构是随着非遗数字资产的不断产生，以及非遗数字资产交易及其管理业态的不断丰富与发展而产生的业态形式。可以说，非遗数字场景的建构是非遗数字资产产生、发展及其有效的管理重要手段、工具及业态基础，也是非遗数字产业不断创新发展的一个业态基础。如果没有非遗数字场景的建构，数字资产的产生、发展与管理就难以做到与多样化、多样态、个性化的非遗消费需求精准对接，那么，非遗数字经济的服务就难以在其数字化场景的大背景下，有效地实现服务的精准化、个性化，非遗数字经济也就难以实现其发展的最终意义。因此，我们特别强调非遗数字化场景的建构。

在非遗数字化场景的建构过程中，需要着力关注以下两个重要问题。一是在数字化潮流的大背景下，新的基础设施已经给我们提供了非常完善的基础条件与手段，使非遗数字化场景的建构成为可能，这不仅是非遗数字艺术金融产生、发展并成为重要战略取向的一个重要的业态基础，也是研究分析非遗数字经济形态及其产业的一个根本前提。二是非遗数字化场景的建构需要多元、多元化，以适应多样化、多样态、个性化的非遗消费需求，这意味着非遗数字化场景具有丰富性特点，需要持续地丰富与完善。

2. 非遗数字艺术资产的发展与管理是非遗产业场景化运营的必然趋势

数字艺术资产是拥有数据权属的（包括挖掘权、使用权、所有权、管理权）、有价值的、可计量的、可读取的数据资产信息，是基于数字化平台的数字集合性新资产形态[①]。数字艺术资产作为一种新的资产形态，其存在和深化的关键在于找到与其相适配的业态形式、运营模式和管理方式，并建构起相应的支撑服务体系。我们认为，支撑非遗市场数字化发展和业态转型的两个关键因素就是非遗数字化场景的建构和非遗数字化新基建的完善，而非遗产业场景化运营的必然趋势是非遗数字艺术资产的发展与管理。

回顾我国艺术品市场在改革开放四十余年来的发展，其基本历史阶段与发展逻辑主要表现为以下五个方面。

（1）传统市场交易阶段，即线下交易，一对一、一对多阶段。在传统线下交易过程中，其市场交易主要为下面几种业态形式：一级市场的主要业态形式是画廊业态；二级市场的主要业态形式是拍卖业态；1.5 或 2.5 级市场的主要业态形式是艺博会业态；此外还有中国特色鲜明的私下交易形态。

（2）传统交易业态互联网化阶段，即网上交易阶段。互联网的发展推动将传统艺术品交易逐步迁移至线上，出现了网上画廊、艺术品门户网站、网上商店、网上博览会等业态形式。这一阶段虽然缩短了传统交易的时空距离，改变了消费体验方式，但事实上并未从更深的机制层面对艺术品交易中的问题有根本性触碰或是思考解决。

（3）平台化交易阶段，即线下平台、线上平台交易阶段。这一时期随着互联网交易基础的建立与文化艺术产业的不断创新，平台化交易逐步出现。平台最大的价值在于它是建立在"三公"原则基础之上，具备公信力的平台。文交所是艺术品市场平台化发展过程中的典型业态，是文化体制改革的产物。

（4）基于平台的综合性服务交易方式，即"电商—艺术电商—新艺术电商"的发展阶段。在这一过程中，数字化潮流推动了新艺术电商的兴起，通过数字化场景的建构持续提升平台公信力与沉浸式体验，将行业经验与管理能力持续赋能到消费场景之中，新艺术电商是为购买行为提供公信力保证与沉浸式体验感受的综合性艺术品服务交易平台。

（5）数态化阶段，即"新基础设施—数字化场景建构—数字艺术资产"阶段。数态化交易的过程是在区块链系统保障下进行并完成的，包括确权、鉴证、溯源等功能，其交易完全是数字化的，所有权的交付与展示也是在数字化环境中完成的。数字化技术和新基础设施建设推动了数字化场景的建构，市场数态化发展也随之产生。虽然目前数态化发展仍处于初级阶段，但已经成为主流。

---

① 西沐. 数字艺术资产下艺术财富管理研究［J］. 中国资产评估，2021（4）：41-48，68.

通过以上五个阶段的分析，我们发现，在数态化发展阶段，数字化场景不仅是传统消费场景的数字化延伸，更是数字化消费、数字化市场、数字化网链、数字平台、数字信用、数字治理这一系统生态的产物。最为重要的是，这里的数字化场景需要有数字艺术资产的适配机制作为支撑。因此，我们强调，在非遗产业场景化运营中，非遗数字艺术资产的发展与管理是必然趋势。

三 非遗产业场景化运营的基本框架与体系

（一）非遗数字化场景的建构框架

1. 非遗数字化场景的基本形态

非遗数字化场景的建构有两种基本形态：第一种是"非遗线下场景—非遗互联网场景—非遗数字化场景"，强调非遗的在地、在线、在场；第二种是非遗的在境，即基于元宇宙的非遗数字化场景的建构。从非遗的场景到场境，也就是从非遗的场景化的"在场"到"在境"，体现了数智化发展的非遗数字经济新形态。数智化发展的本质就是通过数字化来实现智能化的过程。以场景为中心的非遗数字经济数智化新形态，是依托元宇宙，在非遗场景基础上生发非遗新业态、建构非遗新生态的。

2. 非遗数字化场景的建构框架

非遗数字化场景建构的两种不同形态，反映了非遗数字经济从数字化到数智化的进化发展进程，其最基本的前提与动力就是基础设施的更迭进化。由此可见，非遗数字化场景的建构，是基于数字基础设施，以沉浸式体验为核心，建构的"三层四极"在某个时间空间下的主题性状态。具体来看：

（1）"三层"包括：一是应用的内容层，涵盖非遗及其资源的数字化展示和交互内容；二是应用的管理层，负责非遗及其资源的数字化管理和运营；三是应用工具层，提供支持非遗数字化应用的技术工具与平台。

（2）"四极"包括：一是公信力数字化，即基于"三公"原则，通过确保数据真实性、透明度和安全性，建立和维护非遗数字化场景中的信任基础；二是深度体验数字化，即提供沉浸式、互动性强的非遗数字化场景体验；三是以客户为中心，即以客户需求为核心，不断设计与优化非遗数字化场景；四是以信用管理为核心，即通过信用管理机制保障非遗数字化场景运营的稳定与安全。

（二）多样态、多元化的非遗数字化场景建构

在数字经济发展的过程中，非遗产业的商业运作也在逐渐由品牌与渠道为中心，进化为以场景为中心。当前，非遗产业数字化转型的重点任务就在于不断培育、丰富和发展非遗数字化场景建构。非遗数字化场景作为连接数字技术与非遗产业需求的重要消费体验，拓宽了非遗数字资产和数字技术在生产、生活与社会中的互动路径与场景。

图 9-1 显示了多样态、多元化的非遗数字化场景建构的体系及结构。可以看到，从基础设施到具体场景的构建，再到满足多样化、个性化的非遗消费需求，其体系与结构整体上形成了一个闭环系统。

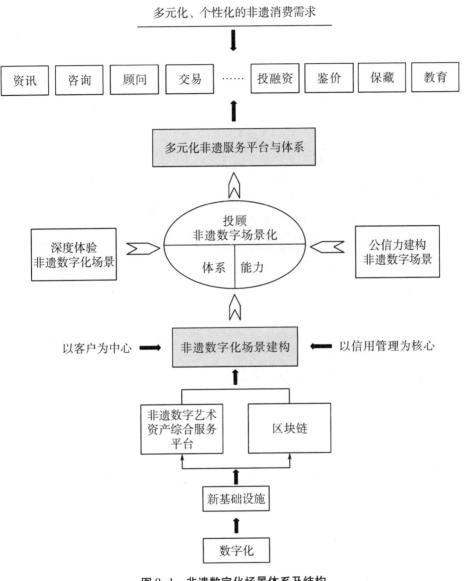

图 9-1 非遗数字化场景体系及结构

当前，基于数字化的新基础设施推动了非遗数字艺术资产综合平台的建设。互联网技术、通信技术以及信息处理与管理技术的融合发展，催生了大数据、云服务和区块链等技术的应用，极大地丰富了非遗数字化场景的构建。例如，过去难以实现的客户精准管理，现在通过大数据和人工智能的客户画像技术，可以非常精准地把握客户的行为，实现对客户行为的精准管理。此外，第三方支付、数字资产及区块链技术的发展，将许多传统技术难以解决的问题转化为成熟技术的系统解决方案。例如，智能投顾技术将需要依赖专家和经验的服务，转变为通过知识系统和机器学习为客户提供智能化的数字艺术金融服务。总的来看，非遗数字化场景建构依托新基础设施，通过将非遗数字艺术资产综合服务平台与区块链等先进技术整合，围绕以客户为中心，以信用管理为中心，提供沉浸式的非遗数字化消费体验和具备公信力、精准化的非遗数字化服务，推动非遗数字经济的持续发展。

四 非遗产业场景化运营实践中的问题剖析

在非遗产业场景化运营实践中，存在多个层面的问题与挑战。一是非遗资源的数字化转化难度大。非遗资源，尤其是复杂和珍贵的非遗资源，其数字化转化需要大量资金和技术支持。而非遗传承人往往对新技术的接受度和熟练度较低，许多传承人仍习惯于传统的展示和传承方式，对新技术的接受和应用需要一定的时间和培训，因此非遗资源的数字化转化问题是其运营中亟待解决的基础性问题。二是非遗产业场景化运营模式单一与市场推广困难。目前非遗产业场景化运营主要还是依靠实体展览和销售，数字化场景虽然有所发展但总体而言尚未完全成熟，这导致非遗市场拓展受限。此外，一些小众和地域性的非遗资源在全球范围内的市场推广难度较大，如何实现有效推广仍是一个难题。三是非遗的知识产权问题需要重点关注与突破。非遗数字化资源容易被复制和传播，知识产权保护能力亟需提高。与此同时，如何平衡非遗保护传承与场景化运营过程中非遗经济价值实现之间的关系也是需要深入探讨的重要课题。

除了上述非遗产业场景化运营中存在的基本问题需要持续关注以外，实际上在当前非遗产业场景化运营实践中，最为重要、也最为根本的问题是要加快构建完善非遗数字化场景，要认知与把握非遗数字化场景建构的内涵，从而消解非遗数字化场景建构过程中的痛点，深化数字技术应用，带动非遗数字经济的深化发展。而要构建非遗数字化场景，必须解决好以下四个关键问题。

（一）非遗数字资产与物理形态非遗资产的适配

非遗数字资产是非遗数字化场景运营服务的对象。需要建构与非遗数字资产、物理形态非遗资产以及融合体验非遗场景相适配的非遗数字化场景。也就是说，要进一步建构非遗数字化场景的系统体系及其相应的支撑服务。如今，移动互联网的发展实现了从实时通信到音视频等一系列基础技术与计算能力快速提升的升级，接触信息技术、人机交互的模式发生了越来越丰富的变化。这意味着线上线下与虚拟世界和真实世界融合的一体化进一步发展。从虚到实到由实入虚都致力于客户实现更真实的体验，并由此打开消费互联网到产业互联网的应用场景。特别是通信、社交视频化，视频会议、直播崛起，游戏云化等不同场景的推动，正在完成一场新的场景建构的转型，这一趋势与背景对于非遗产业场景化运营的发展同样具有深刻的影响。

（二）以客户为中心和以信用管理为核心

非遗数字化场景在建构过程中，始终要以非遗数字产业深化发展为抓手，以积极发展非遗数字资产为突破点，围绕以客户为中心，以信用管理为核心，推动基于新基础设施建构的非遗数字化场景，建构沉浸式体验与公信力赋能的非遗数字化场景，进一步推动非遗数字产业创新发展业态新格局的形成。

（三）投顾能力场景化与数字化

投顾能力是非遗数字资产管理与交易的核心能力，投顾非遗数字化场景是非遗数字资产场景建构的关键环节。在构建公信力数字化场景和深度体验数字化场景的基础上，这些数字化、智能化的场景体系更加注重用户场景的参与和体验。以用户为中心，人工智能、VR/AR/MR、终端呈现和用户参与场景化技术逐渐在非遗数字资产投资和数字经济领域中应用和普及，并融入多元化服务平台和体系，以更加精准地满足非遗综合服务平台在资讯、咨询、顾问、交易等多方面的需求。这一切不仅提升了用户体验和服务质量，也推动了非遗数字经济的发展，形成了以用户需求为导向、以技术创新为驱动的非遗投顾服务新生态。

（四）促进多元化服务平台与体系的形成

多元化的服务平台与体系是为了有效地对接多样态、多元化、个性化的社会需求而建构的服务平台。也就是说，该平台是由数字化场景能力与需求的多样性所决定的，并通过深度体验非遗数字化场景和公信力建设非遗数字化场景两大方面进行提升和优化的。

第十章

非遗产业的发展理念

文化是一个国家、一个民族的灵魂。文化兴则国运兴，文化强则民族强。中国的优秀传统文化，对形成和维护中国团结统一的政治局面，对形成和巩固中国多民族和合一体的大家庭，对树立丰富中华民族精神，增强文化自信心，都发挥着十分重要的作用。非遗是中华民族留存的文化遗产，是祖先留给中华儿女的宝贵财富，更是中华民族上下五千年灿烂文化的结晶，非遗的保护、传承与发展，是我国文化建设的重要组成部分。2022年12月，习近平总书记对非遗保护工作做出了重要指示，强调要扎实做好非遗的系统性保护，推动中华文化更好走向世界，为新时代非遗保护工作提供了根本遵循、指明了前进方向。2024年是中华人民共和国成立75周年，也是中国批准《保护非物质文化遗产公约》20周年，这一年我国"文化和自然遗产日"非遗宣传展示活动主题是"保护传承非遗 赓续历史文脉 谱写时代华章"①。回顾多年来我国非遗在传承实践中的发展，实际上已经积累了相当丰富的经验，并在世界范围内取得了非常瞩目的成绩。特别是当前在国家大力倡导增强文化自信和弘扬优秀传统文化的背景下，非遗发展已迈入了一个较好的发展时期。然而，面对新经济、新消费、新常态的发展大背景，现有的非遗传承理念在许多方面难以跟上当代生活的快速发展，同时也缺乏进一步推动非遗传承和发展的持续动力。因此，在这一关键时期，我们需要深入探讨非遗资源化和产业化的发展路径，研究如何有效地实现非遗资源的"活化"以及"创造性转化、创新性发展"等传承发展的新理念，以应对非遗传承发展中出现的新问题、新模式和新业态。这种深入的研究和探讨不仅是非常重要的，也是十分必要的。

第一节　非遗传承发展观念及实践探索的流变

自2004年加入《保护非物质文化遗产公约》以来，中国的非遗保护工作在法规健全、政策完善等方面取得了重大进展。全球化背景下，保护文化多样性受到世界各国的重视，非遗保护理念不断演进，从抢救性保护到活态传承，强调在当代社会中的多元作用。新媒体、大数据等进一步推动非遗与现代生活的深度融合，使其成为文化消费市场的重要力量。在经济新常态、共建"一带一路"倡议和文化产业融合发展背景下，非遗保护及其产业发展亟需创新理念和策略。本节从非遗传承发展的早期探索与体系化发展的回顾和非遗传承发展观念的流变两方面展开阐述。

---

① 文化和旅游部网站. 文化和旅游部举行2024年"文化和自然遗产日"非遗宣传展示活动新闻发布会 ［EB/OL］.（2024-05-30）［2024-08-16］. http://www.scio.gov.cn/xwfb/bwxwfb/gbwfbh/whhlyb/202405/t20240531_850284_m.html.

一 非遗传承发展的早期探索与体系化发展回顾

非遗产生发展于人类社会历史进程中，根植于民间、传承于当代，具有活态流变性的特质，是最为鲜活与生动的民族文化精华。中国非遗历史悠久、资源丰厚，且历来就有保护非遗的优良传统。公元前 11 世纪的《诗经》就是一部以记录地方民歌为内容的诗歌总集。20 世纪 50 年代，中国政府相关部门与专家对我国少数民族文化遗产进行了调查与记录，并授予了 200 余名工艺美术创作者"国家级工艺美术大师"的称号，开创了我国非遗保护项目代表性传承人的先河。同期，我国民间艺术生产性活态传承亦开展起来。1952 年首届全国民间戏曲调演举办，随后江苏、天津、南京等地成立工艺美术合作组织与相关研究机构，如 1957 年江苏省政府批准建立的"南京云锦研究所"就是新中国第一家工艺美术类研究所。20 世纪 80 年代，被称为非遗保护"长城"的《中国民族民间文艺集成志书》出版发行，为中国非遗保护带来了深远影响。可以说，在国际正式提出非物质文化遗产概念，以及世界性非遗保护运动轰轰烈烈开展之前，中国非遗的传承发展实践就早已起步并持续探索。

中国非遗保护体系的建立是在国际非遗保护的影响下逐步开展的。1972 年，联合国教科文组织颁布《保护世界文化与自然遗产公约》；1989 年，联合国教科文组织第 25 届大会通过《保护民间文化建议案》（简称"《建议案》"）；1997 年，联合国教科文组织第 29 届大会，通过《人类口头和非遗代表作申报书编写指南》，正式提出非遗的概念；2000 年，教科文组织开始实施"人类口头与非遗代表作"计划，并于同年通过《文化多样性世界宣言》；2003 年 10 月，联合国教科文组织第 32 届大会通过《保护非物质文化遗产公约》。在联合国教科文组织对非遗保护的大力倡导与积极推动下，2004 年 8 月，经全国人大常委会通过，中国加入《公约》成为第六个缔约国。自此，中国正式走上非遗保护道路。经过多年的探索与积累，非遗保护工作在政府机构改革、法规健全、政策完善、理念深化、保护实践等方面取得了重大进展。2005 年，国务院办公厅颁布《关于加强我国非物质文化遗产保护工作的意见》，提出"保护为主、抢救第一、合理利用、传承发展"的指导方针；提出建立非遗代表作名录体系，推进非遗研究、认定、保存和传播，加强非遗知识产权保护，对传统文化生态保持较完整且有特殊价值的村落或特定区域进行动态整体性保护，为构建中国式保护体系指明了方向。同时要求"发挥政府主导作用，建立协调有效的保护工作领导机制"。同年，国务院还发布了《关于加强文化遗产保护的通知》，进一步提出"国家、省、市、县"四级名录体系，为重点非遗，尤其是濒危非遗项目的保护提供了依据；2006 年，颁布《国家"十一五"时期文化发展规划纲要》，提出绘制国家非遗资源分布图并确立非遗传承人谱系，制定传承人资助办法，将每年 6 月的第二个星期六作为文化遗产日；2009 年，文化部非物质文化遗产司正式成立，其后各地文化和旅游厅陆续成立非遗处，专司非遗保护工作；

2011 年，《中华人民共和国非物质文化遗产法》颁布，正式使非遗保护有法可依、有法必依；2017 年，中共中央办公厅、国务院办公厅印发《关于实施中华优秀传统文化传承发展工程的意见》，提出进一步完善非物质文化遗产保护制度，实施传统工艺振兴计划等要求。随后文化部、工业和信息化部、财政部发布《中国传统工艺振兴计划》，提出"立足中华民族优秀传统文化，学习借鉴人类文明优秀成果，发掘和运用传统工艺所包含的文化元素和工艺理念，丰富传统工艺的题材和产品品种，提升设计与制作水平，提高产品品质，培育中国工匠和知名品牌，使传统工艺在现代生活中得到新的广泛应用，更好满足人民群众消费升级的需要。到 2020 年，传统工艺的传承和再创造能力、行业管理水平和市场竞争力、从业者收入以及对城乡就业的促进作用得到明显提升"的总体目标。2019 年，文化和旅游部办公厅发布关于贯彻落实《国家级文化生态保护区管理办法》的通知，进一步加强非遗区域性整体保护工作。2021 年，文化和旅游部印发的《"十四五"非物质文化遗产保护规划》（以下简称《规划》）以习近平新时代中国特色社会主义思想为指导，提出了牢牢把握正确方向、坚持以人民为中心、坚持系统性保护、坚持依法科学保护、坚持守正创新等基本原则，贯彻"保护为主、抢救第一、合理利用、传承发展"的工作方针。《规划》明确了到 2025 年的发展目标，并展望了 2035 年的远景目标，旨在通过系统性和科学性的保护措施，进一步推动非遗的传承与创新发展。

二 非遗传承发展观念的流变

21 世纪，全球经济一体化使得世界在经济方式、价值观念等方面出现趋同化的发展趋势，在民族与区域文化受到侵蚀与忽视的背景下，人们更多地关注到文化多样性的意义，认识到保护不同民族与国家文化、习俗、宗教等的迫切需要。由此，非物质文化遗产保护的思潮开始在中国蔓延。伴随着非遗实践的日趋活跃与深化发展，非遗传承发展观念的变迁从抢救性保护、整体性保护、本真性保护、活态性保护、生产性保护、生活性保护、立法保护等一系列概念的提出，以及相关保护措施的出台中就可见一斑。

非遗理念及其实践演进的重要线索在于发现非遗的重要价值并促进其活态传承，保护与发展的关键在于使非遗在当前社会空间中继续繁衍，发挥思想、文化、经济的多元作用，而不能仅仅将其作为文化标本、档案与历史记忆。当前非遗传承发展进入新的发展阶段，大数据、人工智能以及区块链等高新技术的推动，互联网、物联网等平台技术的支撑以及众多非遗产业新业态的不断涌现，使非遗背后所蕴藏的丰富文化内涵、民族精神、审美哲学等被不断挖掘出来，它们契合了当下大众精神文化消费需求，与市场的互动形式更加多元。如今，非遗融入生活的理念反复被各界提及，非遗作为国家重要战略性资源的地位与作用逐渐被大众所认知，非遗及其资源已成为文化消费市场的重要力量，推动着我国大众消费水平的不断升级与消费结构的加速转型。因此，对于非遗及其资源的转化、管理、融合、利用等问题成为社会各界关注与研究的焦点，这是由其所处的大背景决定的，主要有以下四个方面：一是我国经济、社会、政治发展进入新常态；二是国际化及共建"一带一路"倡议为我们带来新的战略机遇；三是"文化+""互联网+""金融+"等融合发展趋势；四是"三驾马车"的逐渐淡化，"供应侧改革"迅速升温为文化产业带来广阔发展空间。在这一大的背景下，非遗如何走出狭小封闭的发展循环，树立"非遗的抢救保护是重点，但非遗的资源化及其管理是核心"的发展理念，创新观念、创新战略、创新路径、创新办法，把非遗资源化与非遗产业发展推进到一个新的水平，成为当前非遗传承探索的重要课题。

非遗的保护与发展在认知上经历了一个渐进性过程。在非遗保护与实践的推动下，我们走出了一条极富中国特色的非物质文化遗产保护道路。从把非遗作为历史遗存进行抢救保护、作为历史文化现象进行挖掘整理，到把历史文化信息与传统进行保护与活态化传承，再到把非遗作为一种资源状态进行保护与发展，这样一个开放的非遗观念的形成，是非遗保护与发展不断深入的结果，更是非遗保护与发展内在规律的要求，也是非遗量大、点多、分散及多元化、多层次、多样态的生存发展状态的生存需求与价值呈现。在新的时代语境下，非遗及其文化在传承发展的观念与实践中正生发出更多新的可能，非遗正以一种全新的，更广阔、更深刻的方式融入人们的生活，成为促动经济发展的一种新资源，向着以人为本、可持续发展的方向继续深化。在这一过程中，非遗与其他产业融合发展的创新模式，以及非遗在市场机制与产业机制的推动下，如何更好地实现资源聚集，最大限度地发挥资源优势，服务当代、服务人民，成为新时代发展的主题与前沿实践。

第二节　非遗传承过程中的观念问题

从对非遗传承观念与实践流变的简要梳理中可以看到，非遗传承经历了从无到有，从小到大，从不自觉、无意识、较散乱的状态，逐步演变为自觉、高关注、体系化状态的过程。非遗传承发展的观念变迁既是实践推动的结果，也是指导实践进一步向前推进的动力。当前，非遗及其文化已经从一种被抢救、被保护的对象转变为融入大众生活，走向市场，主动参与、服务当代生活与国家发展的重要力量。尤其是随着人们对非遗及其资源价值发现的深入与对其战略地位认知的提升，非遗及其文化资源在国家宏观政策的引导下，在市场与产业机制的推动下，越来越成为我国文化产业发展及国家战略布局中的重要内容与动力源泉。

在非遗保护之初，由于保护观念的问题，曾出现过许多破坏性保护的情况，例如，对非遗项目进行过度改编、改造，使其脱离原有生存环境，变为现代化产物等。这主要是因为对非遗原生价值的认识不足，对非遗传承人作为活态传承载体的重要性认识不够。可以说，早期的非遗保护工作缺乏系统性而往往导致其项目的文化内涵被扭曲，甚至遗失。值得注意的是，目前的非遗传承中，抢救保护依然是工作的重点，对非遗资源的整理、挖掘、利用、转化等工作需要继续投入大量关注。比如，中国在过去的几十年里，通过大量的口述史记录、文献收集和实地考察，挽救了许多濒临消失的非遗项目。但同时需要注意，仅仅依靠抢救保护已远远不足以应对当下非遗所处的新环境，因此需要下大力气，通过市场机制与产业机制去推动非遗及其资源融入当代生活。换言之，就是强调非遗的传承必须及时更新观念，紧随时代发展。非遗作为一种资源，在一定条件下可以转变成市场与产业资源。例如，中国的剪纸和刺绣艺术不仅在国内市场上受到喜爱，还通过国际展览和电商平台进入国际市场。

关于非遗传承中的观念问题，主要有以下三点需要关注：一是非遗是一种资源，并且这种资源在一定条件下是可以转变成市场与产业资源的；二是非遗是一个民族发展过程中最为宝贵的财富，而这种财富既是精神性的，又是物质性的；三是非遗的传承发展是一项丰富与复杂的社会系统工程，至少包括精神、事业、市场与产业及环境优化四个层面的问题，需要统筹考虑。

第三节　新时代非遗传承发展面临的重大挑战

新时代非遗传承的挑战主要表现在两大方面。一是当下非遗发展的处境给我们带来的挑战。由于生存土壤的不断流失，大量的非遗资源灭失，传承遇到前所未有的挑战。所以，在当下非遗传承发展中，我们强调保护与抢救。二是在未来的发展环境与态势中，非遗传承发展给我们带来的挑战。最大的挑战就是如何在未来的发展过程中，"活化"非遗资源，并使其成为中华民族走向世界的重要文化家园与文化自信的基石，成为中华民族竞争发展中的坚实的资源支撑。新时代到来，新消费的快速发展是我们面对的重大挑战与冲击，主要有五个方面：一是文化体验消费作为一种消费潮流对非遗传承的冲击；二是时尚化消费将成为消费结构性变化中的冲击；三是新科技融合发展对非遗传承发展的冲击；四是对美好生活品质的追求而引发的新消费业态生发对非遗传承发展的冲击；五是消费的便捷、高效、安全性的支撑服务成为人民群众最基本和最迫切的消费需求。新时代，非遗传承要面向未来，融入当代社会生活的发展。

第四节　非遗产业发展的原则与新观念

当前，非遗传承发展进入了一个重要的转型时期，需要认真探索与总结。一方面，新时代对非遗传承发展有新的要求；另一方面，非遗发展在新时代面临重大挑战。所以，我们一是要认真理解并解决好非遗发展过程中的抢救、保护、利用与发展的关系问题；二是在更高的站位上全面系统地认识非遗发展的战略意义与地位；三是必须解放思想谋划非遗发展的未来格局。因此，非遗传承发展需要进一步理清思路，需要新的原则与观念来推动其深化发展。

一　新时代非遗发展的原则

非遗传承发展中，学界普遍认同的保护原则主要有：本真性保护原则、整体性保护原则、科学性保护原则、濒危遗产优先保护原则、以人为本保护原则、活态性保护原则等。我们知道，作为活态文化，非遗虽然在一定历史阶段的传承中具有连续性、稳定性的特点，但其发展不可避免地随时代更迭与文化、生态环境的改变而不断演变。因此，新时代非遗发展大背景的变迁，对非遗的传承发展也提出了新的原则。

（一）系统研究非遗传承发展的顶层设计，更新发展理念，创新体制与方法的原则

目前，非遗在探索发展中已经取得了一定的成绩，我们要认识到，面对我国非遗种类繁多、资源丰厚、数量庞大的基本现实，原生态保护、活态保护、数字化保护、生产性保护、抢救性保护、立法保护等非遗名词与保护方法不仅反映了我国非遗保护发展理念的变迁，也推动我国非遗保护工作取得了极大的成效。但对非遗的保护需要根据非遗不同的生存状态，采取多样态、多层次的方式，要明确认识到非遗的传承发展是一项系统工程。因此，随着社会、经济、政治、科技等环境的变迁，在系统性研究非遗传承发展的顶层设计的基础上，还要不断更新发展理念，创新体制与方法。

（二）坚持非遗"创造性转化"与"创新性发展"原则

习近平总书记多次强调，弘扬中华优秀传统文化"要处理好继承和创造性发展的关系，重点做好创造性转化和创新性发展"。作为中华优秀传统文化的重要组成部分，非遗的"创造性转化"与"创新性发展"是提升我国文化自信与增强民族凝聚力、影响力的重要力量，也是新时代激发非遗活力的重要方式。我们知道，文化从来都不是一成不变的，它随社会生活的变化而不断变化。在当前火热的非遗发展潮流中，非遗的历史轨辙、现实遭遇、社会功能、文化意义等，都在通过不同于传统的方式，以难以想象的速度和广度被传播和接受。声音、文字、影像等，即便

没有成为传统非遗的载体和传播方式，也已经成为非遗传承和传播的新业态、新走向。能够便捷地接触到非遗，就为人们的学习和欣赏、继承和发展、改编和创新提供了极大的便利。强调创造性转化与创新性发展，就是在非遗的资源化与产业发展中，充分发掘非遗及其资源的各项价值，通过现代产业发展的理念及市场经济发展的规律，为非遗的传承找到一条文化与经济发展双赢，社会效益与经济效益兼顾的发展路径，从而满足人们新生活、新消费需求，促进我国文化产业的发展与国家综合国力的提升。

（三）积极践行非遗及其资源的"活化"发展原则

非遗及其文化是世界文化多样性发展的重要载体与生发的重要土壤，既要保护，又要发展。传统文化资源是战略性资源已经成为大家的共识，但非遗及其文化资源是传统文化重要组成部分与载体的认知还需深化。事实上，非遗的市场化、产业化发展早已起步，而如何实现非遗在新时代的更好发展，关键在于让非遗资源活化，从而将其融入当代社会，滋养生活，传承文化艺术精神，生发文化艺术的当代创造。非遗及其资源活化的最大效能，就是成为中华民族屹立世界的最为宝贵、最为强大的精神财富与物质财富。人们消费结构快速转型带来的巨大文化消费能力，为非遗资源转化与文化新经济的发展以及非遗及其文化资源的"活化"，打开了巨大的需求空间，并成为其发展支撑。所以，要积极探索非遗及其资源"活化"的理念、路径、技术与方法。其中，非遗及其资源与当代设计的融合是让其"活化"的重要战略举措与突破口。在推进非遗与当代设计融合发展的过程中，关键是产业与市场的融合发展，即构建非遗发展的综合服务平台。要明确非遗资源的梳理、挖掘、发现、使用、转化等工作在其传承发展的过程中依然是核心。

二 新时代非遗发展的新观念

习近平总书记指出："文化自信，是更基础、更广泛、更深厚的自信，是更基本、更深沉、更持久的力量。坚定文化自信，是事关国运兴衰、事关文化安全、事关民族精神独立性的大问题。"坚定文化自信必须推动中华优秀传统文化创造性转化、创新性发展，不断铸就中华文化新辉煌。随着非遗保护实践的深化，非遗发展理念与认识也不断更新。近年来，关于非遗保护与发展问题，强调三个基本理念。一是在提高中保护的理念。非遗保护的关键是传承，只有不断提高传承水平，才能增强非遗的表现力和吸引力，维护和拓展非遗的生存与发展空间，鼓励和吸引更多的人加入传承行列，实现可持续的非遗保护。二是非遗走进现代生活的理念。非遗是民族文化的印记，是一个民族、一个地区的生活方式与实践。非遗是以人为核心、以生活为载体的活态传承实践。非遗的生命在生活，要促进非遗在秉承传统、不失其本的基础上，更加全面地融入当代生活，在千家万户的日常生活中得到传承。三是见人见物见生活的生态保护理念。文化和旅游部在生态区建设和会同住建部开展传统村落保护工作的过程中，要求把非遗项目和其得以孕育、滋养的人文环境一起保护；要求在古村落和老街改造中保留原住民，保护原住民的生活方式，避免传统村落、老街变成只有建筑和商铺而没有原住民的空心遗址，避免非遗失去传承环境和土壤。要充分认识到，在当今历史背景下的非遗保护工作，必须在努力维护非遗存续条件的同时，把正确应对环境变化、实现非遗可持续发展作为政策研究和制定的优先方向，把提高传承和实践能力作为重中之重。在新的发展理念的指导下，非遗发展从保护思路到发展形态都产生了许多新的变化，生发出许多新的业态，也形成了许多新的观念。

（一）"非遗传承发展要走可持续发展道路"的观念

生态文明建设是当前国家最重要的社会发展战略之一，可持续发展观是其思想基石。在新时代推动非遗保护与可持续发展相结合是大势所趋。非遗蕴含着人类的智慧，是解决社会问题的重要智慧资源，在解决当代人生存问题上具有重要的意义。从可持续发展的角度看，保护非遗就是在保护人类的现在与未来。2015 年，联合国在纽约召开的可持续发展峰会上正式通过了指导 2015—2030 年全球可持续发展的纲领性文件《改变我们的世界：2030 年可持续发展议程》。习近平主席出席峰会并承诺中国将以落实 2030 年可持续发展议程为己任，同时提出创新、协调、绿色、开放、共享的新发展理念。随后，我国政府出台了一系列重大举措，如精准扶贫、以绿色发展应对气候变化和产能过剩问题等。2016 年，基于国际社会半个世纪以来对文化与发展关系的研究与实践，联合国教科文组织出台的《实施〈保护非物质文化遗产公约〉业务指南》（以下简称"《业务指南》"）中，新增了"在国家层面保护非物质文化遗产和可持续发展"的内容，作为对联合国倡导的可持续发展的响应。联合国教科文组织倡导各国把可持续发展理念与非遗保护制度建设结合起来，在包容性社会发展、包容性经济发展、环境可持续发展及和平与安全四个方面阐述了非遗对可持续发展的重要性，站在人类存续的高度将非遗与可持续发展联系起来，明确了非遗的重要性。《业务指南》指出缔约国应努力承认、提升并增强非遗作为战略资源的重要性，以实现可持续发展。《业务指南》的出台表明，联合国教科文组织对非遗与可持续发展关系已从理念认知进入推动各国出台政策的行动阶段，对更新各国非遗保护观念，调整现有非遗保护方向，促进世界各国从可持续发展角度认识本国非遗保护具有深远意义。事实上，国际社会对可持续发展的理解早已从环境领域扩展到社会、经济、文化等领域。因此，从可持续发展角度完成非遗项目的识别工作后，突破对非遗项目的单一保护，从传统知识创新、政策法律、政府管理、人才建设、研究等方面进行整合，以非遗为"旗舰"，建立管理合作平台，进行系统部署，对与非遗有关的因素展开联动保护非常重要。可以说，结合我国国情，将可持续发展理念融入非遗保护实践，制定、出台切实可行的政策、制度及措施，加强研究，是我国非遗保护再上一个新台阶的重要契机，也是在新时代我国在非遗保护领域的一项重要创新。

（二）"非遗及其资源是新时代发展的重要战略资源"的观念

文化建设需要有基础，这一基础就是蕴藏在我们生活中的丰富人文资源。国际文化遗产保护的发展趋势是从单一化保护走向整体化保护，如从单一关注文化遗产走向关注文化遗产与自然生态的关系，从单一关注物质文化遗产走向对非物质文化遗产的保护，从关注文化遗产的历史价值与艺术价值到关注文化遗产的文化价值，从关注单一的遗产保护到关注遗产的活用价值。而这种活用价值的强调，就是对其资源价值的强调。从"遗产到资源"是具有时代意义的，也是当今社会中传统文化的一种新定义。习近平总书记关于传统文化是独特的战略资源的论断，为我国新时代非遗文化的传承发展指明了方向。为此，我们要进一步提升非遗及其资源是民族最为独特的战略性资源的认知，进一步深刻理解非遗及其资源是中华民族伟大复兴与发展的宝贵精神财富与物质财富的战略意义。非遗的资源化发展是新时代非遗价值的放大器，是非遗发展面向现代社会的一把钥匙，是非遗介入、融入当代生活的重要途径，更是非遗面向未来发展的重大战略方向。非遗资源的重要战略地位主要表现在：第一，非遗资源是中国文化建设中，传承发展与自信、包容、创造的不竭之源，更是文化艺术资源的重要组成部分；第二，非遗文化资源是我国在新的发展阶段文化"走出去"的重要战略突破口；第三，非遗资源化发展打开了非遗发展的未来之门；第四，非遗资源是中华民族最为重要与独特、丰富的财富。

（三）"非遗传承发展要融入大众生活"的观念

"见人见物见生活"是新时代非遗发展的重要理念。新时代赋予了非遗新的使命，这一使命就是要让它在保护中传承、在传承中发展、在发展中不断地焕发出新的生机和活力。事实上，非遗是最鲜活与最当代的，它们本身就产生与发展于历史的各个时期，在传承中随着时代发展而创新。我们强调在非遗保护的同时一定要注重创新，只有将非遗融入当代生活，才能够将其世代传承，才能使其作为民族文化基因有序长存。非遗的传承发展既要做好抢救保护，又要更多地将非遗资源融入当代生活，在有条件的情况下，还要进一步将非遗资源资产化，使其真正成为民族复兴与发展的重要财富与源泉。要充分发掘与充分利用丰富而又深厚的非遗资源，不断发现它的价值，并将非遗资源不断进行创造性的转化，使之进一步融入当代生活，进一步与当代生活方式相适应，从而更好地服务社会发展，推进经济质量提高，提升文化建设能力，为进一步在新时代弘扬中国文化效能，提升世界范围内影响力做出积极贡献。为此，我们强调，不要把非遗的传承发展过程中的抢救保护与非遗资源创造性的转化相对立，特别是不要把非遗的抢救保护与可以进行的非遗资源资产化、市场化、产业化相对立。要认识到，非遗抢救保护不是非遗传承发展的全部，必须在更大的背景与架构下去进一步深刻理解与认知。具体应强化非遗资源"创造性转化"与"创新性发展"，以实现非遗及其资源的"活化"。

（四）"非遗的资源化与产业发展是新时代发展的重要战略任务"的观念

非遗能否走产业化发展道路一直是社会各界争论的焦点，而在市场实践中，对非遗的产业化发展的探索早已起步。如提取非遗元素通过产业机制实现的衍生品生产、交易、消费、服务等市场行为，以及在非遗资源发掘基础上进行创意，形成非遗IP与IP授权经济及其产业发展等，都是非遗产业发展的重要实践。事实上，非遗产业化发展是其在新时代传承发展的重要战略任务，因为在社会矛盾转变的背景下，新经济与新消费为非遗市场带来了巨大的机遇与发展空间，这就需要通过产业化的发展来契合当下的消费需求。目前，传统非遗依靠传承人个体进行传承与创作的方式，很难满足当下急速增长的消费需求，而产业化发展模式能够极大地推动非遗及其资源的消费。非遗产业化发展的内在逻辑就在于，通过不断挖掘非遗及其文化资源，进行产业化发展，促进非遗产品与服务在质量与数量上的提升，更好地满足市场消费需求，从而服务大众生活，提高人们的获得感与幸福感。同时，在非遗消费过程中，进一步加深大众对非遗的认知，使大众深刻感受中国传统文化魅力，自觉加入传播非遗的队伍，以市场与产业机制将非遗与当下生活结合得更为紧密。我们说，非遗产业发展是非遗在新时代发展的重要战略任务，就是强调非遗产业化发展是非遗消费发展的重要现实基础，而非遗及其消费是非遗深度体验与传播的重要路径。

（五）"非遗传承发展要聚焦融合发展趋势"的观念

探讨非遗传承与融合发展的观念，就是在抓好抢救保护的前提下，强调重视非遗及其文化的资源化、系统化工作，在创造性转化与创新性发展上下功夫，为非遗融入当代社会生活、展现当代文化价值做出积极努力；为非遗及其文化有更加广阔的发展未来，不断努力。在当前经济全球化，互联网、物联网以及众多创新科技的推动下，各国、各民族文化间的交流、交融更加频繁。文化与金融、文化与旅游、文化与教育、文化与互联网等多产业之间创新融合发展趋势显著，这种融合不仅体现在广度上，更体现在深度上，不是某两个产业的简单叠加，而是多产业之间的深度渗透共融。我们说产业融合，指的是不同产业或者同一产业不同行业间的相互渗透、相互交叉，最终融合为一体，逐步形成新产业的动态发展过程。产业融合的前提是技术融合、业务融合、市场融合及产业管制环境的变化，按技术发展方向可分为产业渗透、产业交叉和产业重组三类。

在产业融合发展中，要牢牢把握多产业融合的方向和要求，贯彻新的发展理念，对非遗及其资源进行深度的挖掘阐释，在传承实践水平提高的基础上，为非遗注入新的活力。特别需要关注以下两个方面的融合。一是文化与科技的融合。文化与科技融合使得非遗的传承发展变得更加贴近大众，更加容易与当代生活及生活方式相融合，从而为非遗的传承发展提供了新的可能与发展的空间。二是非遗与当代设计的融合发展，这是非遗资源"活化"的突破口。另外，我们还要关注非遗资源化及其产业化的资本融合。这是非遗发展的关键性问题。在新的战略发展期，非遗资源化与非遗产业的发展要实现突破与跨越，需要明晰一个发展框架、三条重点战略路径。一个发展框架包括：一个核心——不断发掘非遗资源及其产品的最终消费；一条主线——非遗资源化、资源资产化、资产金融化及证券化；三条路径——非遗与科技融合、与金融融合、与"互联网+"市场机制融合；一个平台——构建"互联网+平台化"的综合平台化支撑服务；一个目标——满足人们多样化、多层次、多目标的文化消费需求。三条重点路径包括：积极培育并利用资本市场；以非遗资源化为基础，抢抓全球产业链重塑的战略机遇，迅速壮大并发展非遗产业集群；基于"文化+""互联网+""金融+"的融合发展机制探索市场规模化发展的创新模式。

（六）"非遗传承发展的最佳传播机制是消费"的观念

保护文化遗产的意义不是将其作为一种文化标本。对文化进行传承的最根本意义在于对文化的传播，不断扩大文化遗产的影响力，借用新的传播技术传播并延续非遗的古老生命，这是非遗传承和发展的关键所在。由于非遗载体的特殊性，传统的传播依靠"口授心传"等方式，传播影响范围受到单一的传播方式的制约，难以突破时空的限制。新媒体凭借其传播范围广，信息瞬时性、交互性、数字化等优势，承担了传承非遗文化的重担，新媒体视域下的多渠道传播理念为非遗的保护和发展提供了一种新的途径。世界范围内不同非遗文化的体验交流，是非遗全球化进程中的必然现象，特别是在生命共同体建设过程中，非遗文化体验交流的国际化会进一步创新传播方式，这也是非遗文化创新发展的重要形式与路径，为不断建构起我国文化资源的生发、生产与输出高地提供了前提与基础。其中最根本的原因是非遗文化的交流、传播、输出不是一个单向度的过程，更不是一个衰减的过程，而是一个交流、学习、生发、融合与创新的过程，这是由非遗文化资源的复用性与使用传播的增值性所决定的。这一点，对我国非遗文化的推广与传播意义重大。

与以往人们认为文化、艺术的有效传播方式更多的是靠展览、出版、宣传、交易的观念不同，如今人们发现最有效的传播方式实际上是消费，消费是最好的传播机制。非遗推广传播的最佳方式就是推动非遗艺术品的消费。目前，在非遗衍生品产业链中，一些企业已经开始探索，如景德镇的一些企业依托丰富的非遗资源，以创意、设计为龙头，以名人、名品、名牌为发展框架，整合资源，让资本介入，在世界范围内整合建构独特的陶瓷产品产业链。将文化艺术资源变成生动、有内涵、有价值的产品来吸引消费，将文化"送出去""卖出去"还不够，今后我们还要以IP为核心驱动力打造艺术衍生品产业链，从而把中国的文化资源沿着产业链配置出去、整合出去。

从理论与实践的关系问题的探讨中可以发现，社会实践往往走在理论的前头，推动着理论的形成与完善。反过来，先进、成熟的理论又能够作用于实践，对其产生积极的指导作用。今天，我们探讨非遗传承与实践的观念问题，可以说既是新时代语境下非遗实践发展的现实诉求，也是对非遗面向未来发展的经验总结与思想准备，可谓意义重大。

第十一章

非遗产业发展战略

非遗传承发展的理论研究与实践探索，需要满足新时代社会经济文化发展的巨大需求。我们必须站在更高的起点、更高的水平上推进非遗及其文化的传承发展。习近平总书记关于传统文化是独特的战略资源的论断，为新时代非遗的传承发展指明了方向。为此，我们要进一步提升非遗及其资源是民族最为独特的战略性资源的认知，进一步深刻理解非遗及其资源是中华民族伟大复兴与发展的宝贵精神财富与物质财富的战略意义。当前，非遗及其产业的发展已经进入了一个关键时期，不少问题亟待进一步研究与澄清。特别是面对基于传承的保护抢救基础之上的关于非遗产品、非遗市场、非遗产业的发展问题，我们必须做出应有的战略性应对。

第一节　非遗产业发展的战略共识

随着非遗事业与非遗产业的不断发展，人们对非遗发展的内在规律和认知也在不断深化和拓展，并达成了一些共识。在研究、交流和讨论的过程中，一些问题逐渐形成了结论，这些结论可以作为战略研究的重要认知成果。

一　非遗发展的宏观背景是全球化进程的深化

所谓全球化进程，一般是指在世界范围内现代社会与生活等方面的内在联系、结构的不断深化、扩展与加速的过程，它包括政治、军事、贸易、金融、人口流动、文化等的全球化。更为概括地，可以将全球化定义为经济、政治、文化的全球化。在全球化的话题中，非遗的传承与发展问题越来越受到关注。对非遗传承发展这一话题的关注与重视，一方面是基于在全球化发展的进程中，人们对非遗价值及其重要性的再认识、再发展。也就是说，非遗资源作为文化资源的重要组成部分，是一个区域、一个民族赖以生存的重要精神与物质财富，是最为重要、最为独特、最为丰厚的民族财富。另一方面，全球化进程对非遗的传承发展既是机遇更是挑战，这已成为一个不争的事实，随着人们生存的空间概念边界的弱化、全球产业链的兴起、文化趋同性的推进等，非遗及其安全问题在全球化中的地位，不断成为一个显著的战略问题。

二　非遗安全是全球化进程中的重要议题

非遗安全是指一个国家与民族的非遗形态及其文化（如非遗形态中的民族精神、信仰、价值理念及价值追求等）的生存与发展不受威胁而异化发展的现实状态。具体说就是，非遗形态及其文化在发展的过程中，要保护发展其特质、个性、精神内核与传统的优势；要对其资源、遗产、精神与习俗进行梳理、发掘、保护、传播与利用，避免其独立性特征被侵蚀、被取代与被同化，在发展的形态上避免其被异化或是灭失，在传承过程中避免其散失、被异化等。可以说，非遗安全是国家安全的一个重要的组成部分。在全球化进程中，不同国家或者地区在回应日益激烈的全球范围内的竞争时，可以说无不面临极为重要的严峻挑战，因此要维护三种重大利益，即经济利益、安全利益与文化利益。越来越多的人认识到，非遗及其资源是一种包含经济、安全与文化利益的重要战略资源，非遗的安全问题，是一个民族、一个国家参与国际竞争及提升国际竞争力的核心要素。特别是中国这样的具有悠久历史文明与文化传统的大国，重视与维护非遗安全是不断构建国家对外形象，挖掘引导经济、安全与文化利益的价值观、思想理念与原则的重要保证，是不断消除侵蚀、危害及威胁国家利益与安全的重要手段。所以，认真研究分析全球化进程中的非遗安全问题，其战略与现实意义重大。

三　非遗抢救与保护是当前及未来发展的重要战略任务

在当前及未来较长时间内，非遗的抢救与保护仍然是最为重要的战略任务。这一任务在现代化进程中显得尤为紧迫，尤其是在传承人老龄化、环境变化和技术进步等因素的影响下，许多非遗项目正面临消亡的风险。抢救与保护的关键在于准确把握传承与创新的边界，确保非遗在保持原有文化内涵的同时，通过创新实现"活化"。这需要平衡非遗的保护与开发，防止过度商业化带来的文化扭曲和变异。

四　非遗文化发展是文化自信与国际传播的必然需求

非遗文化的发展是我国文化大发展大繁荣的必然需求，也是我国文化自觉和文化自信深化过程中的必然结果。非遗资源作为一个民族最重要、最独特的财富，既是赖以生存的精神财富，又是不断发展的物质财富。非遗文化及其资源不仅在国内具有深远的意义，更是中国文化"走出去"的重要内容、路径与突破口。

五　非遗文化消费是从体验到传播的全方位发展

非遗文化消费是一种深刻的文化体验。因此，非遗资源系统化，以及非遗产品、非遗市场、非遗产业发展的过程，既是一种消费过程，又是一种非遗文化的体验过程，更是一种非遗文化的传播过程。在这一过程中，非遗文化通过消费得以传承，同时也通过体验和市场推广实现广泛传播。消费者在购买非遗产品的同时，也在体验非遗的独特魅力，并通过这种体验加深对非遗文化的理解和认同。

六　非遗资源管理是非遗产业发展的核心工作

在非遗传承发展的过程中，非遗资源的梳理、挖掘、发现和使用等管理工作是核心。目前，需要特别注意的一个问题是，不能将非遗的抢救保护工作与非遗资源的管理工作对立起来。非遗产业的发展，是非遗资源活化的基础和动力，更不能将非遗的传承保护与非遗市场及其产业的发展对立起来。它们都是非遗发展过程中不可分割的有机组成部分。

七 非遗资源与当代设计融合是创新发展的重要路径

非遗资源与当代设计的融合发展既是非遗进入当代生活，融入当代社会与文化生活的重要路径，更是其产品创新与产业融合的重要路径，是非遗在当代发展的重要战略取向。

八 互联网及其机制发展为非遗发展提供创新空间

互联网及其机制的发展为非遗的传播、传承、交易、市场与产业带来了巨大冲击，同时也创造了巨大的生机和广阔的发展空间。通过互联网平台，非遗文化得以迅速传播，突破地域限制，使更多人了解并参与非遗文化的保护与传承。电商平台与数字营销为非遗产品拓展了新的销售渠道，促进了非遗产业的发展。此外，互联网技术还为非遗传承提供了新的呈现与传播、教育形式，如非遗的在线教学、虚拟展览和数字化保存等都使得非遗在现代社会中获得延续与创新。

第二节　非遗产业发展的战略原则

在建构非遗产业发展战略时，必须遵循一定的原则，以确保所制定的战略能够满足非遗在新时代发展的需要。基于对非遗产业理论与实践的研究总结，我们提出以下发展战略原则。

一 确保非遗产业发展安全原则

非遗产业的发展首先需要确保非遗及其资源的安全，包括非遗文化内容与形式的安全。这不仅包括防止非遗在商业化过程中被歪曲、异化或滥用，还涉及保护非遗传承人和从业人员的合法权益。具体措施包括：制定并严格执行保护非遗的法律法规；完善非遗保护和管理机构，监督非遗市场及产业发展活动；提高公众对非遗保护的认识，促进全社会共同参与保护工作。

二 建构非遗产业发展生态原则

非遗产业的发展需要建构一个多层次、全方位，健康、可持续的综合生态系统，以促进非遗的赓续传承。其生态系统包括自然、文化、社会、经济和技术等方面的协同发展。第一，确保非遗与自然环境的和谐共生；第二，推动文化生态建设，通过多元文化的包容与交流促进非遗传承与创新；第三，社会生态支持，强调政府、企业、社区和公众的共同参与，提供法律、财政和社会保障；第四，经济生态优化，通过市场机制提升非遗产业竞争力；第五，技术生态创新，结合现代科技手段，推动非遗的数字化、市场化、智能化发展。

三 促进非遗传承与传播原则

非遗产业的发展要有利于非遗的传承与传播，这是确保非遗生命力的关键。一是要培养非遗传承人，保障技艺和知识的代际传递。二是要利用现代技术手段（如数字化技术、互联网平台等）推动非遗的广泛传播，使其触及更广泛的受众。三是鼓励非遗项目进入公共文化空间（如博物馆、文化中心、艺术中心、商业空间等），提升非遗的公众认知与参与度。四是通过商业化和市场化运作，进一步推动非遗的传承与传播。

四 促进非遗市场与产业发展原则

非遗产业的发展要有利于促进非遗市场与产业发展，特别是在非遗产业生态建构过程中，资源配置以非遗产品平台化交易为基础展开的基本原则。平台化的最大价值就是它的"公信力"，而"公信力"的建立是在"三公"原则——公开、公正、公平的基础上的。正是平台化的这一特点决定了非遗产品平台化交易的发展就是要通过平台化建立更加公平、透明的产业交易渠道，进一步降低交易成本和扩大交易规模，创造更为有利的非遗产品交易环境，所以产业生态发展战略要建立更有利于非遗产品进入交易平台进行交易的产业链条，让整个产业链条都直接或者间接服务于非遗产品的平台化交易，通过发展战略最大限度地实现对有利于非遗产品平台化交易的产业资源和产业链条的聚合，实现建构支持平台化非遗产品交易的产业生态。

五 推动非遗产业支撑体系形成原则

在非遗市场与产业发展的过程中，应注重推动非遗资源交易平台的系统服务，形成系统服务于非遗资源平台化交易的产业链条和布局。产业生态建构的核心是建立广泛的非遗资源平台化交易服务体系。服务于平台化非遗资源交易模式的产业链条和产业资源是产业生态的重要组成部分，产业生态发展战略必须以推动非遗资源平台化交易服务体系为原则，让平台化交易服务体系成为产业生态进化的核心动力。

六 以平台化交易为基础建构非遗产业生态原则

产业生态是以产业链为基础的，产业生态发展战略首先要促进基于平台化非遗产品交易产业链的形成，这是产业生态发展战略的首要内容。没有产业链的形成，生态的建构就无从谈起，因此平台化非遗产品交易产业链的培养和形成是非遗产品平台化交易模式产业生态的基础，非遗产品平台化交易模式产业生态发展战略应以有利于平台化交易产业链为原则。

第三节　非遗产业发展的战略目标

非遗产业发展的首要战略目标是要解决我们的主要矛盾，即人民日益增长的美好生活需要和不平衡不充分的发展之间的矛盾。要在抓好抢救保护的前提下，重视非遗及其文化的资源化、系统化工作，在创造性转化与创新性发展上下功夫，为非遗融入当代社会生活、展现当代文化价值做出积极努力；为非遗产业的发展有更加广阔的发展未来，构建有利于非遗产业发展的生态与体系。

第一，要继续更好地做好抢救、保护与传承工作。当下，这应该是非遗传承发展的工作重心与基本的发展底线。

第二，非遗的传承发展要强调为人们美好生活建设服务。

第三，要积极推动非遗文化资源的创造性转化，为中国经济的转型发展提供新的资源、新的动力。

第四，要为中国文化"走出去"，讲好中国故事，建构世界文化多样性，建设命运共同体做出积极的贡献。特别是要强调非遗文化是中国文化"走出去"的战略突破口与重要抓手。我们要研究非遗文化传承发展的内在规律，充分发挥市场机制对于文化"走出去"的重要作用，将我们原来习惯地把非遗及其文化"送出去"，进一步过渡到"卖出去"，再到按照市场与产业的规律"整合出去"的发展路径，并在这一过程中，不断建构我国非遗文化的发展能力与水平，进一步推动其国际化发展与传播，为中华民族伟大复兴与中华文化"走出去"服务。

第五，构建多层次的基于平台化非遗产品交易模式的产业生态发展平台，逐步建成与基于平台化非遗产品交易模式的产业生态核心功能和龙头作用的战略定位相适应、结构合理、主体多元、功能完善、服务高效、安全稳健、充满生机与活力的多层次资本市场体系，使多层次资本市场成为优化资源配置、培育创新体系、提升核心功能、扩大直接融资、实现基于平台化非遗产品交易模式的产业生态发展的有效手段和重要保障。

第四节　非遗产业发展的战略框架

非遗产业发展战略研究的核心是明确发展战略的框架。这些战略框架在很大程度上规定了非遗产业发展战略的内容和使命。建构一个怎样的非遗发展生态才能实现非遗产业的快速发展，并带动非遗发展水平的进一步提高，是非遗产业发展战略研究要解决的核心问题；建构一个对非遗产业进行全面支撑的发展生态是发展战略的核心目标。有利于非遗产业发展的环节都是非遗产业生态的建构重点。

第一，持续完善非遗传承发展过程中的抢救与保护工作，这是当前非遗产业发展过程中的重中之重。

第二，推动非遗产业生态的有效建构与发展。非遗产业的发展，最终是要有效地建构与发展非遗的生态。不建构有效的非遗发展生态，非遗的传承发展及其市场、产业的发展就会受到更大的制约。

第三，完善非遗产品平台化交易制度是产业生态建构发展战略的基础。交易制度的完善是非遗产品平台化交易发展的前提。非遗产业生态的建构以完善的平台化交易制度为前提，非遗产品平台化交易制度直接影响着非遗产业生态的结构和内容，有什么样的非遗产品平台化交易制度就会有什么样的非遗产业生态。因此，从发展战略的高度去完善非遗产品平台化交易的制度是进行非遗产品平台化交易产业生态建构的基础。

第四，功能全面的非遗产品交易平台是非遗产业生态建构发展战略的重点。平台化交易的可行性是非遗产品平台化交易实现的基础，建立功能完善的非遗产品交易平台是产业生态建构发展战略的第一个战役，将非遗产品从创意、创作、交易、展览等多个环节全产业链导入非遗产品交易平台，实现交易平台对非遗产业发展的系统支撑。

第五，非遗产业生态的形成需要全面的非遗产业链参与其平台化交易之中。非遗产品平台化交易模式产业生态发展战略要以建立支持全产业链参与到平台化非遗产品交易为目标，通过非遗产品交易平台实现非遗产品产业链条间的连接和组合，实现非遗产品平台化交易的基础连通和构建，把非遗产品交易平台作为非遗产业发展的突破口和新的动力源。

第六，以平台化交易支付能力为非遗产业建立产业生态。基于平台化非遗产品交易模式产业生态的发展战略建构，平台的支付能力建设是发展战略进行规划的重要环节。交易支付的便捷性是非遗产品平台化交易重要的促进手段和交易体验，交易支付和收益的便利性将促使更大规模的用户参与非遗产品的平台化交易，因此为非遗产品平台化交易建立完善、便捷、高效、安全的交易支付服务体系是产业生态发展战略必需的规划内容。

第七，加速以新消费业态为新的基础来建构非遗产业生态。新消费业态的主要特点可以概括为：一是线上与线下的融合，从 O2O 到 OMO；二是新技术的融合发展，增强了线下、线上的体验感与能力；三是消费从传统的以产品为中心，到以人为中心，围绕用户体验去打造全场景体验。新消费业态正在进入攻坚克难和整合阶段，问题的关键还是如何全方位提升用户体验和商业效能。新消费行业正处在全新的发展关口，技术、数据、资本、体验、商业模式五大维度全线升级，驱动新消费产业的发展，创造更多的可能性。同时，以平台化的产业数据信息分析建立产业生态基础。平台化交易模式最大的优势和特点在于产业信息发布的及时性和高效性，这一点也是重要的产业生态建构环节，产业市场信息服务生态的关键是在平台化非遗产品交易模式的基础上，减少产业信息的不对称性对产业化发展效率的影响，引导市场化的平台化交易模式产业生态的建立。

非遗产业生态的建构以非遗产品的平台化交易为中心，通过市场的引导使得各个产业环节围绕平台化非遗产品交易进行聚合，在完成自身产业功能的前提下实现非遗产品平台化交易的发展。在这一过程中，平台化对于产业数据的集聚和分析是产业生态必要的建构准备，通过对平台化服务来有针对性地引导不同非遗产业环节的发展。

第八，以综合服务，特别是综合金融服务的平台化交易参与建立非遗产业生态。金融综合服务以平台化的方式融合进入非遗产品交易平台，就是让非遗产品交易平台具备完整的金融服务功能，让金融服务成为平台化非遗产品交易模式产业生态的重要组成部分，实现金融服务全面参与非遗产品平台化交易模式。

第九，以新科技融合支撑服务为依托建立非遗产业生态。如何找到非遗产品产业资源与新科技平台融合的方法与路径，特别是要在依托互联网技术、通信技术、信息处理与管理技术融合的基础上，形成创意、生产、流通与消费资源的新融合与新配置，提升产业水平与效率是非遗生态发展的关键。

第五节　非遗产业发展的战略取向

非遗产业是我国文化产业与文化经济发展的重要组成部分，特别是在我国面对消费结构快速转型及文化艺术消费迅速崛起的重要时期，非遗产业的发展具有极其重要的战略意义与现实意义。总体来说，研究与发展非遗产业至少应该重视四个层面的发展。第一，非遗产业生态本身的发展变化，它是非遗产业发展创新的源头。第二，非遗产业业态结构及其业态创新发展的趋势，这是非遗产业发展的根本与本体。第三，非遗产业发展的产业支撑服务体系与基础，特别是文化产业、文化经济，以及非遗产品及其资源的系统化、资产化、金融化、证券化（大众化）发展过程中的支撑服务体系的建设，如确权、鉴定、估值、鉴证备案、集保、物流等业态创新发展的支撑。第四，基于法律法规与政策建设的环境优化与培育。为此，对非遗产业这个新业态的发展，一是要强调建构，为新业态提供创新发展的更大空间与支撑；二是要培育，新的业态的发展，虽然具有很强的活力，但是它还需要一个发掘需求、适应需求、满足需求的过程，在这个过程中需要有支持培育的力量；三是监管，特别是合规合法，是非遗产业壮大及持续发展的根本与前提。

在非遗产业快速发展的今天，特别需要强调的以下七个重要的非遗及其产业发展的战略取向。

第一，夯实产业基础，这是非遗产业发展的重要基石。

第二，非遗产业的发展，必须以需求为主线，以消费者为核心，在新的消费理念与环境下，创新发掘消费理念、消费需求及消费服务的平台、方法与手段，推动更好地满足消费需求快速化、个性化发展的基本趋势。

第三，要积极关注并促进非遗产业发展过程中的动力机制建设，在宏观层面要关注市场机制与互联网机制的融合，关注国家意志与市场发展趋势的融合。在具体发展的过程中，要花大力气关注并推进科技与金融对非遗产业发展的重要作用。

第四，积极推动非遗产业的规模、结构的发展。一个新兴的业态，不仅仅需要有一定产业规模的支撑，同时，也需要有健康的内在结构。对非遗产业的发展来说，要积极发展非遗商业、非遗市场、非遗金融、非遗科技等业态的创新，不断优化其内在结构。

第五，非遗产业要积极做好融合发展。一方面，要做好非遗产业发展的生态，进一步推进非遗产业由概念、形态、业态向产业生态的方向发展；另一方面，发挥非遗资源的价值优势，积极做好跨界融合发展的战略举措，推动新业态的创新发展与传统业态的升级。

第六，进一步完善提升法律法规在发展非遗产业过程中的地位与作用。加快非遗产业相关的修法立法进度；进一步提升法律对业态发展发育的建构能力；进一步完善法律法规对业态发展的服务能力。在发展非遗产业的过程中，风险并不可怕，可怕的是，不能够跟随时代和行业发展的实际需求更新风险管控的理念与方式方法，不能适时根据行业发展的需求，快速构建与完善相应的法律法规体系。

第七，要重视非遗产业发展的理论建设，构建非遗产业理论体系，推动非遗产业发展的实践探索与人才培养体系建设。

总而言之，非遗产业是中国当前促进文化产业及社会经济转型升级、持续发展的重大理论与现实课题。对于非遗产业发展态势及战略取向的探讨，意在为当下不断推陈出新的非遗产业现象提供必要的张力，并最终指向非遗产业本身的建构与创新。

第六节　非遗产业发展的战略路径

非遗产业发展的使命就是不断推进非遗资源的活化。非遗资源活化的最大效能，就是成为中华民族屹立于世界的最为宝贵、最为强大的精神财富与物质财富。非遗"活化"是一个为文化传统寻找精神与灵魂的过程，因此，需要积极探索非遗资源"活化"的理念、路径、技术与方法。其中，非遗资源与当代设计的融合，就是让其"活化"的重要战略举措。文化消费产业与文化新经济的发展，对非遗的"活化"提出了巨大的需求与支撑。非遗资源的活化要重点关注六条基本路径：一是学习、理解与体验；二是非遗资源的数字化；三是媒体融合与非遗资源的整合传播；四是非遗资源的科技体验；五是非遗产品的消费性体验（通过产业与市场）；六是非遗文化交流与体验的差异性与国际化体验。

当下，非遗产业发展的一个重点，就是在做好抢救保护工作的前提下，花大力气推进非遗产业进入人们的当代生活。特别是在推进非遗产业国际化合作的过程中，我们认为，关键是产业与市场的融合发展，具体来讲，就是一个平台、两个方面、四条路径。

一　建构非遗产业发展的"一个平台"

"一个平台"即建构非遗产业发展的综合服务平台。这个平台除了基本的展示与交流功能之外，更重要的是非遗产业资源整合与资产化平台，产业要素市场与产业资本市场平台，如通过建立相应的非遗产业基金、非遗产业设计服务中心等，为非遗产业要素市场、资本市场等提供综合性的服务。

二　关注非遗产业发展的"两个方面"

"两个方面"，即一是在当下，非遗产业的抢救保护依然是重点；二是在传承发展的过程中，非遗产业资源的梳理、挖掘、发现、使用、转化等工作是核心。重点抓好在保护非遗产业的自洽性或者是非遗产业要素自主系统发展的基础上，积极推动非遗产业资源与要素，通过现代设计的理念与手段，进入当代人们的生活之中。

三　推进非遗产业发展的"四条路径"

"四条路径"包括：一是通过当代设计培育非遗产业链条，推进非遗产品与消费品进入当代生活；二是通过市场机制的推动，进一步利用市场交易创新，让非遗产品、非遗体验进入人们的日常生活；三是通过发掘新的非遗产业消费需求，推进非遗产业发展的时尚化进程，创造非遗产业新的需求，从而使非遗消费（物质与精神）进入当代生活；四是通过"互联网+"使非遗产品、非遗产业文化等的推广与传播大众化，在与新的生活方式融合过程中，通过跨界创新融合，推动非遗产业进入大众生活。

第七节　非遗产业发展的战略格局

新时代非遗产业发展的战略格局，应立足于非遗的保护与抢救基础之上，更加关注非遗及其产业资源与当代设计的跨界融合，推动非遗及其产业社会生活化，使其与当下审美文化相适配，与时尚消费、科技创新相融合，提升非遗及其产业体验水平，使非遗资源真正成为民族赖以生存和发展的重要财富。

一　非遗的保护与抢救是其发展的根本前提和基础

非遗的保护与抢救是非遗发展的首要问题，也是最急迫的问题，是非遗发展的根本前提和基础。但是，我们也必须清楚，保护与抢救并不是当前非遗的唯一目的与最终目标，我们要在"留住记忆"的保护、抢救基础上，更加关注非遗的创造性发展、利用以及非遗与当代社会生活的融合发展。

二　非遗及其产业资源应与当代设计跨界融合

非遗产业不仅仅是一种现象，更是一种重要的资源，其并非古董遗存、典籍，也不仅仅是博物馆的展品，而是存在于民间发展中活着的资源。首先，利用非遗产业资源要素与当代设计融合，更好地与当代社会生活、时尚消费相对接。要成为当代生活必需品就需要为当代人们所接受，必须具有当代文化价值，符合人们社会生活的审美文化取向。其次，跨界融合。以非遗产业资源生存发展的艺术精神与要素来改造传统产业，使传统产业更具有民族性、艺术性和文化性，提升产业发展的附加价值，使产业升级不断推进。也就是说，要充分发挥非遗产业资源跨界融合机制的优势，发展具有区域地方特色的非遗产业，特别是大力发展非遗产业元素跨界融入制造业、旅游业等，实现产业转型升级。非遗产业发展的历史使命的落实，还将带动非遗产业与文化融入文化振兴区域发展的战略，打造文旅新名片，带动城乡建设的发展。

三 非遗及其产业社会生活化与当下审美文化适配，与时尚消费、科技创新融合，推进非遗及其产业体验水平提升

为了更好地实现非遗产业的生活化，就要注重非遗产业与当代审美文化适配。这意味着我们并不是要把非遗产业原汁原味地再现，而是要根据当下审美对非遗产业进行转化和创新，使其能为当下大众所接受。非遗产业还要同时尚消费相融合，要抓住年轻人，体现非遗产业消费的时尚性、新颖性，发掘出当代性的一面，将非遗产业体验与产品通过创造性转化变成时尚产品与时尚消费。另外，非遗产业还需要同科技融合来增强其体验感。将科技同非遗产业要素与精神进行完美融合，提高人们参与传播的积极性与传播效率，形成深度体验模式。这是非遗产业未来发展的重要道路之一。同时，创新非遗产业发展的社会经济组织形式，发掘建构产业链机制的路径也是极为重要的。一是创新社会组织形式。当前非遗产品市场大量仍停留在作坊式和农户式的发展阶段，没有有效的组织形式。国内也有部分地区尝试探索非遗市场与产业发展的新组织形式，例如合作社+农户，通过合作社来组织农户，统一定位、统一对接市场，形成可操作的市场发展模式。另外，还可以探索公司+农户的组织形式，通过公司化运作与契约，组织并推动农户与市场对接，这也是一条很有效的路径。二是围绕名人、名品、名牌来发展非遗市场与产业，通过名人、名品、名牌来聚合产业要素，促进非遗产业的发展，使非遗产品能够很好地融入当代经济与社会生活，按照现代经济发展的规律融入当代社会，而不仅仅是靠政府救济与政府推动。

事实上，促进非遗从不断被抢救保护向主动参与当代社会与生活的态势转变，政府的角色也会从非遗"拯救"的买单者，逐渐变成资源化发展与产业化进程的服务者，并不断通过相关配套政策和服务，大力发展非遗产业，做好美育与普及教育。同时，发挥市场机制与产业机制，推进非遗产业资源的聚集，充分发挥资源优势。

四 要使非遗资源成为民族赖以生存发展的重要财富

非遗资源是一个民族赖以生存的重要资源，它不仅是一种精神财富，更重要的还是一种物质财富。在具体发展中我们要学习海外的经验，依靠成熟的市场机制与产业机制，打造高质量的非遗产品，通过发展全球化消费来输出文化价值观念。在消费的过程中，取得物质利益的同时，收获文化利益。因此，我们要改变对非遗资源的认知，充分发挥市场机制与产业机制的作用，利用全球产业链来进行文化价值传播，最大限度地发挥非遗的作用，使其在民族复兴的进程中发挥更重要的作用。

第八节　非遗产业发展的战略任务

非遗产业发展是非遗消费发展的重要现实基础。非遗及其资源的消费，是非遗文化深度体验与传播的战略路径。通过非遗产品的消费来深刻体验中国非遗文化，认知中国文化艺术精神，传播中国非遗，是当下非遗及其资源的一个重要的时代课题。每一种非遗产品，其消费使用的过程，其实就是对文化认知、认同的过程，这是通过市场机制、产业机制，利用品牌、时尚等要素来活化非遗及其资源的重要路径。也只有这样，才能努力实现由把文化"送出去"，到把文化"卖出去"，再到按照产业链与产业发展的规律"整合出去"这一战略格局。为此，我们认为，非遗产业的发展是非遗创新发展的重要战略性任务。

一　非遗产业发展的"两条"战略主线

非遗产业化发展应该注重两条战略主线。

第一，围绕非遗产品及其资源资产化做文章，即要重点围绕非遗资源化、资源系统化、资产化、金融化、证券化（大众化）这一主线。

第二，围绕产业融合做文章，即推进非遗产品及其资源与科技融合、与金融融合的战略方向，在消费层面，积极推进与社会、生活、旅游融合发展。

二　非遗产业发展的"五大"战略重点

第一，充分发挥互联网机制及其平台架构的作用。

第二，推进以资源的整合、挖掘与价值发现、价值实现为主线的非遗产品及其资源的资产化、产权化、金融化及证券化（大众化）的进程。

第三，推动非遗产业融合创新、新业态发展。

第四，突出"市场+互联网"融合机制的建构与形成。

第五，深入探索非遗发展的产业化模式是关键。

第十二章

非遗产业发展的支撑服务体系

非遗的传承发展，特别是非遗的市场与产业发展，是一个系统的社会化工程，不是简单的、孤立的市场或者是产业的发展行为，所以，在非遗市场与产业的进化发展与提升的过程中，除了市场与产业系统本身的运营之外，还需要有相应的支撑服务体系。事实上，这里所说的支撑服务体系，其实是支撑体系与服务体系的一种统称，在非遗市场和产业的具体发展中，支撑体系与服务体系是分别作用于不同的市场与产业系统的。其中，服务体系包括了法律、政策、管理体制与体系等，而相关的支撑体系，包括了诸如确权、鉴定、评估、鉴证备案溯源、集中保管，甚至是物流等。可以说，在现代市场与产业发展的这种大的背景下，非遗及其市场与产业的发展，是处于比较式微的一个状态，如果要推动非遗及其市场与产业的快速持续发展，就必须建立和完善相应的支撑服务体系。

第一节　非遗产业的支撑服务体系发展综述

当前，我国的非遗产业化发展虽然已经取得了显著进步，但仍无法完全满足社会和市场的需求。主要原因在于，我国非遗资源数量庞大且类型丰富，涵盖不同地域和民族的传统手工技艺、音乐、舞蹈、戏曲、雕塑、绘画以及民俗习惯等。这些非遗资源在地域和民族间存在较大差异，导致非遗文化资源的产业化率相对较低。此外，非遗产业化后的产品的经济价值与艺术价值也存在一定的不匹配问题。

在国内非遗产业化进程中，现有的案例主要集中在传统手工技艺、传统医药、杂技与竞技、民间美术等类别中。这些非遗产业开发案例，在通过加强产业链的前向关联和后向关联，利用现代技术保护和传承文化遗产的同时，也通过产业创新取得了显著的经济效益。例如，某些传统手工艺品通过现代设计和市场营销手段，成功打入高端市场。然而，民间文学、民间音乐、民间舞蹈、传统戏剧等非遗类别则主要依靠文化旅游进行运营开发。在这一过程中，也出现了产权和经营权不明晰、利益分配不均的问题，导致开发主体、传承人及产业化相关参与方之间产生利益纠纷。这些问题的核心在于，非遗传承人对非遗的传承与保护、社会和文化影响力的关注，与产业经营主体对非遗产业投资回报率、边际收益等经济效益的追求不匹配。这种差异导致了非遗产权与经营权、非遗保护与开发、非遗产业利益分配等方面的问题，这些问题成为阻碍非遗产业化发展的主要障碍。这些问题亟需产业参与各方共同完善和解决。

党的二十大报告再次明确了我国社会的主要矛盾是人民日益增长的美好生活需要和不平衡不充分的发展之间的矛盾。具体到文化领域，主要体现在人民对美好文化生活的需求与文化发展不平衡不充分的矛盾。习近平总书记在党的二十大报告中，围绕全面建设社会主义现代化国家和推进中华民族伟大复兴的战略全局，提出了推进文化自信自强，铸就社会主义文化新辉煌的系统战略部署。报告中高度的自信自强、坚定的守正创新、博大的开放气度和深沉的为民情怀，贯穿了关于社会主义文化强国建设的论述。在当前国内积极打造文化软实力和推动中华文化"走出去"的历史新阶段，非遗所具有的地域基因、民族风情与民俗色彩，成为文化"走出去"的重要资源优势和基础。然而，非遗资源不能孤立地"走出去"，必须通过整合、加工和提炼，将非遗元素附着或转化为有形的文化产品或服务，通过市场化、产业化的渠道，实现深入的价值观输出。

目前，虽然我国非遗项目总量位居世界第一，但非遗的产业化仍处于初级阶段。主要表现为非遗产品在电影、图书版权、动漫、游戏、新型媒体等文化产业中的占比较低，非遗产业业态多集中于文化产业链的低端环节，非遗工艺创新不足、科技含量偏低、附加值不高等问题。这些问题导致产业整体缺少专业化分工，市场化、国际化策略尚未确立。因此，需要产业化发展助力文化资源向文化资本转化，通过产业融合提升文化消费能力。基于产业化发展的非遗产品和服务，丰富了人们在物质生活满足之后的精神需求，使文化消费得到充分释放，反过来又推动非遗产业的发展。非遗资源借助产业运作规律和产业化营销模式，将大幅扩大非遗产品和服务的辐射范围及提升其能力，增强非遗文化在市场中的竞争性，促进非遗与文创产业的深度融合。

习近平总书记指出，国家强，经济体系必须强。国内外发展实践都表明，产业是现代化经济体系的重要支撑和坚实基础。党的二十大报告在论述"加快构建新发展格局，着力推动高质量发展"部分时，专门将"建设现代化产业体系"作为重要内容进行强调，提出"建设现代化产业体系"。习近平总书记在主持召开二十届中央财经委员会第一次会议时，对建设现代化产业体系也进行了强调，指出："现代化产业体系是现代化国家的物质技术基础，必须把发展经济的着力点放在实体经济上，为实现第二个百年奋斗目标提供坚强物质支撑。"可见，建设现代化产业体系作为新时代新征程上的一项重要战略部署，对于推动高质量发展、实现中国式现代化具有重大意义。

现阶段，我国非遗产业已由高速增长阶段迈向高质量发展阶段，为此需要通过转变发展方式、优化经济结构和转换增长动力，筑牢产业化支撑服务体系。非遗产业支撑服务体系涉及多个环节，是由多个相互关联的子体系共同构成的有机整体，是非遗产业化发展的重点支柱。目前，中国非遗及其产业化发展的支撑服务体系主要包括但不限于市场支撑体系、政策法规支撑体系、科技金融支撑体系以及人才与智库支撑体系。非遗资源不仅具有历史和审美价值，同时也具备一般资源所没有的不可复制性、唯一性及稀缺性。通过线上线下市场支撑体系的完善，可以促进非遗经济价值的深度挖掘；通过规范的非遗政策法规支撑体系，政府从保护者转变为服务者，为非遗产业化提供制度保障；通过云存储、人工智能、虚拟现实等科技支撑体系的创新，可以助力非遗产业品牌化发展；通过文化金融模式产品的创新，可以为非遗产业化提供资金支持；而完善非遗人才与智库支撑体系，则可以实现非遗产业可持续发展的长远规划。然而，由于一些非遗类别仍处于抢救和保护阶段，相关产业化开发是否会对非遗保护造成负面影响，成为舆论关注的焦点和产业发展亟待解决的难点。非遗及其产业化发展必然要求对现有市场运营模式进行改变，这种产业机制的革新是否会导致非遗传承的异化，需要各方认真研究。我们认为，非遗资源的保护与传承是一项不可动摇的战略任务，但这并不妨碍适合市场化、产业化发展的非遗资源进入艺术品市场和文化产业的大环境。因此，研究非遗资源产业化发展的前提，是先对那些处于抢救阶段、暂不适合市场化操作的非遗资源和项目加以区分，仅对历史进程中已存在不同程度市场化参与的非遗资源类别进行分析，从而平衡非遗资源的传承保护与产业化开发之间的矛盾。

第二节　非遗产业发展的六大支撑体系分析

非遗产业的发展离不开市场、政策、科技、金融、人才和智库六大支撑体系。其中，市场支撑体系通过实体店和文化会展等线下交易渠道，以及互联网平台的线上交易，拓展了非遗资源的市场化发展路径；政策支撑体系通过国家和地方政府制定相关法律法规和政策文件，推动非遗保护和产业化开发，促进非遗资源的合理利用；科技支撑体系利用现代技术手段，提升非遗保护、传承和展示效果，推动非遗产业创新；金融支撑体系通过引入民间资本和金融工具，缓解非遗保护和传承的财政压力，促进非遗产业化进程；人才支撑体系强调非遗传承人和创新人才的培养，通过院校教育和师徒传承相结合，提高非遗技艺的创新能力和市场适应性；智库支撑体系依托高校和研究机构，进行非遗产业发展的理论研究和实践指导，为政府和企业提供科学的决策依据。这六大支撑体系共同作用，有力地保障了非遗产业的健康稳步发展。

一　非遗产业发展的市场支撑体系

（一）线下非遗市场的交易支撑

非遗线下交易的主要支撑渠道是实体店。受历史因素影响，国内的线下交易模式经历了多次变革与探索。在 20 世纪五六十年代，许多手工艺作坊被并入合作社，随后改为国营工厂，导致许多独具特色的非遗手工技艺传承人被迫改行，传承出现断档。再后来，一些掌握传统技艺的国营工厂在市场化转型过程中经营不善，纷纷破产、倒闭，导致人员下岗。例如，北京花丝镶嵌的代表性企业北京工艺美术厂于 2004 年 12 月宣布破产，四五百名技术人员被迫下岗。市场化发展并不必然为传统的非遗企业或个人提供生存空间，关键是在保持非遗资源核心技术优势的前提下，通过技术创新和市场开发开拓新天地。以国营老字号荣宝斋为例，其木版水印技艺在传统雕版印刷技艺的基础上不断改进，成为一项特殊的印刷术，并于 2006 年被列为首批国家级非物质文化遗产项目。在木版水印产品的销售过程中，荣宝斋改变了以往的营销方式，通过主店、分店、经销店的多元化经销网络，实现了线下销售网络的全国覆盖。同时，荣宝斋通过提升木版水印产品的装饰装潢水平，将画片销售改为配框销售，根据题材风格配以不同风格的画框，增强了顾客的购买欲望，也省去了顾客自行配框的烦恼。此外，荣宝斋通过限量制作、限量发售和作者签名等方式，提高了木版水印产品的收藏价值。为了满足名家定制需求，荣宝斋为国画家范曾定制了《十二生肖珍藏册》和《三人行必有我师》，这些产品实现了包销。通过这些创新举措，荣宝斋不仅保留了传统技艺的核心优势，还通过市场化手段拓展了非遗产品的销售渠道和市场，成为非遗产业化发展的成功案例。

非遗的线下交易渠道除了传统的实体店模式外，还可以将文化会展活动作为展示、交流和销售的重要延伸平台。文化会展作为市场经济的产物，在西方艺术品市场中已有成熟的运营模式。然而，国内许多非遗从业者由于经济条件限制，难以承担会展费用。在这种情况下，政府部门主动分担会展经费，鼓励和支持非遗线下展销平台的发展。2004 年，由文化部、国家广电总局、新闻出版总署、广东省人民政府和深圳市政府联合主办的中国（深圳）国际文化产业博览交易会首次举办，成为我国第一个国家级的文博会，非遗产业成为展会的关注重点之一，设有专门展区进行展销。此后，全国各地相继举办了许多文化会展，如中国北京国际文化创意产业博览会、山东文化产业博览交易会等，大多延续了深圳文博会的运营模式。2007 年，非物质文化遗产节在国内创办，开启了国内专业化非遗会展的先河。2010 年，中国非物质文化遗产博览会在济南首次举办，逐渐形成了国际性、国家性、地方性相结合的完备的会展销售体系。

国内非遗会展主要由政府部门主导。2018 年 9 月，第五届中国非物质文化遗产博览会在山东济南举行，以"活态传承、活力再现"为主题，展出了 500 余种非物质文化遗产项目，涵盖织绣印染、陶冶烧造、编织轧制、制茶酿造、印刷刻绘、家具文房、中药炮制、雕刻塑造八个主题。此前两届的主题分别是"非遗：我们的生活方式"和"非遗走进现代生活"，这些主题表明，非遗保护等社会性议题一直是会展关注的热点，而非遗产业化并不是举办方的首要目标。尽管如此，这类由政府主导的非遗会展在市场经济效益方面也取得了显著成效。例如，2013 年国际非物质文化遗产节直接拉动成都市住宿、餐饮、购物、旅游等消费增加 42 亿元，餐饮和酒店营业额均较同期增长 25% 以上。据统计，非遗会展的卖方主要由非遗个体生产者（如非遗传承人）和非遗生产企业（包括国有企业和私营企业）组成。以第五届中国非物质文化遗产博览会为例，共有 209 项国家级非遗代表性项目、96 位国家级代表性传承人、13 项省级代表性项目和 46 位省级代表性传承人参展，展出展品2 936 件（套）。一些地方的非遗资源通过会展平台，开启了市场化发展之路。例如，在第三届中国非物质文化遗产博览会期间，枣庄市以台儿庄运河文化生态保护区为主题，展出了石榴盆景栽制技艺、传统手工蚕丝制作技艺、传统古琴制作技艺等 12 个非遗项目，实现交易总额 25 万余元。非遗资源的市场化，是非遗生产性保护的重要实现方式，无论是大众熟知的年画、剪纸、风筝、绢花，还是如雕漆、云锦、木雕等进入收藏领域的高端工艺品，市场化都是其艺术和历史价值得以提升的重要保障。在安徽宣城市，政府和民间企业协同努力，实现了包括徽墨、砖雕、髹漆等在内的许多非遗传统项目的产业化发展①。

（二）线上非遗市场的交易支撑

随着互联网平台对传统文化产业跨界融合的加速推动，非遗产业正发生重要变化。非遗传承与保护不仅事关博物馆和研究机构，还可以融入人们的日常生活。据全国非物质文化遗产普查结果，中国有 90 余万项非遗资源，其中适合线上交易的占比约 70%。

2016 年，《"互联网+中华文明"三年行动计划》和《关于实施中华优秀传统文化传承发展工程的意见》等文件出台，成为政府引导、社会参与和网络平台协同发力下非遗产业模式创新的政策风向标。互联网平台的全球化、大数据和实时交互优势，使非遗资源的数据整合、产权交易与品牌传播具有重要应用价值。

在互联网交易普及下，传统戏剧、评书、相声等长期商业化运营的非遗资源通过线上平台的消费环境升级，成功找到了新的流量接入方式，实现了产品化、产业化和品牌化。例如，由白先勇改编的青春版昆曲《牡丹亭》通过现代舞台技术传承与再现传统戏剧内核，由青年演员担当主演，吸引时下主流年轻观众群体，通过高校巡演等创新途径，开发全新观演群体，将中国古典戏剧"年轻化"。桃花姬阿胶糕在《甄嬛传》《女医明妃传》等热播影视剧中以宫廷滋补美容佳品的形象"出镜"，也成功成为都市白领女性的最爱。非遗资源通过文化场景实现销售路径的活化，也成为很多非遗项目拓展市场的突破口。例如国家级非遗代表——北京老字号鞋业品牌"内联升"与国产动画电影《大鱼海棠》合作推出的"大鱼海棠"主题布鞋，在线上开售不到一天就全部售罄。

非遗资源产业化发展的线上平台化交易，主要包括艺术品交易和产权交易两部分。其中，非遗艺术品的线上平台化交易（即实物集成电子化交易），需要重点关注交易标的物的选择、交易的合法性、会员准入等问题。其中，交易标的物的选择概括来讲主要包括交易标的物的实物、生产能力、标准化、与电子化交易的互适、价值挖掘空间五个方面。交易的合法性重点应关注两点：一是平台建构方的合法性，对此国务院及有关部委已有明文规定；二是交易过程的合法性，即标准化合约交易在政策、规则和技术层面的合法合规性。会员准入（合格投资人）主要包括经纪人与投资人的会员准入门槛设定，原则是通过行业规范提升交易关联方的风险识别、风险承受与风险管理能力，降低交易风险。此外，非遗实物产品的线上交易也

---

① 程慕斌，江厚荣. 促进"非遗"产业化发展研究：以安徽省宣城市为例 [J]. 群文天地，2012
（19）：158.

应在创新中规范发展，做好价值梳理与功能发现、投资人权益的保护机制、运营的顶层设计等基础性工作。

2015 年，宣纸被列入我国首批国家级非遗名录和入选联合国人类非遗代表作名录，命名为"中国心宣版"的纪念版宣纸进入南方文交所艺术品交易中心线上交易。2016 年，原产于广东肇庆的端砚也进入南方文交所艺术品交易中心平台上线交易，成为端砚市场化的新起点。此外，天津国家动漫园旗下的蜂巢设计平台针对目标人群，推出了点对点的服务，致力于打造非遗设计垂直领域的交流互动与买卖交易的平台，在非遗创新设计的产权保护、渠道搭建、业务对接、资源整合等方面提供服务。该平台进行了大量天津市"非遗"原生态民俗的文本、图像、声音的数字化采集、信息录入与网络的传播与展示工作。大众通过线上点击既可以欣赏到杨柳青年画、泥人张彩塑等天津民间艺术，也可以参与天津皇会、挂甲寺庆音法鼓等非遗线上活动。同时，网站通过线上交易平台实现了部分非遗项目的独家授权，不但签约获得了一批传统非遗项目的独家版权（包括原作版权、二次开发版权），同时也同优秀设计师合作，展示并输出其基于非遗资源要素设计的原创作品。

非遗市场化线上交易借助信息技术、人工智能交互技术、虚拟现实等科技手段，拓展了传统线下交易的广度与深度，弥补了大众单向接收交易信息的不足，赋予了受众对于交易信息互动的权利，实现了交易环节的点对点散布型网状传播结构。未来通过手机、平板电脑等移动终端，对非遗交易信息进行可视化交互设计，可以建立一个结合虚拟现实（VR）、增强现实技术（AR）等技术特点的线上互动式展示交易平台，使观众在体验非遗资源艺术价值的同时，自然对其商业价值产生需求，并及时通过线上交易窗口实现无缝对接。

互联网平台在非遗市场化方面具有交易信息传播、交易数据集成、非遗资源配置等方面的优势。非遗资源通过互联网新媒体与传统线下销售模式的整合，形成非遗资源价值在线上、线下市场的闭环结构。如台北故宫博物院、北京故宫博物院先后以馆藏艺术品（含非遗产品）为基础，经过文创设计推出创意衍生品，在其官方网站商城以及淘宝、京东等销售平台进行售卖，获得了不错的经济效益和社会影响力。博物馆文创衍生品的线上交易，证明了非遗传统艺术借助线上线下平台交互式商业运营，可以增强非遗的可持续发展性，这成为促进非遗产业化升级的新常态。此外，还可以借助微信公众号、微博官方账号及官方文创平台 App 等多种途径进行线上销售，同时与线下实体店、体验店、工作坊等特色终端相结合，以满足非遗个性化消费需求，提供私人定制服务。

根据抖音发布的《2024 非遗数据报告》[1]，过去一年抖音平台上国家级非遗相关视频的累计分享量同比增长 36%，国家级濒危非遗相关视频数量同比增长 33%。其中，"00 后"和"60 后"用户对国家级非遗内容最为关注，越来越多的人参与

---

① 卫中. 2024 抖音非遗数据报告显示：30 岁以下传承人同比增长 72% ［EB/OL］.（2024－06－06）［2024－08－16］. https://baijiahao.baidu.com/s?id=1801111119364933189&wfr=spider&for=pc.

到非遗的传承和传播中，"95后"和"00后"成为新生力量，30岁以下传承人的年增长率达到了72%。创作者们通过特效视频、探访复刻等多种形式展示非遗，使得濒危和小众非遗被更多人了解。非遗视频和直播还带动了用户的打卡、消费等行为。过去一年中，共有1 379万网友在抖音分享了非遗体验，其中漆扇打卡视频的增速超过了318倍，购买非遗团购商品的用户数同比增长了328%。

二 非遗产业发展的政策支撑体系

非遗及其产业化发展的政策支撑体系，主要涉及国家、地方政府、民间组织、学术机构、企业个人等多方力量。其中，国家是非遗及其产业化发展的决策者和引领者，地方政府是非遗产业化发展的政策执行者，民间组织和学术机构是非遗产业化发展的协助者，企业个人是具体实践者。各方主体在非遗产业化发展的进程中分工合作，最终为产业平稳运营创造良好的政策环境。

自党的十六大提出将文化建设分为文化事业和文化产业以来，国家重大战略规划和历年政府工作报告中均对文化遗产保护内容有所论述。其中，文化遗产部分的内容主要归入文化事业部分，并与文化产业有所交叉。而与国家转型相关的宏观战略，诸如"西部大开发"战略、"社会主义新农村建设"及"城镇化"战略等，对非遗内容也多有涉及。2003年，联合国教科文组织通过《保护非物质文化遗产公约》，将文化遗产的保护对象从历史文物和历史遗迹扩大到非物质领域。2004年，经全国人大常委会批准，我国正式加入《保护非物质文化遗产公约》。2005年，我国出台《关于加强我国非物质文化遗产保护工作的意见》，明确了我国非遗保护工作的目标、指导方针和基本原则，提出要建立国家级和省、市、县级非遗代表作名录体系，逐步形成有中国特色的非遗保护制度等。2006年，我国设立了"文化遗产日"，进一步增强了民众对于非遗相关内容的关注。

对于非遗资源的产业化开发，如果操作不当反而会损害非遗资源的传承保护。早在2009年3月，全国政协常委、文化部国家非物质文化遗产保护工作专家委员会主任、中国民间文艺家协会主席冯骥才在接受媒体采访时就表示，当前很多地方对于非遗产业化开发多来自"长官意志"和开发商的商业策划，甚至简单地与地方政绩和经济收益挂钩，缺少非遗专业人士的参与和审定。为进一步规范非遗的保护与开发，全国人大常委会于2011年2月25日通过了《中华人民共和国非物质文化遗产法》。同年，文化部公布了41个国家级非遗生产性保护示范基地。2012年，文化部出台了《关于加强非物质文化遗产生产性保护工作的指导性意见》。该文件将非物质文化遗产生产性保护定义为在具有生产性质的实践过程中，以保持非物质文化遗产的真实性、整体性和传承性为核心，以有效传承非物质文化遗产技艺为前提，借助生产、流通、销售等手段，将非物质文化遗产及其资源转化为文化产品的保护方式。该文件成为非遗及其产业化发展的纲领性文件。同年，文化部又举办了"中国非物质文化遗产生产性保护成果大展"，集中展示了国内非遗生产性保护所取得的成果和经验。

实践证明，非物质文化遗产生产性保护对具有生产性质和特点的非遗项目的保护具有重要现实意义。生产性保护，不等同于生产性开发。在生产与经营流通等环节中使此类非遗项目得到有效、健康地发展，最终达到科学保护，这是生产性保护的根本目的。不同于文化创意产业对于生产经营模式的强调，非遗生产性保护重点关注对手工艺生产实践的合理保护。以日本为例，早在 1950 年日本政府就颁布了《文化财保护法》，首次以法律的形式规定了无形文化遗产的范畴。日本在法案的实施过程中，强调保护传统文化"持有者"的重要性，注重对"人"的关注，其中最有特色的是对"人间国宝"的认定。"人间国宝"是指被个别认定的重要无形文化财产的保持者。"人间国宝"一旦认定后，日本政府就会运用专项资金，为传承人录制艺术资料，资助其传习技艺、培养传人，改善其生活和从艺条件。据日本文化厅统计，其年度预算中有 10% 是用来保护国内重要的有形和无形文化财产，其中每年为每位"人间国宝"提供的经济补助达到了 200 万日元[①]。在政策法规的制定方面，韩国也早在 1962 年就制定了包括非遗保护在内的《文化财产保护法》，确立了本国文化遗产的调查、认定、保护、管理以及利用的完整法律体系，使韩国的非物质文化遗产保护工作规范有序。1964 年，韩国成立了"活的人类财富"国家体系，对音乐、舞蹈、民间游戏、手工技艺等七类非遗及其传承人进行系统化管理。在市场化方面，韩国的非遗早已进行商品化开发，实物类非遗产品在街边各类商店随处可见，表演类的非遗产品也时常在电视上出现，同时成为外国游客参观的项目[②]。

非遗电子化交易作为非遗产业化发展的创新路径模式，开创了用互联网方法解决非遗交易问题的新思路和新方法。与此相对应的互联网版权问题，也是提升非遗线上交易渠道价值转化效率的关键。为此，需要进一步完善《中华人民共和国非物质文化遗产法》中的相关内容，加强与《中华人民共和国知识产权法》的衔接，探索修订现行《中华人民共和国著作权法》（2010 年修正）相关内容，为非遗市场化提供更加有效的知识产权保护。同时，基于传承人、非遗产品、非遗品牌的市场化、产业化体系，完善现有的非遗知识产权保护架构，提升包括非遗电子化交易在内的综合服务平台的价值发现、价值鉴证、价值评估等环节的专业性、规范性和公平性，进而推动非遗资源产业化基础上的金融化创新。此外，在创新行业监管理念方面，既要防止监管空白，又要预防监管过度，可以探索借助大数据、云计算等信息技术，创新市场监管与服务支撑手段，完善市场参与各方的权益保护机制。重点做好市场投资风险教育和风险管控。

在非遗法规的制定方面，各地方政府也在积极参与，例如，广东省于 2011 年

---

① 武艺，马英哲. 对国外"非遗"保护经验的思考 [J]. 人文天下，2015（21）：70-72.

② 李桂瑶. 从保护主体与传承主体看韩国非遗保护的经验：以韩国"韩山夏布织造"为例 [J]. 当代韩国，2013（1）：93-100.

10 月颁布了《广东省非物质文化遗产条例》。《广东省非物质文化遗产条例》也是我国《非遗法》颁布实施后第一部地方配套法规。《广东省非物质文化遗产条例》结合广东省实际情况，对于县级以上人民政府所设立的非遗专项资金，提出应随着财政收入的增长而增加的建议。据统计，广东省的财政非遗拨付已经从 2006 年的 150 万元，增长到 2017 年的 3 200 万元。2014 年，广东省文化和旅游厅先后颁布了《广东省非物质文化遗产保护专项资金管理办法》(2014 年修订)、《广东省文化厅关于省级非物质文化遗产项目代表性传承人认定与管理的暂行办法》等，对于非遗传承人的认定、职责、奖惩措施等都做出了具体规定。

此外，非遗基层机构作为政策的主要执行者，也是非遗产业化发展相关政策能否落到实处的关键。考虑到现阶段国内从事非遗工作的一线工作人员在专业背景、职业经历等方面存在的差异性。2016 年广东省聘任非遗专家委员 129 人，顾问 7 人，修订了《广东省非物质文化遗产保护工作专家委员会章程》，制定了《非物质文化遗产保护工作专家委员会顾问职责》等，并对专家委员进行了培训①。

针对非遗产业从业者多为个体、家庭作坊或小微企业，经营利润低、税负重、信贷难等问题，各地区有关部门可以在评估确定本地区适宜产业化发展的非遗重点项目的基础上，与国家面向小微文化企业的扶持政策进行对接，针对特定非遗项目研究制定相关税收减免、出口优惠、金融扶持政策，加大专项资金、财政补贴、政府奖励对于相关项目的倾斜力度。尽量避免大面积补贴对于政府财政支付、实际操作能力的过度消耗，同时将政策支撑由过去的出口和生产补贴，逐步移到非遗产业的研发设计、技术创新和版权保护等上游环节。

对于"走出去"的非遗企业和个人，有关部门也应深入了解目标市场所在国家的文化、宗教习俗与文化市场发展特点，建立政府主导、市场化运作的国际化市场信息服务体系，在审批程序、政策支持等方面为企业提供便利条件。鼓励相关企业先期通过委托代理、共同研发和联合生产销售等方式，同时借助驻外机构、贸易促进组织以及政策性金融机构等辅助平台，降低投资风险。

三 非遗产业发展的科技支撑体系

现代科学技术在非遗的保护与传承方面具有特殊的意义。非遗的保护与传承不仅是对传统的挖掘、整理和学习，更是面向未来的文化建构，因而要充分利用丰富的非遗资源，将传统文化进行创造性的现代转化。非遗现代转化的重要方式是借助"生产性保护"，在保留核心技艺的同时，通过产业科技支撑手段的创新实践，使非遗及其产品适应当代产业化发展的需求。以北京荣宝斋为例，该公司于 2008 年 12 月 17 日成立了木版水印技改小组，邀请印刷学院的专家观摩木版水印勾描、刻版、印刷等工艺流程。通过引入电子分色技术、数控木雕机和研制数控旋钮调节印刷台

---

① 蓝海红. 非遗保护管理的广东经验：精细管理［J］. 文化遗产，2018（3）：15-20.

等现代技术，对传统工艺进行了技术改造。形成的《荣宝斋木版水印技改项目可行性报告》显示，荣宝斋在保留一条传统手工工艺生产线的基础上，设计并建立了一条现代化生产线。新生产线利用电子分色技术进行勾描、数控木雕机进行刻版、机械旋钮调节和固定木版进行印刷。这些改进大幅缩短了生产加工周期，提高了生产效率，促进了以木版水印为代表的非遗产业化进程。

自 20 世纪 90 年代以来，世界各国开始将数字化作为非遗保护与开发利用的主要策略。如联合国教科文组织推行的"世界的记忆"计划、日本奥兹大学的"狮子舞"数字化保护工程等。我国非遗数字化保护现已进入快速发展阶段，"中国非物质文化遗产数字博物馆""中国非物质文化遗产研究网""湖南纸影戏艺术数字化博物馆""山西地方戏剧文物文献资源数据库"等相继建立，如何选择恰当的视觉资源数字化技术、方法对非遗视觉资源进行获取、组织、描述和整理，成为非遗数字化保护与开发利用研究必须要解决的关键技术问题。随着数字影像扫描与传感、三维数字建模、虚拟现实与增强现实、可视化等技术的发展，非遗视觉资源数字化建设逐渐具备了多元化、嵌入式、协作化的知识服务与可视化共享功能，尤其是与 3D 视觉资源整合、开放式文化教育、自主交互式工具相结合，极大地推动了非遗数字化的服务模式和内容创新[1]。

非遗数字化作为非遗及其产业化发展的重要战略，所依托的科技支撑手段主要包括地理信息系统、空间建模技术、增强现实技术和非遗数据库系统。其中，地理信息系统是采集、储存、显示、分析和处理海量空间数据的技术。近年来，该技术被广泛应用到非物质文化遗产保护、开发利用、管理规划等领域，成为非遗信息维护的重要支持平台。空间建模技术作为虚拟现实技术，主要利用现有的成熟建模软件，通过空间立体成像技术和传感器技术手段，进行交互式目标建模，增强了非遗的视觉展示效果，强化了人机互动，成为非遗数字化展现的呈现技术。增强现实技术通过多媒体、三维建模、实时跟踪及注册、智能交互、传感等多种技术手段，将计算机生成的文字、图像、三维模型、音乐、视频等虚拟信息模拟仿真后，应用到真实世界中。而非遗数据库是用文字、录音、录像等多媒体技术，以数字化信息为内容，以分布式海量资源库为支撑，以智能多媒体检索为手段，对非遗信息进行真实、全面、系统的动态记录，主要包括存储系统、著录系统、数据处理整合系统、检索系统、备份系统、数据库的安全及共享等。

此外，非遗的数字化设计与处理还可以依托信息可视化技术，通过对非遗的历史、艺术、人文等数据信息的采集与分析，运用计算机数据技术、纹理映像技术、图像检索技术、虚拟展示互动技术、三维模型重建技术等，使用软件建立多维化数字信息模块，促进非遗的信息探索和传承。例如，对木版年画、剪纸中的原始五色、图形纹样、表意符号、意象内涵等进行图案化、符号化的分析与统计整理，使

① 张兴旺，卢桥，田清. 大数据环境下非遗视觉资源的获取、组织与描述 [J]. 图书与情报，2016 (5)：48-55.

用纹理映射技术、图像色彩及纹理检索技术收集其色彩、纹样、造型、肌理等原生态视觉内容，并运用图像处理软件与参数的数理原则对其新图案、新纹理、新造型进行设计与制作①。

作为非遗数字化的重要展示形式，数字博物馆主要基于网络信息技术，涵盖多媒体、数据库、版权保护等诸多技术标准，通过提供知识化、个性化、立体化的信息服务，使传统博物馆的展示功能得到扩展。数字化博物馆可以让参观者足不出户，便能坐览全球各地的知名非遗产品，让已经结束的展览得以永久延续。目前，国内数字博物馆做得比较成熟的有数字故宫、数字敦煌等。各地区的民间非遗数据库也陆续得以建立，如内蒙古民族民间文化遗产数据库、陕西文化遗产资料库、羌族非遗动态影像数据库、羌族非遗静态影像数据库、羌族非遗 3D 动作数据库、苗族非遗影像数据库等②。但一些省份的数据库建设流于形式，数据库界面较粗糙，所收录的非遗名录和资料不全，相关非遗项目的图片、音频、视频等影音资料也较少。当下很多地方的数字博物馆已经结合了 AR 技术，开发相关 App，实现移动终端实景导航解说。在数字博物馆的推广过程中，各地方应关注如何结合本地非遗特点，拓展非遗数字内容的广度和深度，进一步优化非遗数字化应用终端界面，对于 VR、AR 类穿戴式设备，应配置说明指南或安排人工进行讲解辅助，降低观众数字化操作的难度。

四 非遗产业发展的金融支撑体系

面对非遗数量增长、保护成本和管理费用上升所带来的公共财政压力，英国、法国等国家政府也曾相继进行了多重改革。其中，英国引入由政府引导的非营利性基金会从事非遗保护工作，基金会数量超过了 100 家。法国从事非遗领域服务的基金会有 300 余家。与英、法等国相比，美国政府投入非遗保护的资金相对较少，且大部分用于政府所有的遗产项目，其他项目资金主要来自民间投资。政府主要通过所得税、物业税等税收优惠减免政策，引导个人或企业通过慈善捐助的方式参与非遗保护和开发利用。

由于非遗具有分布广、数量多的特征，其保护和传承的成本高，政府单独出资保护非遗项目要耗费巨大的成本，给国家财政带来了很大压力，而通过民间资本参与非遗的保护和传承，相比政府单独出资的模式，更能够缓解财政压力，减轻财政负担。2010 年，中央宣传部、中国人民银行、财政部、文化部、广电总局、新闻出版总署、银监会、证监会、保监会九部委联合发布了《关于金融支持文化产业振兴和发展繁荣的指导意见》，充分肯定了金融支持文化产业发展的重要意义，强调应积极开发适合文化产业特点的信贷产品，加大有效的信贷投放，完善授信模式，加

---

① 张春玲. 基于河南创意产业的参数化与"非遗"融合的思考［J］. 艺术科技，2015，28（5）：21，297.

② 陈德凝. 现代信息技术在非遗保护中的应用［J］. 艺术科技，2014，27（3）：125.

强和改进对文化产业的金融服务。2012 年，文化部颁布了《关于鼓励和引导民间资本进入文化领域的实施意见》。2014 年，文化部、人民银行、财政部联合发布了《关于深入推进文化金融合作的意见》。政府对金融支持的力度不断加大，非遗产业的模式不断创新，无疑为社会资本参与非遗的保护和传承开辟了道路。2016 年 5 月 13 日，在第十二届中国（深圳）国际文化产业博览交易会上，举行了"中国非遗基金"启动仪式，并宣布了全球首支针对中国非物质文化遗产的开放式基金。该基金于 2016 年 7 月 21 日在中国香港举行首发，一举募得 11 亿元意向投资，其中机构投资者意向认购规模超 10 亿元，个人意向认购规模超 1 亿元。2018 年，文化和旅游部、财政部联合印发《关于在文化领域推广政府和社会资本合作模式的指导意见》，明确鼓励政府与社会资本合作模式。2021 年 3 月，中国民族文化艺术基金会"非遗文化保护专项基金"在京成立。该基金由中国民族文化艺术基金会、永新华韵文化产业集团共同发起。

目前，我国社会资本支持非遗产业化发展仍存在一些问题。首先，非遗资金筹措主要来源仍是慈善组织的公益基金，税金、彩票公益金等其他社会资金尚未成为非遗资金来源。其次，社会资本投入操作难度大。《中华人民共和国企业所得税法》规定，企业年度利润总额 12% 以内的公益性捐赠支出，无须缴纳企业所得税；超出部分需缴纳并且不能结转。换言之，如果企业公益捐赠多，则纳税也高，无疑会严重挫伤企业投入公益事业的积极性。为此，2016 年 3 月，第十二届全国人民代表大会第四次会议审议通过了《中华人民共和国慈善法》，并于 9 月 1 日起实施。该法第九章第八十条规定："企业慈善捐赠支出超过法律规定的准予在计算企业所得税应纳税所得额时当年扣除的部分，允许结转以后三年内在计算应纳税所得额时扣除。"这明显更加有利于非遗捐赠类行为的实施。最后，非遗社会投入资金使用尚不透明，存在违规使用、侵吞、挤占挪用等情况。为此，盘活公益金存量，提高其使用透明度，完善制约监督机制也势在必行。

五 非遗产业发展的人才支撑体系

工艺美术类人才的培养主要分为院校制、师徒制两类。目前国内的非遗传承大多为师傅带徒弟，重视专业技艺的传承，而轻视美术素养的培育，因此传承者大多受教育水平不高，对于非遗技艺的创新也存在一定的认知局限性。为此，有必要研究如何引入院校教学体系，加强非遗传承人的综合素质培养，提升非遗产业化上游人才创新环节的知识储备和非遗成果转化的学术水平。为此，文化部联合教育部制订了中国非遗传承人研修研习培训计划。该计划委托高校等相关单位组织进行研修、研习和培训，旨在帮助传承人提高文化艺术素养、审美能力、创新能力，从而提升中国非遗传统技艺的设计、制作及衍生品开发水平。此外，2021 年 2 月，"非物质文化遗产保护"被教育部新增列入普通高等学校本科专业目录，这成为推进我国非遗专业人才培养的又一重要举措。

当前，在非遗及其产业化的一些具体项目类别中，依然面临着从业人员日益消减的状况，其主要原因包括以下四点。

第一，入行学艺周期较长。非遗技艺的传承以一对一师徒模式为主，主要涉及非遗制作工艺和非遗创作审美两个方面的培养。一些市场化不充分的传统非遗项目，多采用子承父业的家族培训模式，如果族外新人想要学习此非遗技艺，也需要和师傅订立"师徒协议"，举办"拜师仪式"，承诺至少无偿服务一定年限，才可自立门户。学徒周期长、内容枯燥、未来就业范围狭窄、市场预期不明等因素，导致非遗技艺的投入产出比过大，市场竞争力不强。

第二，工艺制作流程复杂。不同于现代工业化生产，非遗手工艺品多需要传承人手工或机械辅助逐步操作完成。由于非遗传承中很大的价值增值部分来源于手工艺环节，因此现代化生产流程的可替代性受到一定限制。如寿山石雕的制作分别有相石、雕刻、磨光和上蜡几步，其中雕刻过程又分为打坯、凿坯、修光等环节，磨光又分为粗磨、细磨和揩光等工序，上述每个环节都务求一丝不苟，因此即便是一件小型作品，制作周期大多也要经年累月。

第三，从业者个体资质不高。非遗手工艺作品的制作除了需要高超的技艺外，也需要较高的艺术审美价值。不同的学艺者，由于自身审美的差异性，所制作的同一题材和造型的作品，也会千差万别。根据淘宝《非遗老字号成长报告》，非遗商家大多聚集在西南、华南等少数民族聚居地区，原因是这里的非遗资源更加丰富，产销结合更加突出。此外，还有大量市场化不充分的非遗项目多集中在偏远落后的乡村，手工艺人以世代相传为主，终身以此为业，大多文化程度不高，不擅长新样式的开发，也不了解时下的社会审美需求走向。

第四，设备场所条件苛刻。很多非遗工艺最早源于农耕社会，需要特定的场地和设备进行加工，生产方式较为落后，不适应现代环境标准，所以在大城市很难生存。例如，木雕制作会需要电动工具辅助，噪音和污染严重，石雕也需要电动机械加工，除了噪声和粉尘污染外，还有一定的污水产生，对于从业者的健康也有一定的损害。

为了完善非遗及其产业化的人才支撑体系，产业化的发展需要重点关注以下几点。首先，寻找适合的非遗传承人，其不但要对该技艺有一定的学习热情，还要有恒心和毅力。这个过程仅依靠原有传承人自身能力难以实现，也需要政府和行业组织提供一定的帮扶政策和资金扶持，降低传承人在学习期间的经济压力，为其谋划合理的就业方向。其次，优化工艺流程，提高制作效率。在最大限度地保留原有非遗工艺手工价值的基础上，可以在设计环节增强计算机辅助能力，提升产品的设计水平，同时在需要批量加工的环节，采用适宜的机械设备优化一些非关键环节的制作流程，从而提升生产效率，降低生产成本。再次，吸收现代设计开发理念，融入非遗产品创新。在对一批后继无人的非遗项目进行产业化开发时，不仅要对产品的设计生产环节进行改革，也要鼓励传承人在市场定位方面，结合现代日用消费需求和艺术收藏趋势，在选材、造型、工艺手法等方面进行创新，通过艺术授权、衍生开发的方式推出一些具有非遗核心元素的艺术商品。最后，依托文化旅游产业实现规模化发展。2016年2月2日，国务院印发《关于深入推进新型城镇化建设的若干意见》，提出"加快培育中小城市和特色小城镇、辐射带动新农村建设"。同年10月，国家发展和改革委员会发布实施的《关于加快美丽特色小（城）镇建设的指导意见》指出，特色小镇主要指聚焦特色产业和新兴产业、集聚发展要素、不同于行政建制镇和产业园区的创新创业平台。2018年，《关于建立特色小镇和特色小城镇高质量发展机制的通知》首次明确了典型特色小镇基本条件，即立足一定资源禀赋或产业基础，区别于行政建制镇和产业园区，利用3平方公里左右国土空间，其中建设用地1平方公里左右。2020年，国家发展改革委发布《关于促进特色小镇规范健康发展意见的通知》，指出特色小镇作为一种微型产业集聚区，具有细分高端的鲜明产业特色、产城人文融合的多元功能特征、集约高效的空间利用特点，在推动经济转型升级和新型城镇化建设中具有重要作用，并对其顶层设计、激励约束和规范管理提出了一系列指导意见。上述文件的发布为非遗产业化开发提供了与文化旅游产业对接的指导方向。各地政府部门在鼓励非遗传承人继承和发扬民间工艺传统的同时，也指出应加强非遗项目所在地区的文化旅游开发，为非遗项目提供产销一体化的园区基地，通过定期举办非遗工艺旅游展销活动，引导和带动非遗传承人脱贫创收，以市场为导向，以传承为己任，实现非遗文化保护与产业化发展的共赢。

六　非遗产业发展的智库支撑体系

近年来，随着非遗生产性保护观念的提出，各地纷纷成立非遗研究机构，并通过各类媒体平台发布最新研究成果。这些机构多分布于政府部门、高校或文化相关社会团体，成为非遗及其产业化开发的重要智库。非遗产业化开发应建立在学术研究同步或先行的基础上。通过对现存产业模式的深入分析，智库可以对非遗资源的市场化价值转化进行系统认知和指引，结合产、学、研体系提出针对性、可行性的措施建议，为政府部门、行业协会和市场从业者提供参考。

非遗产业化发展是文化产业相关研究的重要组成部分，在我国学术界还是一个比较新的研究领域。2012年2月2日，文化部发布了《关于加强非物质文化遗产生产性保护的指导意见》，为下一步如何科学推进非物质文化遗产生产性保护工作，以及如何完善非物质文化遗产生产性保护的工作机制提出了前瞻性的指导建议。此后，虽然从政府部门、高校到民间研究机构都对非遗产业化发展给予了高度重视，也形成了大量理论与实践研究成果，但综合来看仍未形成系统完整的相关理论体系。智库机构作为非遗产业化发展的理论策源地和行动指导者，应发挥自身机构在理论研究方面的专长，从中国非遗文化自身特点出发，积极吸取国外非遗开发的有益经验，探索切实可行的发展模式。

2015年6月16日，文化部在上海大学国际会议中心召开"中国非物质文化遗产传承人群研修培训计划"试点工作现场协调会议，统筹组织各试点院校在 2015 年暑期开展传统工艺项目培训工作。会议要求，各试点院校要本着"强基础、拓眼界"的原则开设课程。培训中充分考虑受训人群的实际情况，因人因事施教，坚持问题导向、作品导向，基础培训、案例教学，保证通俗易懂。要通过培训补非遗传承人群文化修养之缺、美术基础之缺、设计意识之缺、市场意识之缺；通过培训帮助非遗传承人群发现生活之美、传统工艺之美，并学会将美带入作品、带进生活。中国非物质文化遗产传承人研修培训计划，事实上就是依托高校学者的学术、科研优势，使高校成为非遗发展的智库研究与实践对接平台。高校对于非遗及其产业化的智库支撑主要体现在三个方面。第一，围绕非遗展开以学科建设为核心的学术研究活动，此类活动为非遗的传承与保护奠定了知识、理论基础。第二，通过建设非遗教学团队，培养未来的非遗传承人。第三，基于理论知识与学术思想，形成市场化成果转化。据报道，2024—2025 年度中国非遗传承人研修培训计划参与院校已达 130 所，包括清华大学、北京服装学院、北京师范大学、中央美术学院、中国戏曲学院等院校。

第十三章

非遗产业政策

在现代经济社会中，不可能完全依赖市场机制的自发调节来实现产业的结构优化、比例协调、布局合理、组织完善和发展健康。政府的适当管理和调控是必不可少的，特别是通过制定和执行产业政策，政府能够对产业的发展状况进行必要的干预和指导。这种政策干预不仅是产业经济学基本理论的应用，更是其重要组成部分。对于非遗产业而言，政策的支持与引导同样至关重要，需要对其进行系统的研究论述。

第一节 非遗产业政策概述

非遗产业政策是政府为实现经济和社会目标，通过干预和引导优化资源配置，确保非遗产业健康发展的措施。其体系包括非遗产业结构政策（优化资源配置）、组织政策（完善产业链）、发展政策（支持可持续发展）三个主要方面。政策的实施机制涵盖管理机构建立、政策宣传、动态评估等。回顾我国非遗产业政策的发展，可谓经历了多个阶段，涉及文化产业政策，非遗保护政策以及消费市场促进政策等诸多方面，是一个不断演进和完善的过程。

一 非遗产业政策的概念与体系

（一）非遗产业政策的概念

非遗产业政策是政府为了实现特定的经济和社会目标，对非遗产业活动进行干预和引导而制定的一系列政策的总和。这些政策涵盖了非遗产业类型、结构、关联、布局、组织和发展等诸多方面，旨在解决非遗及其资源在配置中存在的"市场失灵"问题，通过政策性干预优化资源配置，确保非遗产业的健康发展。非遗产业政策的基本内容包括政策对象、政策目标、政策措施与手段，以及政策实施的机制和步骤。

（二）非遗产业政策的类型与体系

非遗产业政策涉及非遗产业活动的各个方面，因此存在多种类型。非遗产业政策体系由多种针对非遗产业的具体政策组成，主要包括以下三类。

1. 非遗产业结构政策

非遗产业结构政策指优化非遗产业结构，促进非遗资源的合理配置和有效利用相关的政策措施。具体措施包括鼓励非遗产品的创新与多样化发展，推动非遗文化与现代生活的融合，从而使非遗产业结构更加合理、协调。

2. 非遗产业组织政策

非遗产业组织政策指完善非遗产业的组织形式，促进非遗产业链的延伸、完善与健康发展相关的政策措施。政府可以通过政策支持非遗企业的发展，建立健全非遗产业联盟和合作机制，提升非遗产业的整体竞争力，实现产业的有序和高效运行。

3. 非遗产业发展政策

非遗产业发展政策指支持非遗产业的可持续发展，促进非遗文化的传承与创新相关的政策措施。政策措施可以包括资金支持、税收优惠、市场推广、技术培训等，以确保非遗产业在现代经济中的持续健康发展。

（三）非遗产业政策的实施机制

有效的非遗产业政策需要有完善的实施机制和科学的实施步骤。政府部门应建立专门的非遗产业管理机构，负责政策的制定、实施和监督。此外，还应进一步加强其产业政策的宣传和解读，提高相关从业者和公众的政策认知度和参与度。在非遗产业政策的具体实施过程中，还需建立动态评估机制，根据非遗产业的发展情况及时调整和优化政策内容，以适应不断变化的市场环境和产业需求。

二 非遗产业政策的发展

在我国非遗产业的发展过程中，政策支撑至关重要。政府通过制定和实施一系列政策，推动了非遗产业的起步与发展。这些政策主要包括国家层面出台的促进非遗产业发展的政策、地方政府根据当地非遗资源特点推出的支持政策，以及民间组织、企业、个人和学术机构等在非遗市场及其产业发展中制定的相关政策。总体来看，这些政策大致可以分为促进文化产业发展的政策、推动非遗保护及其产业发展的政策，以及促进非遗消费市场扩大的政策。

（一）文化产业发展相关政策

我国的文化产业政策经历了多个发展阶段，从强调文化是生产力（1993—2003年），到将文化产业视为支柱产业（2004—2008年），再到强调文化强国（2009—2020年），目前已经迈入了持续建成文化强国的阶段（2021—2035年）。《"十四五"文化产业发展规划》明确指出，到2025年，文化产业体系和市场体系将更加健全，文化产业结构布局不断优化，文化供给质量明显提升，文化消费更加活跃，文化产业规模持续壮大，文化及相关产业增加值占国内生产总值比重进一步提高[①]。这一系列促进文化产业发展的政策为非遗产业的发展提供了基础。

（二）非遗保护及其产业发展政策

在非遗保护方面，国家和地方各级政府从不同层面积极出台了一系列保护政策，逐步形成适合我国非遗传承保护的机制。这些政策为非遗的持久保护与发展奠定了坚实的基础。例如，《中华人民共和国非物质文化遗产法》明确规定了非遗保护的基本原则和措施，各省（自治区、直辖市）也纷纷出台了相应的实施细则。此外，中共中央、国务院办公厅印发了《关于实施中华优秀传统文化传承发展工程的

---

① 刘双舟. 发展文化产业不应仅限于文化的产业［EB/OL］.（2022-01-03）［2022-02-01］. https://mp.weixin.qq.com/s/u70gvsghZsNg162ZVOMVPg.

意见》《关于进一步加强非物质文化遗产保护工作的意见》，国务院发布了《关于加强文化遗产保护的通知》，国务院办公厅印发了《关于支持戏曲传承发展若干政策的通知》。在部门规章及相关政策方面，还有中宣部、文化和旅游部、财政部联合印发的《非物质文化遗产传承发展工程实施方案》，财政部、文化和旅游部联合印发的《国家非物质文化遗产保护资金管理办法》，文化和旅游部、教育部、人力资源和社会保障部联合发布的《中国非物质文化遗产传承人研修培训计划实施方案（2021—2025）》，以及文化和旅游部发布的《"十四五"非物质文化遗产保护规划》，等等。这些法律与政策的实施不仅在保护非遗资源方面发挥了重要作用，也为非遗产业的发展提供了有力的保障。

（三）促进消费市场发展的政策

促进消费市场发展的政策同样对非遗产业有重要影响。党的十九大报告指出，要完善促进消费的体制机制，增强消费对经济发展的基础作用。2018年，中共中央、国务院发布了《关于完善促进消费体制机制 进一步激发居民消费潜力的若干意见》，并在同年发布了《完善促进消费体制机制实施方案（2018—2020年）》。这些政策旨在激发居民消费潜力，推动消费市场的繁荣。2019年，《关于加快发展流通促进商业消费的意见》提出了二十条稳定消费预期和提振消费信心的具体政策措施。面对新冠疫情的冲击，政府密集出台了一系列措施，推动国内市场回暖，并提出了"推动形成以国内大循环为主体、国内国际双循环相互促进的新发展格局"的新要求。为进一步推动消费市场发展，2023年12月经国务院批准，商务部等12部门联合印发了《关于加快生活服务数字化赋能的指导意见》，指导推进生活服务业数字化转型升级，实现高质量发展。这些政策为非遗消费市场及其产业发展提供了巨大的推动力。

第二节　非遗产业结构政策

非遗产业结构政策是政府制定的，旨在优化非遗产业结构和资源配置，促进非遗经济增长。其作用是协调非遗产业发展功能，促进非遗产业结构转化。其主要包括非遗主导产业选择、弱小产业扶植和衰退产业调整三类政策。

一　非遗产业结构政策及其作用

（一）非遗产业结构政策的概念与类型

非遗产业结构政策是指政府根据非遗产业的演化趋势，制定的旨在优化非遗产业结构的相关政策。这类政策通过调整非遗产业结构，进而提升非遗资源配置效率，促进非遗经济增长。其类型主要包括：非遗主导产业选择政策、非遗弱小产业扶植政策、非遗衰退产业调整政策等。

（二）非遗产业结构政策的特征

1. 以非遗产业结构优化升级为目标

非遗产业结构政策旨在调整不合理的非遗产业结构，纠正比例失衡问题，选择并扶植具有高增长潜力的非遗主导产业，改善传统非遗产业结构，淘汰落后非遗产业，推动非遗高新技术产业的发展，实现非遗产业的合理化和高级化。

2. 以促进非遗产业生产要素的合理流动为实施关键

有效的非遗产业结构政策要求非遗生产要素在产业间合理流动，从而确保非遗资源从传统非遗产业、衰退非遗产业、长线非遗产业流向新兴非遗产业、弱小非遗产业、短线非遗产业，从而实现非遗产业结构的优化升级。

3. 非遗产业结构政策是其发展的战略性政策

非遗产业结构政策在其产业发展中具有基础性、长期性和深层次的战略意义，关系到非遗经济、文化经济乃至国民经济的协调、稳定与优化发展，是经济发展的基础性条件，具有重要的战略意义。

（三）非遗产业结构政策的作用

非遗产业结构政策是以推动其产业结构合理化发展与高度化发展，实现非遗以及社会经济健康、协调、可持续发展为目标的重要政策举措。其作用主要包括以下三个方面。

1. 协调非遗产业发展功能

非遗产业结构政策通过系统调整和优化不同层次的非遗产业关系，促进各类非遗产业的协调发展，提升整体非遗经济的效益。这些政策措施包括以下六个方面。

（1）培育新兴非遗产业

新兴非遗产业具有高增长潜力和广阔的市场前景，需要通过政策支持加速其发展。政府应积极鼓励技术创新和市场拓展，促进新兴非遗产业的快速壮大。

（2）扶植弱小非遗产业

弱小非遗产业虽然在当前阶段较为脆弱，但往往具有重要的文化和经济价值。扶植弱小非遗产业的关键在于为其提供必要的资源和政策支持，帮助其克服发展中的瓶颈和困难。政府可以通过专项资金支持、技术培训和市场推广等手段，提升弱小非遗产业的竞争力。

（3）调整衰退非遗产业

对于那些面临衰退的非遗产业，应及时采取调整和改造措施，以防止其对整体非遗经济产生负面影响。衰退非遗产业的调整可以包括生产技术的更新改造、产品线的优化调整以及市场需求的重新定位。政府可以通过政策引导和资金支持，促进衰退非遗产业的转型升级，使其重焕活力。

（4）协调各类非遗产业的关系

不同层次的非遗产业在发展过程中存在复杂的经济技术联系，只有通过协调，才能实现产业结构的合理化和优化升级。产业结构政策应根据各类非遗产业的地位、作用、现状和发展趋势，分清轻重缓急和主次，确保各类非遗产业的有序发展。

（5）促进非遗产业间的资源流动和技术交流

生产要素的合理流动是实现非遗产业结构优化的关键。政府应鼓励非遗产业之间的合作与交流，促进技术、资金和人才等要素在产业间的合理配置，提升整体非遗产业链的效率和竞争力。

（6）推动非遗产业的国际化发展

非遗产业的国际化是实现其可持续发展的重要路径。政府应积极推动非遗产品和服务的国际推广，利用国际市场资源和技术，提升非遗产业的全球竞争力。同时，通过国际合作，吸收借鉴国外先进经验，进一步提升我国非遗产业的发展水平。

2. 促进非遗产业结构转换

非遗产业结构政策在推动产业结构转换，推动产业优化方面具有重要作用。非遗产业结构转换指的是非遗产业结构从较低级型向着较高级型结构的转变，这一过程的实现有赖于市场力量与政府干预力量的共同作用。

（1）市场力量对非遗产业结构转换的影响

当非遗消费市场的需求发生变化时，价格信号会引导资源在不同非遗产业间流动，促使新兴非遗产业的崛起和传统非遗产业的衰退。这种市场调节机制能够逐步实现非遗产业结构的转换。然而，市场机制的调节作用具有一定的滞后性，通常在市场需求产生与变化之后才会作出反应，并且非遗产业内部存在的垄断、技术与资本壁垒等情况，可能会阻碍其市场机制的有效运行，从而导致其产业结构转换的放缓。

（2）政府干预力量在非遗产业结构转换中的作用

由于市场机制存在着一定的局限性，政府干预在非遗产业结构转换和升级中就显得尤为重要。政府可以通过实施一系列有力的非遗产业结构政策，采取多种措施，如调整、引导、保护、扶持、改造、限制和淘汰等，加速非遗产业的更新与转型。这些政策不仅能够推动非遗产业结构的更新换代，还能促进其产业结构的不断升级。通过各种引导和干预手段，非遗产业结构政策可以提升其产业技术密集度，推动非遗产业向更高水平发展。

3. 提升非遗产业技术的集约化和高级化

非遗产业结构政策通过各种引导与影响，能够提高非遗产业的技术集约化程度，推进产业结构的高级化。政府可以支持非遗产业的数字化和智能化发展，推动高新技术在非遗产业中的应用。如利用大数据和人工智能技术对非遗及其资源进行系统性保护、开发与管理，提高非遗产品的附加值，提升非遗产业竞争力。

二 非遗主导产业选择政策

这是主导产业选择政策在非遗产业中的应用，其政策旨在通过科学选择和支持具有高增长潜力和市场前景的非遗产业，促进其成为推动非遗经济发展的主导力量。

（一）非遗主导产业的概念

非遗主导产业是指在非遗经济发展进程中占据主导地位，并对其他非遗产业发展具有显著带动与扩散效应的产业。这类产业不仅是文化传承的重要载体，也是经济增长的引擎，具有多重经济和社会功能。非遗主导产业的选择和培育对于推动文化传承、提升经济效益、促进社会发展具有重要意义。

（二）非遗主导产业的特征

1. 创新与技术推动

非遗主导产业通过引入创新成果和采用先进技术，提升其竞争力。这不仅包括传统技艺的现代化改造，还涵盖了数字化、智能化等新技术的应用，以提高生产效率和产品质量。

2. 较高的增长率

非遗主导产业需要具备持续的高增长率，这一增长率显著高于非遗经济整体增长水平。如伴随非遗文化消费需求的日益旺盛，在"非遗+"模式推动下的非遗旅游、文创产品、非遗服饰等产业表现出了强劲的增长态势，已经成为非遗新经济发展乃至文化经济起飞的重要动力。

3. 广阔的市场潜力

非遗主导产业拥有巨大的非遗文化市场消费需求和广阔的非遗产业发展前景。全球文化多样性的需求以及国内外市场对于中华优秀传统文化及其独特文化产品的青睐，推动了我国非遗消费市场的急速拓展。中国陶瓷、刺绣、皮影等非遗产品均在国际市场上广受欢迎，展现出了中国非遗产业发展蕴藏的巨大市场潜力。

4. 强劲的关联带动效应

非遗主导产业对其他非遗相关产业具有强大的引导与带动作用，通过前向效应、后向效应和旁侧效应促进相关产业的发展。如非遗产业中的传统医药不仅能够促进药材种植业的发展，还能够带动相关的健康旅游和文化体验项目的兴起。此外，非遗主导产业的发展在很大程度上还会引发对经济、社会、文化等诸多维度的影响变化，对其主导产业分布区域的市场活力、就业机会、相关产业基础设施建设、关联产业的兴起与壮大等产生积极影响。

（三）非遗主导产业选择基准

选择非遗主导产业对于推动非遗产业结构优化和非遗经济发展具有重要意义。合理的非遗主导产业选择基准包括以下四个方面。

1. 从我国非遗产业发展实际出发

非遗主导产业的选择必须依据我国非遗产业发展的实际情况，包括非遗产业的资源禀赋、比较优势、经济发展程度、现有产业结构以及发展阶段等因素。脱离这些实际情况的选择可能会导致其产业结构失衡、比例失调甚至效益低下。因此，了解并结合非遗产业发展的实际情况对主导产业进行选择，是确保非遗产业健康发展的基本要求。

2. 收入弹性基准和生产率上升基准

选择非遗主导产业需综合考虑收入弹性基准和生产率上升基准。这一理论源自日本产业经济学家筱原三代平在20世纪50年代针对规划日本产业结构而提出的基准。其中，收入弹性基准的引入能够反映非遗产业产品需求随国民收入增长的趋势，高收入弹性的非遗产品需求随着社会收入水平的提高而快速增长，市场前景广阔，因此应优先发展。而生产率上升基准则关注技术进步对产业产出效率的提升，通常技术进步快的产业能够保持高生产率上升率，创造更多国民收入并提升其相对比重，这在非遗产业发展中同样适用。这两个基准的应用确保了非遗主导产业的高需求增长潜力和强技术进步能力，从而有效带动了非遗产业的整体优化和升级。

3. 关联度基准

关联度基准，源自赫希曼的理论，重点在于识别产业链中与其他相关产业联系最紧密的主导产业。这一理论认为，主导产业应选择那些对前向和后向产业发展具有显著推动作用的领域。具体来说，生产中间产品的产业由于在产业链中处于关键环节，其发展对上下游产业有着强烈的引导和促进作用。那么，在非遗产业发展中，采用关联度基准选择主导产业，有助于实现整个非遗产业链的协同发展。如传统手工艺品制作不仅需要原材料，还依赖市场销售和文化传播。选择传统手工艺作为主导产业，通过加强其技术和市场建设，可以带动原材料供应和销售服务等相关领域的同步发展，从而优化非遗产业链的整体效能。因此，通过聚焦于产业链中关联度最高的非遗主导产业，可以推动实现整个产业链的协调发展。

4. 动态比较优势基准

随着时间推移和经济进步，非遗产业的比较优势不断变化，因此对非遗主导产业的选择需要灵活调整，以保持较高的产业竞争力。如随着数字化技术的普及和互联网的广泛应用，非遗数字化展示与传播成为新的比较优势领域，通过现代科技手段的应用，非遗及其产业能够更广泛和深层次地被大众所了解与体验。此外，动态比较优势基准还要求非遗产业发展要适应全球市场变化，及时调整其主导产业，开拓国际市场，不断将非遗产品推向全球，以满足不同文化背景下消费者的多样化需求，带动非遗产业的发展。此外，在非遗主导产业选择中还需要综合考虑非遗产业发展中的环境和劳动基准、短缺替代弹性基准、增长后劲基准以及瓶颈效益基准等。通过对以上基准进行衡量选择，能够有效地拉动非遗产业整体规模的提升与结构的优化。

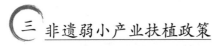

三 非遗弱小产业扶植政策

（一）非遗弱小产业扶植政策的概念与类别

非遗弱小产业扶植政策是指政府针对具有发展潜力但目前较为弱小的非遗产业所采取的一系列支持其产业发展壮大的政策措施。这些产业包括两大类别：一是具有高收入弹性、技术进步快、劳动生产率提高快的幼小产业；二是因发展不足对经济发展造成制约的瓶颈产业。

（二）非遗弱小产业扶植政策需要遵循的原则

1. 与非遗产业结构优化升级方向相一致

扶植非遗产业的核心目标是实现其产业结构的优化和升级。政策应聚焦于那些能够促进非遗产业比例协调和结构升级换代的项目，确保非遗资源的高效利用和长远发展。因此，通过科学地评估和选择，应优先扶植具有较高成长潜力和创新能力的非遗产业。

2. 要促进发挥非遗及其产业比较优势

政府应充分考虑各地的非遗资源禀赋和非遗产业发展特质，选择那些能够最大限度利用当地非遗资源优势的产业进行扶植。并通过区域分工提升非遗产业的生产效率和产品质量，扩大其市场份额，促进非遗产业在国内乃至全球市场的发展。

3. 要与市场机制相结合推进非遗产业发展

虽然政府扶植是必要的，但主要还是依靠市场机制调节非遗产业的发展，政策扶植应弥补市场不足，而非取代市场功能。

4. 资金扶植与政策优惠相结合

非遗弱小产业扶植措施主要包括财政拨款、政策性贷款、税收优惠等，同时还需改善非遗市场的准入、经营环境等相关政策。

5. 以增强非遗产业竞争力为扶持目标

扶植政策并非无条件地支持与无限期地保护，而是要采取有效措施推动非遗弱小产业面向国内外市场，参与广阔的市场竞争，不断提高其产业竞争力，通过市场检验从而发展壮大。

四 非遗衰退产业调整政策

（一）衰退非遗产业的概念及其产生原因

衰退产业是指在产业结构中陷入停滞甚至萎缩的产业。非遗产业由于其特殊性，同样经历着由幼小期——成长期——成熟期——衰退期的生命周期。具体到非遗产业，其衰退的主要原因包括技术原因、资源原因、需求变化原因、效率原因、国际竞争原因以及体制原因等。一是技术原因。现代科技和新产品的出现，使得一些传统非遗技艺失去了市场和竞争力。如机器生产的工艺品替代了传统手工艺品，导致后者市场需求下降。二是资源原因。某些非遗产业发展依赖特定的自然资源，而相应的资源如果枯竭就会导致这些非遗项目难以为继。如石雕产业的发展因石材开采限制而受到较大影响。三是需求变化原因。随着经济发展和人均收入水平的提高，消费者对某些传统非遗产品的需求弹性下降。如现代生活方式的变化使得某些传统饮食文化遭受冷落。四是效率原因。非遗产业往往依赖大量的人力和时间，当投入成本上升而利润下降时，这些产业项目便难以维持。如传统戏曲在面对高昂的演出成本和较少的观众时就难以实现盈利。五是国际竞争原因。全球化背景下，国际分工格局的变化使得一些具有比较优势的非遗产业在国际市场上失去了竞争力。如东南亚国家的手工艺品以低成本抢占市场，会导致他国类似非遗产业一定程度的衰退。六是体制原因。市场体系不完善、市场机制不健全、企业制度落后，都会导致非遗产业缺乏有效的保护和扶持。如过度竞争和抄袭现象可能导致某些非遗在产业领域举步维艰。针对上述非遗产业的衰退原因，可以借鉴衰退产业调整政策的经验，采取"关、停、并、转"等策略对陷入衰退的非遗产业进行保护，使其创新和转型发展，从而提升市场竞争力和社会影响力，实现可持续发展。

（二）实施衰退非遗产业调整政策的必要性

市场经济条件下，企业的经营目标是追求其自身利益的最大化。当产业进入衰退期时，相关企业应根据市场供求、价格及利润率高低，自主决定资本转移。然而，非遗产业由于其独特的文化属性和产业特点，面临诸多市场机制难以克服的障碍。一是资本壁垒。非遗产业往往涉及规模较大的资本密集型项目，如传统手工艺和文化表演。这些产业的固定资产具有高度专用性，转产损失巨大，难以找到合适的交易对象。一个例子就是，传统剧院的设备和场地是难以转用于其他产业的。二是技术壁垒。非遗产业多为劳动密集型产业，其技术寿命有限，设备落后，难以转产或转移。这类产业的生产要素主要集中在劳动方面，而低下的劳动力技术素质使得其难以在新兴产业中找到就业机会。如传统手工艺人难以适应现代化生产线的要求。三是社会压力和利益刚性。非遗产业的调整必然带来工人失业和再就业问题，从而产生强大的社会压力。这种压力主要来自企业职工的利益刚性，使资本转移难以实现。如非遗传承人和从业者对长期以来形成的职业和生活方式的依赖，使得他们难以接受新的工作和生活方式。四是垄断歧视。在非遗产业的资产转移过程中，吸纳转移资产的产业由于其资本、技术和市场的垄断地位，往往会对转移资产采取低估、压价等歧视手段，损害非遗产业的利益。如大型的文化企业可能在收购传统手工艺作坊时压低价格，继而影响后者的生存和发展。五是地方保护主义壁垒。在市场机制尚不健全的国家，为保证地方财政收入，地方保护主义壁垒严重，阻碍非遗产业的合理收缩和资本存量转移。如一些地方政府可能优先扶持本地特色非遗项目，导致资源分配不合理。

鉴于上述市场机制的局限性，政府干预在非遗产业调整中显得尤为重要。一是政策扶持。政府应出台专项政策和法规，保护和扶持非遗项目的发展。如通过税收优惠、补贴和贷款等方式减轻非遗企业的经济负担，鼓励其进行技术改造和市场转型。二是技术支持。政府应提供一定的技术支持，帮助非遗产业实现现代化转型。

如设立非遗研究机构和培训中心，提升非遗从业者的技能和素质，推动传统技艺的数字化和产业化。三是社会保障。政府应建立健全社会保障体系，减轻非遗产业调整带来的社会压力。如通过就业培训和再就业安置，帮助失业的非遗从业者找到新的工作机会，保障其基本生活。四是市场监管。政府应加强市场监管，防止垄断和杜绝不公平竞争行为。通过完善知识产权保护和市场规范，打击抄袭和侵权行为，维护非遗企业的合法权益。五是区域协调。政府应加强区域协调，促进非遗资源的合理配置和流动。通过区域合作和文化交流，推动不同地区非遗及其产业的协同发展，实现非遗资源共享共荣。

（三）衰退非遗产业调整政策的主要措施

1. 促进衰退非遗产业进行转产

首先，政府应协助衰退非遗产业选择适宜的转产方向。可以通过市场调研、专家咨询以及行业研讨等方式，帮助企业了解市场需求，明确转型目标。如传统手工艺品制作企业可以转向生产具有现代设计感和实用性的文化创意产品，迎合当代消费者的需求。其次，在确定转产方向后，政府应提供必要的金融支持。转型过程中，企业往往面临资金短缺的困境，为此，政府可以设立专项转产贷款，提供低息或无息贷款，帮助企业获得所需资金。此外，政府还应发放转产补贴，减轻企业的经济负担，确保其顺利渡过转型期。如对传统戏曲团体，可以提供资金支持其购置现代化舞台设备和数字化制作工具，提升演出质量和观赏体验。为了加速衰退非遗产业的转换过程，政府应制定和实施一系列优惠政策，通过税收减免、财政补贴等手段，鼓励企业加快转产步伐，增强其市场竞争力。这些措施的实施，能够帮助衰退非遗产业找到新的出路。

2. 给予衰退非遗产业技术与经营支持

政府需要在技术和经营上给予衰退非遗产业以指导和援助。这一过程需要政府协调专利与技术推广部门的工作，确保衰退非遗产业能够获得最新的技术和经营理念，从而顺利转型，获得新的生机。首先，政府应建立专门的技术支持平台，通过这一平台，衰退非遗企业可以获取最新的技术信息和专利资源。政府可以组织技术推广活动，如技术研讨会、培训班和交流会，帮助企业了解和掌握现代化生产技术。其次，政府应提供经营上的指导和咨询服务。许多非遗企业在转型过程中缺乏现代经营管理经验，需要专业的经营指导。政府可以引入专业的管理咨询机构，为这些企业提供量身定制的经营战略、市场推广和品牌建设方案。此外，政府应采取各种优惠政策，鼓励非遗企业用先进技术改造和武装自己。如对那些引入现代化生产设备和技术的非遗企业，政府可以提供一定的税收减免和财政补贴，降低其运营成本，增强其竞争实力。

3. 推进衰退非遗产业的设备折旧

在非遗产业转型过程中，设备老化和技术落后是主要障碍之一。为解决这一问题，政府应通过制定和实施一系列设备折旧政策，加速衰退非遗产业的设备更新和资产转移。首先，政府应制定具体的设备报废量和报废时间表，明确各类非遗产业设备的使用寿命和报废标准。确保非遗企业在合适的时间更新设备，避免因设备老化导致的生产效率下降和产品质量问题。其次，政府应提高折旧率，通过财税政策加速设备折旧。传统折旧方法往往周期长，导致企业设备更新缓慢，难以适应市场变化。政府可以通过提高折旧率，使非遗企业在较短时间内完成设备折旧，加速新设备的引进和使用。此外，政府应采取特别税制，对因设备报废而产生的损失提供部分补偿，减轻企业的经济负担。

4. 实施衰退非遗产业市场保护和援助

非遗产业发展常常面临来自国际市场的激烈竞争，特别是低价进口商品的冲击。这对已经处于衰退期的非遗产业来说无疑是雪上加霜。为此，政府应采取一系列市场保护和援助措施，帮助这些产业在生产调整和转型期间获得喘息的机会。首先，政府可以通过限制竞争品的进口，为本土非遗产业提供保护。这些措施可以包括提高关税、设置进口配额或禁止某些产品的进口，从而减少国外廉价商品对本土市场的冲击。其次，政府可以通过价格补贴和参与采购、促销活动，直接援助衰退非遗产业。价格补贴可以帮助非遗企业降低产品的市场售价，提高其在竞争中的优势。政府机构和国有企业也可以优先采购非遗产品，通过官方渠道的采购来增加产品的销售量和曝光率。此外，政府可以组织和参与促销活动，帮助非遗企业扩大市场。如与电商平台合作，举办非遗产品专场促销活动，吸引更多消费者了解和购买非遗产品。同时，进行媒体宣传和市场推广，提升非遗产品的知名度和美誉度，增强消费者的购买意愿。然而，这类保护和援助措施应有时间限制，避免企业对政府支持产生依赖，从而缺乏自主创新和市场竞争的动力。长期的市场保护政策可能导致企业失去应对市场变化的能力，阻碍持续发展。因此，政府应设定明确的援助期限，并逐步减少对企业的直接支持，鼓励其在市场竞争中自我提升和成长。

5. 完善衰退非遗产业相关劳动力援助体系

为了减少衰退非遗产业调整引起的社会经济震荡，政府需要建立完善的社会化援助体系，帮助衰退产业职工转岗再就业。首先，政府应提供全面的就业服务，帮助失业的非遗从业人员找到新的工作机会。这些服务可以包括职业介绍、就业信息发布、职业咨询等。其次，转岗培训是劳动力援助的重要组成部分。政府应组织和提供各种技能培训项目，帮助非遗从业人员提高自身素质，掌握新的技能，适应新的工作岗位。此外，完善社会保障制度是保障非遗从业人员基本生活的重要措施。政府应确保失业保险、医疗保险和养老保险等社会保障覆盖到所有非遗从业人员，减轻他们在失业和转岗期间的生活压力。清除劳动力流动的制度障碍也是政府需要重点关注的方面。在一些地区，户籍制度、居住证制度等可能限制劳动力的自由流动，影响非遗从业人员的转岗再就业。政府应改革这些制度，打破劳动力流动的壁垒，促进劳动力的合理流动。

6. 推动体制改革

非遗产业在调整和转型过程中常常面临制度性障碍，这些制度性障碍主要包括市场机制的不完善，地方保护主义的干预等，导致非遗产业难以有效转型和发展。

为了解决这些问题，政府需要通过经济体制改革，完善市场机制，确保各类企业能够在公平竞争的环境中发展。首先，政府需要推进市场化改革，减少对经济的过度干预，建立健全市场机制。在许多情况下，过多的政府干预会导致资源配置效率低下，企业缺乏自主决策的空间。通过推进市场化改革，政府可以将更多的经济决策权交给市场主体，增强市场的自我调节能力。如放宽市场准入限制，减少审批流程，让非遗企业能够更灵活地进行市场活动和创新。其次，完善的市场机制是保障非遗产业公平竞争的基础。政府应通过立法和监管，建立公平透明的市场规则，防止垄断和杜绝不公平竞争行为。这样非遗企业可以在公平的市场环境中，通过自身努力和创新不断提升发展能力。此外，要克服地方保护主义。在一些地区，地方政府为了保护本地非遗经济发展，往往采取保护主义政策，阻碍外地企业进入市场，既限制了非遗市场竞争，还可能导致资源配置不合理，影响非遗产业的健康发展。因此，应通过政策引导和法律规范，打破地方保护主义壁垒，促进跨区域的资源流动和产业合作，实现非遗资源共享及其优势互补。为了确保体制改革的顺利推进，政府还需要加强政策协调和执行力度。在改革过程中，各级政府应统一思想，形成合力，共同推动市场化改革和制度建设。

第三节　非遗产业组织政策

非遗产业组织政策是政府通过干预非遗市场结构和行为，以优化非遗市场绩效为目标的措施。按照政策导向，非遗产业组织政策可分为促进竞争政策和产业组织合理化政策；按照政策对象，非遗产业组织政策可分为市场结构控制政策和市场行为控制政策。其政策目标分为一般目标、特有目标和具体目标。具体的政策手段涉及调控非遗市场结构，调节非遗市场行为和直接改善非遗资源配置等。

一　非遗产业组织政策的概念与分类

非遗产业组织政策是指政府为了实现理想的非遗市场绩效，通过干预非遗产业的市场结构和市场行为而制定的政策。这类政策的核心在于通过协调规模经济与市场竞争之间的矛盾，建立正常的非遗市场秩序，从而提高非遗产业的市场绩效。非遗产业组织政策可分为以下两类。

（一）按照政策导向分类

（1）促进竞争政策，旨在维护正常的非遗市场秩序，主要包括非遗市场的反垄断和反不正当竞争政策。这类政策通过限制非遗市场垄断的行为，促进公平竞争，为非遗企业提供公平的市场环境。

（2）产业组织合理化政策，旨在通过充分利用专业化和规模经济，限制过度竞争，主要包括直接规制政策和中小企业政策。这类政策通过支持非遗中小企业和鼓励非遗产业专业化，以提升非遗产业的整体效率。

（二）按照政策对象分类

（1）市场结构控制政策，旨在从非遗市场结构方面禁止或限制垄断行为，如控制非遗市场集中度、降低非遗市场进入壁垒。这类政策有助于防止非遗产业被少数大企业垄断，从而促进更多企业进入市场，增加市场竞争。

（2）市场行为控制政策，旨在从非遗市场行为角度防范或制止妨碍竞争和不公平交易的行为，如打击诈骗、行贿等不道德商业行为。这类政策有助于维护非遗市场的公平竞争和诚信经营。

二 非遗产业组织政策的目标

非遗产业组织政策的目标可以分为一般目标、特有目标和具体目标。

（一）非遗产业组织政策的一般目标

一般目标指这些政策与其他经济政策所共同追求的基本目标。作为政府干预经济活动的重要手段，非遗产业组织政策的制定和实施旨在实现以下五方面的目标。一是促进更大的非遗经济平等，即非遗产业组织政策通过扶持非遗中小企业和保护非遗弱势产业，缩小产业差距，促进非遗公平发展。二是促进充分就业，即非遗产业的独特性和多样性为社会提供了大量就业机会。通过有效的产业组织政策，可以鼓励更多的人参与非遗产业，从而提高就业率。三是降低通货膨胀，即通过稳定非遗产业的生产和供给，避免因供给不足引起物价的上涨。同时政策的实施可以稳定非遗产品的价格水平，防止市场波动引起的通货膨胀。四是保持对外收支平衡。非遗产品的出口是促进文化交流和增加外汇收入的重要途径。产业组织政策可以通过支持非遗产品的国际推广和出口，提升其在国际市场的竞争力，从而保持对外收支的平衡。五是加速经济增长。非遗产业的发展不仅有助于文化传承，还能为经济增长注入新的动力。

（二）非遗产业组织政策的特有目标

非遗产业组织政策作为一种特殊的经济政策，其特有目标在于维护正常的非遗市场秩序，从而形成有效的非遗产业竞争环境，同时，充分利用专业化和规模经济的作用，提高非遗市场绩效和促进非遗产业内资源的优化配置。具体而言，这些政策通过防止非遗市场垄断和不正当竞争行为，以确保非遗产业各类企业能够在公平的市场环境中运营。同时，政策通过支持专业化生产和鼓励规模经济，帮助非遗企业提升生产效率和市场竞争力，从而最大限度地利用非遗资源。此外，合理配置产业内的各种资源，包括人力、资金和技术，确保每个环节都能高效运转，最终实现非遗及其产业在现代经济体系中的发展活力。

（三）非遗产业组织政策的具体目标

根据贝恩在《产业组织论》中的观点，非遗产业组织政策的具体目标可归纳为以下六点：第一，非遗企业应达到并有效利用经济规模，确保市场供给主要由达到经济规模的企业承担，同时维持较高的开工率；第二，不应出现某些非遗企业长期获得超额利润或长期亏损的情况，非遗产业的资本利润率应在较长时间内保持均衡，以促进公平竞争和市场稳定；第三，非遗产业应推动技术进步和创新，促进技术和产业开发、革新活动的有效进行，从而提升非遗产品质量和生产效率；第四，非遗企业应避免过多的销售费用从而提高运营效率，政府应引导企业优化营销策略，降低不必要的销售成本；第五，非遗产品应具有较高的质量和服务水平，并且尽可能多样化，以满足大众消费需求，并通过标准制定和市场监督，确保非遗产品和服务的质量和多样性；第六，非遗产业应有效利用自然资源，实现可持续发展，政策应鼓励企业采用环保技术和可持续资源管理，以保障资源的合理利用和环境保护。

三　非遗产业组织政策的手段

非遗产业组织政策的手段，按照产业组织的 SCP 理论可以分为三类，即调控非遗市场结构、调节非遗市场行为和直接改善非遗资源配置。首先，政府通过控制非遗市场集中度、降低进入壁垒和减少不合理的产品差别来改善市场结构，预防垄断，并在特定非遗产业中实施限制政策，以防止过度竞争对资源配置效率和社会福利的损害。此外，对于适合大规模生产的非遗产业，政策应鼓励适度的市场集中，避免资源浪费。其次，政府通过禁止共谋、卡特尔和不正当价格歧视行为，调节非遗市场行为，维护非遗产业的公平竞争和市场诚信，同时对非遗市场中的价格和质量进行监督，限制和惩处欺骗、行贿等不正当行为。最后，对于资源配置存在明显市场机制缺陷的非遗产业，政府通过直接补助盈利不高的新兴非遗产业，立法禁止滥用稀缺资源，限制高污染行为，并进行财政投资以改善非遗资源配置。各项政策手段的实施应平衡好政策力度，以推进非遗产业在公平竞争和资源有效利用的环境中实现繁荣与可持续发展。

第四节　非遗产业发展政策

非遗产业发展政策旨在通过一系列措施推动非遗产业的成长和现代化，包括非遗产业的技术、布局、外贸、金融和可持续发展五大类别。其特点在于目标的综合性和内容的多样性。其中，非遗产业技术政策与非遗产业布局政策是最为基本的政策内容。非遗产业技术政策推动技术进步与创新，涵盖技术发展规划、引进、开发和结构政策。非遗产业布局政策优化非遗资源的空间分布，分为区域非遗产业扶持

政策、调整政策以及保护政策三类。

一 非遗产业发展政策及其特点

（一）非遗产业发展政策的概念与类别

非遗产业发展政策是政府为促进非遗产业成长而制定的一系列具体措施。这些政策包括五大类别。第一，产业技术政策。通过支持研发、推广先进技术和提升从业人员技能，推动非遗产业的现代化和创新。第二，产业布局政策。通过优化非遗资源空间分布和资源配置，促进非遗产业的区域协调发展，形成特色鲜明的非遗产业集群，以提升非遗产业整体效率。第三，产业外贸政策。致力于增强非遗产品的国际竞争力，推动非遗产业在全球市场中的份额增长。第四，产业金融政策。通过提供非遗产业发展的资金支持，降低其企业融资成本，促进资本的高效配置。第五，可持续发展政策。强调经济、社会和环境效益的协调统一，推广绿色生产技术，鼓励使用环保材料，建立资源循环利用体系，确保非遗及其产业在保护与发展进程中的平衡、健康、持续。

（二）非遗产业发展政策的特点

非遗产业发展政策具有以下两大特点。第一，非遗产业发展政策的目标具有综合性，涵盖经济增长、充分就业、物价稳定等经济性目标，以及社会安定、国家安全、民族团结和国民素质提高等社会性目标。在制定非遗产业发展政策时，需要综合考虑这些多维目标的要求，权衡非遗及其产业发展的经济效益与社会效益，从而制定平衡的非遗产业发展策略。第二，非遗产业发展政策的内容具有多样性，涉及技术支持、产业布局、国际贸易、金融支持、发展战略和方式等多个维度。相比之下，非遗产业结构政策主要关注非遗产业结构的优化升级，非遗产业组织政策集中关注非遗产业组织的合理有效化，而非遗产业发展政策则全面涵盖了非遗产业形成和发展的各个方面，旨在推动非遗产业的全面繁荣和健康发展。

二 非遗产业技术发展政策

非遗产业技术政策旨在通过政府的规划和支持，推动非遗产业的技术进步与创新，同时促进非遗传统技艺和其文化内涵的有效保护。科学技术进步是推动非遗产业发展的决定性因素，而产业技术政策是政府为促进这一进步而制定的综合性政策。该政策涵盖了技术进步、技术结构选择和技术开发的预测、决策、规划、协调、推动、监督和服务等多方面内容，是围绕非遗产业技术发展目标、主攻方向、重点领域以及实现目标所形成的具体策略与措施。

（一）非遗产业技术政策制定的必要性

政府制定非遗产业技术政策的必要性主要体现在以下四个方面。第一，推动技术进步是政府的核心职能之一。作为公共产品的技术和知识需要政府的积极发展与推进，从而实现非遗在现代化发展中的持续"活化"，促进非遗及其产业的不断创新。第二，市场机制单独运作难以满足非遗产业的技术发展需求。由于技术开发成本高昂、收益相对较低，以及商业和技术风险较大、中小企业资金匮乏等问题的存在，政府的干预和资源投入在非遗产业技术发展中就变得尤为关键。第三，非遗产业发展的基础设施建设研究需要政府的投入和组织。这些研究往往投资巨大、周期漫长、见效缓慢，私人企业普遍不愿涉足，但它们却是非遗产业技术进步的基石。因此，需要政府引导和推进非遗产业技术提升，为其产业发展营造良好的产业技术发展环境。第四，为迅速增强非遗产业技术实力，政府应积极介入，鼓励技术创新，支持技术研究、开发，并将现代技术积极应用于非遗及其产业发展领域。通过引进、消化、吸收和改造先进技术，以低成本实现非遗产业领域的技术进步，加速非遗产业的深化发展。

在知识经济时代，非遗产业技术政策的重要性日益凸显。非遗产业发展中的文化安全问题以及非遗产业规模的扩展要求国家在技术管理和投资上发挥更大作用，以分担企业无法独立承担的投资风险。此外，随着文化"走出去"等战略的推进，政府更应该关注与制定正确的非遗产业技术政策，积极采取措施推动相关技术进步与应用融合，提升我国非遗产业在全球发展格局中的竞争实力。可以说，技术政策的制定不仅是推动非遗产业技术进步和创新的关键，更是实现非遗及其产业在现代经济环境中不断发展的重要保障与手段。

（二）非遗产业技术政策的主要类型

非遗产业技术政策涵盖多个方面，旨在推动非遗产业技术进步，实现其现代化和可持续发展。其主要包括以下四方面。

1. 非遗产业技术发展规划

政府根据非遗产业技术发展趋势、经济和社会发展现状以及国家非遗产业发展的任务与战略等，制定适当的非遗产业科技目标，列出重点技术领域，明确实施步骤和时间安排，提出实现目标的方针和措施。此类规划旨在推动非遗产业技术发展与非遗经济发展、非遗现代传承等目标相一致，实现非遗产业的创新和进步。

2. 非遗产业技术引进政策

非遗产业技术引进包括对相关技术的引进、消化、改进和扩散，政策鼓励适当引进先进技术，并强调消化吸收和创新改造，将其与非遗及其产业发展相融合。相应措施包括加强政府指导，提供税收、外贸和外汇等优惠政策，支持多种方式的技术引进，利用经济、法律和必要的行政手段促进关键技术引进，确保引进技术的有效吸收和应用。

3. 非遗产业技术开发政策

这是另一重要的政策类型。技术开发依靠国家科技力量进行新技术和新工艺的研究、应用和推广。相关政策包括鼓励和保护非遗产业新技术发明创造的政策、知识产权保护政策、专利政策，以及促进新技术传播和扩散的政策。此外，还有协调基础研究、应用研究和发展研究的政策，以及促进高新技术开发的政策。这些政策通过多层次、多领域的支持，能够进一步提升非遗产业技术水平和创新能力。

4. 非遗产业技术结构政策

这一类政策旨在合理安排非遗产业发展领域中的各种技术类型和层次之间的关系，实现技术结构的合理化。根据不同角度，相关技术可分为尖端技术、先进技术、中等技术和初级技术；劳动密集型技术、资本密集型技术和知识密集型技术；提高劳动生产率的技术、促进经济增长的技术、节约资源的技术、提高产品质量的技术和防治污染的技术。合理的非遗产业技术结构政策应综合考虑国家非遗产业发展实际与资源分布状况，以及科技发展阶段与规律，从而决定适用的技术类型和层次，最终推动实现非遗资源的最佳配置与产业发展。

（三）非遗产业技术政策的实施手段

非遗产业技术政策的实施手段可分为直接和间接两类。其中，直接手段包括政府通过法规对非遗产业相关技术引进的鼓励和管制、直接投资于技术开发和应用推广、主持和参与重点非遗产业技术攻关以及特定非遗产业技术开发项目等。间接手段则涵盖政府对非遗产业技术发展前景、战略目标和项目重点的指导；健全和发展非遗技术市场，利用市场机制促进非遗领域技术进步；完善非遗企业内部技术开发机制，鼓励建立非遗产业相关技术开发体系与基金，重视非遗产业技术设备的更新改造；以及通过补助金、委托费、税收优惠和融资支持等方式，促进非遗产业技术的开发与应用等。

三 非遗产业布局政策

（一）非遗产业布局政策的概念和目标

非遗产业布局政策是政府为实现非遗产业的空间分布和组合合理化而制定的政策，旨在优化地区分工协作和资源配置利用。该政策不仅是非遗产业发展政策的重要内容，也是区域非遗及其产业发展政策体系的重要组成部分。

非遗产业布局政策的主要目标包括以下四个方面。第一，经济发展目标，包括促进非遗经济增长和非遗产业布局平衡。非遗产业布局的集中能产生聚集效益和规模效益，为加快非遗经济增长，相关政策应在一定时期内向非遗资源丰富或急需发展的地区倾斜。同时，长期目标应是非遗产业布局的均衡，从而实现非遗及其产业的持续发展，减少非遗产业发展的地区差异。第二，社会稳定目标，包括通过非遗产业布局政策促进民族团结和充分就业。通过适度倾斜的非遗产业布局，加快落后地区的发展，促进民族团结和边疆稳定。合理的非遗产业布局能够提供更多的就业岗位，极大地缓解失业问题，维护社会稳定。第三，生态平衡目标，旨在防止非遗产业活动带来的环境问题。应合理安排地区分工，适度分散非遗产业布局，调整地区非遗产业结构，防治产业发展可能带来的环境污染问题，保护自然与文化资源，维持整体生态平衡。第四，国家安全目标，聚焦非遗产业发展领域，主要是指在非遗及其产业发展进程中要格外关注非遗文化的安全问题，非遗产业布局需保障国家文化安全。总之，在综合考虑各方面目标的基础上，合理确定非遗产业发展中的国家安全目标，对其产业布局政策的制定和调整尤为重要。

（二）非遗产业布局政策的类型

非遗产业布局政策主要包括三类，即区域非遗产业扶持政策、区域非遗产业调整政策以及区域非遗产业保护政策。第一，区域非遗产业扶持政策。这类政策旨在促进具有比较优势的非遗产业部门，通过创造良好的产业投资与发展环境、直接投资和提供各种优惠，推动区域重点非遗产业的发展，加速地区非遗经济增长。第二，区域非遗产业调整政策。这类政策主要用于解决区域经济发展过程中存在的非遗产业结构不合理问题，具体措施包括对衰退非遗产业进行区域和行业转移、限制环境破坏/污染非遗产业、改造高资源消耗非遗产业、压缩长线非遗产业和发展短线非遗产业，以优化非遗资源配置，推动非遗产业结构合理化。第三，区域非遗产业保护政策。这类政策主要实施于初期发展缺乏竞争力但具有长远发展潜力的非遗产业之中，通过设置壁垒和排除竞争来保护幼小非遗产业。但要注意的是，这种保护政策需适度，以防止地方保护主义和产业结构趋同。

（三）非遗产业布局政策的手段

非遗产业布局政策的实施手段主要包括布局规则、直接投资、限制手段、诱导手段和信息手段。第一，布局规则。通过制定非遗产业布局规划，根据各地区的比较优势和合理分工协作原则，明确非遗产业发展的目标和重点，指导各地区在非遗产业选择、调整和发展中的决策，避免重复建设，实现布局合理化。第二，直接投资。政府通过财政拨款、发行国家债券和吸引外资等方式筹集资金，选择适宜的非遗产业投资区域，建设基础设施，发展非遗高新技术产业，设立必要的国有企业，从而优化资源配置，调整产业分布。第三，限制手段，通过法律和政策手段限制某些非遗产业的发展和布局，缩减过度膨胀的产业规模，淘汰落后的过剩生产能力，确保产业布局的合理性。第四，诱导手段。运用税收、金融、采购、工资和就业等经济手段，影响各地区和企业的利益，间接引导非遗产业的扩张和收缩，调整产业布局。第五，信息手段。通过系统地收集、整理和发布各地区非遗产业分布、发展现状、前景预测、国家规划及优惠或限制政策等信息，消除信息不对称，提高各地区和企业在非遗产业选择上的自主性，促进非遗产业的合理分布和发展。

第五节　新时代非遗产业发展的主要政策建议

在非遗传承发展的过程中，非遗产业作为一种新业态，已经逐步萌芽并发展至相当规模。然而，非遗产业在其成长过程中必然会面临各种问题和挑战。这些问题和挑战是新兴业态在走向成熟过程中所不可避免的。只有深入发现和分析非遗产业发展中的问题，才能制定相应的措施进行调整、改革与创新，从而推动非遗产业产生突破性进展。通过系统分析非遗传承与产业发展的历史沿革、内部结构、系统要素及其发展的战略目标和路径，我们认识到了非遗产业在发展过程中遇到的瓶颈和挑战。虽然非遗产业的发展遵循了一些与其他产业相似的规律，但其特质和特点也需要特别关注，包括非遗文化的独特性、传承方式的多样性，以及市场需求的特殊性等。对这些问题的深入分析，使我们能够更清晰地认识非遗产业发展中的政策需求，并提出更加精准和具有可操作性的措施与建议，以推动非遗产业的健康发展。

（一）提升认知水平，优化战略规划与顶层设计

认清大的发展趋势，提高认知水平，加强组织领导，建立健全跨行业、跨部门的联动工作机制，加强统筹协调、整体推进非遗及其产业发展战略规划的研究工作，这是当前非遗工作顺利推进的前提。习近平总书记强调：传统文化是独特的战略资源。非遗资源无疑是最具战略意义的独特资源。既然是资源，就既有精神性的资源，又有物质性的资源，或者说，既有精神性的一面，又有物质性的一面。中华民族上下五千年文明聚集沉淀的海量非遗资源，不仅是民族复兴的宝贵资源与力量，更是发展过程中的新动能。目前，对非遗及其产业的管理与认知还很缺乏，对其发展的大势与内在发展规律的认识也很模糊，这些都直接影响了非遗及其产业工作的进展。需要进一步统一认识，站在民族复兴的高度，建立相应的工作机制与制度体系，在研究与调研的基础上，做好统筹计划安排，可以说是当务之急。

在做好非遗及其产业战略研究与规划的同时，强化理论研究工作，搞好顶层设计，突出战略与规划布局的落地，选准突破点。首先，理论研究工作是战略研究的前提与基础，而战略研究则是进行顶层设计不可或缺的步骤。其次，加强理论研究，突出战略与规划布局，搞好顶层设计，走好非遗及其产业发展的第一步。处于初级阶段的非遗及其产业发展，呈现出理论研究与前沿实践相脱节的现状，理论研究没有发挥先导实践的作用。比如，对非遗及其产业概念的混淆，对什么是真正的"产业化"没有深入理解，而是只在表面的规模化上做文章。同时，也有一些人或机构借非遗及其产业创新探索之名，投机做市，这对真正的非遗及其产业的探索是一种扰乱。因此，急需扎实且准确的理论化研究，且要注意理论研究领域和前沿实践领域的对接，促进产、学、研一体的体系结构的形成。

（二）在认知内在规律与探索资源配置中转变政府职能

深刻认知非遗及其产业发展的内在规律，是建立非遗及其产业发展相适配的理念、机制、政策与办法的基础与前提。对各级政府来说，就是要重视发挥市场在资源配置中的主导作用，积极转变职能。其中，最为核心的是，转变过去那种建文化、办文化为管理文化，再进一步为服务文化的管理理念。在这个过程中，要重点关注以下两个方面的工作。一是提升认知水平与能力，深刻认识与把握非遗传承发展的内在规律，特别是非遗的传承发展是多层次、多维度的一个过程。另外，还必须看到，非遗的传承与传播，可以通过文化事业的建设来实现，但不能忽视生产与消费也是极其重要的传承与传播手段。特别是在"互联网+"的大背景下，互联网已经成为整合与放大非遗资源价值最为有效的工具。二是发挥市场在资源配置中的

主导作用，积极运用财政、政策等综合性、间接性手段，建立以产业规划与产业政策为核心的调控体系，完善相应的管理体系。

（三）把非遗发展纳入区域国民经济发展计划中

实施积极的区域战略管理，以区域特色文化发展差异化为基础，发展非遗服务体系及非遗产业体系，把非遗及其产业发展与区域国民经济发展计划结合起来，其中强化非遗及其产业的战略管理水平与能力是龙头。这里的战略管理包括：鼓励规模经营和专业化协作，促进非遗及其产业形成适合自身特点的组织结构；促进非遗及其产业各要素之间的合理竞争，营造公平竞争的市场环境；调整财政投入结构和投入方式，在逐步增加财政对文化投入的基础上，安排一定数量的财政预算资金、文化事业建设费作为加快非遗及其产业发展的引导资金；调整非遗及其产业的税收政策和投融资政策，广开发展非遗及其产业的筹资渠道；完善非遗及其产业管理机构，加大对非遗及其产业的监管。我国地域广阔，地区之间、城乡之间发展不平衡，文化资源也各具特色，要根据具体情况，充分发挥比较优势，发展特色文化产业，优化非遗及其产业结构，并使之与区域国民经济发展和产业升级结合起来。因此，在非遗及其产业发展中要进行精细化的目标市场定位，以差异化的战略来进行非遗及其产业产品的研发、设计和拓展。充分运用市场机制在促进非遗及其产业发展方面的作用，注重地域特色，使非遗及其产业的发展与区域社会经济发展战略相适配，成为富民、扶贫、城乡发展、新农村建设等融合发展的优势产业。

（四）抓住核心推动非遗产业支撑服务体系建设

以非遗资源资产化平台化建构为抓手，抓紧制定和完善非遗资源鉴定评估管理体系与办法，紧紧抓住非遗资源与产品质量管理这一核心，加快非遗资源鉴定评估及鉴证溯源体系和其支撑服务体系的形成。在非遗及其产业中，对非遗产品这种"轻资产"或称为无形资产的评估体系不健全，制约着非遗及其产业的创新和发展。因此，迫切需要投入大量人力、物力来建立全国统一的权威性机构，健全各种鉴定、评估机制。要积极推动围绕非遗资源资产化、金融化、证券化为主线的综合服务平台建设，整合更多优质资源，用创新突破瓶颈，推进非遗及其产业创新发展。综合服务平台是实现非遗资源资产化、金融化、证券化为主线的关键。通过非遗资源的资产化、金融化，完成使非遗资源优势转化成产业优势的核心任务，就要在平台化建设上花力气、下功夫，最终，就是将非遗资源资产化、金融化转化成非遗产业发展的核心优势。

首先，培育专业、独立、竞争的第三方评估机构。众所周知，建立在客观公正基础上的公信力是任何评估工作的生命力。换句话说，没有公信力的评估工作是没有价值的。非遗及其产业发展过程中，对非遗资源的评估，必须引入社会独立研究机构。这种独立研究机构开展评估工作的费用可以来自自筹、外界捐赠或者国家财政资助，但必须保证与非遗企业、金融机构没有任何利益上的关联，这样才能保证其研究结果的客观性与公正性，从而为企业、银行及社会各界提供一个不可替代的、极具公信力的评估结果。建议由文化和旅游部、版权局、知识产权局等政府部门牵头，联合非遗产业与金融领域研究的专家学者共同建立一个合理、有效、权威的非遗资产评估体系，然后在这样的体系下建立权威的评估机构。同时，出台相关的鼓励与扶持政策，以开放的态度鼓励更多专业人才、资源集中到鉴定评估领域，形成竞争态势，并最终通过竞争形成权威，做大规模，树立非遗资产评估行业的公信力。

其次，建立包含多项层级指标的评估标准。非遗资源的类型多样，影响非遗资源价值的要素众多，因此，应在综合考虑各种影响因素的基础上，建立起一套包含多项层级指标的、细分的、权威的评估标准，为投资机构和个人在参与非遗及其产业时提供依据，为非遗及其产业的价值界定和市场交易提供依据。同时，客观标准的、权威的价值评估标准也有助于降低投资风险，推动非遗及其产业投融资机制的健康运行。

最后，确立非遗及其产业的行业规范。任何一个成熟的行业都需要有行业规范来指导行为，从而保证行业更好地发展。非遗及其产业也不例外，需要行业协会的会员单位共同来制定一个行业内的行为规范和标准。一般来说要包括三个层面的规范。第一个层面，建立统一的非遗及其产业资产价值评估服务网络，既为投资者提供相关非遗及其产业资信，也为评估机构提供行业发展信息和客户需求信息，减少非遗及其产业参与各方的信息不对称。第二个层面，建立非遗及其产业价值评估从业人员的资质认证，加强规范管理。第三个层面，强化非遗及其产业行业协会的功能，建立权威性的行业自律组织，在国家政策许可的范围内行使行业管理职能，促进非遗及其产业资产价值评估的市场化、规范化、独立化、国际化，从而保障非遗及其产业的健康有序发展。

（五）建构市场与产业体系，提升核心竞争能力与水平

充分研究与分析需求，及时发现新的变化及其趋势，依靠非遗及其产业的平台优势，不断创新业态体系、产品体系与服务体系，从而进一步提升非遗及其产业的核心竞争力与发展水平。在非遗及其产业的发展过程中，培育消费、发掘需求、提升有效供给能力，可以说是一个永恒的课题。非遗产业市场的需求，是市场中最为主动、最为敏感与具有驱动力的要素，是创新发展的动力源泉。目前，挖掘需求、释放需求是非遗市场最为迫切的任务。而要完成这个任务，一是要积极发展消费市场，二是要努力提高有效供给能力。这样，需求的驱动轮才会不断将非遗市场的发展带入健康持续的环境。在非遗及其产业发展的过程中，这一点尤为重要。面对新的不断成长的现实需求，要进一步提升非遗及其产业的核心竞争能力与发展水平，重点要抓好以下三个方面的工作。第一，依靠非遗及其产业的平台优势，不断创新业态体系。这个业态体系主要包括三个部分：①依托传统金融体系形成的业态，如证券业、银行业、保险业、信托业、基金业等；②依托创新业态形成的新业态，如非遗资源交易的新机构、平台化管理机构等；③依托支撑服务体系而形成的新业态，如鉴定、评估、鉴证备案等。第二，依靠非遗及其产业的平台优势，不断创新产品体系。第三，依靠非遗及其产业的平台优势，不断创新服务体系。

（六）加强非遗行业职能建设，完善非遗行业管理体系与组织

目前我国非遗及其产业发展过程中，"条"与"块"是一个矛盾的统一体，条块关系有多种表现形式和类型。就地方政府而言，主要表现为三种关系：中央、省属部门、上下职能部门（条线）与本级政府（块块）之间的关系，上下级政府职能部门之间的关系，上下级政府之间的关系。因而也有三种主要类型：省与地级市的条块关系，地级市与县市的条块关系，县市与乡镇的条块关系。条块结构这个在计划经济时代建立起来的管理模式，存在着行政系统排斥并代替市场担当资源配置责任的情况，其条块分割、各自为政的行政壁垒，也妨碍了公平竞争市场体系的形成，在非遗及其产业的各个层面和各个领域影响和制约着政府对其行政管理的效能，已很难适应当今非遗及其产业市场快速发展的要求。

在非遗及其产业行政管理体制中，职能、结构、功能是有机结合的重要组成要素和方面。三者中，职能是逻辑起点，职能决定组织、结构和机制，最终体现为效能。政府职能是非遗及其产业管理的基本问题。要通过改革，把不该由政府管理的事项转移出去，把该由政府管理的事项切实管好，从制度上更好地发挥市场在资源配置中的基础性作用。政府要按照非遗及其产业市场的经济规律履行好调节非遗及其产业的职能，同时还要加大力度整顿和规范非遗及其产业市场经济秩序。要处理好非遗及其产业的发展与社会事业发展之间的关系；处理好政府与市场、政府与企业、政府与社会组织、政府与个人的关系；处理好"管理"和"服务"的关系；处理好改革体制与创新机制的关系；处理好政府职能与非遗及其产业主体职能之间的关系；处理好职能改革与依法行政的关系。

从总体来看，我国的非遗及其产业的行业管理体制还远远滞后于经济体制的改革，非遗及其产业的发展仍然呈现出巨大的结构性供需缺口。我国在非遗及其产业的行业管理方面还处于相对落后的状态，而这与我国的非遗及其产业的行业管理体制尚未理顺、政府的职能尚未完全转变有密切关系。在非遗及其产业行业管理方面，还存在如下问题：一是在非遗及其产业行业管理中，金融服务与非遗企业的关系还没有理顺；二是政企不分、政资不分、政监不分、政社不分的问题依然存在；三是部门职能交叉、职能转变不到位、行政干预和审批过多的现象比较普遍；四是部门垄断和地方保护还比较严重，有效竞争的市场环境尚未形成；五是行业管理部门没有受到必要的监督和制约，行业管理法规不健全等。目前，各级政府正在努力转变政府职能，改进政府管理方式，理顺政事关系，实行管办分离，强化政府的政策调节、市场监管、社会管理和公共服务职能，将政府对文化及金融管理的行政职能转变为指导、规划、协调、服务、监督和宏观管理，努力实现非遗及其产业行业管理的目标：建立健全党委领导、政府管理、行业自律、社会监督、企事业单位依法运营的非遗及其产业管理体制。一是非遗及其产业行业管理部门要进一步转变政府职能，实行政企、政事分开；二是非遗及其产业行业管理需要政府职责由微观运营向宏观调控转变；三是明晰产权，理顺内部结构，培育市场主体；四是建立健全非遗及其产业管理职能系统；五是在管理中注重调整非遗产业结构和金融服务结

构，培育一批跨行业、跨地区、跨部门的大型非遗及其产业集团；六是在非遗及其产业行业管理中要处理好几个方面的关系，降低管理成本，保障非遗安全与金融服务稳定和顺畅。

（七）围绕非遗及其产业需求大力培养各层次人才

重视非遗及其产业紧缺人才的培养，紧紧围绕我国非遗及其产业发展的需求，依托已有的教育体系，创新培养培育模式与方法，大力培养非遗及其产业的综合人才、高端人才与职业人才，尽快扭转发展的现实需求与培养人才体系扭曲的格局。要推动我国非遗及其产业服务健康可持续发展、不断拓展其创新空间，必须高度重视资源的汇聚和人才的培养。如何培养高素质、复合型的非遗及其产业服务人才当属重中之重。目前来看，我国急需大量既懂产业市场，又深谙非遗发展规律，对各类文化艺术市场具有敏锐观察力和判断力的高级人才。因此，要坚持把人才作为非遗及其产业发展的根本要求，大力开发非遗及其产业人才资源，集合社会各方面的力量，努力培养或引进一批了解非遗及其产业特点、熟悉国际产业运行规则、具有综合素质和能力的非遗及其产业行业领头人及研究专家，在推动社会资源与非遗及其资源有效对接方面发挥引领作用。这需要从以下三个方面努力：一是国家要对非遗及其产业的人才培养给予专项的政策和资金支持，确保非遗及其产业教育的发展。二是高等院校要革新教育方法和人才培养理念，根据社会需要培养人才。如高等院校可以进一步与非遗及其产业机构进行对接，使学生能够真正实现理论与实践的结合，也可以根据实际情况开设与非遗产业相关学科试点。三是非遗及其产业机构要加大对员工的培训和投入，支持和鼓励创新，加强与国外的交流学习，比如人才的输出学习和优秀人才的引进、积极学习国外先进的人才管理经验等。

（八）基于新科技融合提升发展的智能化水平与能力

重视新技术融合与进步对非遗及其产业的推动作用，大力发展大数据、云服务、人工智能与终端进步对新业态的促动作用，推进非遗及其产业的智能化能力与水平的不断提升。新技术的融合发展，在非遗及其产业发展过程中，很多时候不仅仅是技术进步与支撑本身，更重要的是其业态与产业体系发展的机制。特别是大数据、人工智能与区块链技术的融合发展，前景广阔。主要体现在以下三个重要方面：一是会进一步开拓非遗产业发展的新格局，特别是随着数字资产的不断发展，区块链技术会给传统的非遗带来颠覆性的冲击。区块链技术是一种分布式数据库系统，其特点很多，其中去中心化、不可逆等特点尤其重要。不可逆的特点是其系统信息具有不易篡改、很难伪造、可追溯的基本特征。一旦发生交易记录，数据进入区块链技术系统，即使是内部技术操作人员也很难在其中做任何更改。这个特点决定了其与互联网应用密不可分，一旦其应用场景不断拓展、不断丰富，区块链技术及其产业的发展就会越来越快。二是大数据、人工智能的融合发展，非遗及其产业发展会带来新的业态与新的产业发展机遇，特别是智能投顾的发展，会进入一个重要的时期。三是基于大数据、人工智能与区块链技术的融合发展，会进一步推动数据挖掘与服务在非遗及其产业发展过程中应用，从而推动数字财富、客户管理、信用管理等支撑与服务进入一个全新的境界。

（九）以法治化建设为抓手推动监管创新

优化非遗及其产业的发展环境，建立相应的监管体系，健全非遗发展的风险防控机制，完善社会信用体系，推动非遗及其产业监管创新，要重点抓好以下几方面的工作。首先，在非遗及其产业发展过程中，要加强地方政府与文化监管部门工作协调，加快构建部门联动、综合监控、分级管理的市场风险防范处置工作体系。鼓励发挥非遗领域专业纠纷调解机构的作用，支持消费者通过调解、仲裁以及民事诉讼等方式维护合法权益。推动加快非遗及其产业行业自律组织建设，强化行业自律监督和规范发展。深入开展非遗法治宣传，加强投资者教育和消费者权益保护，推进将投资者教育纳入国民教育体系试点工作。其次，要推动非遗及其产业监管创新。探索文化监管权限下移，减少审批层级，积极争取上级监管部门将部分机构准入、业务创新、产品审查、高管核准等职能授权属地监管部门，实施靠前监管。争取率先开展非遗企业法人机构属地化监管试点。再次，要完善非遗及其产业社会信用体系建设。以征信系统建设为切入点，加强部门信息互通共享、信用披露和信用分类评级等工作，健全信用信息查询和应用制度，加快推进信用信息有序规范开放，强化失信惩戒制度。最后，要坚持从我国国情出发，推进非遗及其产业监管体制改革，增强非遗及其产业监管协调的权威性、有效性，强化非遗及其产业监管的专业性、统一性，对涉及非遗发展安全的重要事项，该纳入监管的都要依法依规纳入监管，从而及时有效识别和化解风险。

参考文献

［1］西沐. 中国非遗及其产业发展年度研究报告（2018—2019）［M］. 北京：中国经济出版社，2019.

［2］简新华. 产业经济学［M］. 武汉：武汉大学出版社，2001.

［3］西沐. 艺术金融学概论［M］. 北京：中国经济出版社，2019.

［4］西沐. 积极拓展新时期艺术经济发展的前沿研究［J］. 艺术管理（中英文），2022（3）：35-38，42.

［5］西沐. 数字化推动艺术金融创新的转型转向［J］. 齐鲁艺苑，2022（2）：110-116.

［6］西沐，朱恪孝，祝捷. 新时代中国艺术经济学科的建构与基本理论探究［J］. 艺术教育，2021（10）：14-18.

［7］雷茜. 新消费背景下中国非遗产业创新架构研究［D］. 西安美术学院，2022.

［8］王瑞萍，朱安军. 习近平文化思想的三个逻辑起点［J］. 北方民族大学学报，2024（3）：28-36.

［9］马健. 产业融合理论研究评述［J］. 经济学动态，2002（5）：78-81.

［10］李墨丝. 非物质文化遗产保护法制研究［D］. 华东政法大学，2011.

［11］罗艺. 国外非物质文化遗产法律保护概述［J］. 云南电大学报，2010，12（4）：61-66.

［12］马明珠. 国外社会资本介入文化遗产保护的经验及启示［J］. 甘肃金融，2017（1）：25-28.

［13］钱永平. 日本非物质文化遗产保护研究综述［J］. 湖北民族学院学报（哲学社会科学版），2010，28（5）：89-94.

［14］郭玉军，司文. 英国非物质文化遗产保护特色及其启示［J］. 文化遗产，2015（4）：1-12，157.

［15］郑憩，张雪领，栾惠. 国外非物质文化遗产传承发展的经验与启示［J］. 中国产经，2018（2）：66-69.

［16］牟延林，谭宏，刘壮主编.非物质文化遗产概论［M］.北京：北京师范大学出版社，2010.

［17］陈孟昕，张昕.中国高等院校首届非物质文化遗产教育教学研讨会综述［J］.湖北美术学院学报，2002（4）：61-62.

［18］郭平，张洁.中国非物质文化遗产学科化发展脉络［J］.天津大学学报（社会科学版），2024，26（3）：229-234.

［19］高丙中.非遗学的建设与新文科的探索［J］.中国非物质文化遗产，2021（4）：6-11.

［20］苑利，顾军.非物质文化遗产学学科建设的若干问题［J］.东南文化，2021（3）：6-11.

［21］康保成.中国非物质文化遗产保护发展报告2011［M］.北京：社会科学文献出版社，2011.

［22］陈四四.蜀锦："鱼"和"熊掌"能否兼得［N］.四川日报，2007-07-05（006）.

［23］王奋强.深圳民营资本试水"非遗"产业［N］.深圳特区报，2010-05-17（A04）.

［24］张运彬.重庆荣昌非物质文化遗产托起文化大产业［N］.中国财经报，2011-04-28（003）.

［25］刘云升，刘忠平.非物质文化遗产产业化法律规制研究［M］，北京：知识产权出版社，2017.

［26］郝宁.《2023非物质文化遗产电商消费报告》发布［N］.中国旅游报，2024-06-17（002）.

［27］朱李鸣.技术引进运行机制问题初探［J］.科学管理研究，1989（4）：35-41.

［28］西沐.中国紫砂艺术研究［M］.北京：中国书店出版社，2011.

［29］张丽珍.政策终结评估标准的立体透视［J］.山东社会科学，2013（11）：125-129.

［30］程慕斌，江厚荣.促进"非遗"产业化发展研究：以安徽省宣城市为例［J］.群文天地，2012（19）：158.

［31］西沐.数字艺术资产下艺术财富管理研究［J］.中国资产评估，2021（4）：41-48，68.

［32］武艺，马英哲.对国外"非遗"保护经验的思考［J］.人文天下，2015（21）：70-72.

［33］李桂瑶.从保护主体与传承主体看韩国非遗保护的经验：以韩国"韩山

夏布织造"为例 [J]. 当代韩国, 2013 (1): 93-100.

[34] 蓝海红. 非遗保护管理的广东经验: 精细管理 [J]. 文化遗产, 2018 (3): 15-20.

[35] 张兴旺, 卢桥, 田清. 大数据环境下非遗视觉资源的获取、组织与描述 [J]. 图书与情报, 2016 (5): 48-55.

[36] 张春玲. 基于河南创意产业的参数化与"非遗"融合的思考 [J]. 艺术科技, 2015, 28 (5): 21, 297.

[37] 陈德凝. 现代信息技术在非遗保护中的应用 [J]. 艺术科技, 2014, 27 (3): 125.